综合交通发展与多式联运组织

ZONGHE JIAOTONG FAZHAN YU DUOSHI LIANYUN ZUZHI

彭宏勤　杨淑娟◎主编

人民交通出版社股份有限公司
China Communications Press Co.,Ltd.

内 容 提 要

本论文集是在中国系统工程学会交通运输工程专业委员会组织的综合运输学术研讨会基础上，经精心挑选的部分论文汇编而成的。论文涉及交通运输工程、经济学、运筹学等多个学科，重点讨论了多式联运、区域综合交通、城市交通、安全管理等方面的热点问题。

论文作者主要是交通行业的科研人员，成果的具体内容包括多式联运的外部性分析、集装箱运输需求预测、能源消费结构分析、综合交通枢纽建设、多种交通方式衔接、运输设施设备能力分析、运输服务产品定价方法、运输安全与应急策略等。这些论文可供交通运输相关专业科学研究与工程技术人员参考。

图书在版编目(CIP)数据

综合交通发展与多式联运组织 / 彭宏勤，杨淑娟主编. — 北京 : 人民交通出版社股份有限公司，2016.5

ISBN 978-7-114-12995-7

Ⅰ. ①综… Ⅱ. ①彭… ②杨… Ⅲ. ①交通运输业—经济发展—中国—文集 Ⅳ. ①F512-53

中国版本图书馆 CIP 数据核字(2016)第 096863 号

书　　名：**综合交通发展与多式联运组织**
著 作 者：彭宏勤　杨淑娟
责任编辑：吴燕伶
出版发行：人民交通出版社股份有限公司
地　　址：(100011)北京市朝阳区安定门外外馆斜街 3 号
网　　址：http://www.ccpress.com.cn
销售电话：(010)59757973
总 经 销：人民交通出版社股份有限公司发行部
经　　销：各地新华书店
印　　刷：北京中石油彩色印刷有限责任公司
开　　本：787 × 1092　1/16
印　　张：22
字　　数：505 千
版　　次：2016 年 5 月　第 1 版
印　　次：2016 年 5 月　第 1 次印刷
书　　号：ISBN 978-7-114-12995-7
定　　价：78.00 元

《综合交通发展与多式联运组织》
学术研讨会论文集编辑委员会

目　录

多式联运的外部成本分析

唐继孟 *[1],曾　玮[1],贾文铮[2]

1. 北京交通大学　城市交通复杂系统理论与技术教育部重点实验室,北京 100044;
2. 交通运输部科学研究院,北京 100029

摘　要　多式联运对社会发展具有重大促进作用,同时也带来了交通拥堵、环境污染、噪声污染、气候变化等一系列问题,即多式联运的外部成本。本文分析了多式联运各个环节的五类外部成本:空气污染成本、气候变化成本、噪声污染成本、交通事故成本及交通拥挤成本;并描述了外部成本量化的两大类方法:自上而下的计算方法和自下而上的计算方法,前者计算简单,实际应用中采用较多,后者虽能够更加细致地刻画各类外部成本,但是计算过程较复杂,且需要做大量的数据调查工作。合理准确地计算多式联运的外部成本,可为政府部门制定有效的多式联运发展政策提供支持。

关键词　多式联运;外部成本;量化方法比较

An Analysis of the External cost of Intermodal Transport

Tang Jimeng *[1], Zeng Wei[1], Jia Wenzheng[2]

1. *MOE Key Laboratory for Urban Transportation Complex Systems Theory and Technology, Beijing Jiaotong University, Beijing* 100044, *China*;
2. *China Urban Sustainable Transportation Research Center, China Academy of Transportation Sciences, Beijing* 100029, *China*

Abstract　Intermodal transport plays a significant role in social development, however, it brings a series of problems such as traffic congestion, environmental pollution, noise pollution, climatic variation, etcetera, which are the external cost of intermodal transport. This paper analyzes the five kinds of external costs of the overall process of intermodal transport: air pollution cost, climatic variation cost, noise pollution cost, traffic accident cost and traffic congestion cost, and describes two approaches for quantifying external costs, which are bottom-up approaches and top-down approaches. The bottom-up approaches can provide a simple calculation to people, and is used frequently in practice. On the other hand, the top-down approaches can describe all kinds of external costs much more meticulously, but the calculating process of it is quite complex and it needs lots of data investigation. Quantifying the external costs of intermodal transport reasonably and precisely can provide

基金项目:国家自然科学基金重点项目(71131001);国家自然科学基金重大项目课题(71390332)

作者简介:唐继孟(1989—),男,湖南邵阳人,博士生,研究方向为多式联运网络优化。

*通信作者:13114232@bjtu.edu.cn

support to government to make effective policy of intermodal transport development.
Key words intermodal transport; external cost; comparisons of quantifying approaches

0 引言

在运输行业快速发展的今天,多式联运早就不是一个新鲜的概念,从20世纪60年代开始人们就普遍使用并接受这个词。但是,不同地区、机构或学者对多式联运的定义有较大的差别,使用得较多的是联合国欧洲经济委员会2001年的定义:多式联运是将装载在集装单元内的货物通过两种及以上的运输方式从发货点运送到目的地,并且在方式转换时不直接操作货物的运输方式。在环境问题越来越受重视的今天,多式联运不仅被认为是单一运输方式的有力竞争者,而且是一种对环境更友好的运输方式。多式联运在促进社会经济发展的同时,和其他运输方式一样也带来了交通拥挤、环境污染、噪声污染、交通事故等问题,从经济学的角度来看,这部分由多式联运施加给社会的且并未由多式联运系统承担的成本,称之为多式联运的外部成本。通过对多式联运外部成本系统进行分析,并将其合理内部化,可为政府部门制定正确有效的多式联运发展政策提供有力支持。

目前,国内对多式联运外部性的研究较少,而国外相关研究开展较早,且成果较多。Andrea和Ian[1]对多式联运的社会成本进行了研究分析,将社会成本定义为外部成本减去相关税收和多式联运网络基础设施使用费,并对多式联运的边际成本进行了研究。Janic[2,3]构建了包括内部成本和外部成本的多式联运广义费用函数,并分别依据内部成本和广义费用函数分析了多式联运的竞争力。Braekers等[4]对多式联运外部成本计算方法进行综述,将其分为自上而下和自下而上两大类,并将多式联运和公路运输进行比较分析。Xu和Yang等[5]提出了一个多式联运的外部成本模型,应用到上海到杜伊斯堡的运输中,比较了公铁联运和海公联运的外部成本的差异,并且发现碳排放成本在整个外部成本中所占比例较高。张力和李群仁[6]针对以往评价各种运输方式的社会、经济综合效益时,很少对社会生活环境造成负面影响的交通事故、堵塞及环境污染等外部事物进行货币化定量计算的现状,提出运用外部成本理论对其计算并进行简要分析。乔欣宇[7]以包括内外部成本的运输总成本为基础,构建了多式联运运输方式选择模型,同时,分析了污染税对多式联运方式选择的影响。既有研究将多式联运的外部成本分为交通拥挤成本、空气污染成本、交通事故成本、噪声污染成本及气候变化成本,采用的计算方法多为简单实用的自上而下的计算方法。

1 多式联运组织过程

多式联运作为一种高效的运输组织形式,通过整合各种运输方式,充分发挥各种运输方式的优点,实现了无缝衔接并提高运输质量,从而满足了客户的个性化需求。图1是一个典型的多式联运示意图,一般多式联运由干线运输和两端的支线运输组成,货物在中心站(换装站)进行换装。通常一个中心站管辖固定区域范围,并对该区域内的货运进行收集和配送,中心站之间由干线运输完成。多式联运的具体作业过程主要包括五部分。

(1)收集货物

利用汽车的灵活性、能实现门到门运输的特点,在某个中心站(换装站)的管辖区域内,将

各个发货点(图 1 中标示为 1、2 等的点)的货物在一定时间内收集到中心站。

(2)发货端的换装

通过汽车将货物运到中心站后,经过短时间的存储,或直接换装到干线运输工具上。一般中心站不提供长时间的存储,主要是因为存储时间过长会延长货物的送达时间,从而降低了多式联运的竞争力。

(3)干线运输

干线运输方式通常有铁路运输、航空运输、内河运输和海运运输。附加值高或运到期限短的货物由航空运输来完成干线运输,内陆的大批量货物一般由内河运输和铁路运输完成干线运输,而国际多式联运一般采用海运进行干线运输。

(4)收货端的换装

与发货端的换装类似,通常干线运输工具到站后,通过换装器具(如龙门吊)将集装箱或半挂车换装到支线运输工具上,方便快捷。

(5)配送货物

通常一辆汽车能够装载一个或两个集装箱,换装完成后,直接送到货物的指定目的地,从而结束整个运输过程。

图 1 仅表示一个简单的典型多式联运网络[2],实际运输过程中,可能会出现更复杂的情况,比如:同一个发货区域内有两个或多个中心站,这样就需要为每个发货点实时选择合适的中心站集结货物;多次换装的情况,由海运换铁路运输,再换公路运输;多级的中心站,在较大的区域内,先将货物收集到二级中心站,然后,再将货物由二级中心站向一级中心站集结。这些复杂的多式联运网络都可以由图 1 所示的简单结构进行拓展变换后得到。

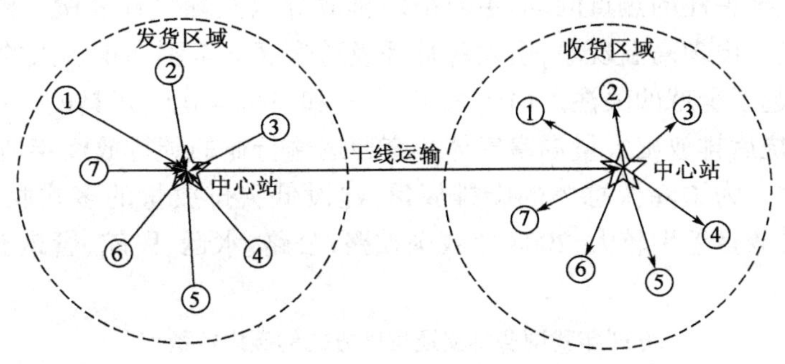

图 1　多式联运网络示意图

2　外部成本的组成

运输行业在促进社会经济发展的同时,也带来了环境污染、交通拥挤、气候变化等一系列问题。为了尽可能地避免资源浪费、环境污染、交通拥挤和交通事故,从根本上追求更高的社会效益,就需要对各种运输方式的外部成本进行合理计算与分析,以寻求对社会不良影响最小、对经济发展促进作用最大的多式联运组合方式。外部成本是相对于由运输方式使用者承担的内部成本而言,这部分成本由运输产生却由社会为其承担。如图 2 所示,外部成本主要包括空气污染成本、气候变化成本、噪声污染成本、交通事故成本和交通拥挤成本五部分。

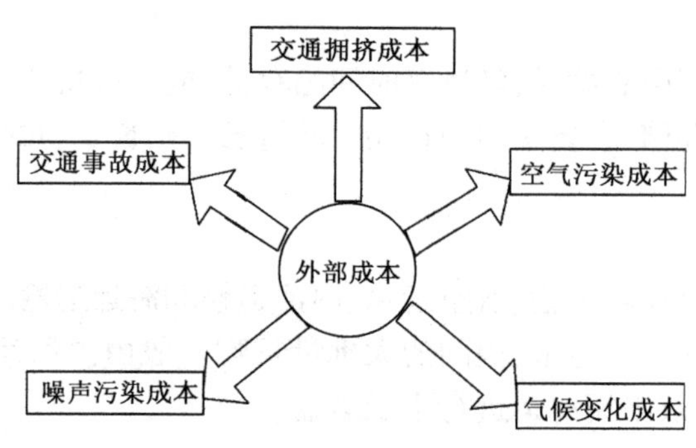

图2　外部成本的组成

2.1　空气污染成本

多式联运的两端通过汽车收集和配送货物，汽车通过燃烧燃料提供动力，同时排放对环境和人体健康有害的物质，如氮氧化物、二氧化硫、PM等。干线运输同样也会造成环境污染，飞机、内燃机车、柴油动力船只直接燃烧化石燃料提供动力，排放出大量的污染物质。即使是采用电能的电力机车，也有可能对环境造成影响，因为机车使用的电能有可能是火力发电厂通过燃烧煤转化而来的。干线运输两端的中心站在换装货物时，使用的龙门吊等换装工具也会对环境产生影响。

2.2　气候变化成本

气候变化是全球关注的热点问题，主要指碳排放导致全球气候变暖。温室气体的排放导致全球部分地区夏天出现高温现象，引发各种呼吸道疾病甚至剥夺很多人的生命，对人类的生存造成了威胁，引起了全球的关注。由于汽车、火车和飞机等运输工具的发动机多以汽油和柴油为主要燃料，燃烧后排放出大量温室气体。交通运输行业的碳排放逐年增加，且占碳排放总量的比率逐渐增大。为了降低总体的碳排放量，建设低碳排放量的多式联运体系十分重要。不同运输方式碳排放量差别较大，2008年我国铁路、公路、水运、民航、管道五种交通运输方式的碳排放量见表1。

2008年我国各种交通运输方式的碳排放量 [8]　　表1

交通运输方式	铁路	公路	水运	民航	管道	合计
碳排放量(万t)	5436.41	18956.27	6717.2	4243.02	894.82	43480.53
比例(%)	15.0	52.3	18.5	11.7	2.5	100

2.3　噪声污染成本

从生理学观点来看，凡是干扰人们休息、学习和工作以及对其所要听的声音产生干扰的声音，即不需要的声音，统称为噪声。当噪声对人及周围环境造成不良影响时，就形成噪声污染，噪声不但会对听力造成损伤，还能诱发多种致癌致命的疾病，也对人们的生活工作有所干扰。汽车进行货物收集和配送的区域一般是人口稠密的市区，且较多城市只允许大型货车夜间进入市区，影响人们正常休息。同时，干线运输产生的噪声，对终端和沿线居民也会有一定的影响。

2.4 事故成本

不同运输方式发生交通事故的频率及造成的损失有很大区别,比如航空运输发生事故的概率很小,但是一旦发生事故,造成的损失将会很大;公路相对发生事故比较频繁,而造成的损失相对要小。事故成本的估价方法一般是用死伤人数和受损货物的数据与这些死伤和物质损失的单位成本的乘积来计算。多式联运中若干线运输发生事故,则造成的损失将会是巨大的。

2.5 拥挤成本

因为经常会遇到各种各样的拥挤现象,所以拥挤成本容易理解,却不容易进行量化。汽车在人口密度较大的市区执行货物的收集和配送任务时,通常会遇到拥堵,拥堵不仅对货物按时到达有影响,同时该汽车本身也是造成拥堵的原因,影响其他机动车。中心站和干线运输的拥挤将造成大量货物积压,甚至无法按时到达,对时效性较高的货物将会造成严重的损失。

3 外部成本的计算方法

为了定量评价多式联运对社会环境的影响,一种通用的做法是将交通拥挤、空气污染、噪声污染等外部成本用货币来衡量。在将这些外部成本转化为货币时,由于各类外部成本有较大的不确定性,不同的学者得出的结论差别较大。目前对外部成本的计算方法主要有两类:自上而下的方法和自下而上的方法。

3.1 自上而下的计算方法

自上而下的外部成本计算方法计算起来比较简单,且实际应用中多采用此种计算方法。收集某一地区交通事故、交通拥挤、空气污染等造成的总损失,再将这些损失分配到该地区每辆车或每车公里,通过数据拟合给出每车或每车公里的单位成本函数。Janic[2] 给出如下外部成本计算公式:

$$E=\begin{cases} l_{\mathrm{T}} \times U_{\mathrm{T}} & \text{两端的汽车运输} \\ f_{\mathrm{R}} \times U_{\mathrm{R}} & \text{干线运输} \end{cases} \tag{1}$$

式中:E——多式联运两端的汽车运输或干线运输的外部成本(€);

l_{T}——多式联运两端的汽车运输距离(km);

f_{R}——多式联运干线运输的频率(辆);

U_{T}——多式联运两端汽车收集或配送的单位外部成本(€/km);

U_{R}——多式联运干线运输的单位外部成本(€/辆)。

Janic 采用欧盟的交通数据得出了多式联运两端汽车和干线运输的单位外部成本(包括交通拥挤成本、空气污染成本、噪声污染成本及交通事故成本)分别如下所示:

$$U_{\mathrm{T}}=9.88 \times d^{-0.624} \tag{2}$$

$$\mathrm{U}_{R} = 0.57 \times (ws)^{0.6894} \tag{3}$$

式中:d——多式联运两端汽车收集或配送货物行驶的距离(km);

w——干线运输方式装载的货物质量(t);

s——干线运输的距离(km)。

自上而下的外部成本计算方法虽然计算简单,但存在一些缺点,不能具体刻画出外部成本不同部分的差异化,比如:同样分贝的噪声污染在市区和在郊区的影响可能不一样,即单位成本不同;还有不同速度、不同类型的车辆应该具有不同的排放因子。

3.2 自下而上的计算方法

自下而上的计算方法能够更加准确地计算出各类外部成本。首先定义一个外部成本的框架,将影响多式联运各类外部成本的影响因素及影响方式提前确定。然后分析每一步骤的影响,直到最后给出某一类外部成本的价值估计。1991 年欧盟委员会(European Commission)资助的项目 ExternE(Externalities of Energy)中,提出的影响过程计算方法(The Impact Pathway Approach)是一种典型的自下而上的计算方法,该方法将能源消耗相关活动对社会环境影响的全过程刻画得相当详细。图 3 所示为利用影响过程计算方法量化某环节空气污染的外部成本。

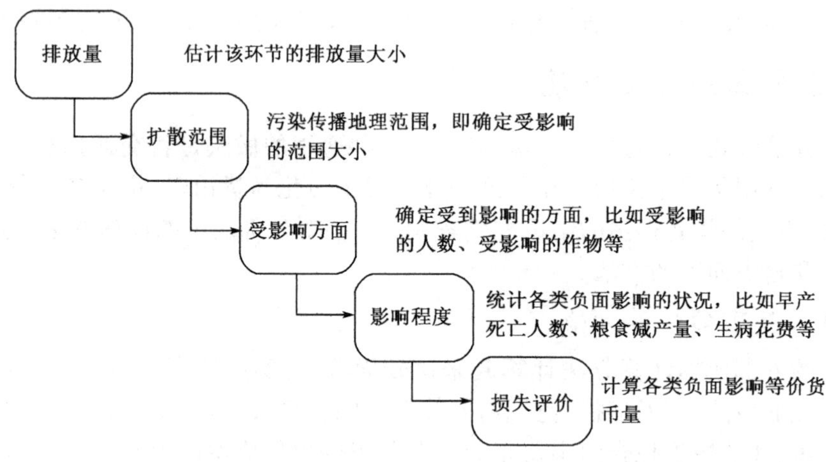

图 3　空气污染外部成本的影响过程计算方法

该方法首先计算多式联运某一环节(如货物集结或配送)污染物的排放量;然后根据当地具体情况,确定污染物影响的地理范围;再次在确定的地理范围内,确定哪些方面受到了污染物的影响,比如受到了影响的人口数量及分布情况、受影响的农作物的分布情况;在确定了受到污染物影响的各方面中,统计各方面受影响的程度,如早产死亡人数、粮食减产量、因环境污染得病的治疗花费等;最后,计算各方面损失的货币价值,从而得出多式联运该环节对当地造成的总损失价值,即空气污染的外部成本。同样,多式联运的其他环节也可以采用影响过程计算方法(IPA)进行计算。

采用自下而上的计算方法计算多式联运对环境等产生的各类外部成本,能够较准确地估计多式联运对社会环境的影响。但是,该方法计算过程较复杂,且需要统计调查大量数据,计算量较大。

4　结论

世界各国都认为,与道路运输相比较,多式联运优化了各种资源配置且对环境污染更小,将是道路运输强有力的竞争者。欧美国家相继出台了一系列促进多式联运发展的政策。然而，需要注意的是，多式联运在促进社会经济发展的同时，也带来了交通拥堵、环境污染、噪声污染、交通事故等一系列问题，即多式联运不仅有正外部性，同时也有负外部性。正确合理地量化这部分由社会承担的多式联运外部成本，对政府部门制定有效的多式联运发展政策具有重大意义。本文首先分析了多式联运的组织过程，主要包括货物的收集与配送、不同运输方式间的换装及干线运输。接着，确定了多式联运的五类外部成本：交通拥挤成本、噪声污染成本、空气污染成本、气候变化成本及交通事故成本，并分析了多式联运各环节的各类外部成本。最后，总结描述了多式联运外部成本量化的两大类方法：自上而下的计算方法和自下而上的计算方法，前者简单实用，后者虽然能够更加准确地刻画外部成本，但是所需数据和工作量都较大。

参 考 文 献

[1] Andrea R, Ian B. The social costs of intermodal freight transport[J]. Research in Transportation Economics, 2005(14): 145-285.

[2] Janic M. Modelling the full costs of an intermodal and road freight transport network[J]. Transportation Research Part D, 2007, 12(1): 33-44.

[3] Janic M. An assessment of the performance of the European long intermodal freight trains (LIFTS)[J]. Transportation Research Part D, 2008, 42(10): 1326-1339.

[4] Braekers K, Janssens G K, Caris A. Review on the comparison of external of intermodal transport and unimodal road transport[J]. Conference Paper, 2009(5).

[5] Xu M Z, Yang L X, Zheng B, et al. External cost model and application of international container intermodal transport[J]. International Journal of Advancements in Computing Technology,2013, 5(5): 510-517.

[6] 张力，李群仁. 几种主要运输方式的外部成本计算分析[J]. 铁路运输与经济, 2000(1): 36-38.

[7] 乔欣宇. 基于成本分析的多式联运运输方式选择研究[D]. 成都: 西南交通大学, 2015.

[8] 解天荣，王静. 交通运输业碳排放量比较研究[J]. 综合运输, 2011(8): 20-24.

基于参照系的我国铁路集装箱运输需求预测

曾　玮*[1]，史芮嘉[1]，牛惠民[2]

1. 北京交通大学 城市复杂系统理论与技术教育部重点实验室，北京 100044；

2. 兰州交通大学 交通运输学院，兰州 730070

摘　要　铁路集装箱货运需求增长迅速，及时掌握运输市场发展动态可以使有限的铁路运输资源发挥更大作用。本文提出以铁路集装箱运输需求量占铁路货运需求量比重为参照系进行运量预测的方法。首先采用组合预测模型预测铁路货运需求量，然后参照国外铁路集装箱运量占铁路总货运量的比重和我国集装箱运输近年来的发展状况，采用铁路集装箱运量占铁路总货运量的不同比重和铁路集装箱运输增长率，预测我国未来年份铁路集装箱运输需求量，并以此方法预测了我国2020年铁路集装箱运输需求量。

关键词　铁路集装箱；需求预测；组合模型；参照系

Freight Demand Forecasting of Railway Container Based on a Frame of Reference

Zeng Wei*[1], Shi Ruijia[1], Niu Huimin[2]

1. *MOE Key Laboratory for Urban Transportation Complex Systems Theory and Technology*, *Beijing Jiaotong University*, *Beijing* 100044, *China*;

2. *School of Traffic and Transportation*, *Lanzhou Jiaotong University*, *Lanzhou* 730070, *China*

Abstract　With the increasing rapidly of railway container demand, mastering the market trends timely can make the limited resources of railway transportation play much more important roles. In this paper a forecasting method in which the proportion of railway container freight volume in the total freight volume serves as a reference is presented. First, the combination model of forecasting is used to predict the railway freight demand. Then the proportion in which the foreign railway container freight volume account for the total freight volume and the development of container transportation in the recent years in our country are consulted. The different container proportion in the total freight volume and the growth rate of the railway container transportation are used to predict railway container transport demand in the future years. Finally, the freight demand of railway container is predicted in the year of 2020 in our country by this method.

Key words　railway container; demand forecasting; combined model; a frame of reference

---

基金项目：国家自然科学基金（71390332，71131001）

作者简介：曾玮（1987—），男，湖南祁阳人，博士生，主要研究方向为交通运输规划与管理。

＊通信作者：weizeng@bjtu.edu.cn

0 引言

随着经济全球化日益增强,我国进一步融入世界市场,我国的产业与产品结构日趋多元,铁路货物运输结构也将发生较大变化,高附加值货物运输需求将快速增长。这类物资重量轻、体积小、批数多,多为适箱或冷藏货物,对安全、快速、集装化运输要求高,集装箱运输的需求量在货运市场的比例将逐步扩大。目前,国外发达国家铁路集装箱运量占铁路货物总运量的比重为20% ~40%,远高于我国2% ~3%的比例,未来铁路集装箱运输的增长空间很大,增长幅度极具弹性。铁路货运量预测工作是统计工作的组成部分,加强铁路客货运量预测分析工作并及时掌握运输市场发展动态和需求是铁路运输积极适应市场环境、在竞争中找准发展方向的有效途径,是铁路制订相应规划措施、开展市场营销、使有限的铁路运输资源发挥更大作用的基础和重要环节。

目前对铁路集装箱运输需求的预测研究受到很多研究者的关注。文献[1]运用神经网络的方法对我国货运量进行了预测,文献[2]分析海铁联运运量的影响因素,提出基于集装箱货值的改进生成系数法来预测海运进出口集装箱内地生成量;采用多项 Logit 模型建立运输链选择模型,分析运输费用、运输时间和服务质量对运输链市场份额的影响,并预测腹地至港口各条运输链未来年份的市场份额;引入空重箱比例将重箱数量换算为运量。文献[3]通过分析常用预测模型的原理与方法,论述铁路集装箱运量的预测方法,得出较合理的灰色—广义回归神经网络组合预测的方法。文献[3,4]考虑系统中腹地经济、对外贸易、运输需求、港口、铁路建设投资等多个基本要素,构建要素间的因果关系图,以此建立了集装箱海铁联运系统 SD 模型,并应用大连港集装箱海铁联运系统相关统计数据对模型进行了仿真和验证。总之,国内大多是根据历年铁路集装箱运量推测未来的运量。

本文以铁路集装箱运输需求量占铁路货运需求量比重进行预测。先采用组合预测模型预测铁路货运需求量;然后参照国外铁路集装箱运量占铁路总货运量的比重和我国集装箱运输近年来的发展状况,采用铁路集装箱运量占铁路总货运量的不同比重和铁路集装箱运输增长率,预测 2020 年我国铁路集装箱运输需求量。

1 预测流程

本文研究提出了根据铁路集装箱运输需求量占铁路货运需求量比重进行预测的思路,即先采用组合预测模型预测铁路货运需求量;然后参照国外铁路集装箱运量占铁路总货运量的比重和我国集装箱运输近年来的发展状况,采用铁路集装箱运量占铁路总货运量的不同比重和铁路集装箱运输增长率,预测我国未来年份铁路集装箱运输需求量,预测流程如图 1 所示。

经研究,将影响铁路货物运输发展的因素分为社会因素和铁路自身发展因素两方面。社会因素选取了我国国内生产总值的增长、工业增加值、全国钢产量、全国煤炭产量、全国粮食产量等指标,体现了铁路发展的市场环境;铁路自身发展因素主要考虑了铁路硬件设施,包括铁路营业里程以及铁路货车拥有量等,同时考虑了铁路货运份额等经营发展目标。上述因素是需求预测的基本出发点,反映了货运需求的规模。在此基础上,考虑集装箱箱流形成的规律,可以做好集装箱运输需求预测工作。

通过分析影响我国铁路货运量需求的各种因素,选取相关因素为输入变量,采用多元线性

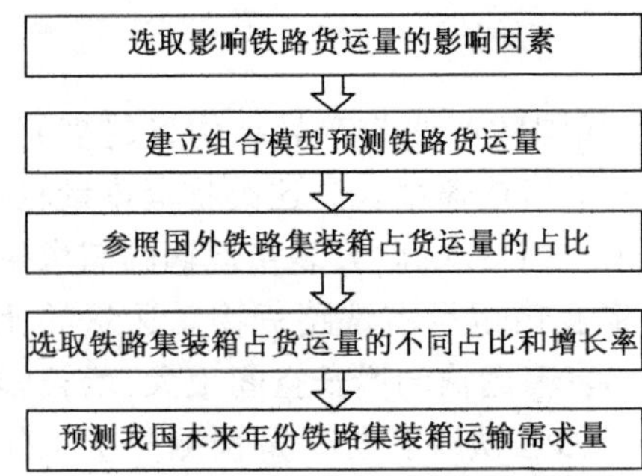

图1　铁路集装箱运输需求预测流程图

回归的方法,向后筛选变量,确定与铁路货运量关系最为直接的变量与其之间的回归方程,计算未来年份铁路货运需求量的预测值。同时,利用时间序列曲线拟合模型,使用多种曲线对铁路货运量曲线进行拟合,预测未来年份铁路的货运需求量。最后,对两大类预测方法进行有效组合,利用形成的组合模型预测未来年份我国铁路货物运输的需求量。参照国外铁路集装箱运量占铁路总货运量的比重和我国集装箱运输近年来的发展状况,采用铁路集装箱运量占铁路总货运量的不同比重和铁路集装箱运输增长率来预测铁路集装箱需求量,并从结果中选取合适的值作为预测结果。

2　影响铁路货运需求的因素分析

影响铁路货物运输发展的因素有很多种,可以分为社会因素和铁路自身发展因素两方面,社会因素包括我国国内生产总值的增长、工业增加值、全国钢产量、全国煤炭产量、全国粮食产量等;铁路自身发展因素包含的数据有铁路营业里程、铁路货车拥有量、铁路货运份额等。

2.1　社会因素

(1)国内生产总值(GDP)

国内生产总值是对一国(地区)经济在核算期内所有常驻单位生产的最终产品总量的度量,常常被看成显示一个国家(地区)经济状况的重要指标之一。生产过程中的新增加值,包括劳动者新创造的价值和固定资产的磨损价值,但不包含生产过程中作为中间投入的价值;在实物构成上,是当期生产的最终产品,包含用于消费、积累及净出口的产品,但不包含各种被其他部门消耗的中间产品。

(2)工业增加值

工业增加值是指工业企业在报告期内以货币形式表现的工业生产活动的最终成果,是工业企业全部生产活动的总成果扣除了在生产过程中消耗或转移的物质产品和劳务价值后的余额,是工业企业生产过程中新增加的价值。其反映了生产单位或部门对国内生产总值的贡献。目前我国是依靠第二产业或者重化工产业推动的国家,铁路货运能反映一部分工业和原材料物流体系的运转情况。

(3)铁路货运量构成与运输市场分析

随着高速铁路网的逐步形成,主要铁路运输通道能力将进一步释放,我国铁路新线建设、电气化和复线化建设的逐步实施,为铁路货运市场发展提供了良好条件。

2.2　铁路运输自身发展因素

(1)铁路运输基础设施

2004年1月,国务院常务会议讨论通过了《中长期铁路网规划》方案,该方案是国务院批准的第一个行业规划,也是截至2020年我国铁路建设的蓝图。2008年对规划做了进一步的调整,调整后的规划进一步扩大了路网的规模,完善了布局结构,提高了运输质量。2020 年,全国铁路营业里程预计将达到 12 万 km,主要繁忙干线实现客货分线,复线率和电气化率分别达到 50% 和 60% 以上,运输能力满足国民经济和社会发展需要,主要技术装备达到或接近国际先进水平。铁路运输网络的进一步完善,是铁路货物运输快速发展的前提,完善的铁路网络有效地延长了铁路的营业里程,扩大了铁路货物运输的运输距离和服务范围。

(2) 铁路货运份额

铁路货运份额是铁路货运量占全社会货运量的比重。从 1992 年到 2013 年,我国铁路货物运输占总货运量的份额呈现下降—上升—再下降的趋势,如图 2 所示。

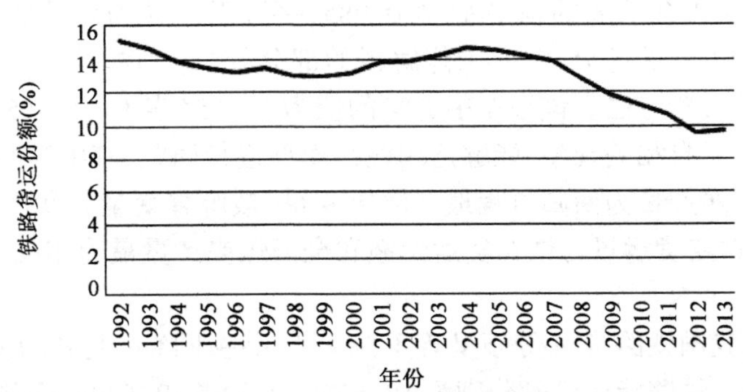

图 2 1992—2013 年铁路货运份额

3 铁路货运需求量预测

通过对影响我国铁路货运量需求的因素分析,选取相关因素为输入变量,采用多元线性回归的方法,向后筛选变量,确定与铁路货运量关系最为直接的变量与其之间的回归方程,计算 2020 年铁路货运需求量的预测值;利用时间序列曲线拟合模型,使用多种曲线对铁路货运量曲线进行拟合,同时预测 2020 年铁路的货运需求量;对两大类预测方法进行有效的组合,使用组合模型预测 2020 年我国铁路货物运输的需求量。

3.1 多元线性回归预测

影响铁路货运需求量的因素很多,这里选取采用灰度模型进行测算之后,与铁路运输的关联度在 0.7 以上的 9 个影响因素。具体是我国国内生产总值(亿元)、工业增加值(亿元)、全国煤炭产量(万 t)、全国钢铁产量(万 t)、全国原油产量(万 t)、全国粮食产量(万 t)、全国铁路火车拥有量(辆)、全国铁路营业里程(万 km)和铁路货运份额(%)。选取 1992—2013 年数据(来源于国家统计年鉴和统计局网),用不同模型计算得表 1 所示结果。

回归模型计算 表 1

模型	R	R^2	调整 R^2	标准估计的误差	Durbin-Watson
1	0.996	0.992	0.986	7874.2532359	—
2	0.996	0.992	0.987	7568.0097698	—
3	0.996	0.992	0.987	7336.5699410	—
4	0.995	0.991	0.987	7339.3748252	—

续上表

模型	R	R^2	调整 R^2	标准估计的误差	Durbin-Watson
5	0.995	0.990	0.987	7328.6727874	—
6	0.995	0.989	0.987	7521.3450381	—
7	0.994	0.988	0.986	7673.2667821	—
8	0.993^h	0.986	0.985	8019.7880410	1.565

注：h-预测变量，包括铁路货运量份额(%)和全国煤炭产量(万 t)；因变量为铁路货物运量(万 t)。

由于该回归模型中有多个解释变量，因此回归方程的拟合优度检验参考调整的判定系数，即调整 R^2。表 1 模型中，模型 8 的调整 R^2 为 0.985，接近于 1，认为该模型的拟合优度较高，被解释变量能够被模型解释的部分较多，未能解释的部分较少。DW 检验是推断小样本序列是否存在自相关的统计检验方法。该模型中 DW 的值为 1.565(表 1)，$1.565 \in [1.5, 2.5]$，说明该模型中的解释变量无自相关现象，能够选用线性模型进行回归，其中模型 8 中的解释变量铁路货运份额和全国煤炭产量为回归方程最终解释变量，被解释变量为我国铁路货运量。说明我国 2003—2013 年铁路货运量与铁路货运份额和全国煤炭产量最为相关，其他变量由于共线性，被回归模型剔除。

1992—2013 年，我国铁路货运份额呈现下降—上升—下降—上升的波动性趋势，如图 2 所示。2010—2013 年，铁路货运份额分别为 10.63%、9.52%、9.67%，平均份额约为 9.94%，近似于 10%。并且从铁路货运份额曲线图可以看出，2012 年之后曲线有上升的趋势。由此，2020 年我国铁路货运份额取值为 10%。由我国国内生产总值和铁路货运份额作为解释变量的多元线性回归预测模型，预测所得 2020 年我国铁路货运需求量为 422148.912 万 t。

3.2 时间序列预测

利用 SPSS 软件，对铁路货运量进行曲线拟合，选取线性、对数、倒数、二次曲线等函数，输出对应的模型汇总和参数估计值，如表 2 所示。选取的所有模型中，通过 R^2 比较各个模型的拟合优度。R^2 大于或等于 0.85 说明对应模型的拟合度较高。从表 2 中可以看出，线性、二次、三次、复合、增长、指数和 Logistic 模型的 R^2 大于或等于 0.900，都大于 0.85，即这些模型都能较好地与铁路货运量曲线拟合。

曲线函数拟合模型 表 2

方程	模型					参数估计值			
	R^2	F	df1	df2	Sig.	常数	b_1	b_2	b_3
线性方程	0.900	179.517	1	20	0.000	110382.64	9560.003	—	—
对数方程	0.636	34.947	1	20	0.000	80455.711	63482.533	—	—
二次方程	0.944	160.734	2	19	0.000	144935.03	921.907	375.569	
三次方程	0.964	160.675	3	18	0.000	176244.66	-13802.696	1941.051	-45.376
增长方程	0.912	206.178	1	20	0.000	11.767	0.043	—	—
指数方程	0.912	206.178	1	20	0.000	128977.96	0.043	—	—
Logistic 方程	0.912	206.178	1	20	0.000	7.753E-006	0.958	—	—

通过表2所示7个模型中的系数可以确定各个模型对应的回归方程。同时,根据曲线拟合数据能够得出2020年7个回归方程对应的铁路货运量的预测值分别为:387622.736万t、487523.864万t、301715.109万t、449603.822万t、448650.739万t、448828.836万t、447641.614万t。

3.3 组合模型预测

组合预测方法是将几种预测方法所得到的预测结果选取适当的权重进行加权的一种预测方法,目的在于综合利用这些模型所包含的信息,尽可能地提高预测精度,增加预测结果的可靠性。同一货运量预测问题,可运用 n 种方法进行预测。为预测年度各种方法所得的预测值,组合预测方法的公式为:

$$y = \sum_{i=1}^{n} \lambda_i \cdot y_i \qquad (i = 1,2,3,\cdots,n) \tag{1}$$

式中:λ_i——第 i 种预测方法的权重系数。

目前,组合预测方法中广泛应用的是最优组合预测模型,其中权重选取的方法主要有:算数平均法、标准差法、方差倒数法、均方倒数法等。

使用4个模型组合预测的2020年我国铁路货运需求量为448681.30万t,对应的2013—2020年我国铁路货运需求量的年增长率为5.67%,较近十年(2003—2013年)我国铁路货运量的年均增长率4.93%高出0.74%,可作为预测的高方案值,如表3所示。

2020年铁路货运需求量预测方案 表3

方 案	方案内容	2020年预测值(万t)	年均增长率(%)
高方案	组合预测	448681.30	5.67
中方案	多元线性回归	422148.91	4.61
低方案	线性	387622.74	3.13

4 基于参照系的铁路集装箱运输需求预测

集装箱运输具有运输效率高、货损少、成本低、效益好、便于实现“门到门”的运输服务等优势,受到世界各国的青睐,是铁路货运发展的重要方向。全球铁路集装箱运量占铁路货运量的20%~40%,发达国家的比重更高,美国占49%、法国占40%、英国占30%、德国占20%,日本已将全部适箱货物都纳入铁路集装箱运输系统,而我国铁路集装箱运量仅占铁路货运总量的2%~3%。

我国近十年铁路集装箱运量(万t)占铁路货运总量的比重最高为2.97%,平均比重为2.74%,与发达国家铁路集装箱运量所占份额相差甚远。根据表3的预测结果,选取中方案作为推荐方案,2020年我国铁路货运需求量预计将达到422148.91万t,2013—2020年的年均增长率为4.61%,基本能够反映我国铁路货物运输的发展趋势。

从我国铁路目前发展趋势来看,铁路集装箱运量(万t)占铁路货运总量的份额保持在2%~3%的水平,以近十年的平均比重2.74%为基准,计算2020年我国集装箱运输需求量预测值为11566.88万t。若在近十年铁路集装箱运量(万t)比重的基础上,分别提高1%和2%,

即比重分别为3.74%、4.74%时,2020年我国铁路集装箱运输需求量将达到15788.37万t、20009.86万t,如表4所示。

2020年铁路集装箱运输需求量预测值 表4

铁路集装箱运量比重(%)	2.74	3.74	4.74
铁路集装箱运量预测值(万t)	11566.88	15788.37	20009.86
2013—2020年年均增长率(%)	4.50	10.06	14.49

5 结论

本文通过分析集装箱运输的特点,研究了我国铁路集装箱运输需求预测的方法,并据此对我国2020年铁路集装箱运输需求量进行了预测。以往的预测中,大多是根据历年铁路集装箱运量推测未来的运量,本次研究根据铁路集装箱运输需求量占铁路货运需求量比重进行预测。

参照国外铁路集装箱运量占铁路总货运量的比重和我国集装箱运输近年来的发展状况,采用铁路集装箱运量占铁路总货运量的不同比重和铁路集装箱运输增长率来预测铁路集装箱需求量,并从结果中选取合适的值作为预测结果。运用此方法以集装箱平均箱重19.35t/TEU为依据,本次得到的三个预测值为630.3万TEU、815.9万TEU和1034.1万TEU,这些可分别作为我国铁路集装箱运输发展的基本目标、积极目标和奋斗目标,可为我国铁路集装箱发展提供借鉴。

参考文献

[1] Zhao Chuang, Liu Kai, Li Diansheng. Freight volume forecast based on GRNN[J]. Journal of the China Railway Society, 2004, 26(1):12-15.

[2] 张戎. 基于腹地集装箱生成量分配的海铁联运运量预测方法研究[J]. 铁道学报, 2007, 4,29(2): 14-19.

[3] 武慧荣, 朱晓宁, 钱继锋. 基于系统动力学的集装箱海铁联运运量预测研究[J]. 物流科技, 2012, 9,31(9): 205-207.

[4] 李大为, 俞晶菁, 吕高腾, 等. 铁路集装箱短期运量预测方法分析[J]. 交通科技与经济, 2012, 5(73): 111-115.

集装箱铁水联运现状及问题分析

曾　玮*[1],赵欣苗[1],牛惠民[2]

1. 北京交通大学　城市复杂系统理论与技术教育部重点实验室,北京 100044;
2. 兰州交通大学　交通运输学院,甘肃兰州 730070

摘　要　铁水联运是构成综合运输体系的重要元素,在长距离、大规模的货物运输中起着非常重要的作用。目前我国集装箱铁水联运量占货运量的2%,相比于发达国家20%以上的比例还有很大差距,产生这种现状主要由我国铁路集装箱运价、货物分类标准、港口衔接方式不畅和政策等方面所存在的问题导致。针对所存在的问题,本文提出了相关建议,以求对我国集装箱铁水联运的发展提供借鉴。

关键词　集装箱;铁水联运;现状;问题分析;对策建议

Current Situation and Problem Analysis of Container Rail-Waterborne Transport

Zeng Wei*[1],Zhao Xinmiao[1],Niu Huimin[2]

1. *MOE Key Laboratory for Urban Transportation Complex Systems Theory and Technology, Beijing Jiaotong University, Beijing* 100044,*China*;
2. *School of Traffic and Transportation, Lanzhou Jiaotong University, Lanzhou* 730070,*china*

Abstract　Container rail-waterborne transport is one of the important elements in constituting the integrated transportation system,and in long distance, large cargo transport plays a very important role. Through the analysis of our country at present, We can see that China's container rail-waterborne tansport volume accounted for 2% of freight volume and there is a large gap compared to developed countries by more than 20%, and this situation was mainly caused for the porblems of China's railway container freight, goods classification standard, poor port mode and policies. Aiming at the analysis of this paper, the related suggestions are put forward in order to provide reference to the development of rail-waterborne transport in our country.

Key words　container; rail-waterborne tansport; current situation; problem analysis; suggestion

0　引言

集装箱铁水联运作为国家综合交通运输系统中的重要组成部分,直接影响着整个集装箱

基金项目:国家自然科学基金(71390332,71131001)

作者简介:曾玮(1987—),男,湖南祁阳人,博士生,主要研究方向为交通运输规划与管理。

*通信作者:wesleyzeng@ sina. cn

运输链的效率。随着我国工业化发展水平的提高,对外贸易的增长,运输市场的扩大,特别是日益高涨的经济全球化趋势,全球范围内资源配置优化而导致的运输全球化使得我国集装箱运输在国内、国外两种环境条件下必然向多式联运方向发展,而铁水联运作为多式联运中最重要的组成部分应该得到重视。世界各发达国家都积极发展集装箱铁水联运[1],2011 年 5 月交通运输部与铁道部联合签署了《关于共同推进铁水联运发展合作协议》,两部委共同推进铁水联运发展。2013 年两部委合并,更为铁水联运扫除了障碍。

铁路和水运在我国经济社会中具有重要支撑作用,促进两种运输方式的高效衔接,是构建和完善综合交通运输体系的核心内容之一。和单一的公路运输相比,铁水联运可以在港口形成各参与方都能共享的货物运输公共信息平台。铁水联运不仅在运输形式上,而且在作业过程中的相互衔接、运输设备的标准化、信息联系的互通性等多个方面促进与公路、铁路、内河和空港之间的合理衔接,通过铁水联运可以实现集装箱安全快捷地集结和疏散,从而提高运输效率。通过总结分析我国铁水联运的现状,可以及时发现我国发展铁水联运存在的问题,并针对所存在的问题提出相应的对策和建议,可以为我国铁水联运的快速发展提供借鉴。

1　我国铁水联运现状

我国港口集装箱运输迅猛发展,集装箱吞吐量连年大幅度跃升,自 2003 年以来一直蝉联世界港口第一,2003—2013 年我国港口集装箱吞吐量以年均 14.6% 的速度增长。2013 年全球前 10 大集装箱港共完成箱量 20428 万 TEU,较 2012 年增长 3.1%。2013 年全球 10 大集装箱港入门门槛已提高到 1300 万 TEU,全球 1500 万 TEU 以上港口共 8 个,2000 万 TEU 以上港口共 4 个,3000 万 TEU 以上港口为 2 个。在 2003 年 544.8 万 TEU 即可跻身前 10,而 2013 年排名全球第 20 位的为 673 万 TEU,2003 年的第 10 名,在 2013 年排不上前 20 名。

2003—2013 我国港口集装箱运输快速发展,跻身全球 10 大集装箱港口的数量已从 4 个发展到 8 个,在集装箱吞吐量规模上也有了很大提升。2010 年上海港完成集装箱吞吐量 2905 万 TEU,首次成为世界第一大集装箱港,"枢纽港"重要标志的集装箱水水中转比例达37.7%。2003—2013 年上海港集装箱吞吐量从 1137 万 TEU 上升到 3362 万 TEU,以年均 11.55% 的速度增长,成为全球两个 3000 万 TEU 的集装箱大港之一,2003—2012 年分方式集装箱运量如表 1 所示。

2003—2012 年分方式集装箱运量(单位:万 t)　　表 1

方　式	2003	2004	2005	2006	2007
公路	16848	23660	27060	36748	53183
水运	15001	15938	21992	25775	33355
铁路	5907	5952	5565	6891	7608
方　式	2008	2009	2010	2011	2012
公路	71417	59588	66326	74403	82682
水运	34975	34578	42267	51801	54805
铁路	6863	7172	8612	9351	9265

在我国港口集装箱吞吐量中,75%为服务对外贸易的国际集装箱,陆向箱量80%以上分布于港口周边300~400km以内的区域;国内大陆集疏运量中,公路方式约占85%,水路方式约占13%,但是以铁水联运方式运输的仅占总量的2%左右。2013年我国铁路集装箱运量不到500万TEU,2020年要达到800万~1000万TEU,仅仅依靠铁路总公司自身难以完成,通过实行铁水联运可能实现铁路集装箱的发展目标。

2011年10月交通运输部与铁道部联合出台《关于加快铁水联运发展的指导意见》,“十二五”期间,我国将对纳入铁水联运示范项目的重点铁水联运信息平台建设,予以适当资金支持,积极引导社会资本投入铁水联运基础设施建设领域。积极争取地方政府对铁水联运基础设施建设资金、土地及税收等方面的支持,将进一步完善有利于铁水联运发展的价格体系和扶持政策,推动铁水联运多元化、市场化,完善价格机制和政策,拓展短途铁水联运市场。

2 铁水联运存在的问题

我国铁路18个集装箱中心站中,港口有上海、深圳、宁波、青岛、广州、天津、大连7个,这几个港口集装箱吞吐量分别排在2013年全球的1、3、6、7、8、10和13位,其中上海港为全球两个集装箱吞吐量达到3000万TEU的港口之一,深圳港为全球两个集装箱吞吐量达到2000万TEU的港口之一,其他港口的集装箱吞吐量都达到了1000万TEU以上。目前我国集装箱铁水联运仅占港口集疏运量的2%,与欧洲20%以上、美国30%~40%的集装箱铁水联运比例相差甚远,造成这种现状主要有以下几方面的原因:

2.1 铁路运费率上调,公路运价与其相比稍占优势

铁路集装箱运价定价方法为按箱型定价,并非货物种类。且铁路运价是指站与站之间的货物运输价格,并不包括“门到站”“站到门”之间的费用。2014年2月,铁路运价上调,导致集装箱运量普遍下降,大量货源在港口转运时由铁路改成公路疏运。

短途公路成本过高,严重制约了集装箱联运业务的开展,我国集装箱生成量主要集中在沿海地区,导致运距较短。虽然单位里程铁路运价低于公路运价,但由于站到门短途公路运输成本过高,导致公铁运价差无法弥补这部分增加的成本,造成全程运费铁水联运高于水公联运的局面,制约了铁水联运业务的开展。

另一方面,铁路集装箱运输存在空箱返回问题,公路可以通过货运信息平台,在空箱返回方向,重箱下浮价格揽货运输,有的只是高于成本价运输,而铁路重箱在返空方向打折幅度较公路小,与公路难以在全程运价上竞争,而且揽货平台虽正在建设,但还不能按市场需求定价。

2.2 货物分类标准不一,导致铁水联运作业难以进行

2.2.1 货物运输品类划分不一致

目前,我国公路、水路运输部门货物分类行业标准采用《运输货物分类和代码》(JT/T 19—2001)将货物品类划为17个大类;而铁路采用《铁路货物运输品名分类及代码表》(TB/T 2690—1996),将货物品类划为26个大类。再加上这两种分类方式与国际货物运输分类标准划分存在较大区别,导致铁水联运货物分类混乱而复杂,不利于铁水联运的发展,其主要影响如下:

(1)铁水联运信息共享不协调。目前,铁水联运正努力发展铁路、水路、海关、商检等信息共享的电子系统。信息交换不匹配现象可能造成部分信息的丢失或信息错误,影响信息共享

和传递,因此必须增加中间的报文转换环节。

(2)报关手续复杂甚至不能退税。在报关时,会出现报关单上中文品名和编码无法对应的情况,造成货物无法退税,或者需要重新更改报关单。

(3)增加铁水联运作业量。由于货物品名分类不同,铁路运输部门需要根据上报的货物名称对照相关文件查找铁路货物运输代码与运价号,水路运输部门需要根据水运相关规则查找货物水运代码与运价。

2.2.2 货物运输品类认定标准不一致

铁路货物品类认定标准与海运不同。有些货物在铁路运输中属于危险货物,而在海运中属于普通货物;有些物品在铁路上是易燃普通货物,并不是危险货物,但在国际海运中却是危险货物。有些货物在海运中却属于普通货物,而在铁路运输中属于危险货物。

2.2.3 适箱货物品类认定标准不同

(1)铁路集装箱可承运的危险货物:《铁路危险货物运输管理规则》规定,铁路通用箱仅可装运二级易燃固体、二级氧化性物质和二级腐蚀性物质;铁路自备危货箱除了可办理以上危险货物外,还可装运毒性物质。

(2)海运集装箱可承运的危险货物:《国际海运危险货物规则》列明了在海运中禁止运输的物质,并未列明不能使用集装箱运输的危险货物,只要危险货物达到集装箱包装、积载等条件,并获得《集装箱装运危险货物装箱证明书》就能使用集装箱运输。

2.3 国际集装箱海铁联运单证不统一

单证是集装箱全程运输中有关各方责任、权利和义务转移的凭证。世界通行的国际集装箱运输单证系统,在我国水路、公路的内外贸集装箱运输,以及口岸监管中得到了广泛应用。而在我国铁路部门,由于已经存在一套基于铁路管理体系的集装箱运输单证,因此,集装箱铁路运输尚未采用国际集装箱运输单证系统。集装箱水路、公路与铁路运输采用不同的单证系统,必然会使我国的集装箱海铁联运面临诸多单证上的问题。

2.4 铁路部门与港航企业之间信息衔接不畅

集装箱海铁联运的集装箱码头必须在船舶装卸和铁路装卸这两个环节之间进行作业计划的协调。铁路与港口关于国际集装箱海铁联运的信息衔接涉及两大部分,一是集装箱业务信息,主要包括船期、运价、班列组织、集装箱跟踪等与货主服务有关的信息;二是集装箱作业信息,主要包括班列货车上的集装箱排序、空重箱状态、班列抵/离港(站)准确时间等与装卸作业有关的信息。

我国主要港口企业和航运企业均已建立集装箱运输电子信息传输 EDI 系统,舱单、船图、集装箱装载清单等与码头作业计划相关的数据已实现电子数据方式交换,集装箱码头在船舶驶离装船港时就能够得到这些数据,但港口 EDI 系统和铁路 TMIS 系统之间尚未实现数据传输,班列未抵达港口前,集装箱码头难以提前安排作业计划。作为集装箱海铁联运枢纽的操作实体,集装箱码头与船公司、铁路在集装箱作业信息交换方式上的不协调,严重阻碍集装箱海铁换装实现一体化运作,不但不利于提高码头作业效率,加快铁路车辆周转,而且制约铁路集疏运方式的发展,对国际集装箱海铁联运换装效率造成很大影响。铁路集装箱运输要争取10%的珠江三角洲以外的货源,价格、时间、标准统一、信息互通等都是需要解决的问题。

2.5 铁路集装箱场站与港口缺乏衔接条件

铁路集装箱场站与港口的衔接不完善，造成两者铁水联运间存在较高的公路短驳成本，严重制约了重庆铁路枢纽集装箱铁水联运的发展。海铁联运对扩大港口腹地具有重要作用，铁路配套设施水平对于提高海铁联运运作效率和综合效益具有重大影响。在建设大型集装箱码头时，应将整列到发的铁路装卸线作为重要配套内容。

重庆集装箱中心站与寸滩港、果园港之间20尺集装箱公路运费近900元/箱，加大了铁水联运物流成本，修建到港口集装箱码头的铁路专用线及装卸线，将会较好地解决这一问题。上海的洋山港[2]码头也没有设置铁路集装箱装卸线，由于洋山港铁路装卸线没有直接接入码头，就使得港口装卸的进出口集装箱必须通过卡车经公路短距离运送才能完成。物流环节多了两次装卸和一次公路运输，既增加成本又增加时间，而且还可能导致报关报检上给货主带来烦恼，为海铁联运带来了流程更为烦琐、操作更为复杂、时间更加延长、成本更难控制的问题。

2.6 腹地货源不足

在选择海铁联运、海空联运还是江海联运时，路径的选择和路线的长短是一个极其重要的因素。铁路与公路比较，当运输超过一定距离时，铁路运输的优势将逐渐显现，而这个距离又是根据地理、环境、服务、油价、货物性质和货量等的不同而存在差异。在欧美国家，一般是以500英里(即800km)为临界值，超过800km时铁路运输比公路运输更具优势。以上海港为例，上海港的内陆腹地除了基本处于800km范围内的长三角地区，主要集中在四川、重庆、湖南、湖北等长江沿线的省市，其他诸如云南、广西、甘肃、河北等中西部地区的货源，由于距离的原因更有可能选择其他进出口的门户港；即便是长江沿线的货量，也还有水路运输这一方式作为选项。再加上上海地区本身还有外高桥港区的分流、内陆公路运输竞争等因素，使得洋山口岸集装箱海铁联运市场在近期内难以形成较大规模。

3 对策建议

3.1 大力发展铁路运输网络，构建集装箱运输通道

集装箱运输多为高附加值货物，对实效性要求高，而快速、准时的运输供给需要有一定的线路能力储备做后盾。此外，集装箱运输需求在时间与空间上的不平衡也要求有足够的线路能力来满足集装箱运输和空箱调配的需要。

目前，部分地区存在铁路集装箱停限装，合同兑现率不能保证，这与能力紧张是分不开的。因此，要加快铁路网建设，主要繁忙干线实现客货分流，形成覆盖全国的大能力货运网络。2020年，我国铁路营业里程将超过12万km，其中客运专线超过1.2万km。铁路集装箱将形成"七纵六横"13条通道、1.6万余公里双层集装箱运输网络。铁路应利用国家宏观调控政策，优化资源配置，积极、主动延伸服务网络，使铁路与其他运输方式从单纯竞争转向协作，实现运输全过程的高效衔接，实现货物的"门到门"运输，提高铁路集装箱运输的吸引力。

3.2 深化港航企业和铁路部门间的合作

国外经验表明,即使铁水联运集装箱成为未来铁路运输的主要品类,铁水联运采用的集装箱大多仍将由航运公司拥有和控制,因为只有跨国航运公司才具备跨国重箱发送和空箱调拨的能力。因此,发展集装箱铁水联运要充分重视航运公司的作用并全力调动其参与的积极性。要深化港航企业和铁路部门之间的合作,推动铁路与港航部门在重大工程项目投资上的相互参与。例如,由港口企业牵头与铁路总公司共同建设国际集装箱海铁联运枢纽;由港航企业与铁路总公司合作经营国际集装箱海铁联运;由港航企业与铁路总公司联手建设集装箱铁路场站等。

3.3 建立并完善以港口为结合点的集装箱海铁联运跨平台第三方增值服务

集装箱海铁联运枢纽不仅与港口、航运、铁路有关,也与货代、集卡车队、多式联运经营人等有关,还要接受一关三检等政府部门的监管。这里,港口是各个业务流程和管理环节的结合点。不过,以港口为结合点并不表示只能由港口企业来整合集装箱海铁联运信息。在市场经济的环境下,引入和扶持有实力、有信誉的第 3 方信息服务商,开发维护区域性跨平台—国际集装箱海铁联运协同服务电子商务平台,提供全方位的"港到门"无缝式全程物流信息一体化服务,是最能体现效率和公平的优化选择。与指定隶属于某个企业或某个部门下的信息机构来承担此项业务的服务方式相比,由第三方独立法人企业承担数据整合和协同服务,无论从服务专业化程度,还是从信息安全性来看,都具有明显优势。

3.4 建设以铁路集装箱中心站为支撑的无水港体系

内陆地区通过建立与沿海港口的联动机制来建设无水港,打开了制约内陆地区发展国际贸易的瓶颈,显著减少了其进出口货物的中转环节,加快了通关速度,使内陆中心城市有机会享受"国际港口城市"的服务与效率,促进了内陆地区经济的发展。"无水港"之所以可以成为我国集装箱海铁联运发展的一个亮点,主要有以下理由:首先,未来内陆"无水港"大多在远离港口的间接腹地,它们需要依托铁路场站设施打造周边货物的"码头",加大对港口腹地货物的"聚焦效应";其次,沿海港口大多开通了内陆的集装箱"五定班列",依托铁路集装箱中心站的"无水港",可以最大限度地降低综合成本。

因此,加快建设内陆"无水港",可以促进集装箱海铁联运的发展,实现铁路、港航、公路与各级政府部门的共赢。铁路企业应解放思想,积极推动港口、地方政府、地区海关部门和铁路管理部门的共同协商,加快推进沿海港口依托铁路集装箱中心站、专办站建设"无水港",并鼓励和支持船公司、代理企业、运输企业、仓储企业等参与配合,是铁路集装箱中心站"无水港"体系成为内陆地区进出口货物的物流中转基地,可提高铁路货运的服务水平与盈利能力。

4 结论

集装箱海铁联运对扩大港口腹地具有重要作用,集装箱铁水联运不仅是保障港口集疏运体系的必由之路,也是铁路集装箱运输发展的必然方向,大力发展集装箱多式联运可以有效提高社会物流运输效率并降低物流成本。本文通过分析我国集装箱铁水联运的现状,并以此为基础总结出我国集装箱铁水联运发展中存在的问题,有助于为我国集装箱铁水联运的发展提供参考并为我国多式联运发展提供借鉴。

参 考 文 献

[1] 闫攀宇. 欧美港口集装箱海铁联运概况[J]. 大陆桥视野,2008(2):20-23.

[2] 张戎, 秦明霞, 艾彩娟. 芦潮港集装箱中心站海铁联运发展对策研究[J]. 铁道货运, 2010, 10,12(5): 12-16.

我国能源消费及其结构分析与预测

周洋帆*[1],史芮嘉[1],李天石[1],孙启鹏[2]

1. 北京交通大学　城市交通复杂系统科学与技术教育部重点实验室,北京 100044;
2. 长安大学　经济与管理学院,西安 710064

摘　要　为了准确把握能源发展趋势,认清能源结构优化的发展方向,对我国的能源消费进行分析,包括能源整体消费以及煤炭、原油、天然气等各种能源形式的消费情况,提出能源结构优化的原则为:立足我国能源的基本国情;借鉴发达国家的能源结构;符合国家相关规划的优化原则。结合目前及未来我国的经济发展、政策导向,以及各类型能源的具体情况,对2020年和2030年的能源消费及其结构进行预测。结果表明,2020年和2030年我国能源消费总量分别为46亿t和57亿t,煤炭在一次能源消费中的比重将缓慢下降,有可能在2020年之前达到峰值。

关键词　能源消费;能源消费结构;能源预测;煤炭

Analysis and Prediction of Energy Consumption and its Structure in China

Zhou Yangfan*[1], Shi Ruijia[1], Li Tianshi[1], Sun Qipeng[2]

1. *MOE Key Laboratory for Urban Transportation Complex Systems Theory and Technology, Beijing Jiaotong University, Beijing* 100044, *China*;
2. *School of Economics and Management, Chang' an University, Xi' an* 710064, *China*

Abstract　It is necessary to grasp the development trend and recognize the optimization of energy structure. This paper analyzed the energy consumption in China including the overall consumption and several energy forms like coal, oil and gas. Optimization principle was proposed that bases the fundamental realities of energy, takes the energy consumption structure of developed countries for reference, and conforms to correlative plans. Taking consideration of economic development, policy orientation and the particular situation of energy in China, the paper forecasted energy consumption and its structure in 2020 and 2030. The results show that total energy consumptions of China in 2020 and 2030 are 46 hundred million and 57 hundred million respectively. The share of coal in primary energy consumption is decreasing slowly and coal consumption likely reaches the peak before 2020.

Key words　energy consumption; energy consumption structure; energy prediction; coal

---

基金项目:中央高校基本科研业务费专项基金资助(2015YJS090)

作者简介:周洋帆(1989—),女,汉族,河南商丘人,博士生,主要研究方向为交通运输规划与管理。

*通信作者:13114226@bjtu.edu.cn

0 引言

能源是关系到国家经济社会发展的战略性问题,必须认清能源结构的新变化和国际能源发展的新趋势。我国已成为世界上最大的能源生产和消费国,形成了煤炭、石油、天然气、清洁能源、可再生能源全面发展的能源供给体系,技术水平明显提高,生产生活用能条件显著改善。尽管取得了巨大成绩,但也面临能源生产和消费对生态环境损害严重、技术水平总体落后等挑战。因此,有必要分析我国能源消费及其结构面临的问题及未来的发展方向。

1 立足我国能源的基本国情

1.1 能源消费进入低速增长和结构调整的新阶段

我国能源消费总量逐年增加,但从2006年起,其增长率却在波动中呈下降趋势。特别是近几年,在全球性降低能耗、减少排放战略的倡导下,国家对产业结构和能源结构提出了调整。我国2012年和2013年能源消费增长率已经分别降至3.95%和3.67%的较低水平,能源消费进入低速发展和结构调整的新阶段。总体上,能源消费量逐年增加,但增幅趋缓;煤炭占比有明显下降,但仍然是最主要的能源形式;原油占比稳中有小幅降低,但消费量逐年增加;天然气、风电、核电、水电等能源形式增长显著,发展迅速。

1.2 煤炭的主体地位长期不变

煤炭是我国长期以来最主要的能源形式,这是由我国“富煤少气贫油”的基本国情决定的。从消费结构上来看,虽然其主体地位保持不变,但在能源消费中的比例却呈下降趋势,从1990年的76%降至2013年的66%,2014年进一步降低至64.2%。目前煤炭产能过剩,煤炭市场处于供大于需的状态。受到经济、环境及进口煤等多方面的压力和影响,自2008年以来,煤炭的销售价格也在震荡中下跌。以秦皇岛5500K动力煤为例,2008年7月曾一度达到980元/t,2011年平均819元/t,2015年12月跌至365元/t。

1.3 原油大量进口,安全储备是关键

原油消费在一次能源消费中的比重变化不大,20年来一直维持在17%~22%之间,但消费量逐年增加。2000—2012年消费量平均增长率为6.5%,而生产量的平均增长率只有2.1%。2012年我国原油产量20748万t,消费量46679万t,进口量27103万t,对外依存度57.5%。根据中国石油集团经济技术研究院发布的《2014年国内外油气行业发展报告》[1],2014年我国原油对外依存度升至59.5%。根据国际能源署(IEA)预测,2035年我国超过80%的原油将依赖于进口。

根据统计年鉴,我国原油消费中,约37%用于交通运输业,37%用于工业。但是,我国交通运输能源消耗只统计了交通部门运营车辆的能耗,与实际交通运输能耗相差较大。贾顺平等[2]测算了2007年我国交通运输石油能耗占全部石油终端能耗的60%,而按照国内的统计数据则为36%。因此,随着机动化进程加快以及统计方面更加完善,原油消费量短期内不会有明显下降,原油进口成为刚性需求。

原油对外依存度是描述原油进口程度的量值,并不能单纯根据它的高低判断能源安全与否。目前与中国较有可比性的是美国,两国都有一定的资源基础,都是经济大国。2010年我

国的原油对外依存度超过美国,这是应该引起重视的信号。由于页岩气革命带来能源结构的改变,2014 年美国原油对外依存度已降至 42%。原油对外依存度过低,不利于充分利用境外原油资源;但过高,经济容易受国际原油价格波动的影响。此外,我国进口原油的 60% 以上来源于中东和非洲地区,多数国家国际政治经济局势动荡、战事频发,给原油进口增加了风险性。

鉴于我国越来越高的原油对外依存度,为了降低原油进口带来的风险和安全问题,在原油储备方面应该加强战略储备。2014 年建成的国家原油储备一期工程能够储备原油 1243 万 t,仅相当于约 9d 的消费量,远低于国际能源署(IEA)建议的 90d 消费量。而日本,虽然自然资源十分匮乏,生产生活所需的主要能源都要从海外进口,原油对外依存度长期维持在 85% 以上。但是,日本的能源安全意识非常强,早在 1968 年就建立了战略原油储备制度,并制订了《石油储备法》等,通过立法来强制国家和企业储备石油,拥有高达 169d 的战略原油储备时间,能源储备意识和原油保障措施值得我国借鉴。

1.4 天然气发展迅速,管道建设是重点

我国天然气发展迅猛,消费量快速增长,呈现逐年上升的趋势,在全国能源消费总量中的占比也有所提高。2000—2013 年我国天然气消费量从 245 亿 m^3 增至 1635 亿 m^3,年均增长率约 16%。但是,我国天然气储量较低,仅占世界探明储量的 1.8%,并且受到输送管道设施不完善和开采技术的限制,天然气消费量少,在一次能源消费中的比例不到 6%。

我国现有的天然气生产、运输和配送系统不完善,天然气的供应主要受基础设施等瓶颈的限制。2013 年我国天然气剩余技术可采储量为 4.3 万亿 m^3,地下储气库储存能力仅为 73 亿 m^3。天然气是低污染的化石能源,能够减少二氧化硫、粉尘、二氧化碳、氮氧化合物的排放。我国天然气主要分布于四川、新疆、内蒙古、陕西等地区,虽已建成西气东输、川气东送等天然气干线框架,但天然气管线总长只有 5 万 km,不及美国的 10%。因此,管道建设成为充分发挥天然气作用的建设重点。

目前,我国不仅在筹备国内天然气的开采,也在积极推进天然气进口,已经初步形成四大天然气进口通道,如图 1 所示。西北通道四条线路总设计输送能力每年 850 亿 m^3,并与西气东输管道相连,辐射全国大部分省市和地区;东北通道主要进口俄罗斯天然气,东西两线总输气量为每年 680 亿 m^3,东南通道是液化天然气(LNG)通道,西南通道初步设计每年向我国输送 2200 万 t 原油和 120 亿 m^3 天然气。自西气东输以及部分天然气进口管道建成投产后,天然气消费量开始走高,进口量在可供量中的比例迅速增长。2005 年以前,我国天然气进口量几乎为零,2012 年进口量为 420.6 亿 m^3,占可供量的 8%。未来,随着四大方向的天然气进口管道进一步建成投产,天然气将逐步由补充能源转变为主力能源。2014 年国办发布的《关于建立保障天然气稳定供应长效机制的若干意见》[3] 提出,到 2020 年天然气供应能力达到 4000 亿 m^3。

1.5 清洁能源势在必行

2013 年水电、核电、风电等的比例已接近 10%,据估算,2014 年将提升到 11.1%。我国在"十二五"期间相继发布了关于风电、核电、可再生能源、生物质能、太阳能等非化石能源的"十二五"规划和中长期发展规划,间接表明,在未来,清洁能源和新型能源将成为重点研究和发展的能源形式。

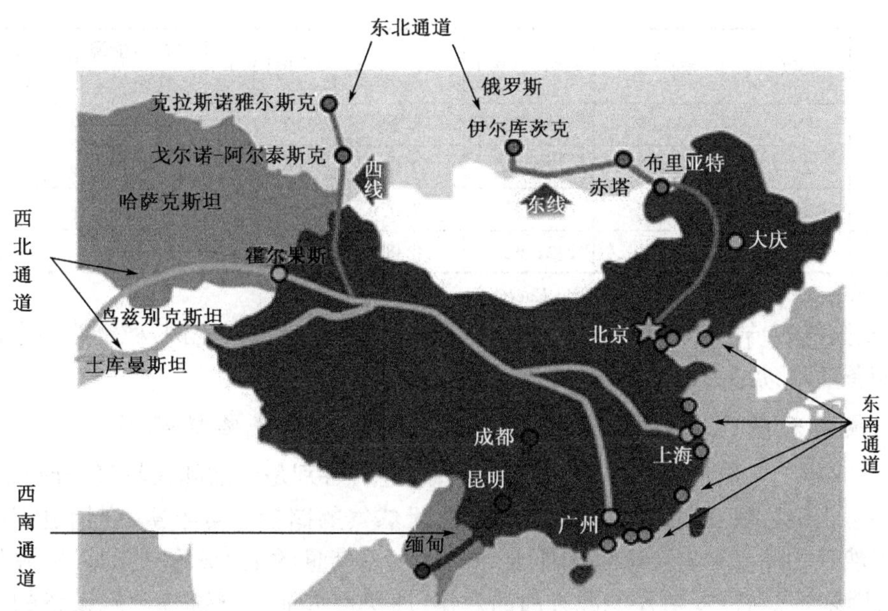

图 1　我国天然气进口通道

核电作为一种主要能源继续发挥显著作用，国务院办公厅公布《能源发展战略行动计划(2014—2020 年)》[4]，提出安全发展核电，到 2020 年核电装机达到 5800 万 kW，此外，2020 年常规水电装机达到 3.5 亿 kW、并网风电 2 亿 kW、光伏发电 1 亿 kW。我国可再生能源极其丰富，逐渐具备较强的开发技术，随着产业化、规模化和商业化的不断发展，发电成本逐步接近传统能源，将成为我国电力供应的重要支撑。

2　借鉴发达国家的能源结构

2.1　我国能源结构将进一步优化，逐渐向发达国家的能源结构靠拢

对比我国与其他国家的能源消费结构，如表 1 所示。可以看出，我国和美国能源消费总量相差不大，但能源结构却非常不同。我国的煤炭在能源消费中的比例超过 60%，占绝对主导地位，而美国以原油和天然气为主，两者合计占比 66.5%，煤炭只有约 20%。其他国家除印度与我国相似之外，无论是发达国家还是发展中国家，原油都是最主要的能源形式，在一次能源中的消费比重均超过 35%。发达国家如美国、日本、德国、澳大利亚等，天然气的比重均在 20% 以上。

2014 年部分国家能源消费结构　　表 1

国　家	煤炭(%)	原油(%)	天然气(%)	核能(%)	水电(%)	可再生能源(%)	消费总量(百万吨油当量)
中国	66.03	17.51	5.62	0.96	8.10	1.79	2972.1
俄罗斯	21.72	54.01	12.49	6.00	5.76	0.01	681.9
印度	56.48	28.33	7.15	1.22	4.64	2.18	637.8
巴西	5.17	48.14	12.06	1.18	28.24	5.20	296.0

续上表

国　家	煤炭(%)	原油(%)	天然气(%)	核能(%)	水电(%)	可再生能源(%)	消费总量(百万吨油当量)
美国	19.72	36.37	30.25	8.26	2.57	2.83	2298.7
日本	27.75	43.17	22.20	0.00	4.34	2.54	456.1
德国	24.89	35.85	20.51	7.07	1.48	10.19	311.0
澳大利亚	35.61	36.99	21.38	0.00	2.68	3.33	122.9

注:数据来源于《BP Statistical Review of World Energy June 2015》。[5]

因此,我国能源结构将逐渐向发达国家靠拢,即降低煤炭消费比例,稳定原油进口量,加快推进原油储备战略,加大天然气开采及进口量。

2.2　提高天然气在能源消费中的比例,做好能源战略性规划

俄罗斯的煤炭、原油、天然气三大能源的储量最多,特别是原油和天然气,分别是我国储量的5.6倍和7.5倍。俄罗斯是邻接国家,原油和天然气的储量非常丰富,产量也相当可观,我国原油和天然气的储量只有全球各国原油和天然气总储量的1.1%和1.8%,资源相对匮乏。因此,我国应该加强与俄罗斯在能源方面的合作,加快推进油气管道等设施设备的建设,增加从国外,特别是俄罗斯的能源进口量。

虽然我国煤炭资源储量丰富,占全球各个国家总储量的12.8%,但储产比非常低,仅有30。美国的煤炭储量非常多,占全球各国家煤炭储量总量的26.6%,约是我国两倍。尽管美国拥有大量煤炭资源,但是储产比非常高,达到262,能源形式以更加清洁和环保的原油和天然气为主,煤炭作为能源补充有战略意义,是值得学习和借鉴的。因此,我国应在充分利用国内外能源资源的同时,做好能源战略性规划,使其能够高效、节能、环保、可持续地发展。

2.3　能源消费在相当一段时期内仍将继续增加,但增长速度有所放缓,基本上维持在3%左右甚至以下

我国人均能源消费量持续增长,2009年超过世界平均水平。以美国和日本为代表的发达国家,人均能耗量较高,特别是美国,人均能耗虽然一直在波动中有所下降,但目前仍然是我国的3倍之多。日本的人均能耗值较为稳定,2014年约为我国的两倍。因此,目前我国还处于发展阶段,未来相当一段时间内的人均能耗还将保持增长趋势。如图2所示。

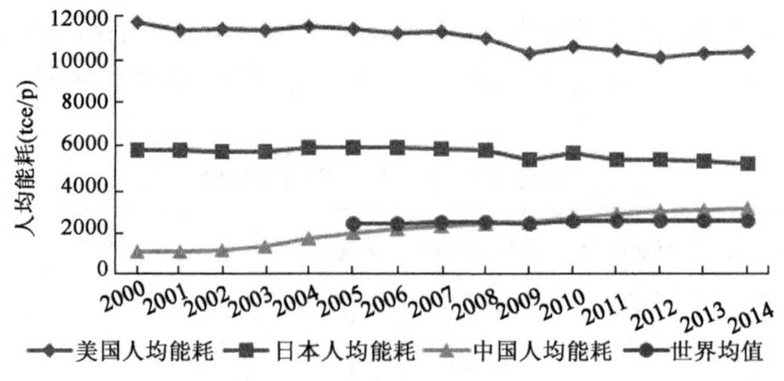

图2　美、日、中及世界人均能源消费量(2000—2014年)

注:人均能耗根据既有数据计算得到,其中能源消费量来自BP能源统计年鉴,人口总数来源于世界银行。

但是,我国能源消费量的增长率近几年持续走低,2012 年和 2013 年已降至 4% 以下。此外,我国经济增长速度已经进入中高速发展阶段,第三产业比重逐渐增加,单位 GDP 能耗也在国家控制下逐年下降,2011 年、2012 年、2013 年、2014 年分别同比降低了 2.01%、3.6%、3.7% 和 4.8%。因此,未来能源消费将继续保持 3% 左右甚至更低的增长率。

3 未来我国能源消费及结构预测

3.1 能源消费总量预测

我国召开的 2015 年上半年全国能源形势新闻发布会上表明,当前中国经济进入新常态,在经济增速放缓、经济结构调整加快的背景下,预计“十三五”期间我国能源消费增速将有所下降。2000—2010 年,中国能源消费年均增速为 9.4%,2011—2014 年能源消费年均增速下降至 4.3%,“十三五”期间,能源消费增速或将进一步降至 3% 左右。

此外,我国颁布了一系列规划和政策措施来改善能源消费结构,主要包括《能源发展战略行动计划(2014—2020 年)》[4]《能源发展“十二五”规划》[6]《煤炭工业发展“十二五”规划》[7]《中美气候变化联合声明》[8]等。相关控制指标具体为:2015 年能源消费总量 40 亿吨标煤,非化石能源提高到 11.4%,天然气提高到 7.5%,煤炭消费比重降低到 65% 左右;2020 年一次能源消费 48 亿吨标煤左右,煤炭控制在 42 亿 t 左右,非化石能源比重达到 15%,天然气比重在 10% 以上,煤炭消费比重控制在 62% 以内;2030 年非化石能源占一次能源消费比重提高到 20% 左右。

2012 年和 2013 年我国能源消费量的增长率都在 3% ~4% 之间,根据前文分析和上述控制指标,假设 2015 年能源消费总量为 40 亿吨标煤,2015—2020 年间能源消费量的年均增长率为 3%,2020—2030 年间能源消费量的年均增长率为 2%。由此得到 2020 年和 2030 年我国能源消费总量分别为 46 亿 t 和 57 亿 t。由中国能源研究会政策研究中心、煤炭工业规划设计研究院等机构发布的《煤炭峰值预测及应对》[9]报告中提出,2020 年能源消费总量为 47.57 亿吨标煤,2030 年能源消费总量为 56.49 亿吨标煤,与本文的研究结果较为接近。

为了进一步验证消费总量预测结果的准确性,利用单位 GDP 能耗进行检验。我国 GDP 增长速度已经开始进入中高速发展阶段。假设 2012—2015 年 GDP 年均增长率为 7%、2015—2020 年为 6%、2020—2030 年为 5%,根据预测的能源消费量结果:2015 年、2020 年、2030 年分别为 40 亿 t、46 亿 t、57 亿 t,得到我国未来的单位 GDP 能耗,如图 3 中曲线部分。可以看出,

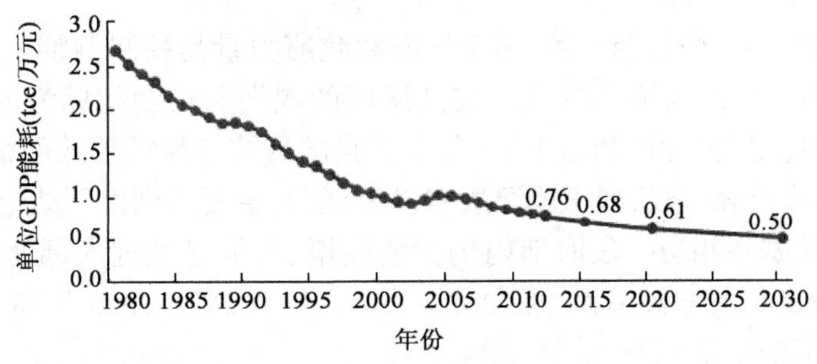

图 3 我国单位 GDP 能耗值预测结果

注:1990—2012 年数据来源于《中国统计年鉴 2014》[10],按照 2010 年可比价格计算。

预测结果符合单位 GDP 能耗的发展趋势。并且,根据《能源发展“十二五”规划》[6] 的规定,到 2015 年单位 GDP 能耗将下降到 0.68 的控制指标,预测结果也符合这一要求。

3.2 能源消费结构预测

在总量预测的结果下,根据上述分析,对未来我国能源消费结构进行预测,设置多种预测情景,结果如表 2 所示。

本文对未来能源消费预测的结果　　表 2

年份	煤炭(%)	原油(%)	天然气(%)	非化石能源(%)	能源消费总量(亿吨标煤)	煤炭消费量(亿吨原煤)
2010	68.0	19.0	4.4	8.6	32.5	30.9
2013	66.0	18.4	5.8	9.8	37.5	34.6
2015	65.0	16.1	7.5	11.4	40.0	36.4
2020	60.0	15.0	10.0	15.0	46.0	38.6
	55.0	17.0	12.0	16.0	46.0	35.4
2030	50.0	15.0	16.0	19.0	57.0	39.9
	45.0	17.0	18.0	20.0	57.0	35.9

由预测结果可以看出,2015—2030 年间,天然气和非化石能源在能源消费量中的比重将迅速增加,煤炭消费比重逐步减小。根据中国煤炭工业协会发布的数据,截至 2015 年第一季度,全国煤炭产量同比下降 3.5%,销量同比下降 4.7%,全社会存煤已持续 39 个月超过 3 亿 t。中国煤炭运销协会的数据显示,2015 年前 5 个月全国原煤产量 14.6 亿 t,同比下降 6%,煤炭销量为 13.2 亿 t,同比下降 8.8%。因此,煤炭成为环境污染的一个重要原因已经受到越来越多的重视,煤炭消费的黄金时期已经过去。

发展改革委员会能源研究所发布的《行业部门煤炭消费总量控制研究》[11] 指出,煤炭消费峰值将会在 2020 年到来,峰值水平为 40.6 亿吨原煤,2030 年将下降至 37 亿 t 左右。根据本文的预测,煤炭消费量可能会进一步走低,如果煤炭消费比重在 2020 年和 2030 年分别降至 55% 和 45% 以下,那么这一峰值将会在 2015 年提前到来。因此,综合以上分析,煤炭在一次能源消费中的比重将缓慢下降,煤炭消费量可能在 2020 年之前达到峰值。

4 结论及建议

能源结构调整需要一个长期过程,国家导向和政府力量是控制调整节奏和调整目标的主要因素。因此,能源及其结构预测应该以较高层面的规划和控制指标为准。本文在“立足国情、参考国外、贴合规划”三方面的原则下,分析了我国目前各能源形式的情况,对比了我国和其他国家的能源结构差异,遵从国家能源战略发展规划,主要得到以下结论及建议。

(1)我国能源消费在相当一段时期内仍将继续增长,但已经进入低速发展的阶段。预测 2015—2020 年消费量年均增长率为 3%,2020—2030 年为 2%。2020 年和 2030 年能源消费总量将分别为 46 亿 t 和 57 亿 t。

(2)能源结构调整总体上可概括为:降低煤炭,稳定石油,增加天然气,开发清洁能源。能源结构逐渐向以油气为主的发达国家靠拢,弱化煤炭的绝对主体地位,煤炭消费量有可能在

2020 年之前达到峰值。

(3)加强能源安全战略规划和基础设施建设,建立健全能源法治体系,完善能源应急和能力建设。特别在原油的战略储备方面,降低由于国际环境动荡给我国能源、经济方面带来的风险。

(4)提高天然气在一次能源消费中的比例,逐步由补充能源转变为主力能源。加快天然气管道建设,包括国内管道及进口管道。加强国际合作,有效利用国际资源。

(5)水电、核电、风电、太阳能、地热能、生物质能等清洁能源和新型能源主要面临技术难度和开采成本问题。应该紧跟国际能源新的开发技术,推动各类能源形式的技术创新、产业创新、商业模式创新等。

参 考 文 献

[1] 中国石油集团经济技术研究院. 2014 年国内外油气行业发展报告[R]. 2015.

[2] 贾顺平,毛保华,刘爽,等. 中国交通运输能源消耗水平测算与分析[J]. 交通运输系统工程与信息,2010,10(1):22-27.

[3] 国务院办公厅. 关于建立保障天然气稳定供应长效机制的若干意见[Z]. 2014.

[4] 国务院办公厅. 能源发展战略行动计划(2014—2020 年)[Z]. 2014.

[5] BPstats. BP statistical review of world energy June 2015[M]. UK:Pureprint Group, 2015.

[6] 国务院. 能源发展“十二五”规划[Z]. 2013.

[7] 国家能源局. 煤炭工业发展“十二五”规划[Z]. 2012.

[8] 中美气候变化联合声明[Z]. 2014.

[9] 中国能源研究会政策研究中心,煤炭工业规划设计研究院. 煤炭峰值预测及应对[R]. 2014.

[10] 中华人民共和国统计局. 中国统计年鉴 2014[M]. 北京:中国统计出版社,2014.

[11] 发展改革委员会能源研究所. 行业部门煤炭消费总量控制研究[R]. 2015.

我国石油进出口现状及问题研究

张思佳[*1],麻存瑞[1],贾文铮[2]

1. 北京交通大学　城市交通复杂系统科学与技术教育部重点实验室,北京 100044;
2. 交通运输部科学研究院,北京 100029

摘　要　石油作为一种极其重要的战略资源,在一个国家的工业生产和国防科技建设中具有举足轻重的作用,直接影响到国民经济的发展水平。近年来,随着经济的高速发展,我国对石油资源的需求不断加大,国内石油供需矛盾进一步加深,石油进出口问题也越来越受到关注。本文从我国石油进出口规模总量、进口来源、进口通道等方面分析了我国石油进出口现状,提出了目前我国石油在对外依存度、与进出口来源国政治关系、对进口通道及运输工具的依赖程度和石油储备等方面存在的问题,并给出了相应的对策建议,以促进我国石油产业的进一步发展,更好地实现石油供求平衡,保障石油运输安全。

关键词　石油;进出口;中国;问题;对策建议

Research on the Current Situation and Problems of the Import and Export of China's Oil

Zhang Sijia[*1], Ma Cunrui[1], Jia Wenzheng[2]

1. *MOE Key Laboratory for Urban Transportation Complex Systems Theory and Technology, Beijing Jiaotong University, Beijing* 100044, *China*;
2. *China Urban Sustainable Transport Research Center, China Academy of Transportation Sciences, Beijing* 100029, *China*

Abstract　The oil, which is regarded as an extremely important strategic resource, plays an important role in country's industrial production and development of the national defense, and it has a direct impact on the national economic development. In recent years, with the rapid development of economy, China's demand for oil has been increasing and the contradiction between supply and demand of oil tends to deepen, thus the problem of the import and export of oil have gained more and more attention. This paper studies on the current situation of the import and export of China's oil according to general quantity, the areas where we can get oil and the transport channels which we will get through. It puts forward the problems of our country's oil import according to the oil external dependency,

基金项目:国家自然科学基金重点项目(71131001)

作者简介:张思佳(1991—),女,黑龙江大庆人,博士生,主要研究方向为交通运输规划与管理。

* 通信作者:15114248@bjtu.edu.cn

the political relations with the countries which supply us oil, our dependency of the transport channels and the means of transportation. And then this paper comes up with some corresponding countermeasures and suggestions which are beneficial to promote the further development of China's oil industry and to achieve a better balance between supply and demand of oil in order to safeguard the security of oil transportation.

Key words oil; import and export; China; problems; countermeasures and suggestions

0 引言

石油作为一种重要的基础能源和战略资源，在我国的工业化生产和科技进步中发挥着举足轻重的作用。随着我国经济的高速发展，作为石油的需求和消费大国，目前我国石油产量并不能满足工业发展需要，石油产业对于进口原油的依赖程度日益提升，2013 年我国正式取代美国成为全球最大的石油净进口国。大量的进口需求导致我国对外石油进口高度依赖，国内石油战略储备严重不足，价格波动、政治关系动荡、海上运输安全问题等都会使得我国处于被动地位，我国石油产业发展面临严峻考验。

因此，针对我国目前石油进出口现状，分析我国石油进出口在对外依存度、与进出口来源国政治关系、对进口通道及运输工具的依赖程度和石油储备等不同方面存在的问题及缘由，探究应对的策略和建议具有很大必要性，使得我国的石油产业得以可持续发展，石油安全得以保障。

1 我国石油进出口现状

近年来，我国石油进口量增长迅速，由 1990 年的 0.08 亿 t 增长到 2005 年的 1.72 亿 t，年均增加 1100 万 t，2005 年以后年均增加 2300 万 t。2012 年石油进口量达 3.31 亿 t，同比增加 0.15 亿 t，增长了 4.7%。随着经济快速增长，我国对石油的需求还会增加。国内石油产量与增产潜力有限，难以满足日益增加的需求。在相当长时期内，我国将保持依赖进口石油的状态。

在石油出口方面，从 1990 年至 2012 年，我国石油出口量较低且相对稳定，维持在 0.3 亿 t 左右。我国主要的石油出口地是中国香港地区、东盟、巴拿马等，东盟是缺少石油且贸易一体化的重点区域，巴拿马是我国进出口航运的主要运输渠道。我国是石油需求大国，且无法自给自足，但是出于未来经济发展战略的考虑，有必要向这些地区出口少量石油。

1990—2012 年我国石油进出口量如图 1 所示。

从历年的石油进口来源分析，中东和非洲国家始终是我国石油进口的主力资源国。进入 21 世纪以来，随着石油消费需求和对外依存度的持续增长，能源供应安全愈加受到重视，为减少对海上运输通道的过度依赖，提高能源供应安全，中国的能源通道建设开始从海上为主的单一供油局面向海陆相济、多方保障的局面转变，石油进口来源进一步扩展。2005 年以来，来自俄罗斯和哈萨克斯坦等与我国接壤的石油资源国的进口量快速提高，占总进口量的比例提高至 10% 以上。2010 年前后，以委内瑞拉为代表的南美国家及中东地区的科威特和阿联酋等国也开始步入我国主要进口资源国行列。

目前，我国石油进口来源地主要集中在中亚（哈萨克斯坦）、中东（沙特阿拉伯、伊朗、伊拉克、科威特、阿曼、阿联酋）、非洲（苏丹、安哥拉、刚果）、拉美（委内瑞拉、巴西）和俄罗斯[1]。图 2 所示为 2000—2013 年我国石油十大进口来源国及进口量分布情况。

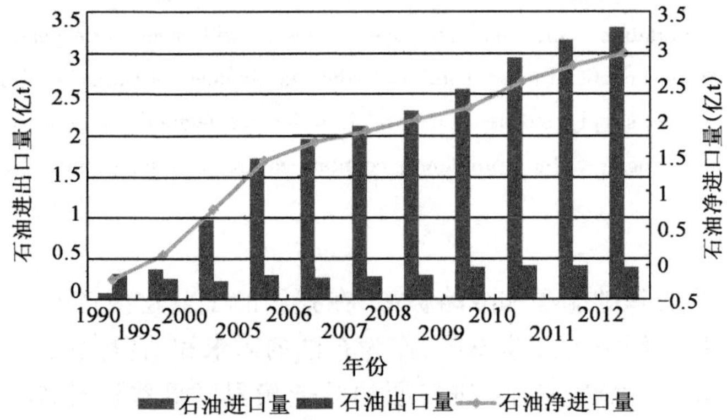

图1 我国石油进出口量变化趋势图

注:数据来源于《中国能源统计年鉴2013》。

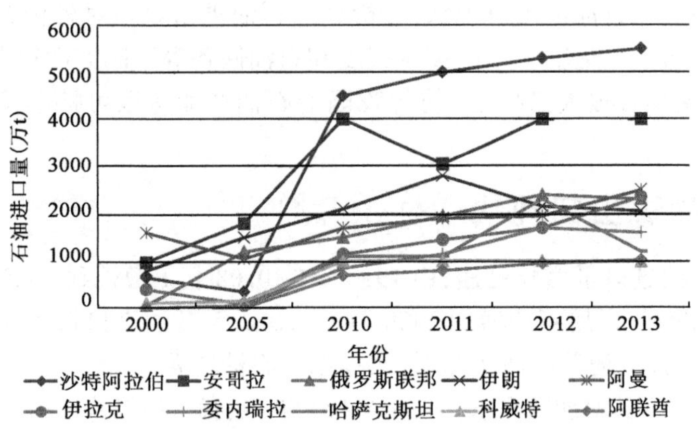

图2 2000—2013年我国石油十大进口来源国及进口量

根据2014年美国霍普金斯学会报告,国际能源版图正在发生重大调整,2013年10月我国正式取代美国成为全球最大石油净进口国。2013年我国石油进口来源地区构成如图3所示。其中,中东是我国石油的最主要的进口来源地,占我国总进口量的52.6%;其次是非洲、前苏联部分加盟共和国、南美等地区分别占22.2%、13.1%、9.9%[4]。预计在未来的一段时间内,我国从中东、非洲、前苏联部分加盟共和国、拉美、中亚等地区进口石油的比例将持续保持较高的水平。

从石油进口通道来看,我国石油进口运输方式同世界趋势一致,90%通过海上油轮运输,10%通过陆上运输通道运输。

我国石油进口海上运输通道主要包括以下四条:

(1)中东航线,承担我国近一半的石油运输量。

(2)非洲航线,承担我国30%左右的石油运输,且近年来地位逐渐上升。

(3)拉丁美洲航线,受多元化战略的影响,拉美航线运输量稳步上升,承载我国10%左右的石油进口量。

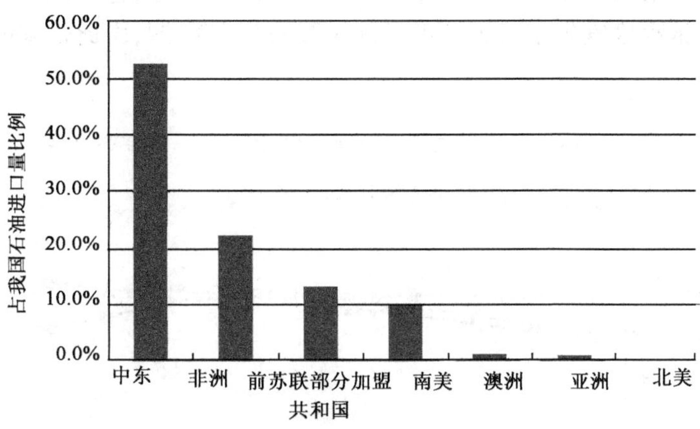

图 3　2013 年我国石油进口来源地区构成

注：前苏联部分加盟共和国包括俄罗斯、乌克兰、白俄罗斯、乌兹别克斯坦、哈萨克斯坦等 15 个国家。

(4)东南亚航线，由于自身对石油资源的需求和日益减少的石油产量的影响，东南亚航线运输量一直处于下降的趋势，2009 年和 2011 年在总进口量中所占份额接近于零。

我国石油进口陆上运输通道主要分为管道运输通道和铁路运输通道两类。管道运输通道包括中哈石油管道、中俄石油管道、中缅油气管道等；铁路运输通道主要有两条，一条由俄罗斯的伊尔库茨克至我国内蒙古的满洲里；另一条从哈萨克斯坦的阿拉木图到我国新疆的阿拉山口。

2　我国石油进出口存在的问题

(1)石油对外依存度偏高，对能源安全产生不利影响

石油对外依存度可以根据国家石油净进口量占本国石油消费量的比例得到，体现了一国石油消费对国外石油的依赖程度，石油对外依存度过高将给国家能源安全带来不利影响。依据国际能源安全标准，依存度 40% ~50% 属于不安全，大于 50% 属于危险。图 4 给出了 2005—2014 年美国、日本、中国石油进口对外依存度的变化情况。为了具有可比性，选取 BP 统计年鉴[3]的数据进行计算。然而考虑到统计口径的不同，针对我国的石油对外依存度，另外给出根据我国能源统计年鉴的计算结果作为参考，即图 4 中中国的数据根据《中国能源统计年鉴》[4]计算，美国、日本、BP-中国的数据根据《BP 能源统计年鉴 2014》[5]计算。

可以看出，由于美国的“页岩气革命”取得了巨大成效，其石油对外依存度从 2011 年起逐年下降，2014 年美国石油对外依存度降为 41.68%。日本几乎没有石油资源，依存度近 10 年均保持在 85% 以上，2014 年日本石油对外依存度为 85.62%[2]。我国石油消费量多、生产量少、储存量低、进口量大等特点，决定了我国石油供需缺口大、对外石油依存度高的用油现状。早在 1996 年我国就已成为石油的净进口国，自此之后对石油的消费需求迅速增长。然而，受到国内石油生产能力的限制，我国不得不加大对外石油进口，石油进口依存度成倍增长。近年来，我国石油对外依存度总体上不断增加，并且已经超过美国。根据中国石油集团经济技术研究院发布的《2014 年国内外油气行业发展报告》，2014 年我国石油对外依存度升至 59.5%，较

2013 年上升 1.1%。根据国际能源署(IEA)预测,到 2035 年我国超过 80%的石油供应将依赖于进口。持续的高依存度宣告了我国已正式进入石油“危险”期,由此带来的隐患应得到充分重视。

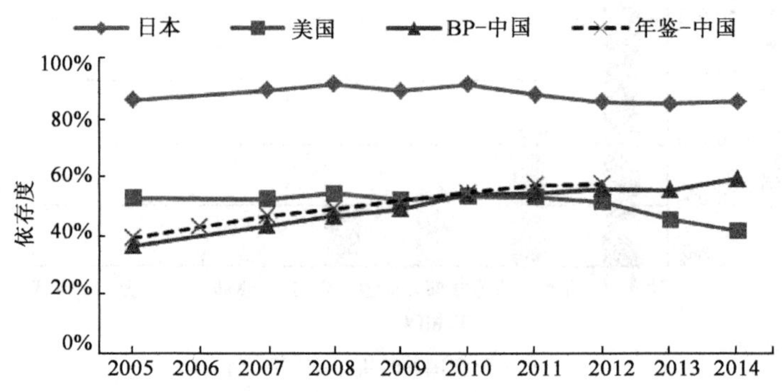

图 4　美国、日本、中国的石油对外依存度(2005—2014 年)

(2)我国石油进口来源地区集中且局势不稳定

我国 60%以上的进口石油来源于中东、非洲地区,从中东进口石油占比约为 51%,从东南亚进口的石油占 15%。预计未来几年,我国从中东及非洲地区进口石油的比例将继续保持较高水平。中东、非洲地区目前正是国际政治经济局势动荡的主要地区,局部冲突不断、恐怖事件频繁发生,中东民族矛盾、宗教之争、能源争夺所引发的各类战事频频发生,我国在中东地区的石油进口更易受制于人。自美国实现国内能源独立后,对中东、非洲地区的石油需求量开始大幅下降,我国在该地区的石油安全供给将面临更大的政治挑战。

(3)我国石油进口运输方式单一,存在一定风险

我国当前进口石油主要运输方式是海运和铁路运输,且海运占比高达 90%。

海运进口石油有很大风险。一方面,我国拥有的大型可运输石油的油轮屈指可数,石油进口运输 90%是依靠外籍油轮,使得我国对外产生严重依赖。另一方面,我国石油进口的运输航线都属于世界上地理位置非常敏感的地带,例如马六甲海峡、霍尔木兹海峡等,一旦出现海峡被封锁、破坏等突发状况,我国的石油进口就会被中断、控制,使我国石油运输安全处于被动局面。

同样,铁路运输也存在很大的局限性。俄罗斯、中亚国家和我国铁路轨距不同,火车经过满洲里和阿拉山口时需要换装,增加了运输成本;并且满洲里冰冻期较长,也会影响换装效率。此外,目前我国通过管道运输的石油量相比海运还很少,亟需加强建设。

(4)我国石油储备建设相对滞后

1973 年的石油危机使西方发达国家蒙受了巨大损失,此后美、日、法、德等国纷纷开始建设战略石油储备。按照经合组织的规定,该组织成员国必须具备至少满足其 90d 石油消费的储备。以美、日、法、德为例,除了核电比重巨大的法国储备天数略多于 90d,其余三国都远在标准之上,日本战略石油储备天数更是高达 169d。近年来,我国也将加快石油储备建设提上日程,《能源发展战略行动计划(2014—2020 年)》中明确提出要扩大石油储备规模,建成国家石油储备二期工程,启动三期工程,鼓励民间资本参与储备建设,建立企业义务储备,鼓励发展

商业储备。至2015年年中，共建成8个国家石油储备基地，总储备库容为2860万m^3，储备原油2610万t，相当于大约30d的消费量，远低于国际能源署(IEA)建议的90d。同时，我国的石油储备相关法规也相对落后。

(5)我国石油消费弹性系数偏高，可能导致经济发展受阻

一个国家或地区的石油发展如果不能与经济发展保持相应的数量关系，那么经济发展就会受阻，这种数量关系可以用石油消费弹性系数来反映。石油消费弹性系数是指石油消费量的年平均增长率与国民经济发展的年平均速度之比，该系数越高，表明石油消费量超过与经济发展匹配程度越明显。我国的石油消费弹性系数偏高，石油消费量过大，石油使用效率低，节油和油品替代等处于较低水平。另一方面，我国正处于迈向城市化和机动化的大背景下，石油消费量中37%用于交通运输、仓储和邮政业，属于刚性需求。综上所述，我国石油消费弹性系数过高，可能导致经济发展受阻。且近中期我国石油进口需求不会明显下降，进口需求仍是刚性需求。

3 我国石油进出口问题对策与建议

(1)合理看待石油进口高依存度

石油对外依存过高有两方面的负面影响：一是石油安全，一旦发生突发事件，我国生产生活会受到重大影响，但这种情况发生的概率较小；二是由石油价格引出的经济安全问题，石油对外依存度的增长和原油价格上涨相关，石油价格上涨会带动一系列大宗商品价格上涨，对宏观经济运行有很大影响。

然而，单单依靠石油进口对外依存度来评估我国石油安全系数并不十分合理。从其他高依存度的国家角度分析，一方面，美国石油进口近几年来也一直保持着相对较高的对外依存度。但美国是经济发达且石油进口来源多元并充足的国家，即使对外依存度较高，其石油安全并未受到威胁。因此，一个国家的石油对外依存度需要控制在一定的合理范围内，不可无限制增长，这个合理的范围与国家的石油进口方式、进口来源、供需缺口大小都有密切关系。另一方面，日本是一个资源高度匮乏的国家，石油对外依存度高达90%以上，客观条件使得日本必须依靠进口来满足自身的发展。为了降低对外依存度，日本积极鼓励能源替代、建立战略石油储备、培育本国石油资本等政策的实施，保证本国的石油安全，减少对他国的依赖。

因此，高依存度并不一定意味着绝对的高风险。应从自身国情出发，根据国家石油进口方式、进口来源、供需缺口大小等方面因素，与相似国情的国家比较分析后，得到合理的对外依存度变化范围，将对外依存度保持在合理范围内，加以控制，保证国家能源安全。

(2)构建石油进口多元化格局，降低石油进口来源地集中度

我国的石油进口来源地过度集中在中东、非洲地区，不利于石油进口安全的风险控制。为降低进口来源地集中度，我国应该积极构建石油供应的多元化格局。然而，中东及非洲地区仍将是我国石油进口的主要来源地，我国必须在保障这两个区域内石油供应安全的条件下，进一步拓展其他的石油进口来源地。

首先，我国应与中东及非洲地区建立相互依存的稳定合作关系，加强石油购买与提炼的上下游合作关系，积极发展双边贸易往来，增加国家之间利益互惠互利的交汇点，综合保障贸易、

资源合作项目的长期稳定。

其次,中亚的哈萨克斯坦、俄罗斯的西西伯利亚地区、远东及西伯利亚地区都蕴藏着丰富的石油资源,且距离我国较近。我国与邻国进行石油经济合作相对于其他地区更具有现实性与可操作性。

再次,随着我国与拉美、北美地区国家间的政治关系逐渐融洽,为我国从委内瑞拉、巴西等地区进口石油创造了可能性。

最后,我国还应该加强与东北亚、东南亚以及南亚地区各国的能源合作。

(3)构建多形式的运输体系,减小石油运输风险

建设安全性高、多样化的运输渠道,需要避免对海上运输通道的依赖,要积极开发建设陆地上的石油运输线路。其中管道运输安全、便捷的特点,不仅可以避免运输时间的浪费、提高石油的运输效率,还可以减少对海上石油运输的过分依赖。同时,鉴于我国石油运输过分依赖外国油轮的情况,加强建设本国运输船队和油港,实现"自力更生",是非常必要的。

(4)加强与能源生产和消费国的关系,改善石油贸易环境

为保障我国石油的供应安全,提高在国际石油供应环境中的有利地位,我国应采取有针对性的政治、经济、外交手段,开展双边和多边合作项目,加强与石油输出国的关系,稳定石油进口来源。目前,除俄罗斯能实现能源自足外,世界上其他金砖国家对石油的需求量均在不断上升,众多新兴发展中国家对石油进口的需求形成了不可避免的竞争关系。如果中国和其他金砖国家在战略上缺乏共同的利益,形成恶性能源竞争关系,将有损我国在亚洲以及全球政治、经济中的良好形象。因此,我国应主动和金砖国家建立友好合作机制,协调各方的利益,改善石油贸易环境,保障石油的供应安全。

(5)加强石油战略储备建设,降低石油供应风险

应对必需品短缺最基本、最有效的措施就是健全储备。在石油进口安全战略中,我国除了要保障石油的供应安全以外,石油储备量也是值得关注的重要问题。充足的石油储备量可以减少石油的供需矛盾,稳定国内市场油价,有效应对国际油价波动,减少因各种"意外"而导致的缺油现象。如果我国能够建立 90 ~ 120d 的石油储备,在系统的安全应急措施下,则至少可以保证 60d 的正常经济运作和社会生活[3]。足够的储备不仅使我国有了应对意外事件的物质基础,也为参加或建立与经合组织(OECD)国家间的石油集体安全合作创造了条件。在当今世界上,离开国际合作很难"独善其身"(单独保障本国能源安全),储备加国际合作如同为石油安全安上了"双保险"。

4 结论

通过对目前我国石油进出口现状的分析,从对外依存度、进口来源、进口运输、战略储备设施建设等方面剖析了我国石油进出口存在的问题,并给出了相应的对策建议。目前我国应将石油进口对外依存度控制在合理的范围内,一旦超出要加以削减。实现石油进口来源、进口运输通道的多元化,加强与石油进口来源国的政治友好关系,保障石油进口途径的安全性,建立石油战略储备以防患于未然。通过多方面的措施,实现石油进出口供需平衡,保障石油安全。

参 考 文 献

[1] 徐舜华,曹斌,郝立新.世界原油贸易走势与中国进口形式分析[J].国际石油经济,2014(Z1).

[2] 张祺.中国石油进口对外依存度研究[D].武汉:武汉大学.2013.

[3] 姚兰,胡国松.新生产格局下的中国石油进口安全思考[J].现代物业,2014,13(7):4-7.

[4] 中华人民共和国国家统计局.中国能源统计年鉴[J].中国统计出版社,2013—2014.

[5] BPstats. BP statistical review of world energy June 2014[M]. UK:Pureprint Group, 2014.

煤炭运输企业向煤炭物流服务商转变思路研究

史芮嘉*1,周洋帆1,陈志杰1,李樱灿2

1.北京交通大学 城市复杂系统理论与技术教育部重点实验室,北京 100044;

2.中国铁道科学研究院运输及经济研究所,北京 100081

摘 要 针对煤炭运输企业物流效率和信息共享程度较低,亟需向煤炭物流服务商转变的现状,在研究既有物流服务模式的基础上,分析了煤炭物流服务商的内涵。从提升煤炭运输企业整体业务水平和综合竞争力的角度出发,提出了煤炭物流服务商的构建思路和分阶段功能定位,并对煤炭运输企业向煤炭物流服务商转型的直接和间接经济效益进行分析,为煤炭运输企业的转型提供借鉴。

关键词 煤炭运输;物流服务;信息平台;盈利模式

Research on the Transformation from Coal Transportation Enterprises to the Coal logistics Facilitators

Shi Ruijia*1, Zhou Yangfan1, Chen Zhijie1, Li Yingcan2

1. *MOE Key Laboratory for Urban Transportation Complex Systems Theory and Technology, Beijing Jiaotong University, Beijing* 100044, *China*;

2. *Transportation and Economics Research Institute, China Academy of Railway Sciences, Beijing* 100081, *China*

Abstract Many coal transportation enterprises in China have low logistics efficiency and information sharing degree. They are eager for the transformation to coal logistics facilitators. Based on the research of logistics service mode, we analyze the connotation of logistics facilitators. To improve the business level and comprehensive competitiveness of coal transportation enterprises, we principally expound the thought and progress about the framework of coal logistics facilitators, and propose the phase function of coal logistics facilitators. Additionally, we analyze the direct and indirect economic benefit of the transformation to provide reference for the coal transportation enterprises.

Key words coal transportation; logistics service; information platform; profit mode

0 引言

煤炭一直是我国能源的主体,长期占据能源生产总量的70%以上,2006年一度达到77.8%。

基金项目:国家自然科学基金(71390332,71131001)

作者简介:史芮嘉(1991—),女,河北石家庄人,博士生。

*通信作者:shiruijia@bjtu.edu.cn

2013年全国煤炭产量约36亿t原煤，占全国能源总产量的75.6%。然而，我国煤炭资源分布总体上北多南少、西多东少，煤炭消费则以中东部地区为主，生产与消费分布的不匹配决定了我国长期存有较大的煤炭运输需求。煤炭物流是一个涉及部门多、过程复杂、经营链条长、存在多种不确定因素的行业。在传统煤炭市场，各家煤炭运输公司为了保全自己的经营利益和市场份额，往往实行"单打独斗"的经营模式，市场承受能力相对不足。煤炭运输行业存在企业相互竞争激烈、煤炭物流信息缺乏共享、煤炭物流成本居高不下等问题。

在此形势下，煤炭运输企业纷纷寻求转型，拟从煤炭运输全链条出发建设煤炭物流服务商，以扩大企业竞争力，提高整体业务水平。如秦皇岛港股份有限公司的中长期发展目标为逐步打造成为世界领先的综合码头运营商和综合物流服务商[1]；开滦集团则致力于由煤炭贸易模式转向煤炭流通服务商模式，提出"煤炭供应链管理、战略储配体系、市场交易体系"三位一体[2]的物流发展模式；新矿集团在煤炭市场压力下，积极推进经济发展方式和产业结构调整，探索由传统能源供应商向能源服务商转型发展；山东能源龙矿集团整合煤炭营销过程相关资源，以"竞合"联盟为载体，打造全过程煤炭物流供应服务商。

鉴于煤炭运输企业之间合作壁垒尚未打破，煤炭运输企业在向煤炭运输服务商转型中将面临诸多困难。因此，分析既有的物流服务模式，探讨煤炭运输企业向煤炭运输服务商转型的思路和方式，对我国煤炭运输企业的发展具有较大借鉴意义。

1 煤炭物流服务商内涵

煤炭物流服务商是以煤炭为主要物流品类，为客户提供信息服务和物流整体解决方案的经营者。其具体内涵包括以下两个方面：

(1)提供煤炭信息和物流信息服务

煤炭运输企业构建煤炭物流服务商必不可少的服务内容之一就是提供信息服务，应包括基础的煤炭信息和物流信息，如供应商实时查询煤炭的位置、状态和堆存情况，买家能够获得煤炭在价格、质量、成分等方面的资料，买卖双方的交易信息和物流解决方案等。在这方面可以参考国内外物流服务商或者电商平台，例如秦皇岛煤炭网，在煤炭信息服务方面包含煤炭价格行情、价格走势、煤炭交易、港口信息、煤炭运输、市场分析、电煤需求等功能，成功打造了以煤炭交易为核心、多元业务为一体的综合性信息服务平台。

(2)提供全链条服务，建设煤炭物流信息平台

一体化的发展思路是市场化竞争的必然结果。中国神华能源公司属大型综合性能源公司，拥有煤炭、电力、铁路、港口、航运等多种业务，构建了产、运、销运营一体化，以完善内部子市场和内部产业链；煤、电、化工产品加工一体化，以提高资源利用效率；矿、路、港设施平台一体化，以实现高效调度总协调；人、财、物、技、价值管理一体化，以有效消除管理短板。虽然这种高度一体化的经营模式值得学习和借鉴，但不能为了一体化而盲目扩张经营范围。在完善业务链条、提供优质服务、提高市场份额的措施方面，更多地可以与相关企业开展合作，以互利共赢推动企业发展。此外，将提供的全链条服务与煤炭物流信息平台相结合，在提供煤炭信息和物流信息服务的基础上，适当拓展煤炭交易功能，从而推动煤炭物流服务商的全面建设。

2 煤炭物流服务商构建思路

建设煤炭物流服务商是一个复杂的系统工程[3]，需要从煤炭运输企业当前具备的条件出发，逐步梳理构建思路。煤炭物流服务商的构建思路如图1所示。

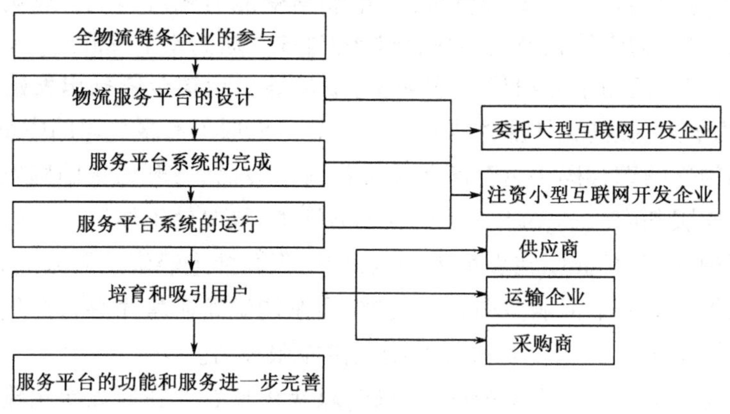

图1 煤炭物流服务商的构建思路

(1)保证运输链条上所有企业的参与

由煤炭物流服务商的构建体系可以看出，要完成煤炭从供应商至采购商的交易和运输，不仅需要煤炭运输公司的参与，还要有煤炭运输上下游的煤炭和电力企业，以及煤炭运输公司外部的煤炭、铁路、电力、水运、公路等相关企业。由于生产和消费区域的时空不均衡性，我国煤炭运输以北煤南运为主，煤炭运输过程通常为将山西、陕西、蒙西等地区煤炭通过铁路或公路运至环渤海港口，经水路运至煤炭上水港口，再通过铁路或公路运至煤炭消费地，进而送达电厂或钢厂等煤炭采购商处。

煤炭物流服务商就是要实现煤炭在全链条上的实体流动和信息流动。其中，实体流动是实现煤炭从供应商到运输系统再到煤炭采购商的全销售过程，信息流动是实体流动在互联网终端上的信息体现，通常将其设计为信息服务平台。

当煤炭位于供应商处时，涉及煤炭供应商、运输商和采购商，需提供供应商信息及煤炭信息，如坑口来源、销售数量、价格、地点、热量、硫分等信息；煤炭在经铁路或公路运输时，涉及运输商和采购商，需提供煤炭的运输信息及煤炭信息，如起终点、所经线路、车辆信息、实时位置、运价、运量、运距、运费等；当煤炭运至港口时，涉及供应商、铁路和港口企业，主要提供的信息包括港口信息及煤炭信息，如煤炭实时位置、装卸状况、堆存状况及相关费用等。

(2)自建完善的物流体系或借助第三方物流

常见的货运服务商的物流模式有三种：自建物流体系，与第三方物流合作，或两者相结合。典型的物流服务商和电商平台的物流模式如表1所示。

在典型的物流服务商中，国外的联邦快递和国内的顺丰速运都拥有自己独立的物流体系。联邦快递是一家国际性速递集团，兼并收购过多家公司，如飞虎航空等，拥有完善的国际航线和多个国家的飞行权和着陆权。航空物流中心产业链以孟菲斯机场为中心，与铁路、公路、水路形成综合运输系统,通过机场将快递发送到世界各地,形成了以航空运输为主的物流中心,并兼有商务、仓储、科研和加工制造等其他形式的商业模式。顺丰速运实行的是全面直营模式,建立了全国性的立体运输网络,成为国内第一家开展航空快递业务的公司。

典型物流服务商和电商平台的物流模式 表1

企业名称	企业性质	物流模式
联邦快递	物流服务商	兼并收购多家公司,如飞虎航空、麦尔柯快递公司等; 全球约70000辆货运车,677架飞机(主要是747型大型运输机),服务于全球375座机场; 在21个国家里拥有长达45年以上的航空权和降落权
顺丰速运	物流服务商	主要物流模式是自建物流体系; 在新加坡、韩国、马来西亚、日本、美国等多个地区设立营业网点,跨国自建便利店; 旗下顺丰航空有限公司截至2012年底启用全货专机9架
京东商城	电商平台	自建物流体系:在全国主要城市都建立了仓储物流中心; 与第三方物流合作:大多数B2C商家与第三方物流合作; 其他物流方式:在各地招高校代理
阿里巴巴	电商平台	与第三方物流合作:全部包裹由第三方物流公司承揽; 自建物流体系:2013年投资菜鸟物流,致力于满足互联网和移动商务业在物流方面的需求

电商平台的物流模式大多逐渐发展为自建物流体系和与第三方物流合作的结合模式。京东商城是以自营为特色的电商平台,在全国主要城市建设物流仓储中心以增强物流过程的可控性,同时与第三方物流合作完成配送,此外还在各地招收高校代理。阿里巴巴交易平台的全部包裹都由第三方物流公司承揽,为了方便用户进行网上交易,邀请物流公司为用户提供特别服务和优惠价格,卖家可以应买家要求或自行推荐来选择物流公司。

目前发展较为成熟的煤炭运输企业,大都已拥有部分自建物流体系,如铁路、港口、航运等物流节点,但通常各节点间缺乏较好的衔接。因此,煤炭运输企业可选择以既有的运输布局为节点,结合煤炭物流过程,采取自建完善物流体系或与其他物流企业合作的模式,构建煤炭物流服务体系。

(3)借助互联网开发公司建设服务平台

服务平台的建设属于互联网应用技术,在这方面,电商平台的开发商已积累了较多技术和经验。因此,煤炭运输公司可以借助外部力量进行,如发展较为成熟的电商公司等,煤炭运输公司则主要负责运营。然而,与大型电商合作的费用高、风险大,煤炭运输公司处于被动位置,如果电商企业独立涉足煤炭物流信息服务行业,那么将成为煤炭运输公司开展物流服务商的一大阻碍。

建设服务平台的另外一个途径是寻找有实力的小型互联网开发公司,或者是需要注资的互联网开发公司。煤炭运输公司可以进行投资或将其收购,成立用于专门建设、维护、运营物流服务平台的参控股公司。这种途径的风险小、可控性强、长期效益显著,但是要找到实力较强、合适且愿意合作的互联网公司是关键。

3 煤炭物流服务商分阶段功能定位

煤炭物流服务商构建基本完成后,工作将转变为以培育和吸引服务平台的用户为主,同时需根据需求对平台的服务和功能进一步完善。因此,不同阶段,煤炭物流服务商的功能和定位不同。

(1)初期:建设煤炭运输信息服务平台

初期依托所掌握的煤炭运输通道和重要节点,建立煤炭运输信息服务平台,对煤炭运输环节进行全程跟踪与信息采集,优化运输、装卸等各环节的衔接,提高煤炭运输效率,同时为客户提供更优质的运输服务。

(2)近期:增加交易功能,实现煤炭的实体流动、信息流动、现金流动

煤炭物流信息及交易服务一体化平台对煤炭运输企业发展公共煤炭物流综合服务具有重大意义。交易平台附加价值的意义在于吸引煤炭供需客户和经销客户,增加煤炭运输企业的运输业务,提高企业的核心竞争力。交易功能初期以企业的既有合作客户为服务对象,探索具体的实施模式并逐步向社会市场扩展,构建全国煤炭交易和物流服务平台,为客户提供完整的物流实施方案,实现价值链的整体开发。

(3)远期:完善服务平台的服务范围

在煤炭运输和交易的长期过程中,必然积累了大量相关数据,如何有效地利用这些数据和信息,是这一阶段需要完善的工作。为了进一步吸引用户,扩大服务范围,提高服务质量,需提供其他相关配套服务。例如秦皇岛煤炭网,最初从单一的煤炭交易服务,发展到以交易为核心,涵盖交易、资讯、开发等多方面全方位的综合性服务平台。

4 向煤炭物流服务商转变经济效益分析

建设煤炭物流服务商能够给煤炭运输企业带来的最直接效益就是经济效益,具体地又可以分为直接经济效益和间接经济效益。

(1)直接经济效益

直接经济效益是指单纯从煤炭物流服务平台能够获得的效益,通过计算平台的建设成本、运营成本,以及由于平台服务和交易所得到的收入和利润,就能够获得服务平台的直接经济效益。通过煤炭物流和服务平台吸纳众多客户资源,帮助客户快速找到物流解决方案,扩展销售和采购渠道[4]。新的物流模式在安全、效率方面都优于传统方式,发展前景较好。目前来看,我国现有的物流信息平台主要有三种收入模式。

①会员制模式。会员制模式是我国市场上的主要模式,也是物流信息平台主要的收入渠道之一。通过平台吸纳会员并收取一定的会费来获得收入,允许会员使用特定功能和服务。

②广告收入模式。物流信息平台的门户网站通过广告招商,在相应位置投放企业广告,根据日常访问量、广告位置、广告时间制订不同的收费价格。

③交易费用模式。交易费用模式的应用也较为普遍,服务平台通过为供需双方提供物流信息,对供需双方交易收取交易费用实现营收。如美国的 Landstar,针对钢铁、建材等大宗商品的运输服务,对其促成的每笔交易收取交易费,每年盈利达到 5000 万美元。

煤炭运输企业建设煤炭物流服务商是要借助互联网技术在行业内建立较为超前和先进的

服务平台,确定领导地位和行业标杆,扩大市场占有率。盈利虽然是最终目标,但不是最重要的目标,公司的既有业务仍为工作重点。因此,为了更好地打开市场和拓展用户,在初期阶段,煤炭运输企业建设的煤炭物流信息服务可以不收取注册会员费,以物流信息费、煤炭信息费、交易服务费(或者资金沉淀收入)、广告费用等为主,并提供一定的优惠。其中,物流信息服务费和交易服务费又可根据项目、货物量、交易费用的不同设定价格。

(2)间接经济效益

间接经济效益是借助于煤炭物流服务平台的发展,能够为煤炭运输公司吸引更多的煤炭运量,给煤炭运输带来效益的增长。此外间接经济效益还包括:煤炭运输公司社会地位的提升,品牌效应增长,形成规模效应,带动煤电运一体化发展。

5 结论

本文结合既有的物流服务模式,从提升煤炭运输企业整体业务水平和综合竞争力的角度出发,提出了煤炭运输企业向煤炭物流服务商转型的发展模式。通过对煤炭物流服务商的内涵分析,提出了煤炭物流服务商的构建思路和分阶段功能定位,进而分析了煤炭物流服务平台的盈利模式,为既有的煤炭运输企业的转型提供了参考和依据。本文提出的煤炭物流服务商构建思路可以满足煤炭运输企业信息共享、需求驱动、扩大业务范围、增加盈利的需求,但在实际应用中需结合煤炭运输企业业务现状进行。

参考文献

[1] 秦皇岛港打造世界领先综合码头运营商和综合物流服务商[EB/OL].[2013-12-18]. http://www.jcoal.com/news/html/1312/20131218_129836.html.

[2] 张同乐. 开滦集团煤炭物流发展模式现状及策略研究[D]. 北京:北京工业大学,2012.

[3] 许丽莉,李寰. 电子商务时代煤炭物流公共信息平台的构建[J]. 中国煤炭,2012,38(12):5-8.

[4] 董丽荣. 煤炭交易中心平台营销的关键成功要素与案例分析[J]. 中国煤炭,2015,41(5):24-29.

国外典型综合客运枢纽集疏运特征及其借鉴意义

陈　垚*[1]，史芮嘉[1]，张思佳[1]，孙启鹏[2]

1. 北京交通大学 城市复杂系统理论与技术教育部重点实验室，北京 100044；
2. 长安大学 经济与管理学院，西安 710064

摘　要　目前，我国大多数综合客运枢纽设计尚不完善，主要表现为集疏运系统衔接不畅，乘客换乘不便。本文重点分析了全球较有代表性的伦敦希斯罗机场与东京火车站两个综合客运枢纽的集疏运特征，及其与其他枢纽之间的联系，并总结了值得我国综合客运枢纽借鉴的经验。

关键词　综合客运枢纽；集疏运；换乘

Revelation of Foreign Integrated Passenger Hubs on Transportation Connection

Chen Yao*[1], Shi Ruijia[1], Zhang Sijia[1], Sun Qipeng[2]

1. *MOE Key Laboratory for Urban Transportation Complex Systems Theory and Technology*; *Beijing Jiaotong University*, *Beijing* 100044, *China*;
2. *School of Economics and Management*, *Chang' an University*, *Xi' an* 710064, *China*

Abstract　The design of integrated passenger hubs in China is still imperfect now. The poor transportation connection network of hubs make passengers inconvenient. This paper analyzes the typical foreign integrated passenger hubs including Heathrow Airport and Tokyo Station, outlines the characteristic of transportation connection network of hubs and the transportation connection with other hubs, and sums up the experience from the typical hubs to guide the design of integrated passenger hubs in our country.

Key words　integrated passenger hub; transportation connection; transfer

0　引言

综合交通枢纽为位于多种交通方式（至少两种以上）交通干线的交汇与衔接处，共同为办理旅客与货物的发送、中转、到达所需的多种运输设施与辅助服务功能的有机综合体。良好的综合交通枢纽有利于促进交通运输系统顺利、高效地运行。综合交通枢纽可分为综合客运枢纽与综合货运枢纽。

既有研究[1-3]对东京综合交通枢纽布局、旧金山港湾站、巴黎拉德芳斯站、柏林来哈特站、

作者简介：陈垚（1993—），男，江西抚州人，博士生，主要研究方向为交通运输规划与管理。

*通信作者：chenyao@ bjtu. edu. cn.

广州南站等国内外枢纽进行了分析，其重点更多在于枢纽布局特点。本文对伦敦希思罗机场和东京火车站进行剖析，分析枢纽的集疏运系统、枢纽之间的衔接以及枢纽布局的特点，从中提炼可供我国综合客运枢纽设计借鉴的意义。

1 伦敦希思罗机场

伦敦希思罗机场是英国乃至全世界最重要的航空枢纽，其功能定位为定期国际航班与全球中转枢纽[4]。大量国际旅客在这里中转换乘，为伦敦的经济增长带来了更多的机会。

希思罗机场位于英格兰大伦敦希灵登区南端，伦敦市中心以西22km处。希思罗机场拥有两条平行的东西向跑道及五座航站楼。

1.1 枢纽的集疏运系统

希思罗机场定位为全球中转枢纽，2014年旅客吞吐量达7337万人次。管理方通过构建发达的机场免费公共交通体系有效促进了客流的快速中转，如图1所示。在T1、T2、T3航站楼进港的旅客，可以在中央公交站通过机场快线、地铁皮卡迪利线(Piccadilly Line)和75/76路、U3路、285路等8条公交线换乘到达其他航站楼。T4航站楼的旅客可以通过482路、490路和555路到达其他航站楼，同时也可以通过机场快线和皮卡迪利线进行中转换乘。T5航站楼的旅客可通过482路、490路和441路到达其他航站楼。

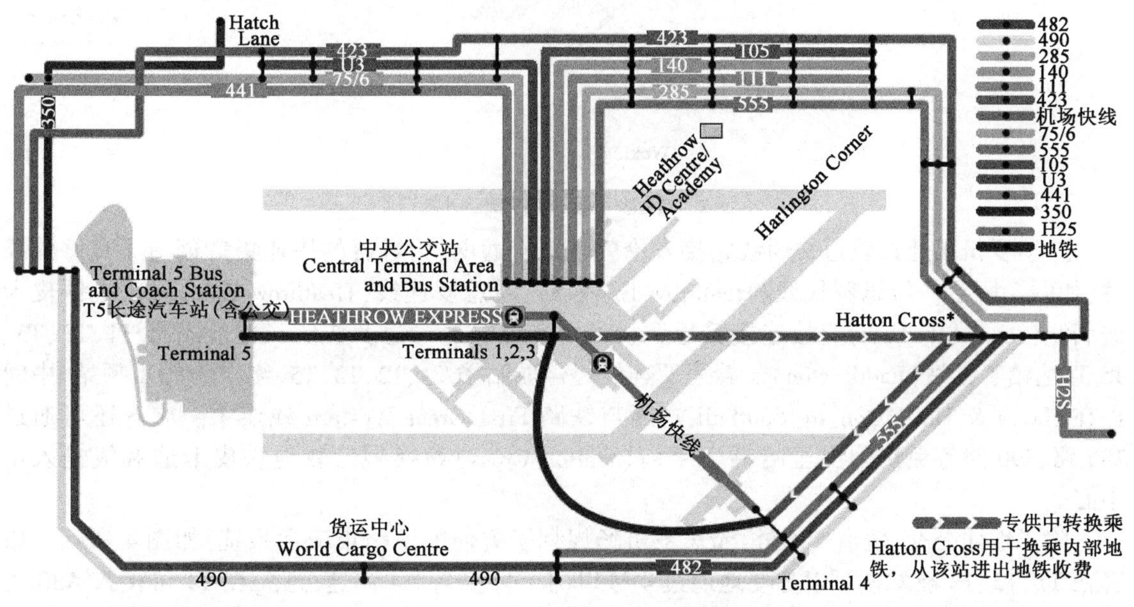

图1 希思罗机场公共交通

希思罗机场周边共有27条公交线路，停靠近百个站点，与伦敦区内地铁与公交联系紧密。同时，在部分站点(参见图2黑色结点)公交线路可相互穿插运行，使得机场公交体系运营十分灵活，当某条线路客流较少时，车辆可以转到其他线路运行。特别地，T5航站楼的旅客可以在长途汽车站乘坐Rail Air直接到达Reading或Working两地。

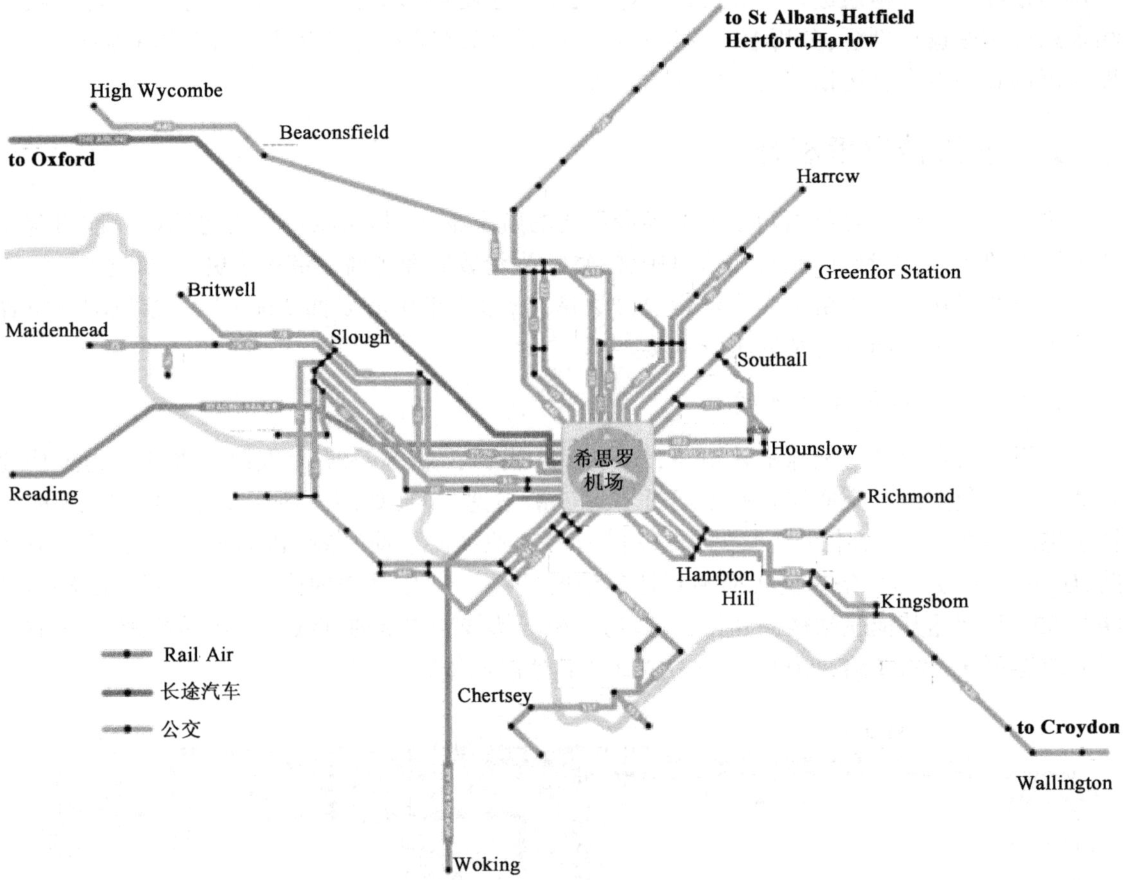

图 2 希思罗机场公交集疏运系统图

希思罗机场通过轨道交通线路接入伦敦轨道交通网,为客流的快速集散创造了良好的条件,如图 3 所示。希思罗快线(Heathrow Express)、希思罗连线(Heathrow Connect)、地铁皮卡迪利线(Piccadilly Line)直接连接希思罗机场各航站楼。希思罗快线经停航站楼 T1、T2、T3、T5 直达帕丁顿站(Paddington)。希思罗连线经停航站楼 T1、T2、T3、T5,终点为帕丁顿站,中间可在 Hayes & Harlington 站、Southall 站等与铁路 First Great Western 线换乘。旅客还可通过 285 路、490 路等免费公交至哈顿十字街(Hatton Cross)站换乘伦敦地铁皮卡迪利线进入市中心。

除了地面公交、轨道交通外,希思罗机场规划了方便的道路集疏运系统,如图 4 所示。旅客在 T1、T2、T3 航站楼可以方便地通过 4 号口(Jct 4)接入 M4 高速公路,在 T4 可接入 A30 主干道,在 T5 长途汽车站可经 14 号口(Jct 14)直接接入 M25 环城高速公路。通过这三条公路,旅客可以十分方便地到达其他地方。在高速公路路口与航站楼之间均设置了专门的小汽车停车场,旅客可以方便地进行停车换乘。

1.2 与其他枢纽的联系

希思罗机场与伦敦铁路 A 级枢纽站联系十分紧密。如图 5 所示,进出港旅客可以通过希思罗机场快线、机场连接线直达帕丁顿站换乘国铁到达英格兰西部和南部,也可继续换乘伦敦地铁到其他 A 级站。皮卡迪利线可使乘客十分方便地到达圣潘克拉斯国际火车站(St Pancras International)、国王十字站(King's Cross)。通过这些线路,乘客可以到达 13 个伦敦铁路 A 级站中的 11 个。

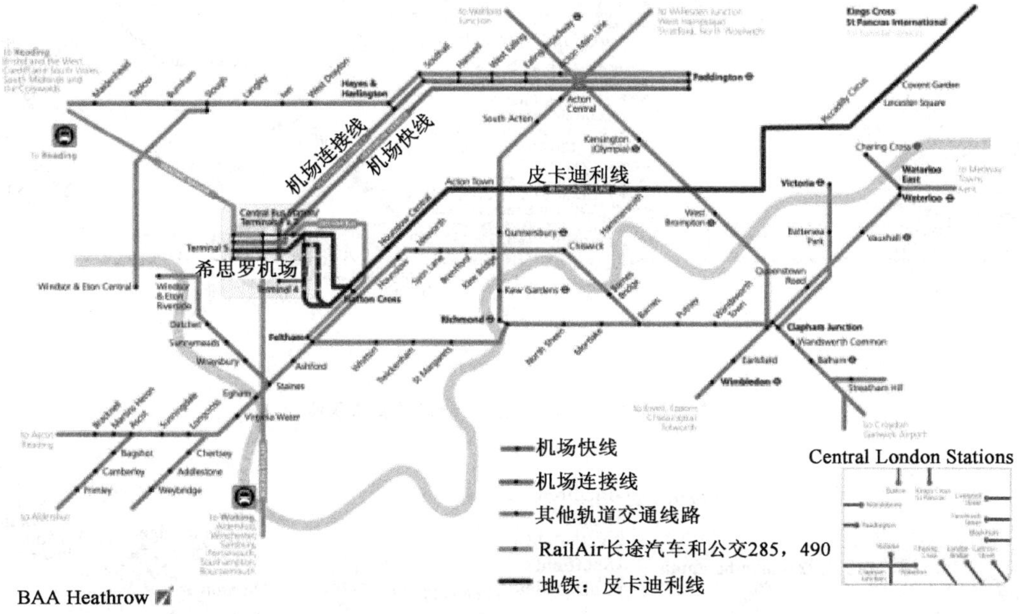

图 3　希思罗机场轨道交通集疏运系统图

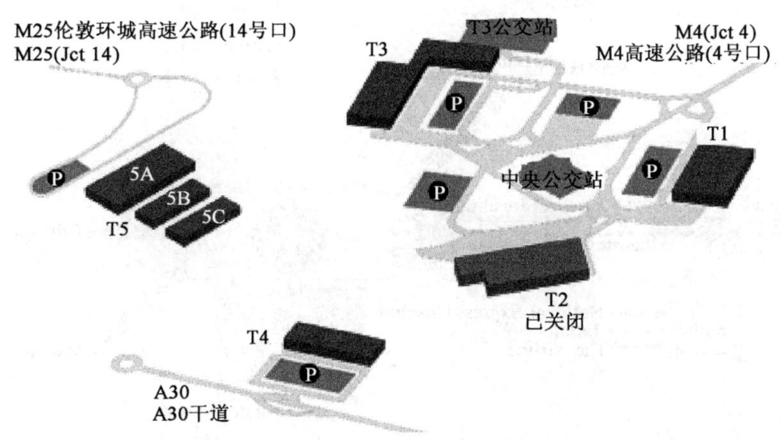

图 4　希思罗机场高速公路与停车场布置图

希思罗机场通往伦敦大区外的长途巴士运输业务十分发达。如图 6 所示,从机场长途汽车站可直达国内 1200 余个目的地。通过这些长途巴士线路,不仅实现了希思罗机场与盖特维克机场、卢顿机场、斯坦斯特德机场之间的直达联系,也有效扩大了机场的辐射范围。此外,机场长途巴士服务对象已不仅限于机场旅客。由于其可达性高,伦敦郊区、英国东南部城镇的非航空乘客也选择在希思罗机场中转换乘,使其成为英国东南部最大的长途汽车客运枢纽。

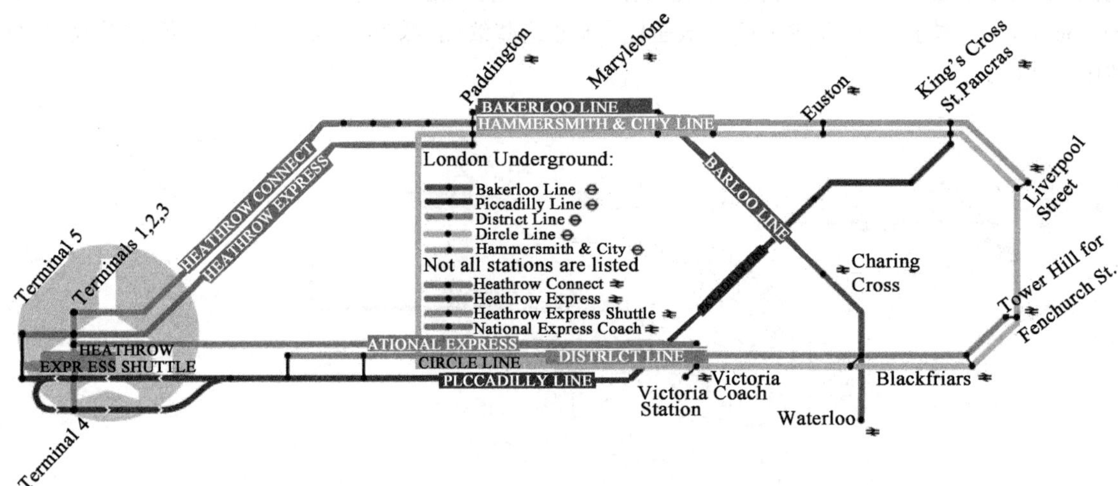

图5　希思罗与主要铁路A级站的交通联系

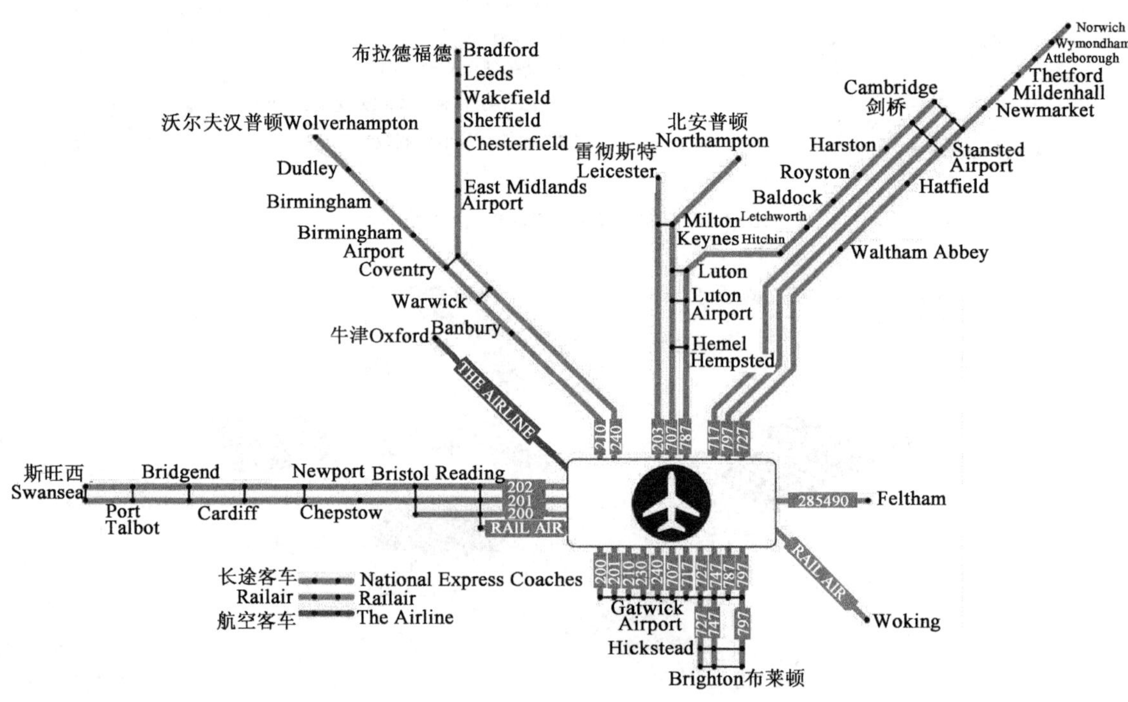

图6　希思罗机场长途巴士服务网络

2　东京火车站

东京火车站是多条铁路路线的起点站，也是东京主要的大型车站之一。该枢纽车站同时为东日本旅客铁道（JR东日本）、东海旅客铁道（JR东海）和东京地下铁服务。该枢纽为地上3层、地下5层的立体结构，有站台11个、到发线23股。

2.1 枢纽的集疏运系统

东京站周边交通便利，换乘城市轨道交通与公交系统方便。如图 7 所示，东京站周边 600m 的半径范围内分布 16 个地铁车站，包括 JR 总武线、横须贺线、京叶线、丸之内线等 8 条城市轨道交通线路。东京站与城市轨道交通线路间采用立体化换乘形式，通过通道、楼扶梯完成，换乘流线分离、换乘距离近，给乘客带来极大便利。

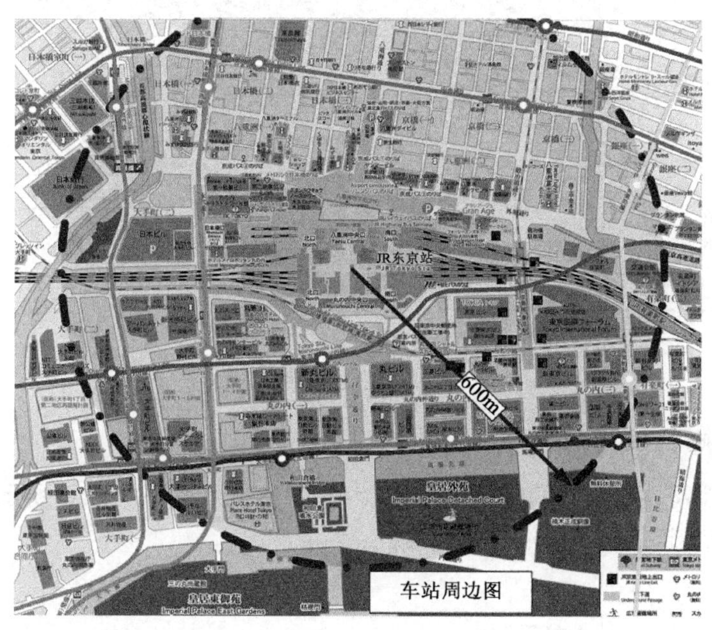

图 7　东京站周边地铁站点示意图

除城市轨道交通外，东京站周边的巴士种类繁多，包括都营巴士、JR 高速巴士、快速巴士、观光专线巴士、免费巡回巴士及利木津巴士。东京站周边巴士站点布局如图 8 所示。

都营巴士：公共汽车网作为铁路及地铁线路网进一步的补充形式密布于东京都内。除部分像东急巴士及西武巴士等私营铁路属下的巴士公司运营的巴士外，绝大多数是由东京都交通局运营的草绿色公共汽车。

JR 高速巴士：东京站还设有 JR 高速道路巴士乘车处。高速巴士主要由"JR BUS TD-HOKU"独营或与其他业者联营，高速巴士日夜间均开行。

观光专线巴士：运行路程从东京站附近的三菱大厦出发，途经皇居、国会议事堂、霞关官厅、日比谷、银座、京桥，围绕皇居附近运行一周。短短 45min 的路程，不花费很多时间，这也是它的魅力之一。

免费巡回巴士：巴士除了有固定路线的都营巴士和观光专线巴士外，在部分区域还运行免费巡回巴士。免费巡回巴士以 10 ~ 15min 的间隔行车，便于观光旅游和购物。

快速巴士：连接银座与台场这些超人气景点的快速巴士每 20 ~ 30min 发车一次。此车由东京站出发，跨越彩虹大桥。由于采用座席定员制(45 人)，每位乘客都能坐着欣赏沿路美景。

利木津巴士：为东京站及成田、羽田机场间的换乘服务。

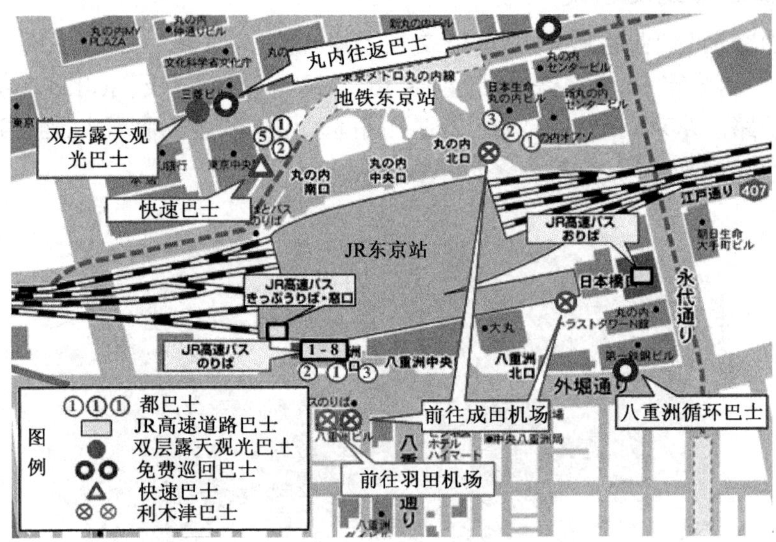

图 8　东京站周边巴士站点布局图

2.2　与其他枢纽的联系

东京站与其他铁路枢纽站的联系也十分紧密，主要换乘关系如图 9 所示。东京站通过地铁山手线与池袋站、新宿站等枢纽直接连接。

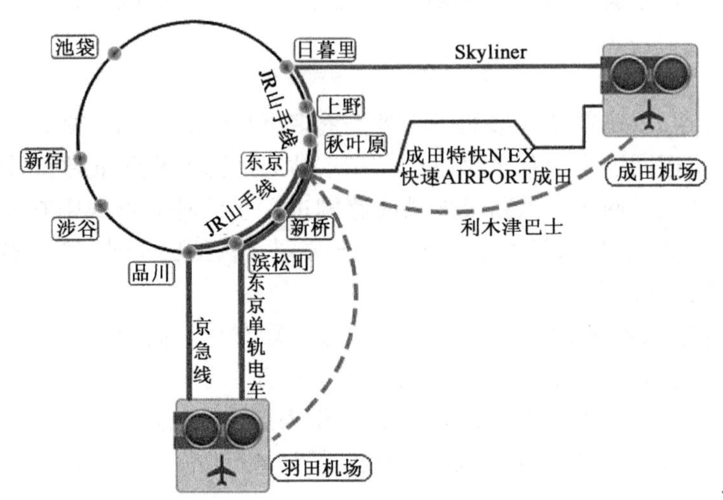

图 9　东京站与其他枢纽主要换乘关系

东京站与羽田机场、成田机场间的连接更加方便。不仅可以乘坐地铁通过山手线换乘京急线或乘坐 Skyline 电车到达羽田、成田机场，还可以乘坐单轨电车、JR 东日本公司提供的电车成田特快 N'EX 或快速 Airport 成田，而且还有利木津巴士提供直达服务。

3 借鉴意义

通过对伦敦希斯罗机场与日本东京火车站的分析，可以总结出如下可借鉴的意义：

(1)加强枢纽的集疏运能力

高效率的综合交通枢纽都不是独立存在的，它的正常运转依靠周边城市交通网络的支持，依靠集散功能的城市交通与之匹配衔接。希思罗机场、东京站均集中了多种交通方式以便枢纽的快速集散。同时，枢纽与城市交通的换乘均比较方便。

(2)公共交通优先

国外许多综合客运枢纽普遍应用公共交通优先的理念。为加强枢纽的快速集疏运能力，公共交通作为一种大容量、高速度的交通方式应优先发展。各种交通方式的优先顺序为：轨道交通 > 常规公交/长途公交 > 出租车 > 社会车辆。希思罗机场公共交通集散分担率达到了 40.50%。东京站附近道路比较拥挤，其集疏运系统主要发展轨道交通与常规公交。

(3)轨道交通引入大型综合交通枢纽

大型综合交通枢纽仅通过地面交通系统进行集散会给周边城市道路造成巨大压力，甚至产生交通拥堵。为了更好地缓解综合交通枢纽的客流压力，应该尽可能地在枢纽内引入轨道交通。在枢纽内引入轨道交通可以大大缓解城市至枢纽之间的交通，有利于往返于枢纽和城市中心之间的旅客，从而促进枢纽的发展。

希思罗机场是世界上第一个将轨道交通线路引入航站楼的航空枢纽。希思罗机场接入了3条轨道交通线路。衔接线路均以希思罗机场为起点，可进入市中心或铁路枢纽。东京站在其600m 的半径范围内存在 8 条地铁线路，16 个地铁车站。

(4)旅客多方式联运

客运枢纽的多方式联运主要是指“空铁联运”、“空陆联运”及“公铁联运”等。空铁联运是指航空与铁路(特别是高铁)的联合运输。高铁与航空的服务对象基本一致，主要都为商务出行的人士，两种方式之间的换乘需求较大，有必要将两种方式整合。空铁联运不仅能够提高进出机场的公共交通比例，还能拓展枢纽机场的市场辐射范围，同时可以有效减少航空运输与铁路运输尤其高速铁路之间的直接竞争。

希思罗机场与伦敦铁路 A 级枢纽站联系十分紧密。旅客通过地铁线路可到达 13 个伦敦铁路 A 级站中的 11 个。东京站通过地铁、电车或公交与羽田、成田机场连接。

空陆联运是指公路的长途汽车站与机场整合。公路客运主要服务短距离区域出行，而航空运输可服务于长距离交通。空陆联运不仅可以方便乘客出行换乘，提高机场可达性，还能利用两种交通方式的服务定位的不同，有效扩大机场的辐射范围。

希思罗机场 T5 航站楼配备了长途汽车站，从机场长途汽车站可直达国内 1200 余个目的地。此外，机场长途巴士服务对象已不局限于机场旅客，希思罗机场也是英国东南部最大的长途汽车客运枢纽。

参考文献

[1] 余柳,刘莹. 东京综合交通枢纽布局规划研究与启示[J]. 交通运输系统工程与信息,2013,13(1):17-24.

[2] 邱丽丽,顾保南. 国外典型综合交通枢纽布局设计实例剖析[J]. 城市轨道交通研究,2006,9(3):55-59.

[3] 徐士伟,邓毛颖,余二威. 高铁综合交通枢纽规划设计探析——以广州南站为例[J]. 规划师,2011,27(10):17-22.

[4] 北京交通大学中国综合交通研究中心. 国内外典型城市综合交通枢纽规划的发展与借鉴研究报告[R]. 北京:北京交通大学,2012.

发展旅客联程运输服务的措施及建议

刘　乐*，邓一凡

长安大学　经济与管理学院，西安 710064

摘　要　为了更好地满足旅客出行的客观需要，在分析现有综合运输服务方面的文献基础上，本文提出了建立空铁通、空巴通等旅客联程运输服务。联程运输服务的目标是旅客需求导向下的全过程的、高便捷性的运输服务，为此本文从综合运输基础设施建设方面、旅客联程运输组织模式和旅客联程运输工作机制方面提出了相应的措施及建议，以此来保障旅客联程运输的实施。

关键词　旅客联程运输服务；需求导向；全程服务

Measures and Suggestions of the Development for Interline Transportation Services

Liu Le*, Deng Yifan

School of Economics and Management, Chang'an University, Xian 710064, *China*

Abstract　In order to better meet the objective need of passenger travel, on the basis of analyzing the existing literature on the comprehensive transport services, this paper proposes to establish air connecting railway, air connecting bus and other interline passenger transportation services. Interline transportation services aim to demand-oriented under the guidance of the whole process, high convenience transport service. This paper from the aspects of integrated transportation infrastructure construction, interline passengers transportation organization mode and interline passengers transport mechanism proposed corresponding measures and suggestions, so as to guarantee the implementation of interline passenger transportation.

Key words　interline passenger transportation service; demand-orientation; whole service

0　引言

大力发展旅客综合运输服务是“十三五”及未来一段时间交通运输行业发展的重点，也能更好满足旅客出行的客观要求。近年来，特别是随着交通运输大部制改革的逐步深化，综合运输服务建设成效显著，但尚未跟上交通运输基础设施建设的步伐。尤其是在综合运输服务方面，各运输方式间分段割裂，购票、运送、换乘、信息、服务不衔接等问题长期存在。另一方面，

作者简介：刘乐（1991— ），女，内蒙古赤峰市人，硕士生，主要研究方向为交通运输规划与管理、交通运输产业政策。

*通信作者：1137513231@qq.com

在当前“互联网＋”时代，可将综合运输和移动互联网进行有效融合[1]，依托互联网实现信息共享，快速提升旅客综合运输服务。

为此，立足道路旅客运输，研究旅客联程运输服务发展的实施建议是旅客综合运输发展急需考虑的重大难题，也是旅客运输的未来发展方向，十分必要和迫切。

1　研究概况

在学术理论研究中，有大量学者对此展开研究，有关研究成果也十分丰富。其中，沈志云(2003)[2]和胡思继(2005)[3]的论著为我国综合运输体系构建提供了重要理论指导。但其研究的“综合运输”“综合运输体系”等，更多的是体现供给导向，仅仅是各种运输方式的简单加和，重点重视的是基础设施规模的扩张。而以需求为导向的旅客综合运输服务的研究很少，对旅客综合运输服务的内涵、服务内容、运行方式等研究仍处在起步阶段。

有关旅客综合运输服务的实现途径方面的研究主要有：樊桦(2011)[4]认为综合运输服务是基于铁路、公路、水运、航空、管道、城市公共交通各种单一运输服务形式所形成的一种集成服务能力，反映了以系统效率最高的方式来满足运输需求的总体能力，进而分析归纳了影响综合运输服务的各种硬件、软件因素，政府因素和市场因素。刘小明(2014)[5]强调改进综合运输服务要着重做好 6 个方面的工作：推动各种运输方式综合协调衔接、促进群众出行基本公共服务均等化、推动行业转型升级、加强行业安全生产、维护行业稳定发展和提升行业治理能力；杨传堂(2015)[6]指出要以政策措施、标准规范、工作机制、试点示范、科技创新为着力点，在新常态下加快推进综合运输服务体系建设，发挥综合运输组合效率和整体优势。刘晓华(2014)[7]从广东省综合运输服务存在问题的解析中提出了相关政策措施。张欢(2015)[8]从经济发展新常态下综合运输服务需求变化的角度，结合湖北省发展现状，指出了提升综合运输服务能力的关键环节。孙启鹏(2007)[9]从强调与道路班车客运生产组织的衔接方面来完善道路班车客运的服务功能，提出道路客运延伸服务及其发展思路。

以上研究成果，已经开始注重旅客综合运输服务的内容，并取得了一定的成果，值得借鉴。但由于仍处于初步研究阶段，许多观点和结论还不是十分明确。主要表现为：

(1)综合运输服务内涵的界定还不明确，仅强调各种运输方式的简单加和，对各种方式间的衔接也仅体现在基础设施的衔接上，更深层次的服务理念还需要继续深化。

(2)对目前旅客运输分段割裂、服务不衔接等现状并未给出明确的路径和措施，尤其是铁、公、水、航四种运输方式如何融入综合运输服务方面的路径和措施还不明确。

(3)现有的旅客综合运输服务仍是以供给为主导，侧重强调综合运输体系的构建，以出行需求为主导的综合运输服务体系的构建才刚刚起步。

然而，在新形势、新常态下，在推进综合运输体系建设进程中，始终把“以人为本、需求导向、服务至上、公众满意”作为基本准则，使经济发展和社会公众切实享受到综合运输体系建设的成果实惠，是交通运输行业发展的必然趋势。本论文基于此准则，在现有的技术经济及体制机制条件下，提出建立综合运输服务下的旅客联程运输服务模式，该联程运输服务重点强调全程服务。该全程强调的是从旅客购票开始到旅途结束到达目的地的全过程。从旅客自身需求角度出发将其所需要的联程服务，分为三个环节：承运服务、运送服务、终达服务。其中，在承运服务环节,购票时要一票到底;在运送服务环节,乘车时方便办理行李服务,旅客到站时尽量不换站或换站时尽量同台换站;在终达服务环节中,旅客出站时有直达巴士,行包直接随旅客送往目的地。

2 研究内容

2.1 旅客联程运输服务的目标

从旅客自身需求角度考虑,应提供空铁通、空巴通以及铁路和道路客运联程运输服务。联程运输服务所要达到的目标是“一票到底,全程服务”“零距离换乘”“门到门服务”等。所谓的“一票到底,全程服务”又可称为“一票制”,即旅客在购票时可一并购买机票、火车票或者客车票,凭借有效身份证件可到就近联程服务站点取票。旅客的行李可考虑与旅客分离运输,旅客在服务站点内办理行李托运,旅途中不用照顾行李,到达目的地后凭借有效行李托运单领取行李。所谓“零距离换乘”是指在中转换乘过程中,尽量做到“换车不换站”,如果需要换站,最好有直达车,且在到达换乘站时旅客不需办理其他手续和进行二次安检。所谓的“门到门服务”即在旅客购买了该道路客运运输集团的车票的前提下,可享受提前电话预约,乘坐免费专车送到汽车站或火车站,到站后免费送到目的地的接送服务。

2.2 旅客联程运输服务应遵循的原则

(1)提供综合性、高便捷性、可靠性的联程运输服务。从总体上把握联程运输服务,明确联程运输的高便捷性的主要优点,提供切实可行的、综合性的联程运输。

(2)创新服务发展理念,充分发挥各种运输方式的组合效率和整体优势,提升整体效能,满足运输需求,更好地服务社会经济的发展。以旅客出行需求为导向,在全程运输中发挥各种运输方式的组合效率和整体优势,以系统效能最高的方式来满足运输需求的总体能力。

(3)依托“互联网+”时代,加大服务质量监管力度,用信息化手段完善旅客满意度及投诉机制。对于联程运输服务,要做好运输价格管理,保证旅客的合法权益。

2.3 实现旅客联程运输服务的相关措施及建议

(1)完善运输网络的建设。完善运输网络的建设,包括公路和铁路通道,实现以核心城市为中心的运输通道布局,形成铁路、民航、公路等多方式、快速、安全、便捷的旅客运输通道,打造网络化的交通城市圈。在城市内部,要加快与对外综合运输通道在综合运输枢纽的衔接与换乘,加强综合运输枢纽的集疏运网络建设,实现快速周转与换乘。

(2)完善综合客运枢纽的建设。综合考虑综合客运枢纽站地面和地下多层次衔接,使乘客出行实现“零换乘”,结合综合客运枢纽布局,配套相应的城市公共交通换乘站点,服务综合客运枢纽的交通出行客流积聚和疏散。尤其要注意的是,在换乘时,要根据枢纽内部各种交通方式换乘的步行轨迹,合理设计枢纽内行人流向组织,提供便捷的慢性换乘通道和转运设施,减少行人换乘时的绕行。在换站时,尽量使旅客不用出站,在站内步行5~15min就可方便地找到“站点到站点”直达的地铁、公交,且在到达车站时旅客不需办理其他手续和进行二次安检。

(3)建立旅客联程运输组织模式。在城市内建设服务站点标示明显的异地候机楼、机场巴士候车点和空铁联运服务点等方式的客运联程服务点,各服务点提供航班、火车班次、延误和剩余票数等相关服务信息,旅客可在服务站点办理相应的取票、退票等票务业务。站楼内预留联运行李处理区,旅客可在该区域内办理行李托运业务,到达目的地后凭行李单取行李。

推进跨部门、跨区域和跨运输方式之间的联网售票系统,基于业务完整、操作简单等原则,建立涵盖各种运输方式的道路客运售票服务系统,实现网上车票查询、网上购票、网上退票等联网售票服务,同时该网站可与携程网、去哪儿网等合作,方便旅客联系旅行社、预订旅馆酒店等后续服务。

(4)建立旅客联程运输工作机制。一方面要制定联程运输服务标准规范,明确旅客联程运输服务质量要求、客票票样、服务流程规范等;制定不同运输方式衔接技术标准规范,协调不同运输方式间发车频率、发车时刻表等,研究交通出行"一卡通"的技术标准;制订相关的旅客联程运输条例,逐步建立不同运输方式间的运费清算机制。对运输价格既实行上限管理,也要实行下限管理。上限管理是为了保证消费者的合法权益[8],防止企业做大之后形成价格垄断。下限管理是为了防止低价格的恶性竞争。

另一方面要适当放权给旅客联程运输企业,给企业一定的权利,使市场竞争充分发挥作用。政府要建立相应的引导措施,与其他省市的政府进行沟通,为联程运输企业顺利进入其他省市提供便利的政策条件,并对联程运输所涉及的连锁经营平台进行整合。

3　结论

本文通过提出旅客联程运输服务的目标,在遵循高便捷、系统效能最高、以"互联网+"为依托的基础上,提出了切实可行的措施和建议来保障旅客联程运输的实施。未来发展旅客联程运输服务,首先需明确发展旅客联程运输服务要以旅客需求导向下的全过程的、高便捷性的运输服务为目标,在此基础上实现构建以城市为中心,多种运输方式相融合的城市交通圈,完善综合客运枢纽的"零换乘"功能,积极建立客票服务、出行信息共享的组织模式,构建多运输方式的协同建设机制,从顶层设计上保障旅客联程运输的顺利实施。

参考文献

[1] 楚峰,刘小明. 开启新常态下的"互联网+综合运输"[J]. 运输经理世界, 2015,(3):16-19.

[2] 沈志云. 交通运输工程学[M]. 2版. 北京:人民交通出版社,2003.

[3] 胡思继. 综合运输工程学[M]. 北京:清华大学出版社,北京交通大学出版社,2005.

[4] 樊桦. 综合运输服务的内涵及影响因素分析[J]. 综合运输, 2011,(10):12-17.

[5] 楚峰..新形势新定位新突破——2014年改进提升综合运输服务厅局长研讨班印象[J]. 运输经理世界, 2014,(11):18-19.

[6] 杨传堂. 在新常态下推进交通运输科学发展——2015年全国交通运输工作会议上的讲话[J]. 运输经理世界, 2015, 17-20.

[7] 刘晓华. 大数据下的广东综合运输服务——在改进提升综合运输服务厅局长研讨班上的发言[J]. 运输经理世界, 2014,(8):38-41.
[8] 张欢. 经济发展新常态下提升综合运输服务工作之思考——湖北省综合交通运输发展现状分析[J]. 交通企业管理, 2015,30(2):1-4.
[9] 孙启鹏. 道路客运延伸服务及其发展思路[J]. 运输企业管理, 2007,(6):17-18.

铁路旅客乘车行为特征及相关性分析

杨信丰*,刘兰芬,马昌喜

兰州交通大学　交通运输学院,兰州 730070

摘　要　研究铁路旅客乘车行为,对旅客列车开行方案的进一步优化、客运服务质量的提高和客运新产品的开发具有重要意义。通过分析铁路旅客乘车行为影响因素,确定旅客乘车行为的主观因素和体现铁路客运产品服务质量的客观因素;在此基础上通过实际调查,对兰州站旅客乘车行为结构进行了分析,并利用卡方检验对乘客主观因素和乘车行为影响因素间的相关性进行分析。结果表明:绝大多数旅客愿意乘坐特快旅客列车和快速旅客列车,一半以上的旅客会选择硬卧;旅客的职业、年龄、出行目的及收入水平四个因素间均有相关性,其中收入水平和职业、职业与出行目的间的相关性较强;另外,乘客的收入水平与坐席类型的选择有较强的相关性,是坐席选择的主要影响因素。

关键词　铁路旅客运输;乘车行为分析;相关性分析;影响因素;卡方检验

Boarding Behavior and its Correlation Analysis of Railway Passengers

Yang Xinfeng*, Liu Lanfen, Ma Changxi

School of traffic & Transportation Engineering, Lanzhou Jiaotong University, Lanzhou 730070, *China*

Abstract　Research on the boarding behavior of railway passengers is very important to optimize the passenger train plan, improve the service quality and develop new products of passenger transportation. Through analyzing the influence factors of railway passenger's boarding behavior, the passenger's subjective factors as well as objective factors reflecting the service quality are confirmed. Based on an investigation at Lanzhou railway station, the passenger's boarding structure is analyzed and the correlation of the subjective factors and influence factors are also analyzed with Chi-square test. The analyzing results show that most passengers are like to choose the express passenger train and the fast speed passenger train, and over half the passengers choose the hard berth. Moreover, the passenger's occupation, age, trip purpose and income level are correlative. Hereinto, the income

基金项目:教育部人文社科基金(13XJC630017);国家自然科学基金(61164003、61364026、51408288);甘肃省自然科学研究基金(148RJZA052);兰州交通大学科技支撑基金(ZC2013005)

作者简介:杨信丰(1978—),男,河南开封人,副教授,主要研究方向为运输系统优化。

*通信作者:xinfengyang@mail.lzjtu.cn

level and occupation, occupation and trip purpose have a strong correlation. Otherwise, the passenger's income level is greatly correlated with the seat type and is the main factor of seat choice.

Key words railway passenger transportation; boarding behavior analysis; correlation analysis; influence factor; chi-square test

0 引言

随着生活水平日益提高,旅客对出行质量方面的要求也日益提高,同时由于不同收入水平的旅客对出行费用、服务水平等的要求不尽相同,从而促进旅客运输市场进一步细分。为了更好地满足旅客出行需求的多样性,需要分析旅客出行的乘车行为特点及其影响因素,根据旅客需求调整运输组织方案,建立良好的旅客列车开行方案,为旅客提供高质量的服务。

丁洁冰[1]通过SP调查数据研究铁路旅客对运输服务产品的选择,构建了旅客对高速列车以及对换乘和直达列车的选择模型。霍亮[2]对铁路旅客乘车选择行为进行了分析,采用数学建模的方法对其进行量化描述,并对铁路客流分配问题进行了初步探讨。史峰、邓连波及霍亮[3,4]在分析铁路旅客乘车行为的基础上,采用层次分析法建立了铁路旅客乘车选择的层次结构模型,计算了旅客对不同种类列车的选择行为;他们进一步在分析铁路旅客乘车选择行为影响因素的基础上,采用随机效用理论建立了铁路旅客乘车选择行为的非集计模型。赵文[5]从铁路客流的特征、旅客选择行为的影响因素及特点等方面分析了旅客铁路出行选择行为、铁路客运站布局特征和旅客选择行为特征,并构建两者之间的动态均衡机制。陈章明、戢晓峰[6]通过分析个体旅客的出行决策过程,建立旅客出行行为模型,并对我国铁路旅客出行行为的总体特性进行了分析。邹歆[7]通过客流调查,识别重点影响出行的因素,并分析了各因素的影响程度,为铁路系统建设和运营提供了依据。文献[8]分析了旅客线路选择行为的影响因素,研究了旅客乘车行为的规律。

本文以兰州站调查数据为基础,通过分析铁路旅客乘车行为影响因素,讨论旅客出行选择行为的特点,确定旅客乘车行为的主观因素和体现铁路客运产品服务质量的客观因素,通过实际调查数据,对兰州站铁路旅客乘车行为结构进行了分析,然后利用卡方检验对乘客主观因素和乘车行为影响因素间的相关性进行分析,希望为铁路旅客运输组织方案的制订提供依据。

1 铁路旅客乘车行为影响因素

对铁路旅客的乘车行为进行分析,首先要明确旅客乘车行为的影响因素。影响铁路旅客乘车行为的因素包括旅客的职业、年龄、性别、出行目的、出行距离、收入水平及消费观念等主观因素和体现铁路客运产品服务质量的安全、快速、准时、经济及舒适度等客观因素[3]。

不同的出行目的,会对客运产品的选择产生不同的影响。例如:公务出差的旅客,对时间要求较严格,很可能选择高速的、舒适的交通方式,而忽略出行费用。出行目的大体上可分为:会议、出差、探亲访友、旅游、购物及其他等。收入水平是旅客对交通方式选择最重要的影响因素,比如:收入水平低的旅客,出行时大多只能选择出行费用低、舒适程度较差的方式;而收入水平高的旅客,则可以通过支付较高的出行费用来赢得更多的时间和舒适条件。另外,旅客的职业、年龄及性别等也会对旅客的乘车行为产生影响,如老年人对出行的舒适程度要求很高,从事体力劳动的旅客对舒适程度一般要求较低等。而体现铁路客运产品服务质量的安全、快速、经济及舒适度等的客观因素可以按照列车及坐席的类型进行区分。

根据以上分析,本文选取的主观因素主要有:性别、年龄、职业、月收入、出行目的及出行费用来源等。并将现有旅客列车归为:普通旅客列车、快速旅客列车、特快旅客列车及直达特快列车等。将旅客列车坐席分为软卧、软座、硬卧和硬座。

2 兰州站旅客乘车行为分析

2.1 兰州站客流结构分析

课题组在兰州站工作人员的配合支持下,于2013年5月4—7日在兰州站四个候车室进行了实地调查统计。本次调查共完成2000份问卷,其中有86份问卷由于数据不符合逻辑而舍弃。调查对象中有男性1334位,女性580位,年龄在18~49岁之间的旅客占了样本总量的91.9%,具体如图1所示。

旅客的职业分布如图2所示,结果显示:学生占旅客总数的18.7%,其次是企业员工和自由职业者。本次调查学生较多的原因是调查期间距离“五一”假期较近。

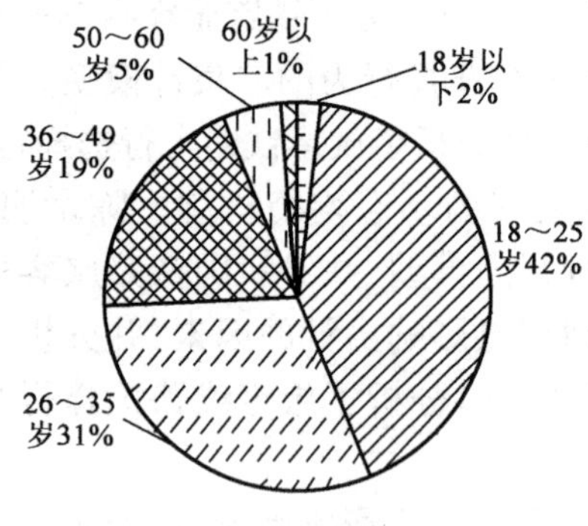

图1 旅客年龄分布图

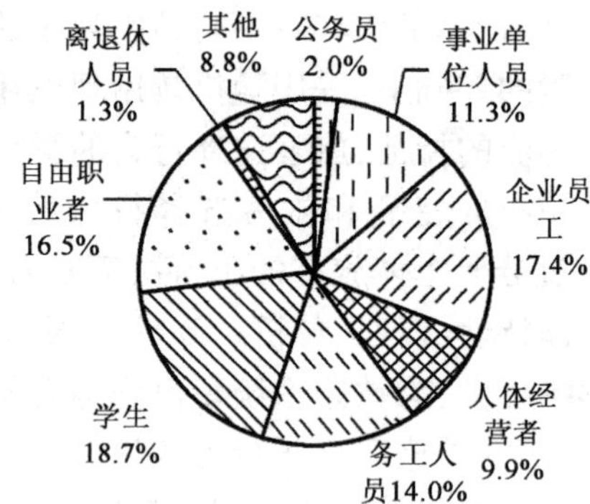

图2 旅客职业分布图

旅客的收入分布如图3所示,将学生除外,月收入在1500~2500元之间的人数占23.5%,月收入在2500~3500元的人数占34.5%,月收入在3500~5000元的人数占17%,由此可以看出,兰州站调查对象中大多数人的月收入处于中等偏下的水平,高收入人群只占其中的小部分。

旅客的出行目的分布如图4所示,调查结果显示:以探亲、出差、旅游及务工为出行目的的旅客人数较多,分别占总调查人数21.5%,19.2%,16.8%和16.5%。

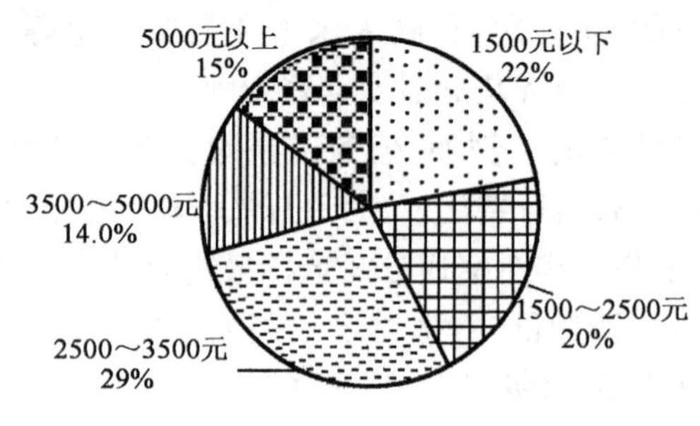

图3 旅客收入分布图

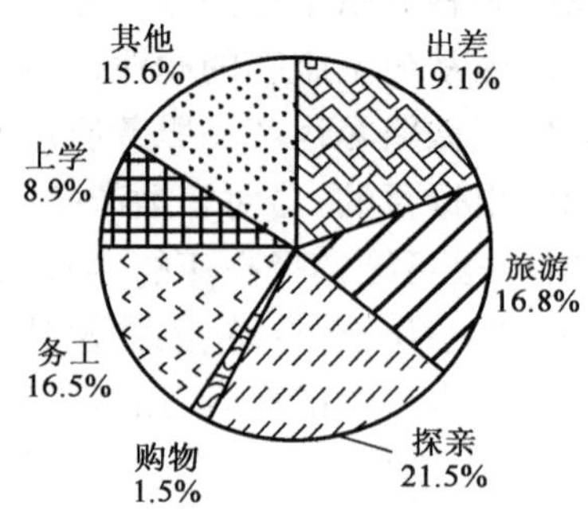

图4 旅客出行目的分布图

此外,调查中82.6%的旅客费用来源为自费,17.4%的旅客费用来源为公费。可以看出,大多数旅客的出行都是自费。

2.2 兰州站旅客需求结构分析

铁路车站的旅客列车可分为:普通旅客列车、快速旅客列车、特快旅客列车和直达旅客列车四种。从图5可以得出,乘坐特快旅客列车的人数占总调查人数的一半以上,乘坐快速旅客列车的人数占到38%,这两种旅客列车的乘坐人数加起来就达到了总调查人数的95%。由此可以得出,大多数旅客都愿意乘坐速度快、运行时间短的列车。由于兰州火车站开行的直达旅客列车只有几列,故对旅客乘坐直达列车具有一定的限制性。

旅客列车可选择的坐席主要有:软卧、硬卧、软座和硬座四种。从图6可以得出,选择硬卧的旅客占总调查人数的一半以上,可见硬卧的需求较大。

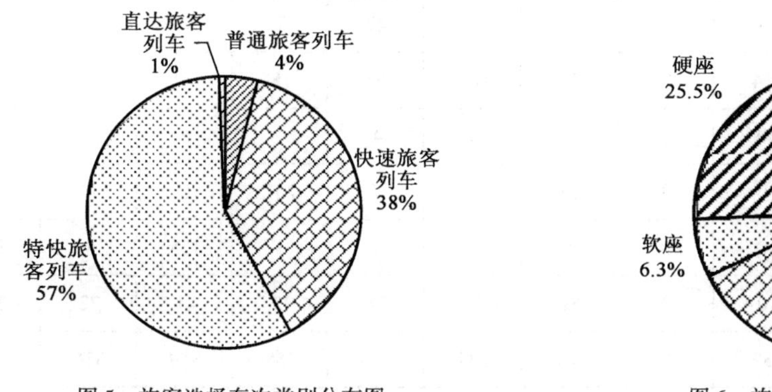

图5 旅客选择车次类别分布图

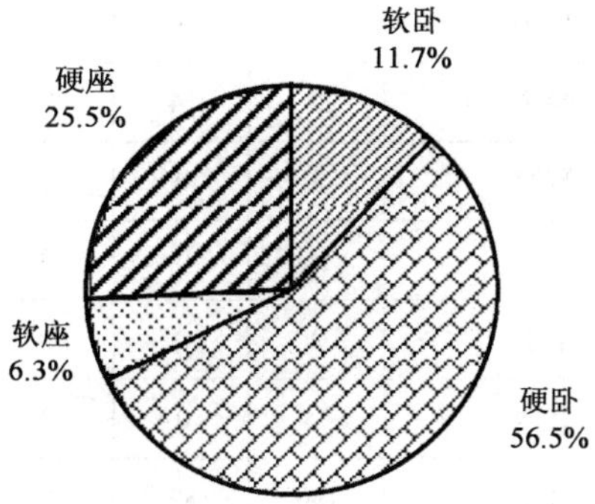

图6 旅客选择坐席类别分布图

3 旅客乘车行为影响因素相关性分析

在旅客乘车行为的影响因素中,部分因素是描述性的指标,一般的相关性分析方法无法处理。卡方检验是根据样本的频数分布来推断总体的分布,可以处理一个因素为多种类别或多种因素的资料,可用于分析多个分类变量间有无关联性。检验的基本公式[9]:

$$\chi^2 = n\left(\sum_{i=1}^{R}\sum_{j=1}^{C}\frac{A_{ij}^2}{n_i m_j} - 1\right) \tag{1}$$

式中:A——实际频数;

n_i、m_j——第 i 行和第 j 列的频数合计;

n——样本数量;

R——行数;

C——列数。

自由度如下式所示[9]:

$$\nu = (R-1)(C-1) \tag{2}$$

Pearson 列联系数为[9]:

$$r = \sqrt{\frac{\chi^2}{\chi^2 + n}} \tag{3}$$

3.1 乘客主观因素的相关性分析

在影响铁路旅客乘车行为的主观因素中,旅客的职业、年龄、出行目的及收入水平四个因素相互影响的可能性较大,本文对它们分别进行两两分析。旅客出行目的与职业调查数据如表1所示。

出行目的与职业的调查结果(单位:人)　　表1

职业 出行目的	个体经营者	公务员	离退休人员	其他	企业员工	事业单位人员	务工人员	学生	自由职业者	合计
出差	80	11	0	10	127	48	22	3	69	370
旅游	31	14	10	17	38	47	7	84	72	320
探亲	28	14	11	52	102	64	18	70	52	411
购物	3	0	0	3	9	4	0	6	4	29
务工	14	0	0	32	17	7	201	0	44	315
上学	0	0	0	3	3	7	3	155	3	174
其他	34	0	3	52	38	38	17	41	72	295
合计	190	39	24	169	334	215	268	359	316	1914

利用式(1)~式(3),对旅客的职业、年龄、出行目的及收入水平四个因素分别进行两两分析计算,计算结果如表2所示。

四个因素相关性计算结果(显著性水平 $\alpha=0.05$)　　表2

对比组	χ^2	自由度 ν	$\chi^2_{(\nu)0.05}$	列联系数 r	结论
年龄—职业	1056.366	32	46.194	0.596	中等程度相关
年龄—出行目的	494.769	24	36.415	0.453	中等程度相关
年龄—收入水平	404.428	16	26.296	0.418	中等程度相关
收入水平—职业	1381.908	32	46.194	0.648	强相关
收入水平—目的	632.386	24	36.415	0.498	中等程度相关
出行目的—职业	1696.761	48	65.171	0.686	强相关

从表2可以看出,四个因素间均有相关性,其中收入水平和职业、职业与出行目的间的相关性较强。

3.2 乘车行为影响因素相关性分析

利用卡方检验,对乘客的主要主观因素收入水平、职业、年龄、出行目的与列车坐席选择间的相关性进行分析,调查数据如表3所示,计算结果如表4所示。

乘客主观因素与列车坐席选择的调查结果(单位:人) 表3

列车坐席		软卧	软座	硬卧	硬座	合计
收入水平	1500以下	41	11	244	124	420
	1500~2500	48	32	172	135	387
	2500~3500	48	53	307	141	549
	3500~5000	29	7	183	50	269
	5000以上	58	17	175	39	289
	合计	224	120	1081	489	1914
年龄	18岁以下	3	2	17	12	34
	18~25岁	110	40	413	241	804
	26~35岁	60	34	397	97	588
	36~49岁	38	34	200	96	368
	50岁以上	13	10	54	43	120
	合计	224	120	1081	489	1914
职业	个体经营者	38	14	110	28	190
	公务员	0	4	35	0	39
	离退休人员	7	0	10	7	24
	其他	10	10	68	81	169
	企业员工	28	17	244	45	334
	事业单位人员	28	7	168	12	215
	务工人员	38	37	76	117	268
	学生	34	7	208	110	359
	自由职业者	41	24	162	89	316
	合计	224	120	1081	489	1914
出行目的	出差	61	26	244	39	370
	旅游	54	6	203	57	320
	探亲	30	19	267	95	411
	购物	4	0	25	0	29
	务工	25	36	103	151	315
	上学	9	5	95	65	174
	其他	41	28	144	82	295
	合计	224	120	1081	489	1914

乘客主观因素与坐席选择相关性计算结果($a=0.05$) 表4

乘客因素	χ^2	自由度 ν	$\chi^2_{(\nu)0.05}$	列联系数 r	结论
收入水平	3260.499	12	21.026	0.794	强相关
年龄	64.119	12	21.026	0.180	极弱相关
职业	309.494	24	36.415	0.373	弱相关
出行目的	241.547	18	28.869	0.335	弱相关

由表 4 可见,乘客的收入水平与坐席类型的选择有较强的相关性,是坐席选择的主要影响因素,而年龄、职业及出行目的对坐席的选择影响较弱。因此铁路部门可根据各地区乘客收入水平的结构进一步完善铁路客运产品的结构,以满足乘客需求,提高服务质量。

4 结论

在对旅客乘车选择行为的影响因素进行分析的基础上，通过实际调查,对兰州站旅客乘车行为结构进行了分析,并利用卡方检验对乘客主观因素和乘车行为影响因素间的相关性进行了分析。通过分析发现,兰州站大多数旅客的月收入处于中等偏下的水平,绝大多数旅客愿意乘坐特快旅客列车和快速旅客列车,一半以上的旅客选择硬卧。通过相关性分析表明,旅客的职业、年龄、出行目的及收入水平四个因素间都有相关性,其中收入水平和职业、职业与出行目的间的相关性较强;另外,乘客的收入水平与坐席类型的选择有较强的相关性,是坐席选择的主要影响因素。以本文的研究结论为基础，对地区旅客的收入水平进行汇总分析,即可进一步研究列车客流的分布规律,为开行方案的确定和铁路旅客运输组织方案的制订提供依据。

参 考 文 献

[1] 丁洁冰. 基于 SP 调查的客运专线旅客乘车选择行为研究[D]. 北京:北京交通大学, 2009.

[2] 霍亮. 铁路旅客乘车行为分析与客流分配研究 [D]. 长沙:中南大学, 2006.

[3] 史峰, 邓连波, 霍亮. 铁路旅客乘车行为的层次分析[J]. 铁道科学与工程学报, 2007, 4(3): 79-82.

[4] 史峰, 邓连波, 霍亮. 铁路旅客乘车选择行为及其效用[J]. 中国铁道科学, 2007, 28(6): 117-121.

[5] 赵文. 基于旅客选择行为的铁路客运站布局优化研究[D]. 成都:西南交通大学, 2011.

[6] 陈章明, 戢晓峰. 铁路旅客出行行为特性研究[J]. 铁道运输与经济, 2008, 30(11): 23-25.

[7] 邹歆. 基于铁路乘客出行特征的枢纽集散交通研究[D]. 北京:中国城市规划设计研究院, 2010.

[8] Mo Y K, Qiao X R, Su Y Y. A multi agent based simulation framework for the study of transit passenger's route choice behavior[J]. Advanced Materials Research, 2010, 108: 525-529.

[9] 徐哲,石晓军,杨继平. 应用统计学:经济与管理中数据分析[M]. 北京:清华大学出版社, 2011.

都市圈轨道交通系统运营特点分析

李　颖*[1],谢美全[2]

1. 北京交通大学　城市复杂系统理论与技术教育部重点实验室,北京 100044;
2. 中南大学　交通运输学院,长沙 410075

摘　要　本文以都市圈为研究对象,首先分析了都市圈的客流需求,包括通勤时间、通勤距离较长,时效性高,通勤时间较为固定、集中,通勤高峰时间从市中心到郊区逐渐提前,交通方式选择具有长期性等特点。然后以东京都市圈为例,介绍了东京都市圈的线路特征和运营特征。线路特征包括站间距离逐渐增加、郊区存在支线、随着圈层的增加线网密度逐渐减小;运营特征包括运行速度逐渐增加、与其他类型线路衔接、发车频率有明显的早晚高峰、潮汐性。

关键词　城市轨道交通;都市圈;线路特征;运营特征

Analysis of Operating Characteristics of Metropolitan Region

LiYing*[1], Xie Meiquan[2]

1. *MOE Key Laboratory for Urban Transportation Complex Systems Theory and Technology, Beijing Jiaotong University, Beijing* 100044, *China*;
2. *School of Traffic and Transportation Engineering Central South University, Changsha* 410075, *China*

Abstract　The paper took the metropolitan area as the research object. Firstly, it analyzed the traffic demand in the metropolitan area, including commuting time, commuting distance longer, high efficiency, commuting time fixed, concentrated, rush hour commute from downtown to the suburbs gradually advanced, traffic mode choice which is long-term. Then taking the Tokyo Metropolitan Area as an example, this paper introduced the line characteristics and operating characteristics of the Tokyo metropolitan area. Line characteristics include inter station distance gradually increased, suburbs exist extension, with the circle of increasing line density decreases gradually; operating characteristics including running speed increases gradually, and other types of line connection, departure frequency has obvious peak sooner or later, tidal.

Key words　urban rail transit; metropolitan region; line characteristics; operating characteristics

---

作者简介:李颖(1993—),女,江苏宿迁人,硕士生,主要研究方向为交通运输工程。

*通信作者:15125765@bjtu.edu.cn

0 引言

2014 年我国人均 GDP 达到 7545 美元,城镇人口占总人口比重为 54.77%。根据国际经验,我国已进入城市快速发展阶段,将很快进入以中心城市为核心、以周边城市为支点的都市圈时代。在都市圈形成和发展过程中,中心城市将发挥主导作用,并逐渐在都市圈范围形成全天候的快速运输系统。因此从都市圈的角度出发,进行城市和交通规划显得越来越重要。本文将从都市圈乘客的需求出发,以东京都市圈为例,对都市圈轨道交通系统的线路特征和运营特征进行分析。

1 都市圈乘客需求

都市圈内的客流需求主要包括以下四种:

①中心城内的出行。

②中心城和郊区间的出行。

③郊区内部的出行。

④郊区之间的出行。

由于都市圈中心集中大部分中枢功能,在都市圈发展前期的较长阶段中,都将是其政治、经济中心,因此乘客的向心性交通需求较大,我们主要考虑这部分乘客的需求。其次,公共交通客流大多为通勤通学客流。因此,我们重点考虑中心城和郊区之间通勤通学乘客的出行特点。

中心城和郊区之间乘客的通勤出行主要有以下特点:

(1)通勤时间、通勤距离较长

中心城市集中大部分枢纽功能导致居住区外移,职住分离现象越来越明显。由于居住地与工作地的空间位置位于都市圈不同的圈层,中心城与外围圈层的通勤距离远远大于中心城内部的通勤距离,较长的通勤距离决定了其通勤时间一般大于中心城内部通勤时间。在都市圈布局情况下,通勤者对长距离、长时间通勤具有更高的承受力与忍耐力。

(2)时效性高

“通勤通学”顾名思义,其出行目的就是为了上班和上学,因此其对时效性要求较高,必须赶在规定的时间前到达工作或者上班地点。

(3)通勤时间较为固定、集中

因为出行目的的限制,所以目的地在短期内变化不大,因此通勤时间也变化不大,较为固定。而大多数学校和工作单位所规定的时间基本是一致的,因此通勤时间较为集中,一般来说,早高峰时期在 7:00—9:00,晚高峰时期在 17:00—19:00。此时对轨道交通的运营组织要求也较高。

(4)通勤高峰时间从市中心到郊区逐渐提前

因为距离市中心越远,其通勤距离就会越长,通勤时间就会越长,而到达市中心的时间(上班上学的时间)是固定不变的,意味着住得越远的乘客,其每天早晨出发的时间就越早,所以通往市中心的放射性轨道线路,其通勤高峰时间从市中心到郊区就会逐渐提前。

(5)交通方式选择具有长期性

一般乘客在出行过程中都会选择自己比较熟悉的方式，因此一旦选择一种交通方式出行后，不会再轻易改变。很多公交公司利用乘客的这一心理，推出了月票、年票等吸引乘客的方式，这样一来，乘客在购票时也会获得一定的优惠。

2 都市圈轨道交通系统的线路和运营特征

根据上述对市区与市郊间通勤通学客流需求的分析，在进行都市圈轨道交通线路设计与运营组织时，也应表现出相应的特征。

2.1 线路特征

根据线路在都市圈不同圈层的位置情况，其线路特征和运营特征也有所不同，据此，我们可以将线路分为市区线和市郊线，市区线多为地下线，市郊线多为地面线和高架线。从市区线到市郊线，轨道交通线路包括以下几个特征：

(1)站间距离逐渐增加

都市圈中心经济发达，城市化水平较高，客流量较大，因此站点设置较为密集；而郊区城市化水平较市区中心来说相对较低，客流量较市区线来说明显减小，郊区线路的主要目的是为了覆盖更大的区域面积，因此其站间距离常大于位于都市圈中心的线路。

(2)郊区存在支线

郊区线在线路较远处和接近末端时往往通过少量分支线路来覆盖更大范围，满足更多乘客的需求。通过少量分支的形式将郊区新城、主要城镇和重要活动场所与市中心相连，既节约了资源又满足了乘客的不同需求，但相应地也增加了运营组织的难度。

(3)随着圈层的增加线网密度逐渐减小

随着圈层的逐渐增加，区域的人口密度变低，经济发展水平相对来说也变低，并且外围圈层的出行目的大多是向心性的，乘客的出行距离较长，所能忍受的出行时间也较长，因此此时轨道交通可能只是出行过程中的一个环节，此时的轨道交通线路旨在覆盖较大的区域面积。乘客可能通过其他交通方式到达轨道交通车站，然后通过乘坐轨道交通线路到达都市圈中心。

2.2 运营特征

(1)运行速度逐渐增加

随着圈层距离的增加，线路的站间距离明显变大，因此其行车速度也会相应增加。同时，为了满足乘客需求，尽量缩短乘客的出行时间，其运行速度也会相应地增加。

(2)与其他类型线路衔接

由于都市圈范围较广，乘客出行目的的向心性较为明显，因此为了方便旅客的换乘，在建设市区县和市郊线时，必须考虑到线路之间的连接，包括常规地铁、市郊铁路及常规铁路等。

(3)发车频率有明显的早晚高峰、潮汐性

根据都市圈乘客需求具有向心性、时效性高及通勤时间较为集中的特点，需要在运营管理时相对应地在早晚高峰时期注意相对应方向的客流组织，通过提高运力，来满足早晚高峰时期的客流需求。

3 实例分析——东京都市圈

3.1 都市圈轨道交通圈层划分

狭义上的“东京”通常是指“东京都区部”（亦称东京 23 区），其与多摩地方、伊豆群岛、小笠原群岛等地区共同组成了日本一级行政区——东京都。东京都又与埼玉县、千叶县和神奈川县共同组成了东京都市圈。东京都市圈[1]拥有全球最复杂、最密集且运输流量最高的轨道运输系统，在东京都市圈内，其轨道运输系统包括地铁、私铁及 JR 线三个层次，因此结合东京都市圈的行政区划，以及不同轨道交通系统的服务范围，对东京都市圈的轨道交通系统圈层进行划分，将东京都市圈分为以下三个圈层，如表 1 所示。

东京都市圈轨道交通圈层基本情况　　表 1

圈层	区域	范围	面积（km^2）	人口（万人）	人口密度（人/km^2）	备　注
5km	东京都心三区	中央、千代田、港区	42	41	9761.9	山手线范围内，私铁起点
15km	东京区部	23 区	622	906①	14565.9	地铁主要服务范围
70km	东京都	23 区、多摩地区及岛部	2188	1333	6092.3	私铁、JR 线主要服务范围，2 小时通勤圈
	东京都市圈	东京都、神奈川县、埼玉县和千叶县	13400	3680	2746.3	

注：数据来源于百度百科，其中数据①为截至 2013 年 10 月的数据，其余数据为截至 2014 年底的数据。

根据表 1，结合东京实际行政区划对东京轨道交通系统的划分，东京都市圈轨道交通系统圈层划分如图 1 所示。

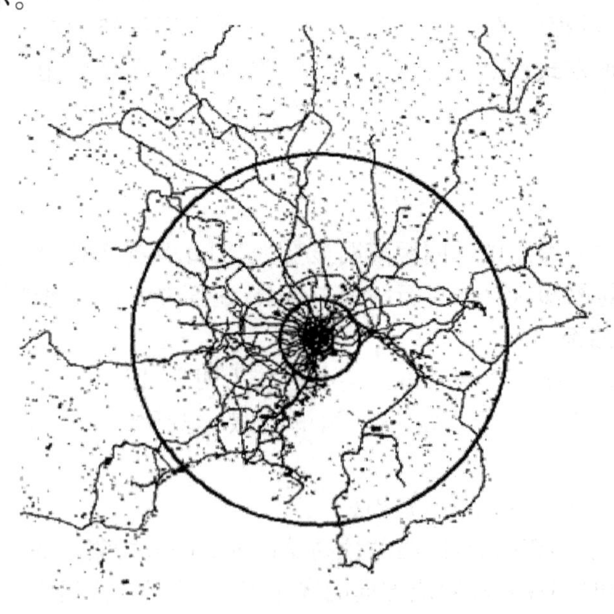

图 1　东京都市圈轨道交通系统圈层划分

如图1所示，以东京站为圆心，5km内主要为都心三区，是日本的政治、经济中心，最为繁华。在山手线范围内，轨道交通系统基本只有地铁，地铁的服务范围大约延伸到15km左右。大多数私铁的起点位于山手线及其以外，在15km范围外，私铁和JR线共同服务。但由于满足的是不同乘客的客流需求，提供的运输服务并不完全相同，因此在线路分布上也有一定的差距，在越靠近中心的地方，私铁线越密集；而JR线的分布范围则较为平均。

3.2 东京都市圈客流需求分析

图2是平成22年(2010年)日本首都圈的调查报告中统计的平均每天周边地区(包括神奈川县、茨城县、千叶县、埼玉县、东京多摩地区以及部分的栃木县、山梨县和群马县)乘坐轨道交通前往东京都23区部通勤通学的交通量。如图2所示，周边县城与23区部的联系是十分紧密的，大多数县区前往23区部的通勤通学交通量占到了本地所有出发客流量的60%以上，而东京23区部所有到达的客流量的64%都是从附近区县到达的，只有36%是23区内部的交通量，说明东京都市圈内各区域与中心城之间的联系是十分紧密的。

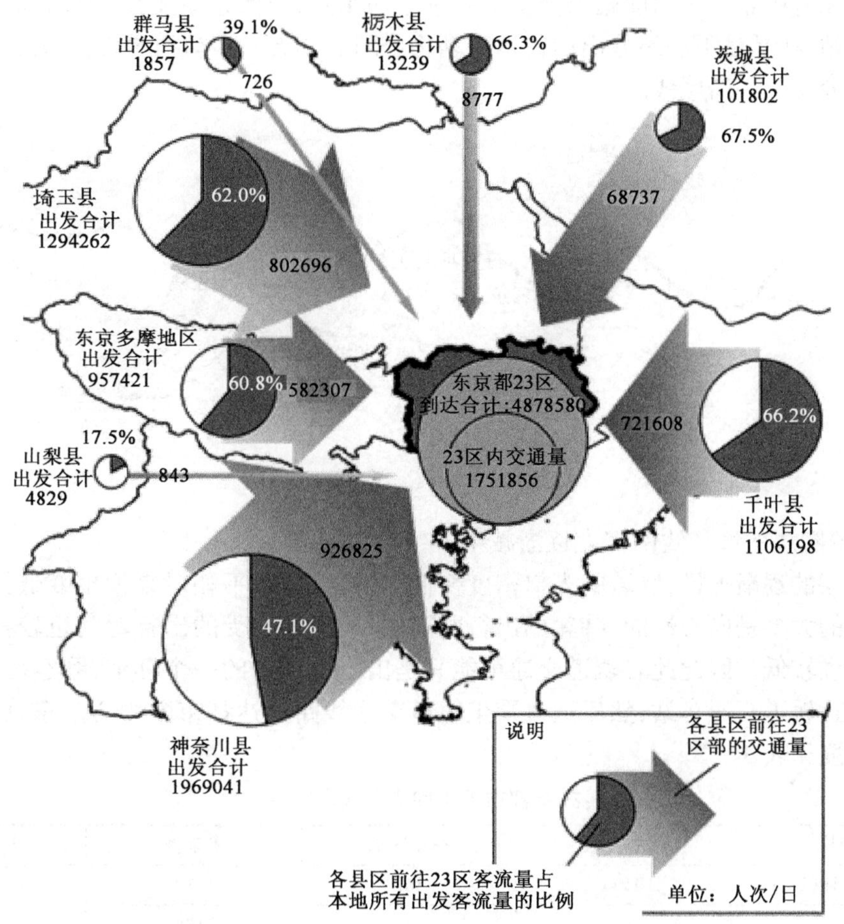

图2 东京都市圈向心方向的轨道交通通勤通学联系

3.3 线路特征

(1)站间距离逐渐增加[2]

表2所示是东京都市圈不同轨道交通系统的站间距统计情况，位于建成区内部的地铁平均站间距仅1km，而提供中长距离城际的JR线站间距达到了3.4km。

东京都市圈不同轨道交通系统线路特征　　表2

主要服务范围	建成区内部出行	中短距离城际	中长距离城际
轨道交通主体	地铁	私铁	JR
线路平均长度(km)	23.4	53.0	75.2
平均站间距(km)	1.0	1.6	3.4

注：圈层1选取13条地铁线计算其线路平均长度和平均站间距；圈层2选取11条与地铁过轨的放射性私铁线路计算其平均长度与平均站间距；圈层3选取7条放射性JR线路计算其平均长度与平均站间距。

(2)郊区线存在支线[3]

东京京王电铁的京王线，起点为市区山手线上的新宿站，在到达郊区的终点站八王子站的过程中，一路分出了四条支线(图3)：在调布站分出前往桥本站的分支——相模原线；在东府中站分出前往府中竞马正门前站的分支——京王马场线，虽然这条支线上只有府中竞马正门前站一个车站；在高幡不动站分出前往多摩动物公园的分支——动物园线；在北野站分出前往高尾山口的分支——高尾线。

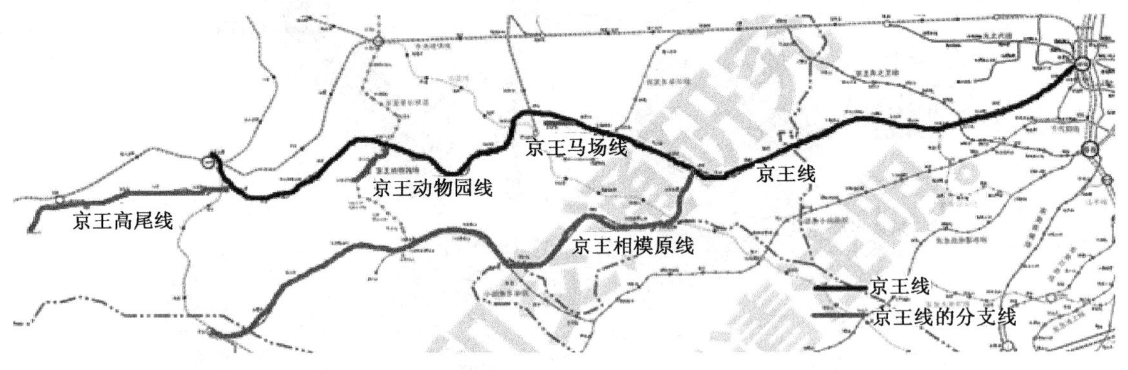

图3　京王线及其分支线路线图

(3)随着圈层的增加线网密度逐渐减小

随着圈层的逐渐外推，区域的人口密度变低，经济发展水平相对来说也变低，并且外围圈层的出行目的大多是向心性的，乘客的出行距离较长，所能忍受的出行时间也较长，线网密度较中心区来说较低。因此此时轨道交通可能只是出行过程中的一个环节，乘客可能通过其他交通方式到达轨道交通车站，然后通过乘坐轨道交通线路到达都市圈中心。东京都市圈不同圈层线网密度见表3。

东京都市圈不同圈层线网密度　　表3

区域范围	都心三区	东京区部	东京都	东京都市圈
轨道长度总计(km)	151	807	1110	3515
面积(km^2)	42	622	2188	16382
人口(万人)	37.5	894.5	1313.4	3760.2
人口线网密度(km/万人)	4	0.9	0.85	0.93
面积线网密度(km/km^2)	3.6	1.3	0.5	0.2

3.4 运营特征

结合乘客的需求及线路等基础设施的布置，东京都市圈的城市轨道交通系统在运营上也有自己的特点。

(1)放射性线路从市中心到市郊停站间距、运行速度逐渐增加

随着圈层的外推，线路的站间距明显变大，在郊区，为了满足乘客的个性需求，通常还会采用差异化的开行方案，例如开行快慢车、交错停车等，因此其停站间距也会增大，最终体现为列车运营速度增加、乘客出行时间缩短、整体服务水平提高。下面按照市中心、近郊、远郊的顺序选取有乐町线、东武东上线和高崎线3条轨道交通线路，比较其运营数据。

东京地铁有乐町线是一条位于市中心的轨道交通线路，共有24个车站，线路全长28.3km，平均站间距为1.18km，只采用单一的站站停运营方式，列车最高运行速度为80km/h，全程行车时间约为49min，旅行速度为34.7km/h。

东武东上线是一条放射性轨道交通线路，线路起于JR山手线池袋枢纽，终于埼玉大里郡寄居站，连接东京区部丰岛区、板桥区和埼玉县和光市、富士见野市、川越市、坂户市、东松山市、小川町、大里郡等区域，全长75km，共39站，列车最高运行速度105km/h。在开行方案上，东武东上线明显比有乐町线复杂了许多。如图4所示，东武东上线一共开行了包括站站停在内的6种不同速度等级的列车。

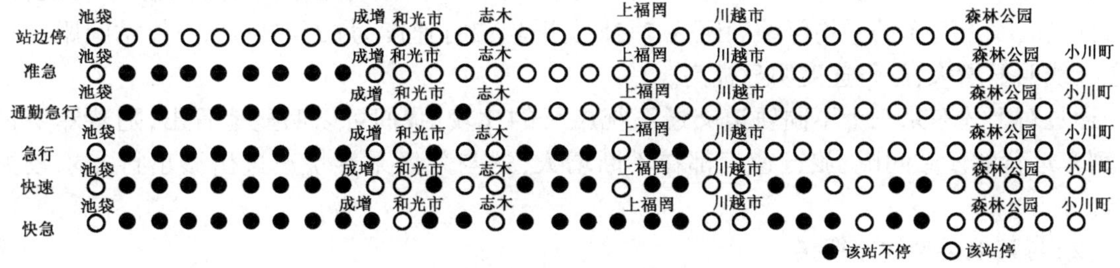

图4 东武东上线列车等级和停站方案示意图

这里统计了其中5种速度等级的列车，通过不同的停站模式获得不同的旅行速度，如表4所示。

东武东上线(小川町站—池袋站)快慢车旅行速度统计 表4

发车类型	站数	平均停站间距(km)	时间(min)	旅行速度(km/h)
快速急行	10	6.4	64	60.1
快速	14	4.6	69	55.7
急行	18	3.6	71	54.2
准急	24	2.7	75	51.3
站站停	32	2.0	83	46.3

从表4可以看到，最慢的为站站停的列车，平均速度为46.3km/h，但是这个速度也已经大于地铁有乐町线的旅行速度；最快的为快速急行列车，旅行速度达到了60.1km/h。进一步得到东武东上线各种交路列车的平均停站间距为3.2km，平均旅行速度为49km/h。与地铁有乐

町线相比,可以明显地看出,不仅是物理上的站间距有明显的增加,在运营上,平均停站间距与旅行速度都有了明显的提高。

高崎线是由东日本旅客铁道(JR东日本)经营的一条连接琦玉县埼玉市大宫区的大宫站及群马县高崎市高崎站的铁路线路。相对于东武东上线来说,高崎线距离市中心更远。高崎线全线长74.7km,共19个站,平均站间距为3.9km,全线均为复线。高崎线车辆的最高速度为110km/h。表5是高崎线不同种类列车的旅行速度统计。

高崎线快慢车旅行速度统计 表5

发车类型	站数	平均停站间距(km)	时间(min)	旅行速度(km/h)
站站停	19	3.93	87	51.52
特别快速	14	5.34	74	60.57
快速1号	13	5.75	74	60.57
通勤快速	11	6.79	71	63.13
快速2号	9	8.30	67	66.90
特急	8	9.34	59	75.97
特急草津	4	18.68	54	83.00

从表5可以看到,最快的为特急草津列车,旅行速度为83km/h;最慢的为站站停列车,旅行速度到达51.52km/h。对表5中各种不同交路列车的不同停站间距、旅行速度取平均值,计算得到高崎线上列车的平均停站间距为7.2km,平均旅行速度为63.47km/h。停站间距比东武东上线明显增大,旅行速度明显提高。

通过对上述东京三个不同轨道交通系统旅行的比较,我们可以明显地看出,随着圈层扩大,列车运营的停站间隔、旅行速度都在不断增大,这与郊区乘客快速进出城出行需求较为吻合。

(2)与其他类型线路衔接

东京的轨道交通网主要由市区的地铁、JR(国铁)和各私铁公司经营的郊区铁路组成。其中,已开通的十条地铁线均实现了与郊区铁路的直通运营[4]。具体线路特征如表6所示,总直通距离已超过600km,覆盖车站数达481个。

东京地铁直通运营线路特征 表6

地铁线路	直通郊区线路	直通区段	直通车站数量	直通距离(km)	平均站间距(km)
浅草线	京成押上线	押上—成田空港	40	63.5	1.59
	京急本线	泉岳寺—羽田空港/三崎口	60	73.4	1.22
	北总线	押上—京成高砂—印幡日本医大	23	38.0	1.65
	芝山线	押上—东成田—芝山千代田	41	61.3	1.50
日比谷线	东武伊势崎线	北千住—东武动物公园	22	33.9	1.54
东西线	JR中央线、总武线	中野—三鹰、西船桥—津田沼	11	15.5	1.41
	东叶高速线	西船桥—东叶胜田台	9	16.2	1.80
三田线	东急目黑线	目黑—日吉	13	11.9	0.92

续上表

地铁线路	直通郊区线路	直通区段	直通车站数量	直通距离（km）	平均站间距（km）
千代田线	JR 常磐缓行线	绫濑—取手	14	29.7	2.12
	小田急小田原线	代代木上原 - 本厚木	31	41.9	1.35
有乐町线	东武东上线	和光市—川越市/森林公园	20	40.1	2.01
	西武有乐町线、池袋线	小竹向原—饭能	26	38.0	1.46
半藏门线	东急田园都市线	涉谷—中央林间	27	31.5	1.17
	东武伊势崎线、日光线	押上—南栗桥	32	50.3	1.57
新宿线	京王线	新宿—桥本/高尾山口	45	44.7	0.99
南北线	东急目黑线	目黑—日吉	13	11.9	0.92
	埼玉高速铁道	赤羽岩渊—浦和美园	8	14.6	1.83
副都心线	东武东上线	和光市—森林公园	20	40.1	2.01
	东急东横线、横滨高速	涉谷—元町、中华街	26	28.3	1.09

(3)发车频率有明显的早晚高峰、潮汐性[5]

根据都市圈乘客需求具有向心性、时效性高及通勤时间较为集中的特点,需要在运营管理时相对应地在早晚高峰时期注意相对应方向的客流组织,通过提高运力,来满足早晚高峰时期的客流需求。

表7是东武东上线和光市站—志木站区段工作日进出城方向不同时段开行列车数量统计,可以看出进城方向早高峰开行了29趟列车,平均发车间隔仅为2.1min,而午平峰时段开行了14趟车,发车间隔达到4.3min,说明全天的发车频率有明显高峰、平峰的区别。进城方向早高峰时段发车的数量大于晚高峰时段,出城方向早高峰时段的发车数量小于晚高峰时段的发车数量,说明了发车频率的潮汐性。由于晚高峰时段客流虽多但没有早高峰时段集中,所以尽管是出城方向的晚高峰时段发车的数量也还是略小于进城方向早高峰时段的发车数量,这与客流的实际情况是吻合的。

东武东上线(和光市站—志木站)不同时段开行列车统计 表7

方向	时段	开行列车数量
进城	早高峰时段(7:00—8:00)	29
	午平峰时段(12:00—13:00)	14
	晚高峰时段(20:00 - 21:00)	21
出城	早高峰时段(7:00—8:00)	21
	午平峰时段(12:00—13:00)	14
	晚高峰时段(19:00—20:00)	22

4 结论

本文以东京都市圈为例,首先分析了都市圈内的乘客需求,然后探讨了都市圈内轨道交通系统的运营和线路特征。都市圈由城市发展而来,以中心城市为主,周边城市为支点,因此都市圈内的乘客需求与城市有所不同。东京都市圈结合当地乘客的实际出行需求设计了有序的城市轨道交通网络,为我国京津冀一体化、长三角以及珠三角都市圈的轨道交通规划提供了一定的可取之处。

参 考 文 献

[1] 明瑞利,叶霞飞.东京地铁与郊区铁路直通运营的相关问题研究[J].城市轨道交通研究,2009,12(1):21-25.

[2] 徐瑞华,李侠,陈菁菁,等.市域快速轨道交通线路列车运行交通研究[J].城市轨道交通研究,2006(5):36-38.

[3] 徐瑞华,杜世敏,等.市域轨道交通线路特点分析[J].城市轨道交通研究,2005,(1):10.

[4] 黄荣,城市轨道交通网络化运营的组织方法及实施技术研究[D].北京:北京交通大学,2010.

[5] 毛保华.城市轨道交通系统运营管理[M].北京:人民交通出版社,2006.

轨道交通对城市道路网络可达性的影响分析

龙翔宇*1,彭宏勤1,刘汉炜2

1. 北京交通大学　城市交通复杂系统理论与技术教育部重点实验室,北京 100044;
2. 湖南大学　电气与信息工程学院,长沙 410082

摘　要　本文使用复杂网络理论,对北京市的公交和地铁网络进行了实例分析,建立了公交站点模型和换乘模型,分析了北京公交网络的基本性质以及地铁对公交网络可达性的影响。得出地铁能有效减少乘客在车时间,在换乘及候车时间的节省上也有相当明显的影响。

关键词　轨道交通;公交网络;复杂网络;可达性

Impact of Rail Transit on Urban Road Network Through Accessibility

Long Xiangyu*1, Peng Hongqin1, Liu Hanwei2

1. *MOE Key Laboratory for Urban Transportation Complex Systems Theory and Technology, Beijing Jiaotong University*, *Beijing* 100044, *China*;
2. *Clooege of Electrical and Information Engineering*, *Hunan University*, *Hunan Changsha* 410082, *China*

Abstract　Using complex network theory, this paper analyzes instances of Beijing's public transport network. With the establishment of the site model and the transit model, this paper analyzes the basic characteristics of Beijing public transport system and the subway's influence on the accessibility of this system. The results show that the subway can save lots of traveling time, transfer time and waiting time.

Key words　subway; bus network; complex network; accessibility

0　引言

随着城市规模的不断发展,常规的路面公交系统已经不能满足人们的出行需求,地铁的出现弥补了公交系统的运力不足。目前,国内几个大型城市的地铁已经成网运行,如何评价地铁网络对城市公交系统的影响变得越发重要。

对地铁网络以及公交网络的分析,国内外学者已经做了很多的工作:莫辉辉等人论述了复杂网络在交通运输网络研究中的方法[1],国外学者也证明了城市公交网络的复杂网络特性[2],

---

作者简介:龙翔宇(1992—),男,湖南长沙人,硕士生,主要研究方向为轨道车辆维修计划、交通复杂理论。

* 通信作者:15120851@bjtu.edu.cn

复杂网络理论在城市交通网络的分析上已经有了理论的支持。在此基础上,余伟等人对南京地铁一号线进行了实证研究[3],李蕴雄等人对北京地铁 13 号线进行了时间可达性的研究[4],分析了地铁对城市公交网络可达性的影响。

综上可以看出,使用复杂网络理论对城市公交网络进行分析是比较常用的研究方法,可达性作为衡量城市交通网络优劣的一个重要指标,也多次被学者所使用。本文使用复杂网络理论,对北京市五环内的公交网络和地铁网络进行研究,探寻地铁网络对公交网络可达性的影响。

1 网络建模

1.1 建模方法

城市公交是一个有着具体地理位置的实体网络,对这个网络进行研究的方法就是将之表示成图。因此,需要先将实体网络抽象成拓扑网络,并在计算机中表示。对于拓扑网络,在计算机中我们习惯用矩阵来表示一个图,网络与邻接矩阵的转换关系如图 1 所示。

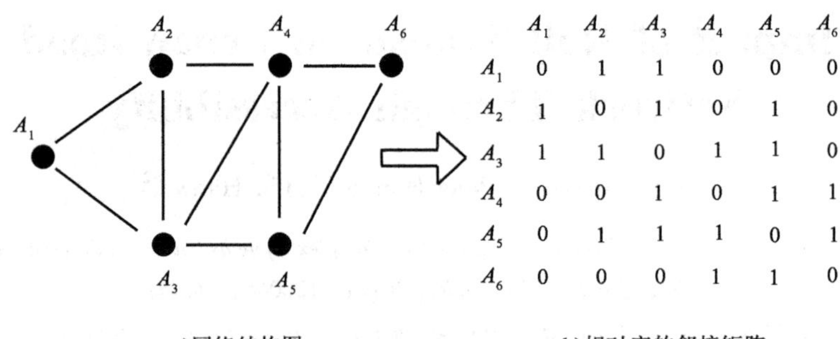

	A_1	A_2	A_3	A_4	A_5	A_6
A_1	0	1	1	0	0	0
A_2	1	0	1	0	1	0
A_3	1	1	0	1	1	0
A_4	0	0	1	0	1	1
A_5	0	1	1	1	0	1
A_6	0	0	0	1	1	0

a)网络结构图　　b)相对应的邻接矩阵

图 1　网络与邻接矩阵转换图

常用的拓扑网络构建方法有两种,一种是基于线路的方法,其原理是:若两个站点处在一个公交线路上且相邻,则这两个站点之间有连线,其反映的是站点与站点之间的邻接关系。另一种是基于站点的描述方法,其原理是:若两站点在同一线路上,则两站点之间有连线,其反映的是线路与线路之间的邻接关系。在本文中,为了探寻地铁对公交网络多个方面的改善作用,将分别使用两种描述法对公交网络建模。

从公交公司获取到北京市 2013 年五环内的公交线路和站点信息,整理成表。同样在北京市地铁官方网站上查询到北京市同时期地铁线路开通的情况,按照同样的格式整理成表。

使用 MATLAB 软件建立公交网络的邻接矩阵。在已有公交网络的基础上,再复合上地铁网络。为了防止出现公交站点名和地铁站点名不一样而导致的网络孤立现象,本文使用地图查询地铁站附近的公交站点,并在邻接矩阵中将这两个站点直接相连,将两个网络连接起来。

1.2 可达性模型

为了分析网络的可达性,我们还需要建立可达性模型,可达性的评价主要是使用时间或者空间作为指标,本文对可达性的评价指标主要为时间,因此需要对已有的网络进行赋值,本文对网络的边进行赋值,所赋的值为公交(或者地铁)的站间平均运行时间。通过查阅相关论文及数据库,并通过适当计算,得到相关参数,见表1。将旅行时间赋值给已经建立的公交站点网络,建立起可达性模型。

可达性模型相关参数 表1

项目	数值	单位	数据来源
地铁平均速度	31.31	km/h	参考文献[5]
公交平均速度(平峰)	18	km/h	参考文献[6]
公交平均速度(高峰)	10	km/h	参考文献[6]
公交平均站间距	567	m	参考文献[7]
地铁平均站间距	1353	m	参考文献[7]
公交站间旅行时间(平峰)	1.89	min	计算得出
公交站间旅行时间(高峰)	3.40	min	计算得出
地铁站间旅行时间	2.59	min	计算得出

2 相关参数的计算

建立完模型和生成对应的邻接矩阵后,为了对现有的公交地铁网络进行定量的分析,需要引入评价参数来对整个网络的效率进行评价。在此引入复杂网络的相关参数,并赋予它们现实的意义,来对网络进行评价。主要计算的参数为节点的度和最短路径。

2.1 参数的意义及其逻辑算法

(1)节点的度

节点的度表示的是在网络中与节点相邻的节点数量。在公交网络中,节点的度在不同模型下有不同的意义:在Space L模型中,节点i的度表示的是与站点i相邻的车站的数量,而在Space P模型中,节点i的度表示的是站点i能直达的站点数量。节点的度大的节点对应的车站就是枢纽车站。

计算节点度的逻辑算法为:在邻接矩阵中对第i行(列)进行求和,结果就是这个节点的度。

(2)最短路长

在公交站点网络中,最短路长表示的是节点i到节点j需要经过的最少的车站数;在公交换乘网络中,最短路长表示的是两个节点之间移动所需要换乘的最少次数。计算最短路长的算法有很多,以Dijkstra和Floyd算法为代表,在本文中由于要计算多个节点对,所以本文使用Floyd算法计算最短路。

2.2 计算结果及分析

(1)节点的度

计算公交站点网络节点的度。可以得出北京市公交站点网络节点的度最高为17,在总共3756个车站中,度大于10的只有27个车站,这些车站就是枢纽车站,绝大多数车站的度在2~4之间。图2显示了所有节点度的累积分布。

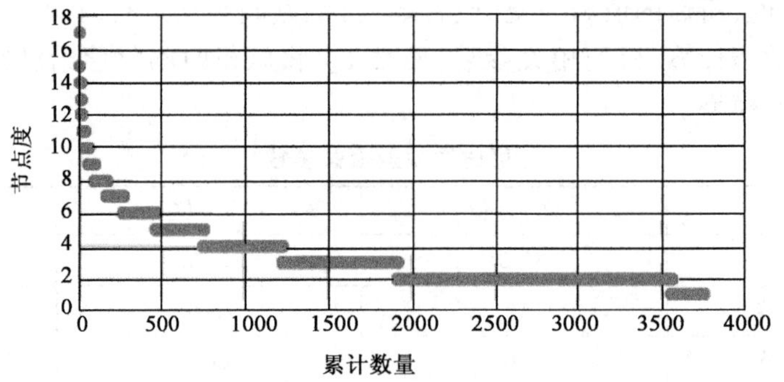

图2 北京公交站点网络节点度累积分布图

通过计算公交换乘网络，得出北京公交换乘网络的度都在2～495之间，其分布和站点网络相似，也是只有极少量的车站拥有较高的度，绝大部分车站度都在100以下。具体的节点度数累计分布如图3所示。

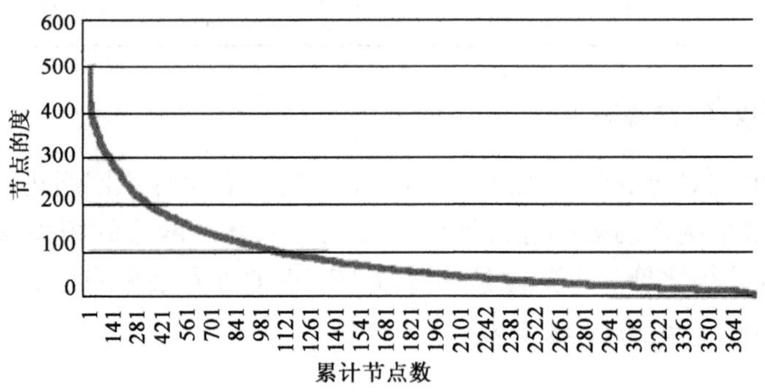

图3 北京公交换乘网络节点度数累积分布图

(2)最短路长

最短路长在很大程度上可以代表公交网络的出行效率。通过计算，得到的结果如下：对于公交站点网络，最大的最短路长为63站，平均最短路长为17.10站，在加入地铁网络后，最大路长依旧是63站，平均最短路长减少为16.26站，也就是说在北京乘坐公交出行，平均需要经过16～17个站才能到达目的地。对于换乘网络，平均最短路长为2.84车次，也就是说平均每次出行需要换乘2次才能到达目的地。

通过计算结果可以看出：北京市的公交系统效率不高，平均出行距离比较远，较大的出行距离也会造成北京市出行换乘次数多。据学者已经做过的研究[8]，上海拥有4678个站点和1010条公交线路，平均出行距离只有7.585站，最大最短路只有32站。相比于上海，北京公交系统的出行效率明显偏低，由此可以看出北京的公交系统效率并不高，布局和规划上还存在不合理的地方。

3 可达性分析

3.1 公交网络的可达性

计算加权公交网络的最短路长，可以得到网络中两点之间的最短旅行用时，计算全网的数据,可以得到全网的平均值,计算结果如表2所示。

公交网络可达性计算结果(单位:min)　　表2

项　目	公交网络	公交与地铁网络	公交网络(高峰)	公交与地铁网络(高峰)
在车时间	32.3275	31.2574	58.1553	54.9096

由表2可以看出:在加入了地铁网络之后,乘客出行的平均在车时间减少了,说明地铁对于乘客出行的效率是有一定提高的。尤其是在高峰时期,地铁对于整个公交网络的改善作用更加明显,达到了5.59%,其原因在于高峰时期,地面交通由于通勤车辆的增加而变得拥堵,通行速度减慢,而地铁作为有独立路权的交通方式,其运行速度依旧可以保持不变,因此在高峰时间内地铁对于通行效率的改善作用更加明显。

通过对不同里程范围内的出行时间进行统计,可以得到表3。

不同里程范围出行平均时间统计表(单位:min)　　表3

统计范围	地面公交网络	复合网络[①]	改善比例	高峰时段地面公交网络	高峰时段复合网络	改善比例
10站以下	14.46	14.34	0.83%	26.00	25.47	2.04%
11~20站	28.78	28.01	2.68%	51.78	49.31	4.77%
21~30站	45.35	43.48	4.12%	81.59	76.11	6.72%
31~40站	63.36	59.91	5.45%	113.98	104.60	8.23%
40站以上	80.72	76.01	5.83%	145.20	133.30	8.20%

注:①复合网络指的是综合考虑地铁网络与地面公交网络的城市公共交通网络。

通过表3的统计结果,可以看出:对于短距离的出行(10站以内),地铁对于公交网络的改善不明显。但随着出行路径距离的增加,地铁对出行效率的改善作用越来越明显。由于公交网络的节点数以及线路数与地铁网络相差很大,所以对于大多数的短距离节点对,其最短路没有地铁参与,地铁的速度优势不能体现出来。

就全网的情况来看,地铁对于公交网络可达性的改善是很明显的,尤其是对于中长距离的出行,地铁的参与能有效地减少出行时间,提升出行效率。在每日通勤的高峰期,地铁能有效地提高出行效率,减少乘客的出行时间,除此之外,还能提高出行的准点率,有效地提高了公交网络的可达性。

3.2　考虑简单换乘的可达性分析

3.2.1　换乘参数设置

乘客的完整出行过程的时间可以由下式表示:

$$T = T_{walk} + T_{wait} + T_{car} + T_{twalk} + T_{twait} \quad (1)$$

式中:T——总的出行时间;

T_{walk}——两端乘车走行时间;

T_{wait}——乘客候车时间;

T_{car}——在车时间;

T_{twalk}——换乘走行时间;

T_{twait}——换乘等车时间。

通过查阅文献和相关数据,对相关的参数做如下标定:

(1)公交等待时间:依照2011年北京交通发展研究中心的研究[9],可计算出乘客等车时间为8.5min。由之前对于换乘网络参数的计算,得出在换乘网络中的平均最短路为2.84,也就是说,乘客每次出行需要换乘1.84次车,因此,在本次研究中设定一次换乘的公交等待时间为8.5/1.84=4.62min。

(2)到公交站的步行时间:依据文献[9],计算出步行时间为15.18min。这个步行时间包括从出发点到出发车站走行时间和从到达车站到目的地的走行时间,是每一次出行都有的时间。

(3)公交换乘走行时间:因为在本次研究中不考虑乘客步行至其他公交站的情况,所以将公交换乘的走行时间设置为0min。

(4)地铁平均等待时间:地铁的发车频率在高峰期和平峰期会有很大的不同,综合来看,将地铁的等待时间设置为平均发车间隔的一半,即2min。

(5)公交与地铁换乘走行时间:大多数地铁站都是设置在公交站附近,两者相隔通常不超过100m,考虑乘客走行和进站的时间,将平均值设为3min。

(6)地铁线路间的换乘时间:文献[10]对北京地铁的换乘系统做了研究,除了几个大型的枢纽站,乘客从本线站台走行到换乘线路站台的时间通常都在2~3min以内,将地铁间的换乘时间设置为3min。

3.2.2 运行结果分析

根据3.2.1节所述出行过程中各项花费的时间,给每一个节点的出行过程都加上对应的换乘、走行和等待时间,随后,计算全网的平均时间,得到的就是乘客的实际出行平均时间。经过计算,得出公交网络全网平均出行时间为60.54min,而复合上地铁网络后,全网的平均出行时间为51.22min。对比结果可以发现,在考虑到换乘时间后,地铁对于公交网络时间可达性的改善效果更加显著了,一次出行平均时间能节省9min。

两者出行时间的差异,主要是由于候车时间的不同而引起的。相比于纯公交出行,地铁网络的加入使乘客换乘和等待的时间大大减少,平均来看,公交平均候车时间为4.62min,并且公交的候车时间极其不稳定;而地铁采取固定间隔发车,到站时间很有规律,平均候车时间只有2min,并且候车的极值也不会超过一个发车间隔。因此,在有地铁加入后,乘客的出行时间不仅在绝对值上减少了,而且在稳定性上也有改进。由此可以得出结论,地铁在多个方面对于城市公交网络的可达性都有较大的改善。

4 结论

本文首先通过计算公交站点网络和公交换乘网络的相关参数,并与上海公交网络进行对比,发现北京市公交线路网络的出行效率相比于其他大型城市偏低,主要存在换乘次数过多、平均距离偏大等问题。随后,通过对网络节点间平均旅行时间的计算,说明在加入地铁网络后,整个北京公交系统的出行时间减少了,可达性有所提高,尤其是在早晚高峰时期,地铁网络对出行效率的提高更为明显。最后,通过建立乘客换乘时间模型,计算得到北京市乘客公交出行的平均时间,说明地铁网络不仅在减少乘客在车时间上有很大作用,在换乘、候车等时间的节省上也有明显影响。由此得出结论,地铁能较大地提高乘客出行效率,增加城市公交系统的可达性。

参考文献

[1] 莫辉辉,王姣娥,金凤君. 交通运输网络的复杂性研究[J]. 地理科学进展,2008,27(6).

[2] Julian Sienkiewicz,Janusz A. Hołyst. Statistical analysis of 22 public transport networks in Poland[J]. PHYSICAL REVIEW E,2005(72).

[3] 余伟,马健霄,张永辉. 地铁对城市公交网可达性的改善研究[J]. 交通运输系统工程与信息,2011,11(1).

[4] 李蕴雄,戴特奇,张玉韩,等. 北京地铁 13 号线对旅客时间可达性影响的研究[J]. 铁道运输与经济,2013(10).

[5] 邓羽,蔡建明,杨振山,等. 北京城区交通时间可达性测度及其空间特征分析[J]. 地理学报, 2012,67(2).

[6] 张原. 公交路网旅行速度估计方法[D]. 北京:北京交通大学,2012.

[7] 王运静,李强. 北京市地面公共交通线路网现状评价[J]. 交通运输系统工程,2007,7(5).

[8] 李英,周伟,郭世进. 上海公共交通网络复杂性分析[J]. 系统工程,2007,1(25).

[9] 郭继孚,李先. 2011 北京市交通发展年度报告[R]. 2011.

[10] 诸葛恒英. 北京城市轨道交通换乘效率研究[D]. 北京:北京交通大学,2007.

铁路车站与城市轨道交通换乘流线衔接研究

李星阳*[1],杨　静[2]

1.北京交通大学　城市复杂系统理论与技术教育部重点实验室,北京 100044;
2.北京建筑大学　土木与交通工程学院,北京 100044

摘　要　随着我国综合交通枢纽的建设,越来越多的一体化综合交通枢纽正在建成,作为铁路车站枢纽集疏散系统的重要一环,铁路与城市轨道交通的换乘衔接会直接影响整个枢纽的换乘效率,进而影响整个城市交通的运行效率。本文从铁路车站与城市轨道交通的衔接问题入手,选取流线衔接这一角度,将两者之间的衔接方式分为5种,并且以上海虹桥综合交通枢纽和日本五反田车站为例,进行换乘流线分析,最后对比两者之间的相似与不同,总结流线衔接成功的要点,得到最后结论。

关键词　铁路车站;城市轨道交通;衔接换乘;流线图

Research on the Transfer Flow Line between Railway Station and Urban Rail Transit

Li Xingyang*[1], Yang Jing[2]

1. *MOE Key Laboratory for Urban Transportation Complex Systems Theory and Technology, Beijing Jiaotong University, Beijing* 100044, *China*;
2. *School of Civil and Transportation Engineering, Beijing University of Civil Engineering and Architecture, Beijing* 100044, *China*

Abstract　With the construction of comprehensive transport hubs in China, more and more integrated transport hubs have been built. As an important part of railway station set and evacuation system, railway and urban rail transit transfer cohesion will directly affect the transfer efficiency of the whole hub, which influence the running efficiency of the whole city. This article begins from the cohesion problem of railway station and urban rail transit. It selects the angel of streamline. The cohesive ties between them can be divided into 5 types. And it takes Shanghai hongqiao transportation hub and Gotanda station for an example. It analyzes transfer streamline and compares the similarities and differences between them. Finally it summarizes the main successful points to get the final conclusion.

Key words　railway station; urban rail transit; connection and transfer; flow line diagram

---

作者简介:李星阳(1992—),女,山东菏泽人,硕士生,主要研究方向为交通运输规划与管理。

*通信作者:15120847@bjtu.edu.cn

0 引言

铁路运输在中长途客运中占据主导地位,目前国内外的铁路车站主要位于市区,以便于城市中旅客选择铁路出行。一般大城市的铁路车站乘降集散旅客较多,为了及时将到达的旅客疏散,出发的旅客送达,需要建立方便快速的交通枢纽网络。铁路与城市轨道交通、道路交通、民航等方式衔接的好坏将直接影响城市中居民出行的便捷度和整个城市的发展。

目前,铁路行业同样充满竞争压力,为了增加铁路运输的吸引力,良好的城市交通与铁路车站衔接问题非常关键。余保国[1]认为大型客运专线车站已不再是传统的功能单一的“铁路运输终端”和“客运作业所”,而是综合交通网络的重要组成部分和集成多种交通方式的城市综合交通枢纽。客运专线车站大量客流的集散,依赖于与其衔接的各种交通方式。为快速集散客流,避免造成车站地区及城市的交通拥堵,必须认真研究客运专线车站的交通衔接问题。

另外,铁路车站与城市交通的衔接对于缓解铁路车站地区的拥堵意义重大。铁路车站地区的客流量较大,没有好的城市交通衔接组织,聚集的客流就会造成车站地区的拥堵问题,从而影响整个城市居民的出行效率。

铁路车站与城市轨道交通的衔接问题涉及方面很多,包括基础设施的建设,人员管理,运能运量,流线设计等,这里只讨论两者之间的流线设计。

1 城市轨道交通与铁路车站的主要衔接形式

依据铁路车站与城市轨道交通的布局及相对位置关系,可以将城市轨道交通与铁路车站之间的衔接形式分为 5 种:通道换乘、站外换乘、站台换乘、站厅换乘和组合式换乘。

(1)通道换乘

通道换乘适用于城市轨道交通车站与铁路车站相距比较近的情况,在两车站之间设置单独的通道便于乘客进行换乘。两座车站需要设置电梯、楼梯,并且利用通道进行连通。连通的接入点有多种,铁路车站的接入点可以设置在候车大厅或铁路客流下车到出站检票口之间通道的某一处,城市轨道交通车站的通道接入点可以设置在站台或站厅。

(2)站外换乘

站外换乘[2]是指城市轨道交通车站与铁路车站没有建在同一立体层面,没有专用换乘设施,物理上相隔一定距离,旅客换乘需要先出站再进站。该换乘衔接方式增加了旅客进出站次数、换乘走行距离,导致换乘不便。因此这种换乘方式存在很大缺陷,早期修建的铁路车站由于规划及用地上的问题,所以站外换乘的情况比较多。

(3)站台换乘

站台换乘根据站台的相对位置不同主要分为两种换乘方式。第一种是两种方式的站台设置在同一平面,第二种是两种方式的站台设置在不同平面。第一种方式的站台两侧分别是城市轨道交通的线路和铁路线路,可以直接在站台上进行换乘;第二种方式的站台不在同一平面,需要通过楼梯、扶梯换乘。

(4)站厅换乘

站厅换乘[3]指的是乘客由一个车站的站台经楼梯、扶梯到达另外一个车站的站厅,进而到达这个车站的站台,或者从一种方式的站台到达两种方式共用的站厅,再到达另一个车站站台的换乘方式。利用这种换乘方式时，进出站和换乘都需要经过车站的站厅，对站厅的承受能力要求较高。

(5)组合式换乘

随着城市轨道交通与铁路枢纽的迅速发展，客流规模正在不断增加，枢纽也在朝着立体化的方向发展。交通枢纽的衔接换乘也不只局限于一种换乘方式，很多情况下，会有不同的城市轨道交通线通过铁路枢纽，这样由于内部构造、换乘方向的多样性，换乘方式上也会有多种方式的组合。

在这5种换乘模式中，站台换乘是距离最短、最方便的，但由于铁路列车与城市轨道交通的规划设计问题，很少有车站可以做到站台到站台的直接换乘；其次是站厅换乘，站厅换乘的竖直距离较大，提升高度大，需要有自动扶梯进行连接。通道换乘的走行距离一般较大，车站不在同一水平面或者立体面上，乘客需要通过通道才能到达另外的车站。而站外换乘是距离最远的一种方式，一般需要经过站前广场，人流比较混杂，站外流线遇到交织冲突的情况会更多，不符合交通枢纽综合化、立体化的发展趋势。

2 国内外典型铁路车站换乘流线衔接的案例分析

铁路与城市轨道的换乘流线设计是两者换乘衔接中最重要的一环，没有好的流线设计就不会有高效率的换乘。在两者的流线设计上，要遵循进出站与换乘流线互不交叉，并且尽可能保证换乘流线较短的原则。但是一般情况下，城市轨道交通车站的修建和铁路车站的修建时期并不同步，两个车站预留的换乘空间和衔接点可能并不理想，所以和国外有些城市铁路和地铁可以同站台换乘[4]相比，在我国大多数城市的车站中，城市轨道交通与铁路的换乘还需要经过较长的换乘通道，甚至进行站外换乘，不利于乘客的及时发送。当然，在大客流的情况下，同站台或者站厅直接换乘需要有足够的通道、扶梯和站台能力与之相匹配，有时为了安全起见，可以通过延长通道换乘的长度的措施来保证乘客的出行安全。

2.1 上海虹桥综合交通枢纽流线分析

上海虹桥综合交通枢纽，集民用航空、高速铁路、城际铁路、长途客运、磁悬浮、城市轨道交通、地面公交、出租汽车、小汽车等多种交通方式于一体，是上海功能性、网络化的交通枢纽。图1为上海虹桥平面布局图。

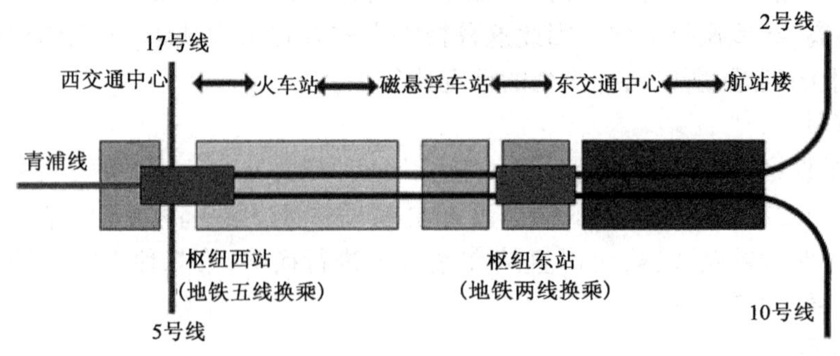

图1 上海虹桥综合交通枢纽总体建筑功能布局

枢纽建筑水平方向由东至西分别设有虹桥机场西航站楼、东交通广场、磁悬浮车站、虹桥车站、西交通广场(图1)。东交通广场包含了地铁、公交和社会车库,主要功能是服务于机场与磁悬浮交通。西交通广场则包含了地铁、公交、长途和社会车库,主要功能是服务于高铁。

在立体层面上,上海虹桥枢纽的换乘流线也较为简洁,图2是城市轨道交通换乘高铁的换乘流线示意图。

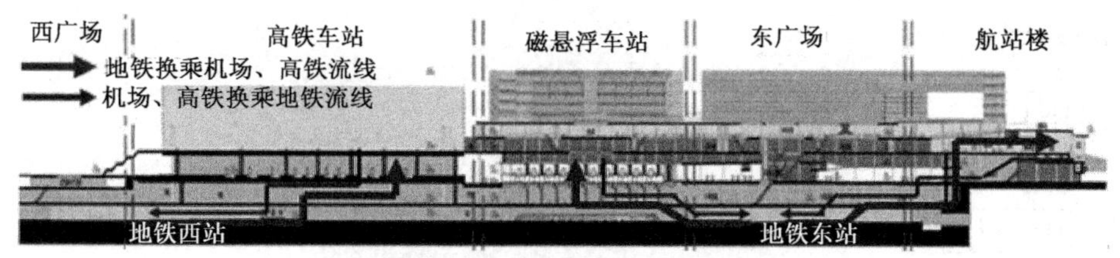

图2 地铁与机场、高铁、磁悬浮换乘流线图

对于进站流线,由城市轨道交通到达车站的乘客,先由地下二层的站台通过楼、扶梯到达地下一层的地铁换乘区,经过闸机出站。之后,持有火车票的乘客可通过该层东西两侧的扶梯到达二层的候车大厅,无票旅客则可以在该层的售票处购买火车票后再到达二层候车厅。

对于出站流线,地下一层为高铁及城际铁路的出站口及大厅,乘客在一层的铁路站台下车可以经过南北侧的通道到达地下一层的出站口出站。出站以后的乘客,若想换乘地铁,则可以从南北两个方向进入同一层的地铁付费区进站乘车。进出站具体流线如图3所示。

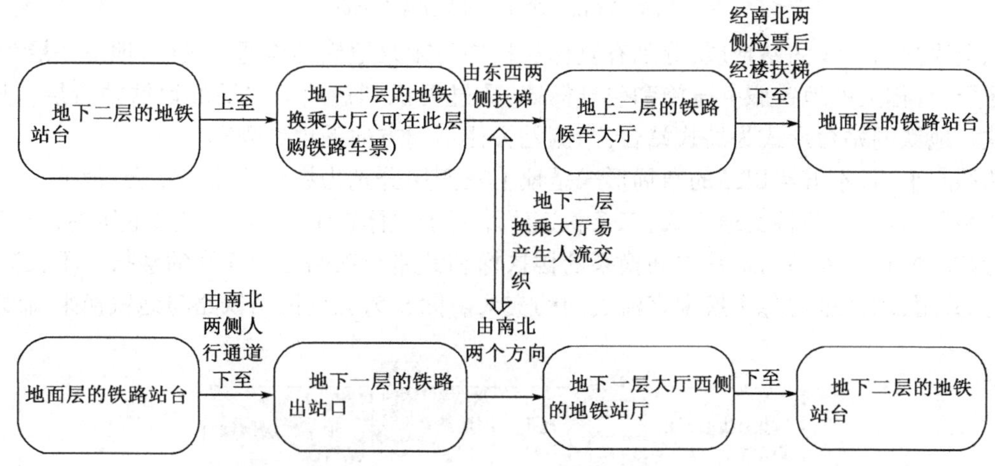

图3 上海虹桥铁路与城市轨道交通换乘流线图

如图3所示,地下一层的换乘大厅,由于分布有地铁付费区、铁路售票区、铁路的出站口,客流之间会产生交织,因此需要设置清楚的指示引导标识,引导乘客顺利到达指定区域,尽量不与其他流线产生冲突。

虹桥综合交通枢纽的主要优点是多种交通方式能够互相换乘,集中布局的一体化方式也有利于土地的集约化利用。轨道交通作为集疏散的方式,极大地方便了乘客的中转换乘,保障了枢纽的高效运行。同时在流线设计上,实现了立体化的布局,地铁、高铁、磁悬浮以及机场之间功能明确,方位清晰,没有布局混杂不清的情况出现。

但同时,虹桥枢纽也有缺点,由于枢纽规模偏大,流线设计上难以考虑“零换乘”的概念,乘客的换乘走行距离过长,乘客体验不高。

2.2 日本五反田站流线分析

日本五反田站经过了三条轨道线,其中两条是铁路线,一条是JR山手线,为东京的一条环形铁路线;另一条是东急电铁的池上线,是日本私营铁路之一。图4所示为JR山手线的车站内部布局示意图。

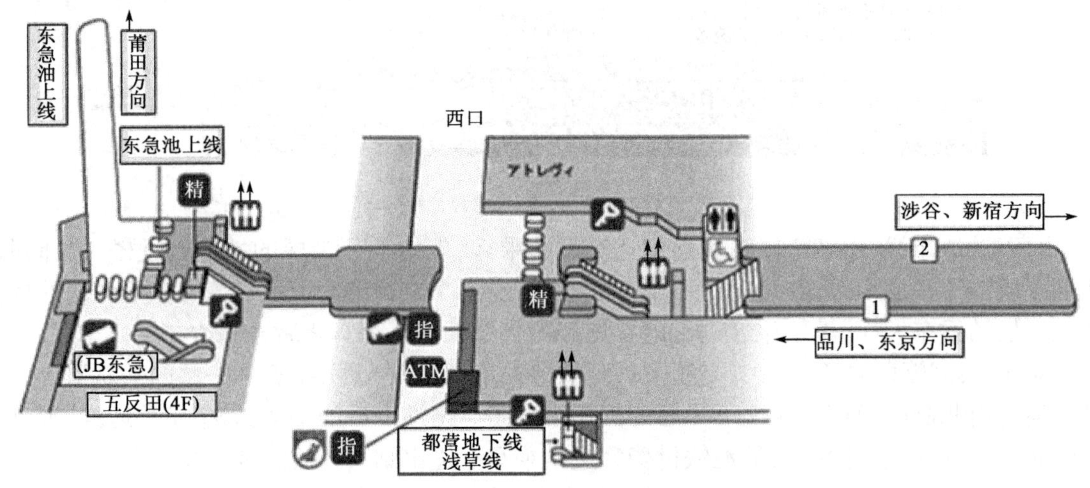

图4 JR山手线五反田站立体布局图

池上线和山手线的站台层,分别有直梯和扶梯与东京地铁相连通。其中,地下一层为地铁的站厅层,有相关的地铁服务设施和引导标识,通过闸机到达地下二层的地铁站台层,进而乘坐地铁。地铁的站台形式为岛式站台,两侧是去往不同方向的地铁列车。

总结起来,日本五反田站的布局形式是地上三四层分别为铁路线路的站台,地下一二层为地铁的站厅与站台,两种交通方式,三条轨道线路属于立体换乘,在同一交通枢纽内,通过楼扶梯进行站厅换乘。铁路与地铁之间换乘的楼扶梯和铁路与铁路之间换乘的楼扶梯不在同一位置,不会共用,因此也避免了换乘客流之间的交叉。图5为五反田站铁路与地铁换乘流线图。

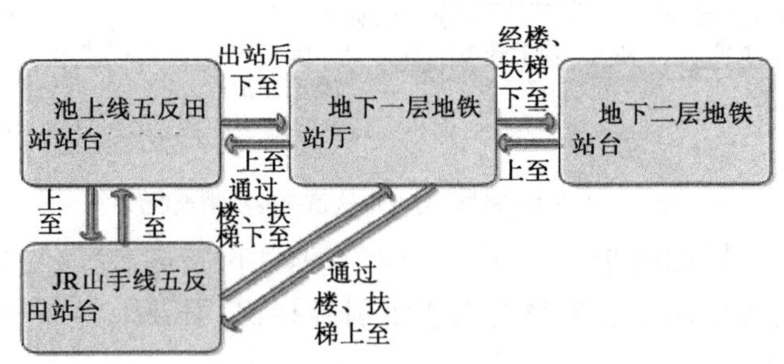

图5 五反田站铁路与地铁换乘流线图

五反田站的优点在于车站的换乘流线设计充分体现了分层设置的特点,不同运营公司的铁路或者地铁分布于不同的楼层,但是楼层之间都有直梯和扶梯相连,因此不同换乘方式之间的换乘距离较短。同时换乘流线上的指示引导标志清晰明了,布置合理。

但是五反田站的进出站闸机与楼梯口之间的距离较近,当客流很大时,乘客在楼梯口处停留时易导致安全事故。因此需要充分考虑客流量的大小,从安全性和便捷性的角度来同时进行流线换乘设计。

2.3 上海虹桥与日本五反田站流线衔接对比

上海虹桥和五反田站都是通过站厅换乘,两者都是通过楼、扶梯,再经过铁路或者城市轨道交通的站厅进行不同方式间的换乘。日本的五反田站是三家公司运营的三条铁路线,其中包含两条铁路,一条地铁线,但是在整个枢纽内,不同方式之间联系比较密切,三条轨道线路之间都可以通过楼扶梯进行换乘,主要是竖直方向的移动换乘,而上海虹桥的换乘鉴于其建筑形式和各个车站水平布局,所以水平方向的移动换乘距离较大,在没有水平方向自动步行道的情况下,乘客的换乘体验会相对差一些。

3 结论

总结城市轨道交通与铁路车站衔接成功的例子,得到以下关于流线衔接的结论。

(1)在条件允许的情况下,尽量发展立体换乘,这样可以最大程度地减少平面内的客流交织,减少冲突。立体化换乘流线适应于客流量比较大的车站,可充分利用地下、地上空间。

(2)合理设置楼梯和自动扶梯与进出站口的距离,距离过大会导致乘客的出行体验变差,而距离过短则会导致客流拥挤在进出站口处,出现安全隐患,同时增加乘客的出行时间。

(3)铁路车站的售票厅不应该与城市轨道交通和铁路之间的换乘流线相重叠,售票厅应该单独位于进出站和换乘的流线之外,保持合适的距离。将持票乘客与需购票的乘客进行分离,购票过程不妨碍持票乘客的换乘。

(4)衔接流线设计中进入与离开铁路车站的流线需分离,最好设置在站厅的两端位置。

(5)换乘衔接的流线设计少不了清晰明确的指示导向标识,在换乘过程中必须保证指示标志位置合理,大小合适,具有明确的导向作用,帮助乘客快速抵达目的地。

参考文献

[1] 余保国. 客运专线车站的交通衔接问题研究[D]. 成都:西南交通大学, 2010.

[2] 郑荣洲. 城市轨道交通与铁路车站的衔接方式探讨[J]. 城市轨道交通研究, 2006(10):40-42.

[3] 白立琼. 铁路客运站地区的城市交通衔接研究[J]. 交通运输工程与信息学报, 2006(4):29-31.

[4] 毛保华. 城市轨道交通规划与设计[M]. 2 版. 北京: 人民交通出版社,2011.

城市交通战略的视点与对策研究

李　亚*

郑州铁路职业技术学院,郑州 450052

摘　要　随着城市扩展与交通发展关系问题的不断深化,交通作为支撑城市结构要素的同时,实际上也威胁着城市和人们的生活环境。城市交通问题已演变成由于依赖机动车交通的生活方式、甚至是城市活动所造成的生活问题。本文从城市交通战略的视角,总结出一些城市交通中的常见问题,并试图给出可行性解决方式。

关键词　交通战略;交通拥挤;交通发展;城市交通

Strategic Analysis and Countermeasures of Urban Transportation

Li Ya*

Zhengzhou Railway Vocational and Technical Institute, *Zhengzhou* 450052, *China*

Abstract　The relationship between urban expansion and transport triggers many coordination problems in urban development. Transportation is one of the important supporting elements in city operation and threatens the people's living environment as well. Urban transport have evolved to be a complex community relating to motorization, way of life, and also the city activities. From the angle of strategy of urban transportation, that paper summarizes some common problems incurred in urban transportation, and gives their solutions with systems analysis.

Key words　transport strategy; traffic congestion; transport development; urban transportation

0　引言

对于城市来说,交通是支撑各种城市活动必不可少的纽带。但交通自身是没有任何利益的。人们外出工作或闲暇时娱乐都离不开交通。有些司机会把开车兜风当作一种乐趣,也有人乐于在车中边聊天边欣赏沿途的风光。因此,就交通成本(时间和金钱)来说,当然是越少越好。要满足这种要求,交通就必须朝着更快捷、车容量更大、效率更高的目标发展。而我们的城市正是基于这种交通发展观建成的。

基金项目:河南省科技厅科技攻关项目(152102310037)

作者简介:李亚(1983—),女,讲师,主要研究方向为城市公共管理、城市交通规划。

*通信作者:516176859@qq.com

1 城市交通战略的视点分析

城市拥有多种功能,例如:商店、住宅、各种就业场所等。城市交通就是要为这些功能提供道路、车站,以及各种方便的交通工具和配套设施。可以说交通是支撑一座城市正常运转的骨架,轨道制约着一座城市的发展方向,同时城市主干道作为市内街道的主体支撑构成了整个城市的交通网络。

作为交通工具而发明的汽车眼看着占据交通市场,这种有违于交通工具本意的事态已经引起关注。由于机动车数量迅速增加而导致的交通事故、交通公害以及破坏居住环境等方面的因素已成为制约城市发展的重要问题。当然,机动车以外的其他交通方式也存在不同程度的问题,但都莫过于势不可挡的汽车普及化使问题极度扩大和深化。

消除交通造成的弊端,是城市自发展机动交通以来,城市规划中悬而未决的最大问题。就当代的城市规划而言,机动车带来的城市环境保护问题一直被视为城市发展的瓶颈。由于交通为城市发展带来各种弊端的同时,也能带来产业、经济上的利益,所以不断改善交通设施才显得尤为重要。但是,城市与交通的关系已经远远不止上述的对应关系。众所周知,全球范围的环境问题、城市中心区商业衰退问题等,与其说是交通本身问题,不如说是由于依赖机动车交通的生活方式,甚至是城市活动所造成的。人们认识到这些问题后,就会为了追求城市应有的舒适环境而去改变城市的交通战略。

2 城市交通战略中存在的问题

城市中的交通问题经常被认为是从汽车普及化开始的[1]。

(1)交通事故

仅发达国家每年因交通事故夺去的生命就在10万人以上。而我国每年至少有10万人死于地面交通事故,事故数量与事故率已居世界前列。虽然近10年间不少国家相继出台的交通安全政策(如英国实施的“城市安全计划”;日本实施的“上学安全通道”;等)使交通安全性已取得很大改观,但民众对极力减少交通事故死亡的呼声却从未减弱。

交通事故不同于疾病,是人类自己制造出来的机动车交通系统所带来的牺牲。所以,还有一个问题是对汽车的恐惧心理。比如:家长不放心让孩子在室外玩耍,有人因恐惧汽车而不敢骑自行车,即使在商业街也因要躲避汽车而不能悠闲地购物等。到处都充满着这种不安全的交通恐怖,在人们心中留下阴影。

(2)交通公害

机动车是构成烟雾的两种主要污染物——CO_2和臭氧的主要来源。机动车交通会引发各种各样的环境问题,如:直接影响到沿街居民健康的汽车尾气、震颤、噪声等均被定义为“交通公害”。据经合组织(OECD)估计,发达国家有15%的人口生活在65分贝以上的高噪声环境下,这些噪声主要来自交通;还有重型货车及夜间装卸引起的振动。交通公害已在不知不觉中污染了空气,损害了人们的健康。

(3)交通拥挤

北京交通大学毛保华教授曾经分析:城区交通流的速度每三年降低5%,且拥挤的严重性随城市规模增加而增加。交通拥挤大概是市民感觉最为严重的交通问题。堵塞不仅仅造成时间的浪费，还会使出行者的情绪受到影响，从而造成更大的社会损失。

道路拥堵的原因是交通路网处理机动车通行的能力满足不了交通的需要。当时的考虑是只要充分提高道路的通行能力，如扩宽现有道路，开辟新通道，交通堵塞问题就可以得到一时的解决。但是，这种方式的效果极不稳定。扩宽道路就会诱发汽车消费，增加交通流量。只要交通流量哪怕超过了一点交通容量的处理能力，就会加速堵塞，致使所有车辆只能低速行驶，或再次陷入堵塞的状态。所延长的通行时间会造成更大的损失[2]。

一项对城市班车使用高速公路的调查显示：即使修整了道路，早高峰时段的交通也会增加到道路交通容量的最大极限，其结果会更加拥挤。另外，市内街道缺乏不同交通方式的专有通道设计，致使行人、自行车、机动车等多种交通方式共用一条狭窄街道，甚至交叉对流、相对而行的情况也是容易造成交通事故的关键所在。图1和图2分别显示了高速公路交通拥挤和市内街道交通拥挤的状况。由此看来，那些“只要修整道路就能消除交通拥挤”的说法纯属幻想。

图1　高速公路交通拥挤状况

a)

b)

图2　市内街道交通拥堵状况

(4)城市中心商业区衰退

交通的发展会引起城市模式和人们生活方式的变化。依赖机动车的交通模式，终究会导致城市陷入交通困境。目前，我们的城市正弥漫着外迁的气息，诸如火车站、大学、商场、办公区，甚至居民住宅都在向市郊迁移。城市人口的生活区和工作区的距离越拉越远，人们上班、购物或到郊外宽敞的住宅度假都必须依赖汽车。

为应对居住人口外迁，我们设置了路边商店、郊外购物中心，甚至形成了拥有停车场和综合设施的大型休闲中心等边缘城市和商业郊区化的趋势。这种分散型城市的形成本身是想防止交通过于集中在市内，达到提高效率的目的。但实际上，更加重了人们依赖汽车的生活习惯，造成环境负荷不断加重的城市负担。

3 实现城市交通战略的战术

上述交通所带来的种种问题已摆在我们面前。如何将问题控制在最小限度之内,从而使交通能够带给社会丰富的空间和快捷安定的环境,是我们实现城市交通战略的根本目的。要实现这个战略目标,就必须考虑"可持续发展"的问题。"可持续性"既是制约条件又是发展目标,可以说提高交通效率、减轻交通带来的环境负荷是一个可持续发展社会所必需的交通条件。所谓交通的发展,绝不是指扩大出行,增加人们出行距离的总和;而是为人们的出行提供多样的可达性,即各种各样的服务、场所,增加人们能够到达的机会,使人们乐于出行,才是交通发展的目标。

现阶段,继续控制机动车的使用范围,扩展必要的交通空间,构建综合交通体系已成为现实中通用的政策。同时根据城市现状和市民意愿,必须整合与城市交通相关的各种政策,构建实现交通发展目标的战术。

3.1 减少机动车交通对城市影响的静态交通管理策略

城市居住区、商业街等以市民日常生活为主的地区交通流量较大,属交通事故多发区和生活环境易受危害地区。机动车只要在城市中行驶就会带来影响[3]。改善交通设施,建设机动车行驶空间是交通发展的战术之一。为使穿过城市的过境车辆绕行,可修建环城路或绕行路,使城市中心和居民区免受干扰。实施这种措施的地区,机动车事故率明显下降,足以看出减少机动车流量的效果。

另外,为保证交通安全,提高信号灯的高度(或采用双向信号灯),控制机动车速度,实施包括控制市中心和居住区机动车流量在内的静态交通管理措施,可使交通不安全感明显降低,为行人提供富有魅力的城市空间。比如:日本为实现"保证儿童不出交通事故"的目标,于30年前就开始实行"上学专用通道"。划定以小学、幼儿园、保育院为中心,周边500m以内的地区为步行区。并设置信号灯、上学专用通道标识等交通安全设施。该措施开始实施不到一年时间,周边事故率明显下降,一时间,日本中小学积极响应,使得"上学专用通道"得以快速普及。

3.2 向绿色交通模式转化的交通引导策略

这是交通战略中最基本的战术。同样是出行,不同的出行方式(交通手段)带给城市的影响也会有很大区别。表1显示的是各种交通方式单通道宽度、容量、运送速度及单位动态占地面积在城市空间上的比较。

不同交通方式单通道宽度、容量、运送速度、单位动态占地面积比较表　　表1

种类	交通方式	单通道宽度(m)	容量(万人/车道小时)	运送速度(km/h)	单位动态占地面积(m^2/人)
个体交通	步行	0.7	0.1	4.5	1.0
	自行车	0.9	0.1	10~12	2.0
	摩托车	1.8	0.1	20~30	22
	小汽车	3.25	0.15	30~50	32

续上表

种类	交通方式	单通道宽度（m）	容量（万人/车道小时）	运送速度（km/h）	单位动态占地面积（m^2/人）
公共交通	公共汽车	3.5	1.0~1.2	20~30	1.0
	轻轨	2.0（高架），3.5（地面）	1.0~3.0	35~45	0.2
	地铁	0（地面），3.5（地下）	3.0~7.0	35~55	0~0.2
	市郊铁路	3.5	4.0~8.0	50~80	0.2

与个体交通相比，公共交通在城市交通容量和单位动态占地面积方面占有明显优势。因此，要实现交通发展的目标，就必须加快向绿色交通方式的转换。有些城市为了尽可能地降低交通对城市生活的影响，在新建的大型综合商场、写字楼等地，有意不设停车场，迫使市民采用公共交通到达的方式，这在一定时期内也是有效的。

当然，硬性的交通政策可能短时间内能呈现出预期的效果，但会造成市民的反感情绪，最重要的还是交通引导工作。尽量引导市民乘坐公交车，或采用步行、自行车的方式出行。因此，从战术上讲，要开辟比汽车交通更为便利的、舒适性更高的公共交通运营市场，使市民乐于公交出行。

3.3 提高交通设施利用效率的交通控制策略

调整交通结构并尽量提高机动车交通的利用率是解决交通拥堵问题的关键[4]。在当前条件下，通常采用将减少停车空间、禁止机动车通行等“强制性政策”和加强公共交通设施建设等“软措施”结合起来的交通控制策略。

战略上，必须明确中心城区私家车使用与公交使用的引导性指导思想，使中心城区优先发展公交（更确切地说，是优先使用公交）战略落到实处。过去五年的经验已经毫无疑问地证明：公交与私家车的并行发展只能使城市交通走向死胡同。

战术上，国内大中城市的私家车使用规模已到极限，不切实地对私家车的使用进行管制，不可能解决城市中心城区的出行难及其引发的堵塞问题。最切实可行（简单有效）的措施是迅速完善私家车使用的管理，大幅度提高中心城区私家车的使用成本。最简单的办法是提高中心城区停车费用，引导私家车的理性消费。

3.4 利用可达性减少出行的交通发展策略

城市建设工作，就是引进各种交通功能，使居住区更临近职场，以促进土地的综合利用，从而创建集约型城市[5]。公共交通的可达性问题就是城市综合交通规划问题。如果政府给企业补贴，让跑到哪就跑到哪，那么公交网络的覆盖率、网络的可达性就会大大提高。现在公交效率低下的一个重要原因，就是对公共交通的几种方式没有统筹安排。有些城市一些道路修了地铁，公交企业也紧跟着开公交线路，和轨道公司抢客源，这对于城市综合交通来说，就是资源浪费，实在有违“公共引导发展”的交通发展策略。

4 结论

综合上述考虑，以提高公共交通可达性与舒适性，使乘客自愿从其他交通方式转到公共交通上来的公共交通调整策略已成为衡量城市交通是否最终实现“公交优先”的重要杠杆。其目的都是希望在整体上降低交通对环境的影响,从而创建一个安全舒适、可持续发展、充满魅力的城市。

参考文献

[1] 山中英生,小谷通泰.城市交通中存在的问题及其对策[M].北京:中国建筑工业出版社,2009.

[2] 许允.综合治理城市交通问题拥堵问题研究[D].济南:山东大学,2012.

[3] 张文富.从汽车消费主义视角谈城市交通拥堵问题的破解[J].商业时代,2011(27).

[4] 杨浩雄.基于系统动力学的城市交通拥堵治理问题研究[J].系统工程理论与实践,2014(8).

[5] 钱喆,等.世界级城市交通发展战略演变综述及启示[J].城市交通, 2015(1).

促进城际旅客运输综合服务发展的路径与措施

邓一凡*,刘　乐

长安大学 经济与管理学院,西安 710064

摘　要　我国城镇化快速发展的趋势使得城际旅客出行需求日益增长,并且呈现个性化、多层次、高品质等一系列变化。本文从出行链视角定义城际旅客出行,并从个人特性、出行特性、出行需求特性三方面分析了城际旅客出行行为。在综合运输体系的背景下,从全程服务为导向、综合城际客运枢纽、一体化机制、交通运输智能建设、运输服务组织模式五方面简述了促进城际旅客运输综合服务发展的路径与措施。

关键词　城际旅客运输;综合服务;路径与措施

Paths to Promote the Development of Intercity Passenger Transport Integrated Services and Measures

Deng Yifan*, Liu Le

School of Economics and Management, Chang' an University, Xi' an 710064, *China*

Abstract　The development trend of fast urbanization in our country makes the intercity passenger travel demand is growing and renders personalized, multi – level, high quality and a series of changes. This paper defines the intercity passenger travel from travel chain perspective and from personal characteristics, travel characteristics, travel demand characteristics three aspects analyzes the intercity passenger travel behavior. Under the background of the comprehensive transportation system, from the entire journey service oriented, comprehensive intercity passenger transport hub, integration mechanism, the construction of intelligent transportation, transportation organization mode in five aspects introduces paths to promote the development of intercity passenger transport integrated services and measures.

Key words　the intercity passenger transport; comprehensive services; paths and measures

1　城际旅客运输的定义

城际旅客运输是指为了满足城际旅客的出行需求,采用一种或多种运输方式为旅客提供全过程的出行服务。吕骥等认为"可以从出行链角度描述城际旅客出行,以具体起讫点、交通换乘场站为出行节点,以旅客同方式出行过程为出行段"[1]。城际旅客出行主要包括三个阶段:

作者简介:邓一凡(1990—),女,河北石家庄人,硕士生,主要研究方向为交通运输经济。

*通信作者:dyf136136@163.com

前衔接阶段、城际阶段、后衔接阶段[1]。前衔接阶段是指出发地的市内出行阶段，即从居住地通过城市交通到达城际交通场站；城际阶段是指从出发地城际交通场站到目的地城际交通场站的过程；后衔接阶段是指目的地市内出行阶段，即从城际交通场站通过城市交通到达目的地的过程。出行链视角的城际旅客出行概念模型见图1[1]。

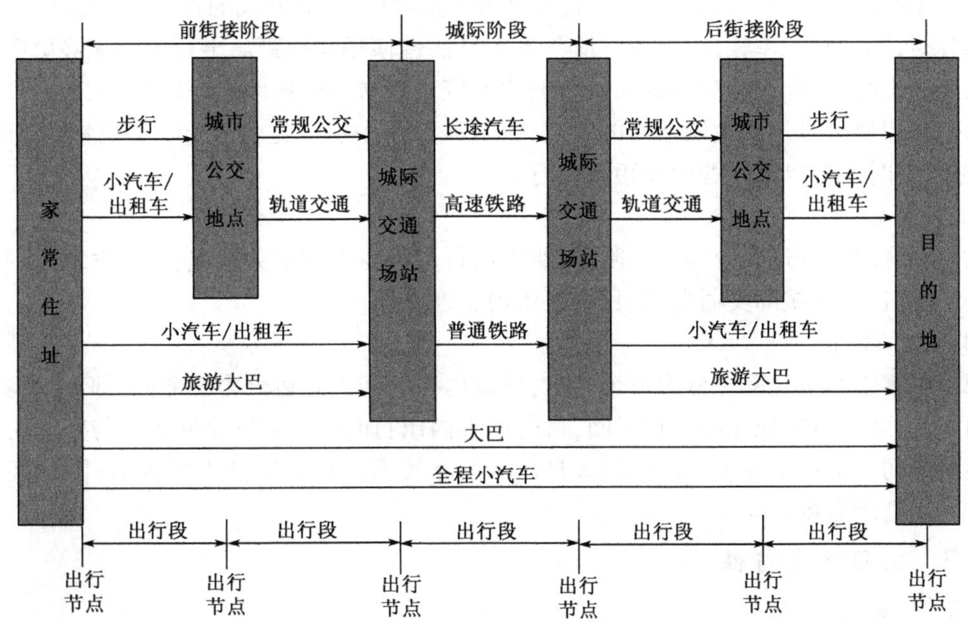

图1 出行链视角的城际旅客出行概念模型

2 城际旅客出行行为特性分析

2.1 个人特性

(1)性别和年龄

性别和年龄的不同导致城际旅客的出行目的和频率也不相同。年龄在18~55岁的出行者因工作、学习、旅游、出差等的需要，与其他年龄段的人相比城际出行的频率明显较高[2]。性别上，城际出行频率方面男性要高于女性[2]。

(2)职业

城际旅客的职业大体可分为企事业员工、工人、商业经营者、学生、其他等。职业的不同影响收入的高低，而收入的高低直接决定了旅客对票价的承受能力，进而影响运输方式的选择。

(3)收入

城际旅客出行方式的选择主要受到收入的影响，收入的高低直接决定了旅客对票价的承受能力，进而影响出行方式的选择。收入较高者，愿意支付较高的价钱获得高效和舒适的出行。收入较低者则更注重出行的经济性。

2.2 出行特性

(1)出行目的

城际旅客出行的目的主要是通勤、出差、上学、务工、旅游等。出行目的不同，对运输服务质量指标的侧重也不同。以出差、通勤等为目的的出行更注重运输方式的准时性、快速性和舒适性，受价格影响因素较小。以旅游、探亲访友等为目的的出行，旅客更侧重经济性较强的运输方式。

(2)出行距离

城际旅客出行距离一般较长，距离的长短直接影响了运输方式的选择。当出行距离较短时，公路出行的选择比率较高，因为它所具备的灵活性使得在短距离出行中的优势更明显。对于中长距离出行，城际旅客选择铁路出行的比率较高。航空运输因快速准时，在长距离城际出行中的优势明显。水运受地域条件的影响，在城际出行中所占比例较低，因其速度较慢、票价较低，适合对时间要求不高的中长距离出行。

(3)出行费用

城际旅客出行全过程分为三个阶段，所以出行费用也由三部分组成，即出发地市内交通费用，出发地到目的地城际交通费用，目的地市内交通费用。

(4)出行时间

城际旅客出行全过程可分为三个阶段，所以出行时间大致也分为三部分，即出发地市内出行时间，出发地到目的地城际出行时间，目的地市内出行时间。城际交通方式与市内交通方式间的换乘时间也应包括在内。出行距离是影响城际旅客出行时间的主要因素，同时换乘的影响也需给予高度重视。

2.3 出行需求特性

(1)出行需求规模

城市规模和经济水平直接影响了城际旅客出行需求规模大小。城市经济发展水平越高，聚集能力较强，会产生较大的出行吸引力，城际之间交流会更加密切，出行需求增长较快。

(2)出行需求层次

随着收入的提高，居民以休闲娱乐为目的的城际出行需求将呈增长趋势。客运专线的发展使得相邻城市间通勤出行需求增长。城际出行需求逐步呈现个性化、多样化、高品质的趋势。不同的人群，其经济属性、社会属性的不同，对出行时间、费用的敏感性存在差异，选择的方式也不同。这些差异使得城际旅客的出行需求呈现层次性。

(3)出行需求的不均衡性

城际旅客出行需求的不均衡性主要表现在时间分布和空间分布上[3]。时间分布与出行目的密切相关，如以旅游、探亲访友为目的的出行需求主要集中在双休日或节假日；以出差为目的的出行一般以工作日为主；以上学为目的的出行在寒暑假前后集中等。出行需求的空间分布与城市的发展水平和交通设施网络完善程度直接相关，出行需求多向配套设施完善、商业网点发达、娱乐设施密度较高的城市集中。

3 路径与措施

3.1 以需求为出发点、旅客位移全程服务为导向，实现城际旅客运输综合服务

我国现有关于综合运输相关理论中更多的是体现供给导向，仅仅是各种方式的简单加和，重点是基础设施规模的扩张。随着基础设施的不断完善，综合运输体系的发展已经逐步从以

基础设施投资为主的交通发展模式转到以服务为主的发展模式上来[4]。城际旅客综合运输服务要把握住城际旅客出行链的链条类型以及不同类型的运输服务需求，最大程度实现供给和需求的全方位均衡，转变传统理论中按照各种交通方式自身的技术经济特性来安排旅客位移的模式，从供给角度转变为需求角度，以旅客位移全程服务为导向实现城际旅客运输综合服务。

3.2 建立综合城际客运枢纽，实现多种方式间的无缝衔接

旅客运输综合服务的实现要依托各种硬件设施的完善，枢纽作为重要的基础设施，为服务的提升打造了坚实的基础。城际客运枢纽是城际旅客换乘的重要场所，以集散功能为主，具有客流强度大、密度高、全天候的特征。完善枢纽方式间的衔接是提升服务能力的重要措施。

根据城际枢纽交通衔接的功能要求，优化集散体系的方式结构，满足枢纽交通功能的衔接要求。以需求为导向构建多元化的交通集散体系，充分发挥各种交通方式的功能和作用。多元化的交通集散体系可满足不同群体的个体化需求，同时还可提高交通集散系统的可靠性[5]。

不同方式间的换乘衔接不仅要体现在城际交通方式上，也要注重城际交通与城市交通的衔接。城际客运枢纽的客流吸引和发生强度大，为提高集散效率，需加强城际客运枢纽与城市大容量公共交通方式的衔接，以适应高强度的客流集散需求，促进末端交通服务能力提升，从而避免通道出行时间很短，而末端出行时间很长的情况。

3.3 建立交通一体化机制，实现运输管理协调发展

交通作为经济社会发展的基础和纽带，要想更好地满足出行需求，就必须要实现交通系统与其他系统的一体化发展，尤其是与土地使用间的关系。以机制创新为突破口，不断完善综合运输服务组织协调机制，建立综合交通大部门管理体制，完善跨区域、跨部门之间的综合运输协调保障机制，实现多部门的统一协调、高效联动。引入专家咨询机制和社会监督机制，加强定期监测和考核。

在建立交通一体化机制的基础上，逐步实现交通与土地利用、交通方式间、通道交通与末端交通、交通设施建设与交通运用等的一体化[6]。

3.4 加快交通运输智能建设，促进信息实现互联互通

信息的获取是城际旅客出行的基本前提，出行者会根据其所获得的信息做出出行决策。所以城际旅客能否方便准确获得信息是至关重要的，直接影响了出行方式、出行时间等的决策。

如何方便、快捷、准确地获得出行相关信息是衡量综合运输服务的一个重要方面，准确获得出行相关信息可以帮助出行者结合自己的出行需求作出效用最大的出行方案，更好地满足出行需求。随着互联网技术的发展和普及，大部分出行用户都会借助网络搜索场站、车次、航班等信息。依托大数据，建立综合交通数据中心，将有关管理部门和相关交通运输企业联系在一起；搭建交通运行监测调度中心，为核心的综合交通信息传输和发布共享平台，实现信息的及时更新与传输；推进联网售票的实施，完善联网售票系统的功能，加强客运信息数据的分析

利用;实现城际交通与城市交通的联票,实现各种运输方式的"一票制";建立"掌上出行"APP,通过移动终端,旅客可以便捷地获得实时交通信息。另外,由于城际交通涉及不同的城市,可以逐步推进"一卡通",同时在全国实现公交一卡通,进一步提升服务的便捷性。

城际客运枢纽是城市交通的重要节点,是大量信息的汇集点。有效利用这些信息为枢纽建设、管理、运营服务,成为了提升综合交通枢纽服务水平的重要内容。从数据中可以挖掘更多的需求与模式,创造城际旅客的需求、改善运输服务的使用体验。枢纽的信息化管理手段可以帮助管理者针对突发情况,作出更准确的预警与更快速的响应[7]。

3.5 促进城际旅客综合运输服务组织模式创新

由于城际出行涉及的运输方式不止一种,方式间如何组织是提升服务能力的关键。可以以需求为导向,实现不同方式间的联程联运,如"空铁联运""空巴通""铁巴通""旅游客运联运"等联运服务产品。联运的服务点一般设置在大型交通枢纽内,如开展异地候机服务;机场设置城际客运班线,实现陆空联运。

在开展联运服务的基础上,推进运输企业与其他行业的合作,如与去哪网儿、同程旅游、携程网、途牛旅游网等商家的合作,出售联程联运服务产品,并在此基础上针对旅客需求探寻运输与住宿、餐饮等行业的跨界合作。

推进城际客运班线公交化改革,尤其在城市群内部,通勤出行需求旺盛,潮汐现象明显,可以根据当地具体情况,在出行高峰期开展城际客运班线公交化运营。城际旅客综合运输服务组织模式不应固守陈规、一成不变,而应该根据旅客的需求适时地做出调整,开展出行定制服务,如通勤公交、观光公交等。

4 结论

本文从出行链视角将城际旅客出行分为前衔接阶段、城际阶段、后衔接阶段三个阶段。分析了城际旅客出行行为的特性,个人特性主要受性别、年龄、职业、收入等因素的影响;出行特性主要体现在出行目的、距离、费用、时间四个方面;出行需求特性主要体现在需求规模、层次、不均衡性三个方面,其中不均衡性主要表现在时间分布和空间分布上。针对城际旅客出行行为的特性,本文从以需求为出发点、全程服务为导向,建立综合城际客运枢纽、建立交通一体化机制、加快交通运输智能建设、促进综合运输服务组织模式创新五方面阐述了促进城际旅客运输综合服务发展的路径与措施,对于未来城际旅客运输综合服务的发展具有一定的指导意义。

参考文献

[1] 吕骥,董治,吴兵.基于出行链理论的城际旅客出行特征研究[J].交通科技,2014,01:102-105.

[2] 陈馥利.城市群城际间居民出行行为特征研究[D].西安:长安大学,2010.

[3] 杨晓燕.成绵乐城际铁路旅客出行行为特征分析[D].成都:西南交通大学,2011.

[4] 汪洋.适应新常态,大交通需拿出好状态[J].运输经理世界,2015,05:79-81.

[5] 张小辉,过秀成,杜小川,等.城际铁路客运枢纽旅客出行特征及接驳交通体系分[J].现

代城市研究,2015,6:2-7.

[6] 张国强.一体化是解决交通问题的关键——清华大学交通研究所所长陆化普教授访谈录[J].综合运输,2015,37(7):5-8.

[7] 胡才益,杨新苗.基于大数据的综合交通枢纽信息服务[J].综合运输,2015,37(7):60-62.

城市轨道交通与地面常规公交车站换乘研究

和　扬*[1],毛迪安[2]

1. 北京交通大学　城市复杂系统理论与技术教育部重点实验室,北京 100044;
2. 美国内华达大学　里诺分校土木与环境工程系,里诺 89557

摘　要　城市轨道交通与地面常规公交是乘客最为普遍的出行方式,两者之间的换乘影响城市公共交通体系的发展。城市轨道交通与地面常规公交的站点布局模式分为简单型和综合型布局,依据轨道交通的一般换乘站和综合换乘站与常规公交的换乘模式,可分为平行式、交叉式和立体式换乘,由此对不同的布局模式和换乘模式进行研究。

关键词　城市轨道交通;常规公交;布局模式;换乘模式

Research on Passenger Transfer of Urban Rail Transit and Ground Conventional Bus Station

He Yang*[1], Mao Di'an[2]

1. *MOE Key Laboratory for Urban Transportation Complex Systems Theory and Technology, Beijing Jiaotong University, Beijing* 100044, *China*;
2. *Department of Civil and Environmental Engineering, University of Nevada, Reno, NV* 89557, *USA*

Abstract　The development of public transport system depends on the transfer efficiency of urban rail transit and ground conventional bus as they are popular for passengers to travel. The site layout pattern scan be divided into simple and comprehensive layout types and the transfer modes can be divided into parallel-type, cross type and three - dimensional transfer type. Thus the different layout patterns and transfer modes can be the standards of measurement of transfer efficiency.

Key words　urban rail transit; conventional public transit; layout pattern; transfer mode

0　引言

城市轨道交通运量大、速度快、准点性高,但线网密度不大,不能提供门到门的服务。地面常规公交机动灵活、可达性强,但与其余交通方式共用道路资源,准点性差。将轨道交通与地面常规公交良好衔接能够提高服务水平,使公共交通系统良性发展。因此,轨道交通与地面公交的站点布局模式和两者之间换乘模式决定了衔接效果的优劣,同时也影响着城市公交网络的发展。

作者简介:和扬(1992—),女,广西南宁人,硕士生,研究方向为交通运输规划与管理。

*通信作者:15120817@bjtu.edu.cn

1 轨道交通与地面常规公交车站的布局模式

轨道交通站点交通衔接布局模式一般可分为两种，一种为简单型布局模式，另一种为综合型布局模式[1]。

1.1 简单型站点布局模式

简单型站点布局模式主要分布在城市建成区，站点可利用衔接设施，用地较少，交通转换方式以步行—地铁、公交—地铁、自行车—地铁为主，此类布局模式站点衔接设施设置较简单，站点换乘距离较短，服务水平较高，基本上可以实现"零换乘"服务。但受周边用地条件制约，很难提供公交首末站(总站)和大型公共停车场等设施。图1为简单型站点衔接布局模式示意图。

简单型站点布局模式应当协调好轨道交通站点出入口与公交站点和自行车存放点的关系，解决好地铁站点周边步行交通及行人过街问题，做好交通指引工作。

1.2 综合型站点布局模式

综合型站点布局模式主要分布在城市外围区域或用地条件好的建成区，站点周边往往可提供多种衔接设施，如公共交通总站、小汽车停车场等交通设施，常提供购物、餐饮等综合性商业服务。此类布局模式设施占地规模大、设施供应充足、站点服务范围广，往往起到区域交通枢纽的作用。但换乘距离较长，一般要通过合理的交通衔接方案来确保"零换乘"实现。图2为综合型站点衔接布局模式示意图。

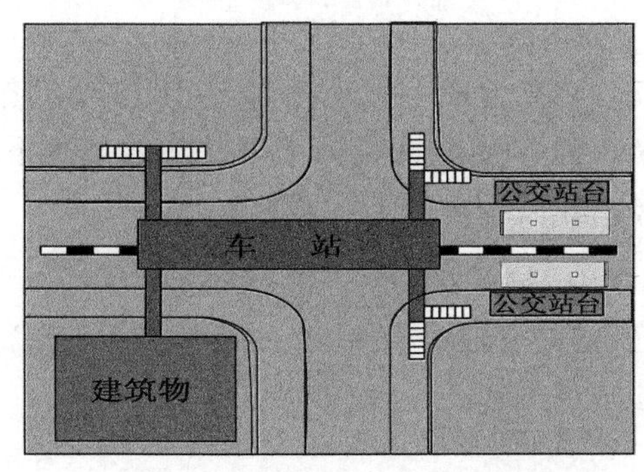

图1 简单型站点衔接布局模式

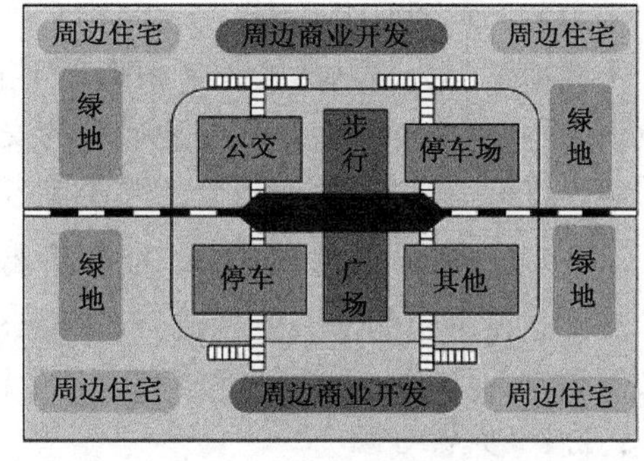

图2 综合型站点衔接布局模式

综合型站点衔接布局模式应当根据实际的交通需求研究成果，结合站点用地情况，选定设施类型，进行合理的衔接布局规划，在尽可能控制换乘距离前提下，进行衔接设施布局规划。

2 轨道交通与公交车站换乘模式

轨道交通换乘车站可分为一般换乘站和综合型换乘站，其中一般换乘站与公交车站有平行式换乘和交叉式换乘两种模式[2]，综合型换乘站与公交车站的换乘模式为立体式换乘[3]。现以北京地铁与常规公交换乘为例进行分类说明。

2.1 一般换乘站——平行式换乘

平行式换乘指的是一般轨道交通换乘车站与地面常规公交车站呈现平行布置的形式。以望京西站和木樨地站为例进行分析。

2.1.1 望京西站

望京西站站台为侧式站台，与常规公交车站位于同一个平面，公交站台与地铁站站台分别位于道路两侧，两者之间直接用人行天桥连接。公交车走行方式为单向行驶，具体如图 3 所示。

望京西站与公交车站的平行式换乘较为简单，换乘乘客通过人行天桥到达道路对面可直接进入轨道交通站厅或站台，有效地保证了乘客地面交通换乘的安全性。但由于通过人行天桥换乘，乘客需要上下楼梯数次较多并且走行距离较长，乘客换乘便捷性大大下降。

2.1.2 木樨地站

木樨地站站台为岛式站台，与常规公交车站位于两个不同平面，公交车站分别分布在公路两侧，每一侧有 4 个出站口，地铁站与公交车车站通过地下通道连接，具体如图 4 所示。

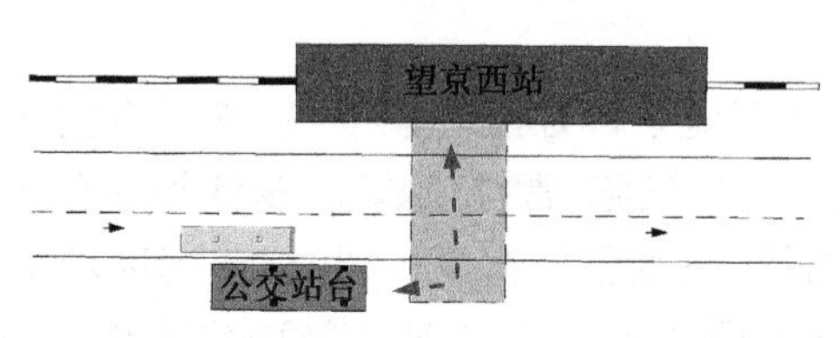

图 3　望京西站

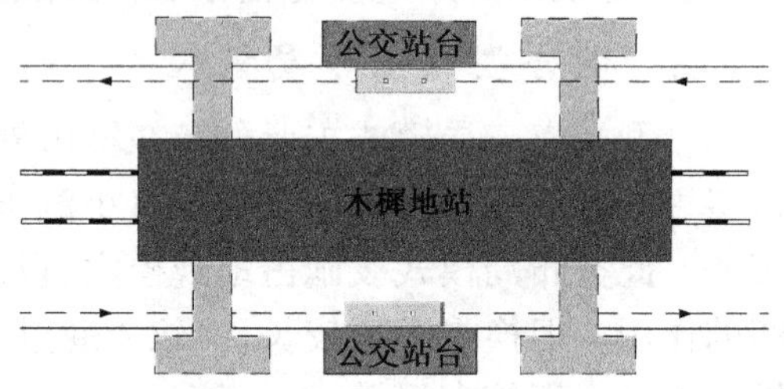

图 4　木樨地站

木樨地站与公交站的换乘者根据地下通道到达车站，在地面上无须任何走行距离，直接进入轨道交通站厅或站台，地面交通换乘的安全性较高。但连接地铁与公交车站的四条地下通道的建设维护成本较高，通道修建时需要考虑地下管线埋设等多方面因素。

2.2　一般换乘站——交叉式换乘

交叉式换乘指的是一般轨道交通换乘车站与地面常规公交车站呈现“十”字交叉、“T”形交叉等布置的形式。以大钟寺站和南礼士路站为例进行分析。

2.2.1 大钟寺站

大钟寺站站台为侧式站台，与常规公交站位于同一个平面，公交站分别设置在道路两侧，其中一处与地铁站同处公路一侧，另一处与地铁站利用人行天桥连接。公交走行方式为双向上下行，具体如图 5 所示。

大钟寺站与地面公交换乘的乘客从地铁站出站后可直接步行到达同处道路一侧的公交站换乘，无须通过天桥或通道等辅助设置，是最为高效便捷的方式；若乘客需要到达另一处的公交站则需通过人行天桥完成换乘，由于与地面道路的车流分离，因此换乘安全性较高，但人行天桥较长，乘客换乘时间大大增加，换乘便捷性也较低。

2.2.2 南礼士路站

南礼士路站站台为岛式站台，与常规公交站位于两个平面，公交车站站台在十字路口四面都有分布，与周边公交车站通过地下通道相连。具体如图 6 所示。

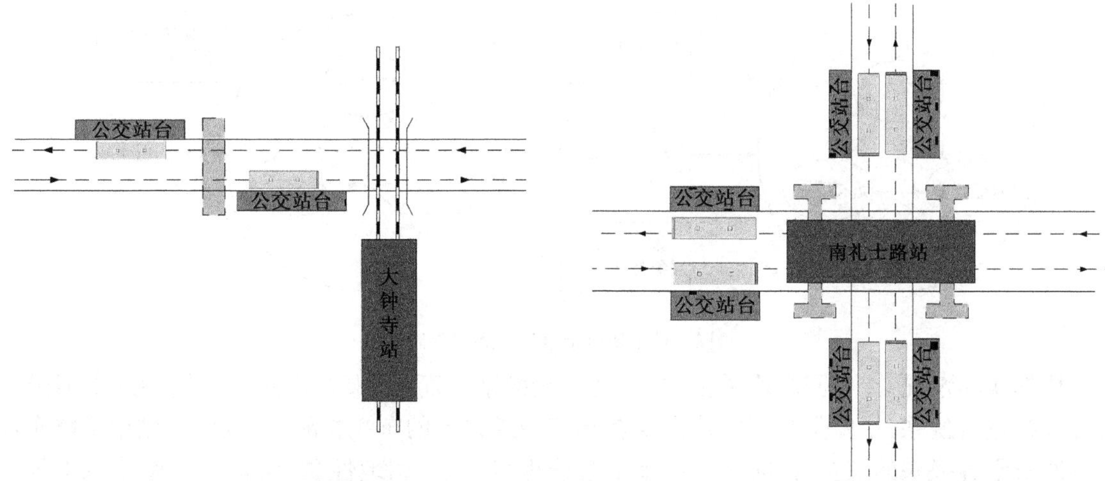

图5 大钟寺站　　图6 南礼士路站

南礼士路站与地面公交换乘的乘客在换乘过程中通过地下通道可到达地面的不同方向，但在路面上仍需要走行相当长的一段距离才能够到达公交车站完成换乘，同样也分离了换乘人流和路面车流，能保证换乘的安全性但换乘效率较低。

2.3 综合型换乘站——立体式换乘

东直门轨道交通枢纽是北京市一级综合立体交通枢纽，包括地铁2号线、地铁13号线、机场快轨以及公交枢纽四个主要部分。地面进出口一共8个出口(其中F口未开放)，其中，2号线出入口共4个(A、B、C、D)，13号线出入口2个(F、G)，机场线和公交集散大厅各一个(E、H)。各部分之间通过换乘和集散大厅相连接。整体布局情况如图7所示。

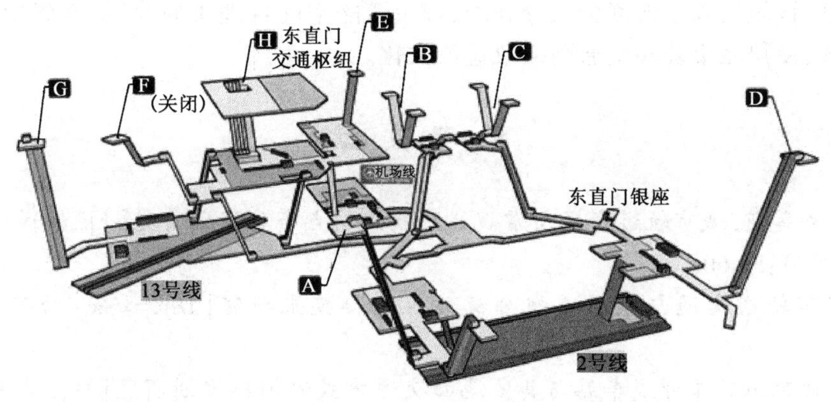

图7 东直门枢纽整体布局

其中，城市轨道交通与公交衔接情况如图8所示。换乘厅利用了地铁13号线地下一层预留的站厅，与其上面的地面一层组成一个两层的中庭空间。换乘厅的上下层之间由扶梯连接。

双层空间既解决了与地下轨道交通衔接的问题，又提供了更多与公共交通衔接的层面，与地面公交、地面步行系统实现顺畅的连接。

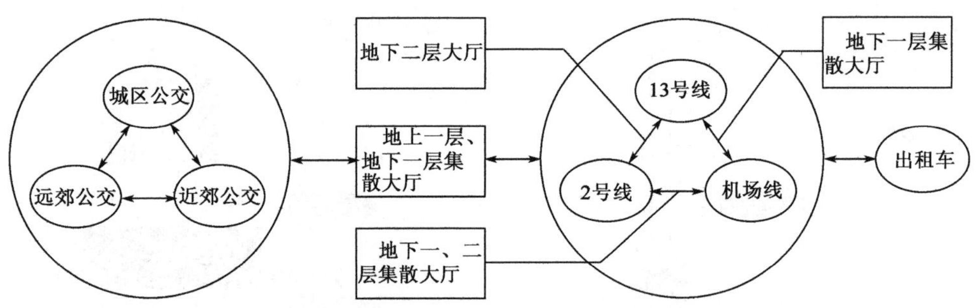

图8 城市轨道交通与公交衔接情况

依据实际情况，在不同的换乘模式下，就一般换乘站而言，乘客往往需要辅助地下通道或人行天桥进行换乘，主要是为了将换乘乘客客流与道路上的车流相隔离，以保证城市道路车流的畅通及乘客换乘的安全，此时需考虑地下管线埋设、城市用地性质、设备设施修建成本等方面的因素，既使得乘客能快速到达地面，又能保证城市道路景观协调和城市道路良性运转。就综合换乘站而言，综合换乘站本身空间结构复杂，客流量大，应当在综合换乘站内合理引导换乘客流，设置引导标识或安排引导人员，使得乘客能快速找到换乘方向，避免站内不必要的换乘客流流线交叉，从而提高换乘效率。站外的指示标识应当清晰明了，否则出站换乘的乘客往往会由于指示不清而无法快速准确地到达公交站台。

3 结论

城市轨道交通与地面常规公交车站的换乘效果受站点布局模式和换乘模式的制约，其涉及的影响因素较多，主要有换乘车站客流量大小、车站周边用地情况、建设政策与资金、空间协调性等。要使得乘客享受到高水平的换乘服务，应当充分考虑多方面因素，尽量满足确保乘客换乘的安全性、设施投入建设资金充分利用、城市道路空间合理布局等，从而确定站点布局模式和换乘模式，使得城市公共交通网络效益最大化。

参考文献

[1] 崔艳萍，刘莲花. 城市轨道交通与常规公交换乘站点布局模式研究[J]. 铁道运输与经济，2008，30(7):57-60.

[2] 赵硕. 城市轨道交通与地面常规公交站点衔接换乘研究[D]. 西安：西安建筑科技大学，2012.

[3] 李晓霞. 北京地铁4号线车站与其他地面交通方式的衔接规划研究[D]. 北京：北京交通大学，2006.

北京地铁网络化客流规律分析

李竹君*[1],周洋帆[1],麻存瑞[1],冯旭杰[2]

1.北京交通大学 城市复杂系统理论与技术教育部重点实验室,北京 100044;
2.交通运输部科学研究院,北京 100029

摘 要 随着国内地铁建设的快速发展,许多城市地铁线路已初具规模。相较于建设初期的单线形态,在成网条件下,乘客的路径选择更加多样化,线路性质与周边土地利用联系更加紧密,线路间的相互影响更加复杂,因而网络条件下的地铁客流规律更具有研究价值。本文基于近些年北京地铁客流数据,分析了网络客流增长规律、客流时空分布规律和客流换乘特点。研究结果表明,成网条件下的客流增长速率远高于建设初期,并且换乘站客流规律与车站位置和周边土地利用密切相关,这为运营管理部门进行远期客流预测和相关运输组织工作的开展提供了依据。

关键词 客流特征;线网形态;换乘客流;网络化效应

Analysis on Passenger Feature for Beijing Subway Networks

Li Zhujun*[1], Zhou Yangfan[1], Ma Cunrui[1], Feng Xujie[2]

1. *MOE Key Laboratory for Urban Transportation Complex Systems Theory and Technology, Beijing Jiaotong University, Beijing* 100044, *China*;
2. *China Urban Sustainable Transport Research Center Academy of Transportation Sciences, Beijing* 100029, *China*

Abstract With the rapid development of subway construction in Chinese cities, many of them have several operated lines to form a completed subway network. Compared to the beginning when there was only a single line in a city, route choices for passengers are becoming diverse, the interrelation between the line and surrounding land use is getting closer, the interaction between lines is turning complex. Therefore, analysis on passenger feature in subway networks has changed greatly compared to the single - line period and should be valued. Based on the recent passenger data from Beijing subway network, this paper analyzes increasing trend, spatial and temporal distribution characteristics, and transfer features of passenger-flow. The final results show that the growth rate is much higher in the networking period than the single-lined period,

基金项目:国家973项目(2012CB725406);国家自然科学基金(71131001)

作者简介:李竹君(1992—),女,湖南衡阳人,博士生,研究方向为城市轨道交通客流分配。

*通信作者:lizj15@bjtu.edu.cn

and that the station location and surrounding land use has a great impact on the passenger feature in transfer stations. This could provide theoretical support for traffic forecast and relevant organizations for the operations management department in the future.

Key words passenger feature; network form; transfer passenger; networking effects

0 引言

随着我国大城市交通拥堵问题加剧,具有大运量、速度快、准点性好等优势的地铁进入了快速发展时期。目前,北京地铁已经完成大规模建设工程,成网条件下的地铁系统在城市交通中的骨干作用越来越明显。因此,研究成网条件下的地铁客流规律,对构建动态的客流管控方案、提高地铁的服务水平、促进地铁的健康运营具有重要意义。

许多学者针对地铁客流规律进行了较深入的分析。郭丽丽[1]研究了在"环线+放射线"的路网形态下,地铁线网中重要节点的客流特征;张朝峰等[2]研究了地铁线路末端相邻站所在地区的早高峰客流特征,重点研究了城市轨道交通线路末端,相邻站在直接服务区和辐射区的诱增客流特征;王静[3]等基于北京市 AFC 系统数据,从客流量的时空分布角度,分析了地铁的网络化客流特征。既有研究主要针对单条线路、局部站点(换乘站点、起终点站)等,对于地铁网络化下的客流规律研究还比较缺乏。一般来说,地铁客流增长及分布特征将会随路网形态变化、节点性质变化与线路增加等因素,呈现出不同的特点。因此,有必要深入研究地铁网络化下的客流规律,以配合相应的行车组织。

本文在统计和整理近些年北京市地铁客流数据的基础上,分析了网络化进程中的客流增长趋势、客流时空分布特点,同一换乘站不同方向的换乘客流特点,以及不同换乘站的客流特点,其结果可以提供给运营管理部门作为对轨道交通运营计划进行调整的依据。

1 客流增长规律

随着许多城市地铁网络的逐步形成,地铁客流规律也在不断变化的状态中。本文以北京地铁为例,结合近些年的客流数据,分析成网条件下的地铁客流增长规律和特性。

1.1 增长速率变化规律

在地铁建设初期,单一线路可达性差,除沿线覆盖范围以外,客流吸引能力非常有限,且须经历由居民认知、适应、熟悉并搭乘直至形成合理客流吸引区域的过程,导致建设初期客流量较少,且需要一段较长时间的客流培育期,客流量增长缓慢;随着地铁线路逐步建设成网,加上常规公交线网形成了全面的交通网络,再有新线接入时,客运总量不仅呈现出大幅增长趋势,且每条线路都会有不同程度的增长。北京市地铁近几年客流量数据如图 1 所示,根据北京市地铁的发展趋势和客运量增长速率,可将增长时期分为以下 4 个阶段:

第 1 阶段:1971—1987 年,仅 1 号线和 2 号线部分线路运营,年客运量增长速率较缓。

第 2 阶段:1988—1995 年,期间 2 号线全线开通,客运量增长速率较高。

第 3 阶段:1996—2003 年,由于票价改革导致年客运量出现负增长,平均年客运量维持在 4.6 亿人次左右。

第 4 阶段:2004—2013 年,相继开通 13 条线路,年客运量快速增长,北京市地铁进入了飞速发展的新时代,成为解决城市交通的骨干。

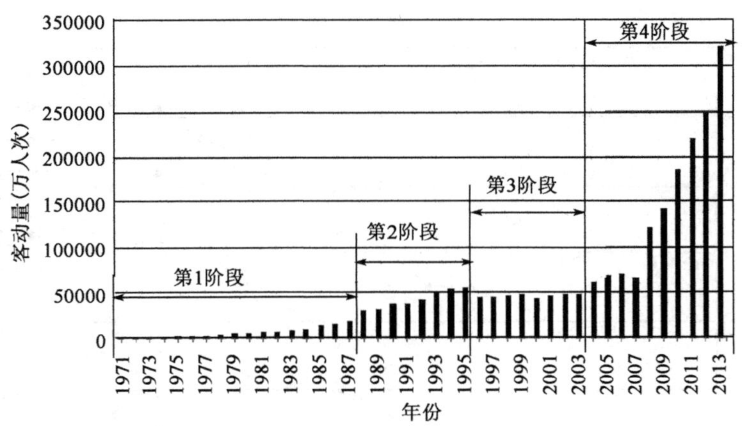

图1　北京市地铁年客运量(1971—2013年)

数据来源:1971—2011年数据来源于北京市轨道交通指挥中心,2012年数据来源于2013北京市交通发展年度报告,2013年数据来源于“我为公共交通价格改革建言献策”意见征集。

因此,路网形态是影响地铁客流增长速率的重要因素。且在地铁建设初期,客流量增长速率较低;随着地铁网络的逐步形成,地铁客流增长速率会明显呈递增趋势,虽中间可能受到其他因素如票制票价的影响,但仍然保持较高的增长幅度。

1.2　客运强度变化规律

客运强度是客运效益指标,即线路每公里负荷的乘车人次,客运强度大说明用尽可能短的线路实现了尽可能多的客运量。在地铁线路网络形成过程中,考虑到有不同类型的线路加入,全网客运强度一般呈现波动性的增长规律。一般情况下,网络中新开通一条郊区线或辅助线时,全网客运强度会有短期的下降然后再逐步增长的规律;网络中关键线路或节点开通时,全网客运强度会大幅增加。

北京地铁客运强度增长趋势如图2所示。由图可知,2000年以前,北京地铁1号线和2号线先后建成,客运强度一直逐步增长;而2003年随着八通线和13号线开通,促使全网客运强度有一个下降再上升时期,2010年昌平线开通,也促使客运强度快速下滑一段时期,但整体客运强度都是上升趋势。

1.3　郊区线客流变化规律

北京市地铁各线路日均客运量如图3所示。由图可知,北京地铁13号线和八通线,在开通运营的前3~4年,客运量较低且增长速率缓慢,这与其周边土地利用强度低有关;2007—2008年线路客运量则增长较快,其原因是周边土地得到了较大开发;2008—2010年随着土地利用速率的降低,客流增长速率也逐步减缓。

位于郊区的地铁线路具有客流形成和培育时间较长的特点,例如八通线开通7年后日均客运量远低于开通1年的4号线和开通2年的10号线。

因此,郊区地铁线的增长速率受到周边土地开发的影响,并且郊区线的客流培养时间和培养过程较长,且总体客运量水平比骨干线路低。

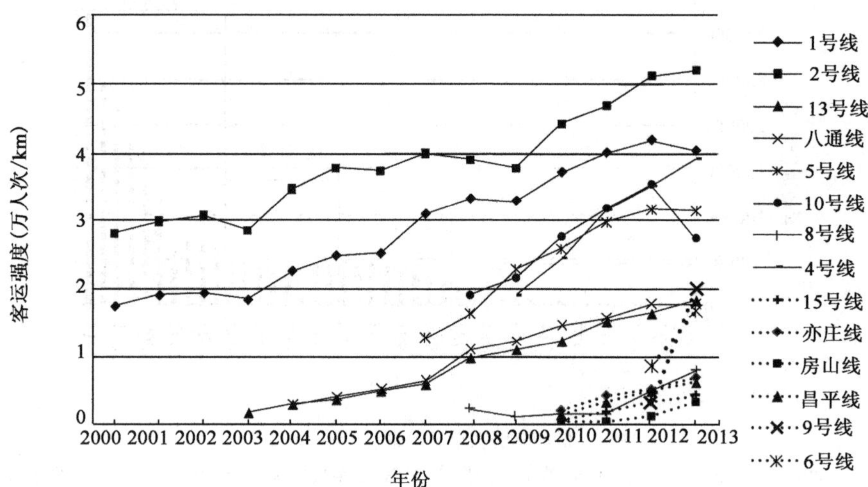

图 2　北京地铁客运强度增长趋势(2000—2013 年)

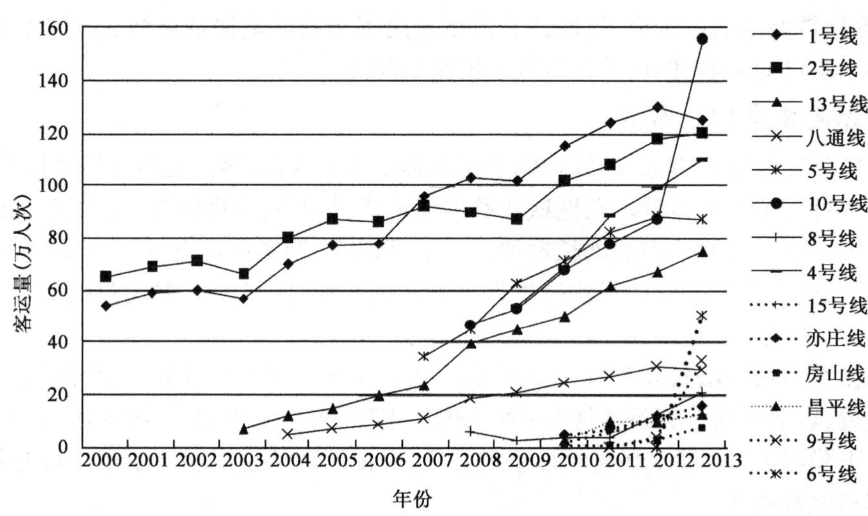

图 3　北京市地铁各线路日均客运量(2000—2013 年)

注:仅考虑北京市地铁公司运营线路。

数据来源:北京市轨道交通指挥中心。

1.4　重大事件影响客运量

近年来,北京历经的轨道交通票制票价改革(2003 年实施换乘收费和 2007 年 10 月调整为全网一票制)、2008 年奥运会的单双号限行及持续至今的每周少开一天车政策、2010 年年底北京出台的小汽车限购等强有力治堵措施均在轨道客运量上得到明显的反映。票价的提高短期内会降低轨道系统的吸引力,针对小汽车出台的交通需求管理措施会引导部分出行由私人交通方式转移到公共交通。因此,票制票价、政策法规、重大事件等对轨道全网客运量有较大影响。

2 客流时空分布特征

2.1 时间分布特征

交通出行具有明显的潮汐特征，特别是地铁在早晚高峰承载着大量的通勤客流，工作日较节假日的高峰特征更为显著。对进站客流时间分布进行统计发现，早上7:00-9:00和晚上17:00-19:00的4h的客运量占全天的比例超过50%。进一步分析各线进站量时间上的规律，具体内容如下：

(1)经过市中心的线路日进站量具有明显的差异性，在高峰期客运量较大，平峰期客运量较小，而郊区线路日进站量的变化相对较少。

(2)各线路早高峰峰值均不同程度地大于晚高峰，且早高峰相对集中，晚高峰相对发散。

(3)通常，早高峰会出现在7:30-8:30时间段内，并且越在外围的线路，进站高峰时间出现得越早，由于通勤造成的高峰情况越显著。

统计北京地铁每条线路的进站量在6:00-00:00的变化情况，如图4所示。各线路的进站量都呈现出明显的双峰，尤其是客流量较大的1号线、2号线、5号线、6号线、10号线和13号线。

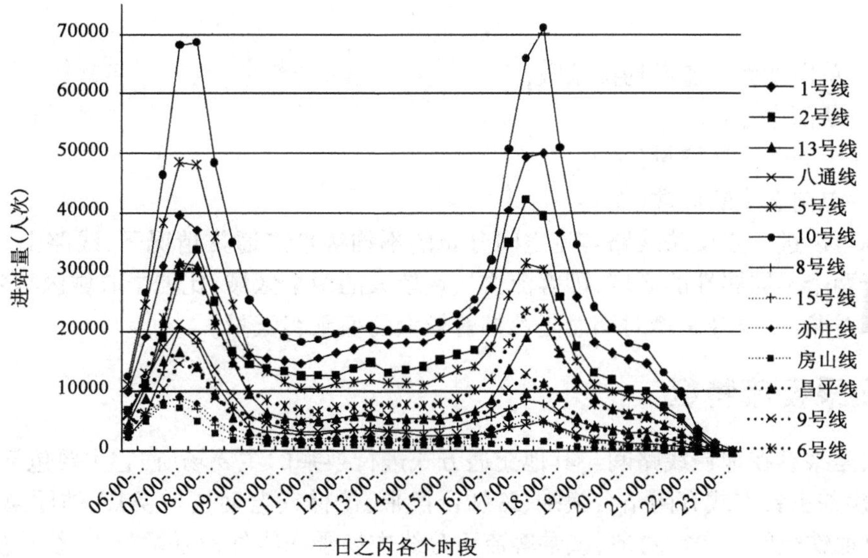

图4 各线进站量在一天内的变化(2014.04.15)

注：仅考虑北京市地铁公司运营线路。

数据来源：北京市轨道交通指挥中心。

从早晚高峰的峰值来看，1号线和2号线的早高峰峰值小于晚高峰。由于这两条线位于线网的中心地带，在线路周围上班的人较多，下班时间相对集中，18:00左右的客流量非常大。而早上乘坐地铁来上班的人，由于出行距离长，早高峰峰值不如晚高峰突出。10号线由于是外围环线，早晚峰值相差不大。从早高峰峰值出现的时间来看，15号线、房山线、亦庄线、昌平线、八通线等远郊线路的早高峰出现时间比市区线路更早。而2号线作为中心的环线，早高峰出现时间最晚，峰值在8:00-8:30时间段。

2.2 空间分布特征

通常情况下,地铁线网客流空间分布特征与城市布局形态息息相关。一般来说,城市中心区域拥有大量的吸引量,城市集中居住区则在早晚高峰时期有较大的客流,而这些对客流吸引力较大的区域一般有着重要的城市功能和特定的用地性质。例如,地铁网络化进程中会出现一端连接市中心区一端连接郊区,或者贯穿市区而两端连接郊区的线路,这些线路上的断面会呈现较大的不均衡性;与中心地区相比,郊区或末端地区断面客流量要明显减少,客流分布容易出现中间凸型或者单调递增或递减的形态,并且,客流较大的断面分布情况由这些吸引力较大的区域面积和形态决定。

另外,因为乘客出行需求需要依附于线网结构与形态,因此地铁线网形态同时也影响着客流空间分布特征,如路网中重要线路或者关键节点客流量较大,并且辐射范围很大,有些节点和线路则辐射范围较小,这与节点或线路在网络中的位置和联络功能相关。

轨道交通线网中,线路单向各个断面客流的不均衡系数,可按式(1)计算。

$$\alpha_{\mathrm{k}} = \frac{A_{\max}}{\frac{\sum A_i}{n}} \tag{1}$$

式中:α_{k}——单向断面客流不均衡系数;

i——断面序号;

A——单向断面客流量(人);

n——单向全线断面数(个)。

该指标可以进一步反映线路客流空间分布的不均衡性。通常情况下,线路上客流量较大的断面位于两个不同属性的区域,即客流交换量较大的两个区域,比如中心城区与郊区衔接部分的节点和线路,在早晚高峰时期总是承担着较大的换乘客流量。

3 换乘客流特征

换乘站是乘客在地铁线路间与其他交通方式进行换乘的主要场所,它主要包括站厅、站台等。其中,换乘主要方式有同站台换乘、跨站台换乘、楼梯或电动扶梯换乘、站厅换乘、通道换乘5种。以地铁线网为研究对象,换乘客流可分线内换乘和线外换乘两类[4],线外换乘不作为本文的研究内容。其中线内换乘客流是研究地铁线路网络化运营特点的重点对象,也是地铁网络化运营组织的主要吸引和服务对象。研究线内换乘客流的主要特征对把握客流规律、研究换乘客流组织、设计换乘方案具有重要意义。

3.1 换乘站客流量规律

通过对北京全网40个换乘车站的日换乘量分析(图5),得到以下换乘客流规律:

(1)环线作为客流集散换乘的主要线路,环线上的换乘站换乘量较大。

日换乘量超过15万人次的车站主要分布在2号线的西直门、复兴门、宣武门、建国门,10号线的角门西、宋家庄、国贸、呼家楼、惠新西街南口、海淀黄庄等。

(2)郊区线进城方向与市区线路的第一个换乘站换乘量较大。

宋家庄是亦庄线与10号线、5号线的换乘站，日换乘量达到20多万人次；惠新西街南口是5号线进城方向与10号线的换乘站，日换乘量达到20万人次；呼家楼是6号线进城方向与10号线的第一个换乘站，日换乘量达到18万人次。这些换乘客流多为进出城的通勤客流。

(3)换乘量较小的车站一般分布在直线的相交处或者远端市郊线上。

东西向的6号线与各条南北向直线的交点中，除呼家楼外，其余各站的日换乘量均在10万人次以下，远端的朱辛庄、霍营、立水桥、郭公庄等站，由于远离市区，日换乘量也在10万人次以下。

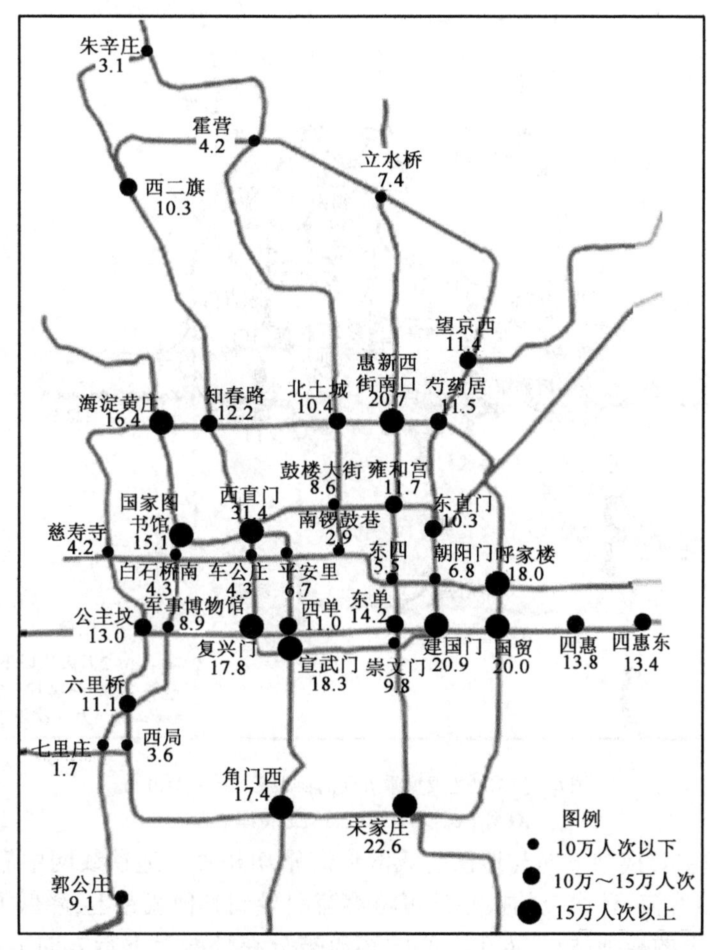

图5 换乘车站的日换乘量(2014.04.15)

数据来源：北京市轨道交通指挥中心，单位：万人次。

3.2 换乘站的分方向客流量规律

除各换乘站的日换乘量分布不均衡外，每个换乘站各方向的换乘量也存在不均衡性。在换乘站各个换乘方向中，换乘量明显偏高的方向为车站的主要换乘方向，据此将换乘站分为3类：主要换乘方向的换乘量在2万人次以下、2万~4万人次、4万人次以上，如图6所示，图中箭头方向表示车站的主要换乘方向。

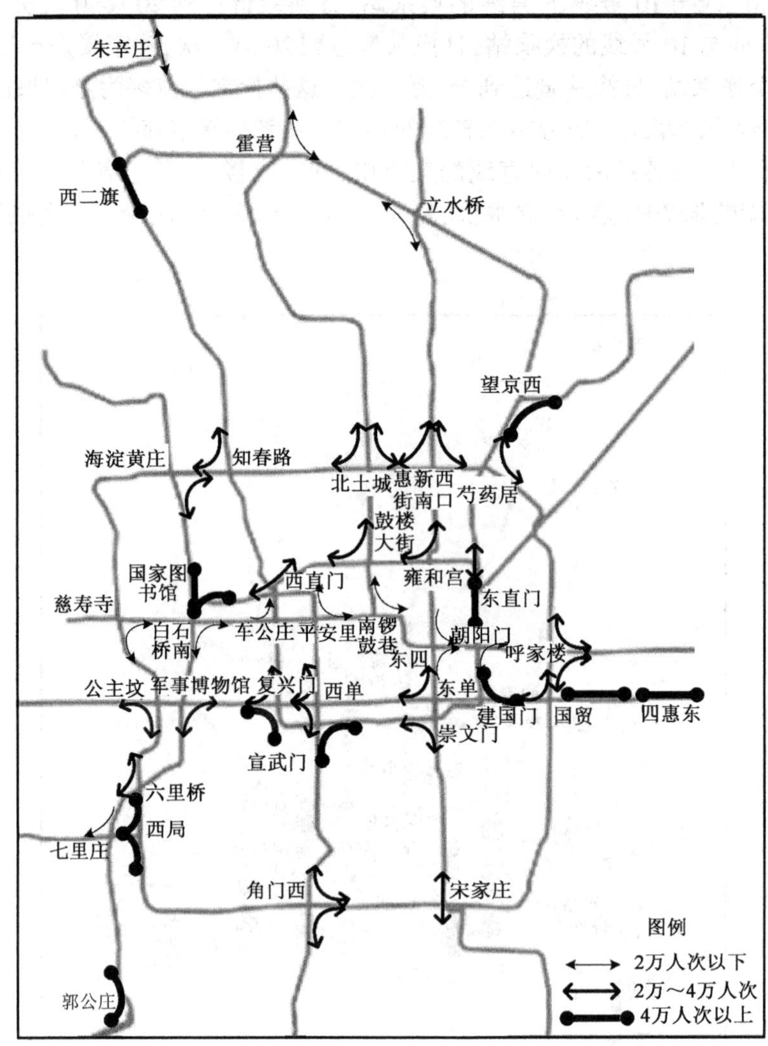

图6　换乘站主要换乘方向的换乘量(2014.04.15)

数据来源:北京市轨道交通指挥中心。

(1)换乘站的主要换乘方向与地铁的线网形态密切相关。地铁线网中靠近市区中心的环线承担着大量过境客流,环线上的换乘站可将客流引导到其他线路上,降低了中心区的交通拥堵。因此,在环线上的换乘站,进入市中心的客流被分在环线上下行方向上的较多。同时,环线具有集聚功能,将出城客流集聚引导到放射线上,因此,环线上下行换乘到放射线城外方向的客流也较多。

(2)主要换乘方向还与区域的土地利用和就业岗位数量密切相关。对于进城换乘站,其主要换乘方向为进出城方向,且换乘量均大于2万人次,换乘客流多为进出城的通勤客流。宋家庄是亦庄线、10号线与5号线的三线换乘站,在10个换乘方向中,亦庄线上行方向换乘到5号线上行方向、5号线下行方向换乘到亦庄线下行方向的客流明显偏高;望京西是15号线与13号线的换乘站,主要换乘方向为15号线下行到13号线下行、13号线上行到15号线上行。

类似的还有西二旗、立水桥等车站。

4 结论

本文分析了北京市地铁网络化进程中客运量的增长规律、客流时空分布特点及换乘客流特征，主要结论如下：

(1)从客运量增长速率方面，在地铁建设初期，全路网客流较少且增长率低，随着线路逐步成网，客运总量的增长速率也明显加快。

(2)从新线开通后的客运强度方面，线网的不断完善会导致全网客运强度呈波动式增长。

(3)郊区线在开通运营初期至中期，客流呈现总体上升趋势，直至沿线区域开发相对成熟后趋于稳定。

(4)票制票价、政策法规、重大事件等对轨道全网客运量有较大影响。

(5)地铁客流不仅具有明显的潮汐现象，说明地铁系统主要的服务对象是通勤人员，并且各个断面的客流也存在明显的不均衡性。

(6)换乘车站的换乘量和主要换乘方向与换乘站的位置、所连接的线路、城市用地密切相关。

参考文献

[1] 郭丽丽. 环放结构城市轨道交通运输组织相关问题研究[D]. 成都：西南交通大学，2007.

[2] 张朝峰，张秀媛. 地铁末端周边区域通勤客流分布和出行方式选择[J]. 都市快轨交通，2009，22(4)：26-29.

[3] 王静，刘剑锋，孙福亮. 北京市轨道交通线网客流分布及成长规律[J]. 城市交通，2012，10(2)：26-32.

[4] 毛保华. 轨道交通系统网络化运营组织理论与关键技术[M]. 北京：科学出版社，2011.

铁路物流中心布局方法及实例研究

刘　路*[1]，邢彦姣[2]，光志瑞[3]

1. 北京交通大学　城市交通复杂系统理论与技术教育部重点实验室，北京 100044；
2. 中铁物资集团北京中铁工业有限公司，北京 100040；
3. 北京市轨道交通指挥中心，北京 100101

摘　要　针对不同类型的铁路物流中心，提出相应的选址布局方法。以大宗物资为主的铁路物流中心，应采取功能集聚区集群布置的方式，增强需求规模和服务能力；以集装箱货物为主的铁路物流中心，按照分期建设、高效率和无障碍原则，为储存规模的进一步扩大留下余地，未来实现自动分拣系统；以散货及综合物资为主的铁路物流中心，应合理组织场内交通，保证区域内车辆运输快捷、安全、高效，使其他运输方式与铁路运输有机衔接，提高集疏运能力。

关键词　物流中心；铁路运输；选址方法；功能布局

Layout Method and Case Study for Railway Logistics Center

Liu Lu*[1], Xing Yanjiao[2], Guang Zhirui[3]

1. *MOE Key Laboratory for Urban Transportation Complex Systems Theory and Technology, Beijing Jiaotong University, Beijing* 100044, *China*;
2. *China Railway Material Group Co. LTD, Beijing* 100040, *China*;
3. *Beijing Rail Traffic Control Center, Beijing* 100101, *China*

Abstract　Aimed to different types of railway logistics center, this paper discusses the location layout method. The logistics center majored in bulk cargo should arrange in the function cluster to increase demand scale and service capacity. The logistics center majored in container cargo should build according to the principles of high efficiency, accessibility and phased construction. This will leave room for further expansion of store size and realize the automatic sorting system in the future. The logistics center majored in sales should organize the transport in a reasonable way and ensure the coordination with other transport modes to improve distribution capacity.

Key words　logistics center; railway transportation; location method; function layout

0　引言

铁路作为我国综合交通运输体系的骨干，其自身既是一个庞大的运输系统，同时也是全社

作者简介：刘路（1991—），女，安徽桐城人，博士生。

*通信作者：liulu1991@bjtu.edu.cn

会物流体系的一个重要组成部分。铁路物流中心是以大型铁路货运枢纽、货场、专用线(专用铁路)为依托,以铁路货运为运输主体,通过衔接并优化多种运输方式提供铁路现代物流服务的货物集散中心。提供以铁路运输为主体的完整的运输服务是铁路物流中心区别于传统铁路货运设施和一般物流中心的最大特征。物流中心的选址布局对其运行效率及服务范围有着至关重要的作用。

目前,国内对于铁路物流中心的研究较为缺乏,对物流园区功能布局大部分使用的是基本功能加衍生功能[1],不能与铁路物流中心的定位完全匹配。依托铁路的建设发展规划,制订物流园区的总体布局方案[2],有利于形成区域性的综合交通枢纽和物流园区。利用系统布置规划方法计算出物流中心功能区间的相互位置关系[3],对功能区布局有一定的借鉴作用。本文从功能性及经济性的角度出发,分析不同类型物流中心相应的布局方法。

1 铁路物流中心选址影响因素

铁路物流中心的选址涉及因素较为复杂,可分为 4 个方面:市场需求环境、铁路发展水平、交通运输条件和地区发展环境。各项影响因素的度量指标如表 1 所示,其中市场需求环境主要包含经济水平及产业结构,铁路发展水平主要是货运站规模及路网密度等。

铁路物流中心选址影响因素指标体系 表 1

一级指标	二级指标	度量指标
市场需求环境	地区经济总体水平	GDP
	产业结构	三大产业结构比例
	工业发展	地区工业增加值
	潜在客户	国有大型企业数量
	对外贸易水平	进出口贸易额
	零售市场规模	社会消费品零售总额
	运输规模	全社会货物运输量
铁路发展水平	铁路货运场站	地区内货运站等级、数量
	铁路运输规模	铁路货物运输量
	铁路通达性	铁路网密度
	铁路基础发展潜力	社会固定资产投资总额
交通运输条件	公路运输	公路网密度、等级公路比重
	水路运输	港口货物吞吐量
	航空运输	航空货邮吞吐量
	不同交通方式协调水平	地区综合交通枢纽等级、数量
地区发展环境	地区行政规划	地区行政级别
	地区物流地位属性	物流节点城市级别
	国家政策扶持	有无特殊政策
	城市规划要求	有无预留用地

铁路物流中心与铁路运输的关系十分密切，建设方式也不同于一般的物流中心。在现有铁路货运设备较为完善的情况下，如拥有一定面积的厂房仓库、具备自动拣选或半自动化拣选系统，可以通过对货运站或专用线进行改扩建，渐进式发展铁路物流中心。

在用地规划明确且物流选址适合的情况下，也可以在既有铁路场站设施的基础上，扩大装卸场地、改善装卸条件、增加物流服务配套设施设备、完善物流作业分区，建成与铁路货运站在地理位置上毗邻的铁路综合物流中心。

2　铁路物流中心布局原则

铁路物流中心的功能布局关系到物流中心的土地利用和运输效率问题，结合不同物流中心的自身特点，考虑不同类型的铁路物流中心功能区合理分布是规划设计时应重点关注的问题。

在业务流程和功能分析基础上，根据所建设的铁路物流中心辐射范围、目标市场和核心业务分析，考虑相对应的铁路物资运输的主流形式，可以从货物品类的角度将铁路物流中心划分为以大宗物资为主、以集装箱货物为主和以散货及综合物资为主 3 种类型。不同类型的铁路物流中心为实现相应的业务流程，对内部功能区域的设置也有不同要求，如图 1 所示。

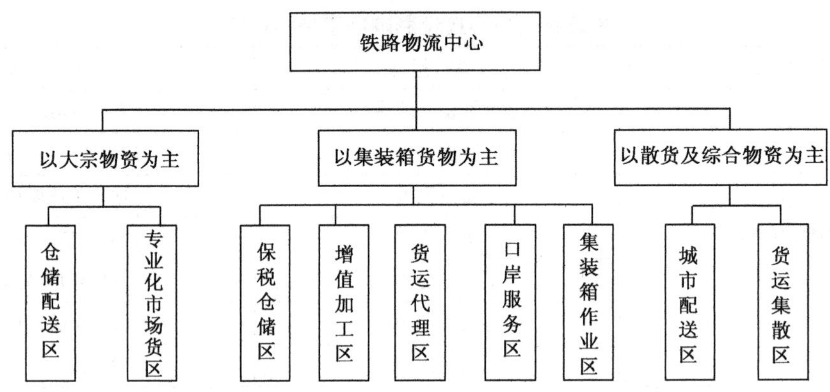

图 1　铁路物流中心功能分区

铁路物流中心相当于一个大型的综合性货物集散场所。依据现代物流的服务理念，在对物流中心内部功能区设计时，应参照以下基本布局原则：

(1)符合用地整体规划的要求，适应物流中心铁路和公路货物运输要求，以及未来业务发展规划的要求，以求得平衡与可持续发展。

(2)平面布置应严格遵守本区域的总体规划布局，在征地边界内，结合规划道路，充分利用土地资源，同时协调好本工程总体布局与市政基础设施、地区规划布局之间的关系。

(3)遵循国家有关对环境保护的规范、规定和要求，最大限度地减少对周围环境的影响和污染，区域内环境设计满足吸尘、防尘、降噪和美化环境的要求。

(4)物流中心的空间利用最大原则。

(5)园区流量最小化原则：将流量关联关系强的区块予以紧密布局，以尽可能减少园区内的货物流量和流动距离。

(6)功能关联区块就近布置原则:将功能关联关系较强的区块予以就近布局。

(7)服从所在地块实际条件原则:因地块条件所限,需要对部分区块布局进行调整,但需尽量避免大幅度地对已形成布局相对关系的功能区块进行调整。

以大宗物资为主的铁路物流中心一般是以铁路专用线为依托,如中铁物资柳州物流园区货物品类主要是钢材,此种类型的铁路物流中心布局时还应重点关注以下3个原则:

原则1:按照“物流中心+市场”的模式设计,品类按专业化市场货区划分,各市场既相互独立,又互相融合。

原则2:仓储配送区和商贸交易区的布置尽可能采取功能集聚区集群布置的方式,以增强需求规模和服务能力。

原则3:充分考虑铁路专用线的走线设计及需要利用铁路专用线的功能区块的具体布局,集约利用铁路专用线,节省建设成本。

以集装箱货物为主的铁路物流中心业务内容较为单一,具体设计时应考虑集装箱作业流程及标准,除考虑基本的布局原则之外,还应注意以下4个原则:

原则1:按照分期建设、高效率和无障碍原则,为储存规模的进一步扩大留下余地,为自动分拣系统的实现留有余地。

原则2:主要仓库和堆场设计结构轻盈、美观,符合工艺流畅、装卸快、运输安全的要求。

原则3:保税区应尽量远离物流作业区进行布置,设置在靠近停车场的位置。

原则4:综合服务区和展示交易区以方便服务为原则,靠近主入口,方便客户办理作业。

以散货及综合物资为主的铁路物流中心,要求有较强的装卸搬运和一定的存储和信息处理等功能,其中城市配送区、货运集散中心是物流中心的主要组成部分。应注意以下5个原则:

原则1:保证分区域隔离,特殊性质的货物通过隔离带与其他功能区隔开,避免同其他货物互相产生影响,便于储存、监管、查验的要求。

原则2:合理组织场内交通,保证区域内车辆运输快捷、安全、高效,其他运输方式与铁路运输有机衔接,集疏运能力强。

原则3:为使物流中心高效地运转,物流中心的车辆运行方向,装卸作业方向必须单一,运距最短,而且装卸环节最少,人车分离。

原则4:充分利用主干道路资源原则:货运配载、城市配送等运输作业区和商贸交易区尽可能沿园区主干道路布置,以最大程度分散货流和吸引商流。

原则5:冷链物流区车流量较大,应靠近主入口和停车场,方便车辆运行及货物配送。

3 典型设计案例

以中国西部铁路物流中心为例,其位于成都市青白江区,功能分区由“两站两园一区”组成(两站:成都铁路集装箱中心站、青白江大弯货站;两园:成都国际集装箱物流园区、青白江散货物流园区;一区:物流新增功能区)。

成都集装箱中心站是铁路“十一五”规划中18个大型枢纽性集装箱中心站之一,位于成都市青白江区城厢镇,与宝成、成渝、成昆、达成4条铁路干线相连接。东西长8.4km,南北最宽850m,占地142.67万m^2。中心站平面布置采用横列贯通式,其平面如图2所示。

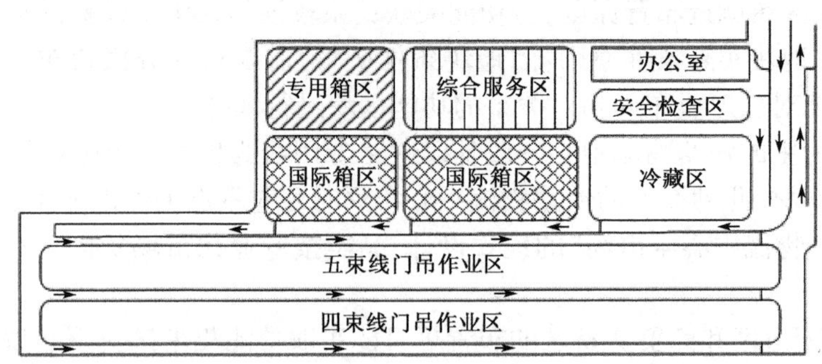

图2　成都铁路集装箱中心站平面

其中成都国际集装箱物流园区属于以集装箱货物为主的铁路物流中心,功能分区如图3所示,主要包括集装箱物流用地和保税物流用地。将集装箱物流用地沿园区主要干道配置,便于铁路集装箱货物进行集中和分散作业,同时提供集装箱的堆放、拼箱、营运仓储等与集装箱相关的服务。中央商务区分布在后方,出口处设置保税物流区。依据具体功能区布置原则,保税区应尽量远离物流作业区进行布置,设置在靠近停车场的位置。综合服务区和展示交易区以方便服务为原则,靠近主入口,方便客户办理各项作业。

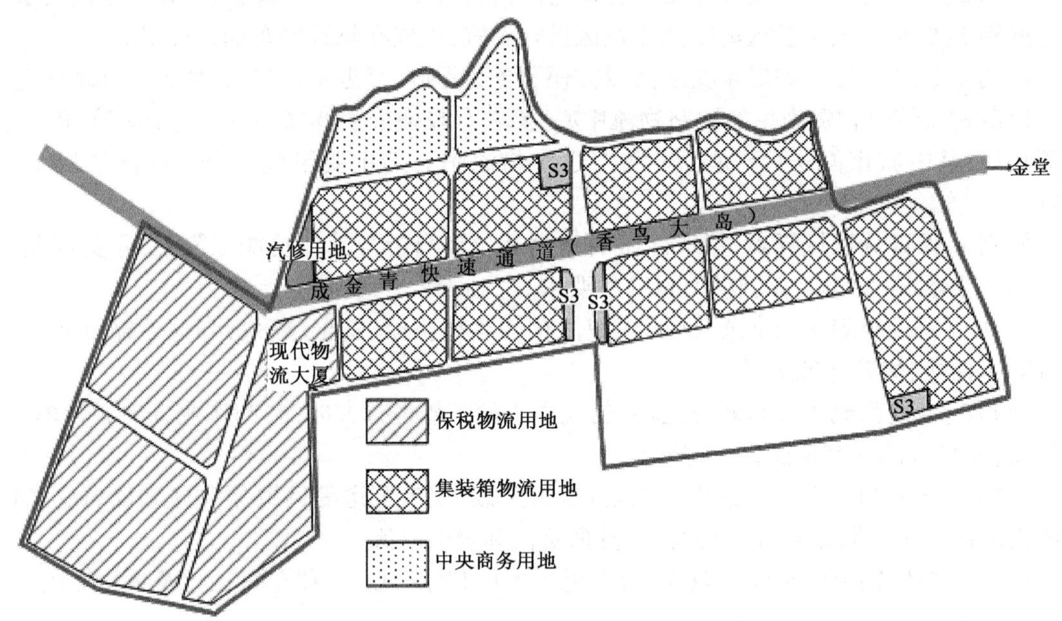

图3　成都国际集装箱物流园区功能分区

青白江散货物流园区属于以散货及综合物资为主的铁路物流中心,功能分区如图4所示,主要包括城市配送区和散货展销区。城市配送区的主要服务对象为城市生活物资、农副产品,是为一定区域范围内短距离的商贸企业提供多产品的集中配送服务,包括集货、订单处理、拣货、货物配装、车辆调度等工作,通过优化配送资源,使物流园区成为辐射区域重要城市的配送基地。同时依托青白江大弯货站,充分利用铁路专用线,集中布置,合理利用现有铁路资源,节约成本。

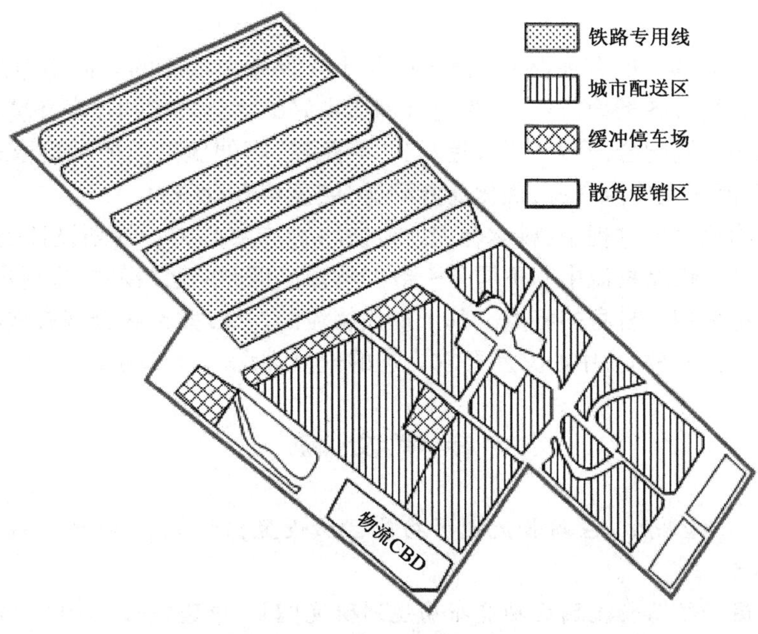

图4　成都青白江散货物流园区功能分区

物流功能新增区的功能分区如图5所示，属于中转集散型铁路物流中心，主要包括转运集散中心、商务服务中心等。布局时依据充分利用主干道路资源，将货运配载、城市配送等运输作业区和商贸交易区尽可能沿园区主干道路布置，尽可能分散货流，保持畅通。其中亚欧货运转运中心主要为蓉欧国际快速铁路货运直达班列服务，是西部铁路物流中心的特色。

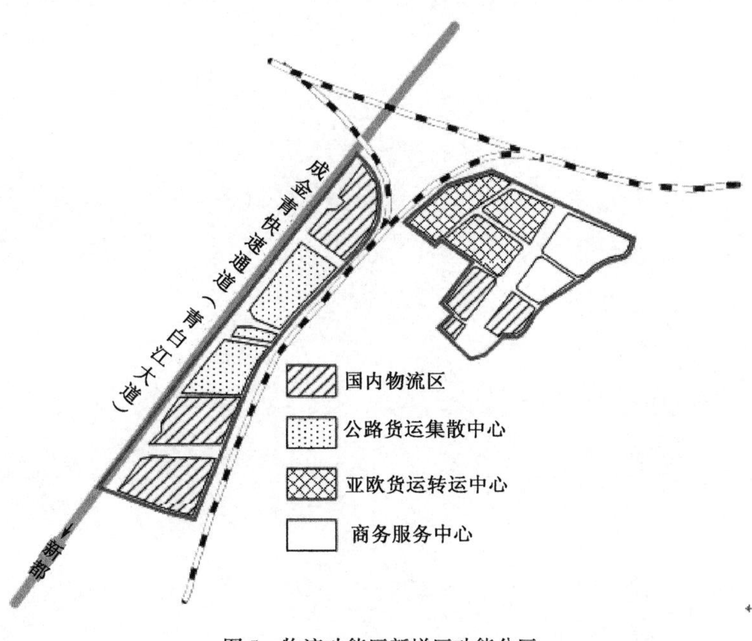

图5　物流功能区新增区功能分区

4 结论

铁路物流中心应基于现有铁路基础设施，设计以服务为中心的外向型布局；节约土地资源、优化城市布局；整合各类物流资源，为地区创造良好的物流环境和投资环境；同时综合考虑不同运输方式间的协调配合，开发“无缝衔接”“零换装”等便捷高效的运输模式；全面分析货流、信息流和资金流三大物流资源，优化功能配置，突显核心竞争力。

在铁路现代物流发展过程中，科学合理地对铁路物流中心进行规划设计是非常重要的技术手段和实施途径。铁路物流中心不同于一般的物流园区，在建设模式、规划步骤、选址布局、交通组织等方面都呈现出自身的特点。基于现代物流的发展理念，融合现有铁路资源，打造特色突出、综合高效的铁路物流中心必然要求先进的规划理念与合理的布局方法。

参考文献

[1] 岳辉，陈彦如，魏永杰. 铁路物流园区功能区域设置探讨[J]. 铁道运输与经济，2011，33(12)：48-50.

[2] 宋唯维. 珠海西铁路物流园区功能布局规划研究[J]. 中国铁路，2011(3)：58-61.

[3] 韩琨. 铁路物流中心功能区布局方法分析[J]. 交通科技与经济，2013，15(5)：35-39.

基于灰色预测模型的成都轨道交通发展趋势分析

郭　鑫*，郭月宇

长安大学　经济与管理学院，西安 710064

摘　要　为了研究轨道交通的发展趋势，本文应用灰色预测法，对2010—2014年成都市的轨道交通客运量进行了分析，通过建立模型并且对模型进行检验，得出此模型可用于预测成都市未来轨道交通的客运量。研究结果表明：通过应用灰色预测法，得知到2015年成都轨道交通的客运量将达到4亿多人，并在随后的5年内呈现出不断增长的趋势；并通过选取轨道交通占城市公共交通客运量的比重、人均GDP，以及城市的人口数这三个指标来构建与轨道交通客运量的灰色关联模型，从而得出轨道交通的客运量与常规公交之间有着紧密的联系，两者之间既存在着合作的关系，又存在有一定的竞争关系。基于上述的分析，轨道交通的发展虽然在一片利好的情形下，但其面临的挑战不容忽视，应逐步实现公共交通一体化发展的趋势，并且寻求盈利模式以期后续的建设与发展。

关键词　轨道交通；灰色预测模型；灰色关联；发展趋势

The Analysis of Chengdu Rail Transit Development Trend Based On The Gray Prediction Model

Guo Xin*, Guo Yueyu

School of Economics and management, *Chang' an University*, *Xi' an* 710064, *China*

Abstract　In order to study the development trend of rail transportation, using the grey prediction method to analyse the railway passenger volume on 2010—2014 Chengdu. Through the establishment of model and the test of model, it is concluded that this model can be used to predict future rail transit passenger transportation volume of Chengdu. The results show that through the application of grey prediction method, knowing that by 2015 Chengdu rail transit passenger volume will reach 4 million people, and show a growing trend within the next five years. And by choosing the proportion of rail transit passenger transportation to urban public transit passenger volume, per capita GDP and the city's population these three indicators to build rail transit passenger volume of grey correlation model, thus draw a conclusion that between bus transit and rail transit passenger volume has a close relationship. Between that the two are both cooperative relationship,

---

作者简介：郭鑫（1991—），吉林长春人，硕士生，主要研究方向为交通运输经济与政策。

*通信作者：danyueqingfengt@163.com

and there are some competition. Based on the above analysis, the development of rail transit is in the favorable circumstances, but the challenge is not allowed to ignore. The trend of public traffic integration should be gradually realized, and the profit model should be sought to realize construction and development of follow-up period.

Key words rail transit; grey prediction model; grey correlation; development trend

0 引言

随着城市化进程的加快,路面交通能力已无法满足人们对交通的需求。面对各大城市中心日益严重的拥堵问题,轨道交通的建设无疑缓解了交通拥堵并改善了路面通行状况。由于其占地少、低能耗、速度快,并且可以有效地分缓城市客流,轨道交通正逐步地改变着人们的出行方式和城市的整体布局。轨道交通的修建在一定程度上标志着城市的发展水平,使得各大中小城市忽视对自身的考察争先恐后地去争取指标。为了防止各地盲目修建地铁,给地方政府带来沉重的财政压力,2003 年,国务院规定申请建设轨道交通的城市,其 GDP 总量要在1000 亿以上,地方财政收入要高于100 亿,城市人口要高于300 万。截至2014 年末,全国共有22 个城市开通城市轨道交通,运营线路长度达 3173 公里,其中,地铁运营线路为 2365 公里,占总体的 75%[1]。轨道交通客运量是反映需求的重要标志,从宏观来讲,是城市整体交通运输规划工作直接有效的数据基础,从微观来讲,是线网优化的依据。由于轨道交通的需求受到多方面的影响,诸如城市的发展水平、城市的交通结构等,因此对其需求量的预测较为困难,一般采用指数平滑法、回归预测法、时间序列预测法等。

在以往的研究中,胡佩锋等人分析了城市路网交通流量在时间和空间分布的特点,结合实例对比分析了现有模型与其提出模型的预测结果,并指出时间序列、神经网络、指数平滑预测等方法的优点、缺点以及需要进一步研究的问题[2]。郭敏分析比较了各种交通流预测模型如历史平均模型、时间序列模型、卡尔曼滤波模型等特点以及适用范围,总结了道路交通预测的一般流程[3]。王奕和徐瑞华分析了城市轨道交通客流的特点,在灰色预测模型的基础上改进了马尔科夫算法,以此应用于城市轨道交通短期客流预测[4]。史文雯通过对北京城市轨道交通历史客流数据的分析,总结出城市轨道交通客流时空分布特点,建立了短时客流预测和最优客运能力调配的模型及算法,结果证明合理的调配方案可以提高地铁的运营效率[5]。顾炯通过建立基于灰色预测的城市轨道交通短期客流预测模型,并通过实证分析得出其适用的可行性[6]。吴强、冯维琇、胡晓嘉等人应用灰色预测模型经过多次实例计算比对,得出构建灰色预测模型的原始数列的维数必须大于等于 3 维,同时原始数列中数据的发生年份可不连续,虽说不会对模型的建立和计算产生影响,但精确度会有所降低[7]。

由于以上研究大多只是为了验证灰色预测模型应用在城市轨道交通客流量预测的可行性,并没有对后续问题进行具体和深入的分析。因此,本文先应用灰色预测模型,对成都市的轨道交通进行初步的预测,同时应用关联分析的方法,选取与轨道交通发展紧密相关的几个典型指标,通过分析计算,进一步评析成都轨道交通的未来发展能力,从理论和实践两方面来保证运用灰色预测方法的有效性和可行性。

1 轨道交通发展的预测与分析

1.1 灰色预测

灰色预测是对既含有已知信息又含有不确定信息的系统进行预测,就是对在一定范围内变化的、与时间有关的灰色过程进行预测,并可通过鉴别系统因素之间发展趋势的相异程度,对原始数据进行生成处理来寻找系统变动的规律,生成有较强规律性的数据序列,然后建立相应的微分方程模型,从而预测事物未来发展趋势的状况。

1.2 模型建立的一般过程

步骤一:模型的建立

设原始时间序列为:$\boldsymbol{X}^{(0)}=\{X^{(0)}(1),X^{(0)}(2),X^{(0)}(3),\cdots,X^{(0)}(n)\}$

生成列为:$\boldsymbol{X}^{(1)}=\{X^{(1)}(1),X^{(1)}(2),X^{(1)}(3),\cdots,X^{(1)}(n)\}$,则模型相应的微分方程为:

$$\frac{\mathrm{d}\boldsymbol{X}^{(1)}}{\mathrm{d}t}+\alpha\boldsymbol{X}^{(1)}=\mu \tag{1}$$

式中:α——发展灰数;

μ——内生控制灰数。

设 $\hat{\alpha}$ 为待估参数向量,$\hat{\alpha}=\frac{\alpha}{\mu}$,可利用最小二乘法求解。解得:

$$\hat{\alpha}=(\boldsymbol{B}^{\mathrm{T}}\boldsymbol{B})^{-1}\boldsymbol{B}^{\mathrm{T}}\boldsymbol{Y}_n \tag{2}$$

其中:

$$\boldsymbol{B}=\left|\begin{matrix}-\frac{1}{2}(\boldsymbol{X}^{(1)}(1)+X^{(1)}(2)) & 1\\ -\frac{1}{2}(X^{(1)}(2)+X^{(1)}(3)) & 1\\ -\frac{1}{2}(X^{(1)}(n-1)+X^{(1)}(n)) & 1\end{matrix}\right| \boldsymbol{Y}_n=[X^{(0)}(2),X^{(0)}(3),\cdots,X^{(0)}(n)]^{\mathrm{T}}$$

求解微分方程,即可得预测模型:

$$\hat{X}^{(1)}(k+1)=[X^{(0)}(1)-\frac{\mu}{\alpha}]\mathrm{e}^{-ak}+\frac{\mu}{\alpha} \tag{3}$$

步骤二:模型检验

(1)残差检验

按预测模型计算 $\hat{X}^{(1)}(i)$,并将 $\hat{X}^{(0)}(i)$ 累减生成 $\hat{X}^{(0)}(i)$,然后计算原始序列 $X^{(0)}(i)$ 与 $\hat{X}^{(0)}(i)$ 的绝对误差序列与相对误差序列:

$$\Delta^{(0)}(i)=|X^{(0)}(i)-\hat{X}^{(0)}(i)|$$

$$\Phi(i)=\frac{\Delta^{(0)}(i)}{X^{(0)}(i)}\times 100\%$$

(2)关联度检验

①计算关联系数:设 $\hat{\boldsymbol{X}}^{(0)}(\boldsymbol{k})=\{\hat{X}^{(0)}(1),\hat{X}^{(0)}(2),\cdots,\hat{X}^{(0)}(n)\}$,$\boldsymbol{X}^{(0)}(\boldsymbol{k})=\{X^{(0)}(1),$

$X^{(0)}(2), X^{(0)}(3), \ldots. X^{(0)}(n)\}$

则关联系数定义为：

$$\eta(k) = \frac{\min\min|\hat{X}^{(0)}(k) - X^{(0)}(k)| + \rho\max\max|\hat{X}^{(0)}(k) - X^{(0)}(k)|}{|\hat{X}^{(0)}(k) - X^{(0)}(k)| + \rho\max\max|\hat{X}^{(0)}(k) - X^{(0)}(k)|}$$

式中：$|\hat{X}^{(0)}(k) - X^{(0)}(k)|$——第 k 个点 $X^{(0)}$ 和 $\hat{X}^{(0)}$ 的绝对误差；

$\min\min|\hat{X}^{(0)}(k) - X^{(0)}(k)|$——两级最小差；

$\max\max|\hat{X}^{(0)}(k) - X^{(0)}(k)|$——两级最大差；

ρ——分辨率，$0<\rho<1$，一般取0.5。

② $X^{(0)}(k)$ 和 $\hat{X}^{(0)}(k)$ 的关联度为：

$$r = \frac{1}{n}\sum_{k=1}^{n}\eta(k)$$

根据经验，当 $\rho=0.5$ 时，关联度大于0.6便是满意。

步骤三：后残差检验

(1)计算原始序列标准差：

$$S_1 = \sqrt{\frac{\sum[X^{(0)}(i) - \overline{X}^{(0)}]^2}{n-1}}$$

(2)计算绝对误差序列的标准差：

$$S_2 = \sqrt{\frac{\sum[\Delta^{(0)}(i) - \bar{\Delta}^{(0)}]^2}{n-1}}$$

(3)计算方差比：

$$C = \frac{S_2}{S_1}$$

(4)计算小误差概率：

$$P = P\{|\Delta^{(0)}(i) - \bar{\Delta}^{(0)}|\} < 0.6745S_1$$

令：$e_i = |\Delta^{(0)}(i) - \bar{\Delta}^{(0)}|$，$S_0 = 0.6745S_1$

则：$P = P\{e_i < S_0\}$

精度等级对照如表1所示。

精度等级对照表 表1

精度等级	P	C
优	$0.95\leqslant P$	$C\leqslant 0.35$
良	$0.8\leqslant P<0.95$	$0.35<C\leqslant 0.5$
中	$0.7\leqslant P<0.8$	$0.5<C\leqslant 0.65$
差	$P<0.7$	$0.65<C$

1.3 灰色预测的应用

成都市2010—2014年地铁客运量及相关因素值见表2。

成都市2010—2014年地铁客运量及相关因素值 表2

年 份(年)	地铁客运量(亿人)	地铁客运量占城市公共交通客运量比重(%)	人均GDP(万元)	城市人口数(万人)
2010	0.1187	1.1	3.9518	1149.07
2011	0.5528	5.4	5.1710	1163.28
2012	1.03	6.9	5.6836	1173.35
2013	2.42	12.9	6.3977	1187.99
2014	2.82	15.7	7.0337	1404.76

数据来源:成都统计年鉴、成都市交通委员会、成都新闻、地铁族贴吧等。

以表2数据为基础,按以下步骤可完成客运量预测。

步骤一

原始数列为:$\boldsymbol{X}^{(0)}=[0.1187,0.5528,1.03,2.42,2.82]$

$\boldsymbol{X}^{(1)}=[0.1187,0.6715,1.7015,4.1215,6.9415]$

$$\boldsymbol{B}=\begin{vmatrix} -0.3951 & 1 \\ -1.1865 & 1 \\ -2.9115 & 1 \\ -5.5315 & 1 \end{vmatrix}$$

$$\boldsymbol{Y}_n=(0.5528,1.03,2.42,2.82)^{\mathrm{T}}$$

由(2)式可得(经Matlab计算得出):

$$\hat{\alpha}=\begin{pmatrix}\alpha\\ \mu\end{pmatrix}=\begin{bmatrix}-0.4503\\ 0.5772\end{bmatrix}$$

即:

$$\alpha=-0.4503 \quad \mu=0.5772$$

由预测模型(3)可知:

$$\begin{aligned}\hat{X}^{(1)}(k+1)&=[X^{(0)}(1)-\frac{\mu}{\alpha}]\mathrm{e}^{-ak}+\frac{\mu}{\alpha}\\ &=(0.1187+\frac{0.5772}{0.4503})\mathrm{e}^{0.4503k}-\frac{0.5772}{0.4503}\\ &=1.4005\mathrm{e}^{0.4503k}-1.2818\end{aligned}$$

步骤二:模型检验

(1)残差检验:

残差检验如表3所示。

残 差 检 验 表 表3

年 份(年)	模型拟合值	实际值	残差	拟合相对误差
2010	0.1187	0.1187	0.0000	0.0000
2011	0.7966	0.5228	-0.2738	-52.37
2012	1.2496	1.03	-0.2196	-21.32
2013	1.9605	2.42	0.4595	18.99
2014	3.0755	2.82	-0.2555	-9.06

(2)均方差检验:

经 Matlab 计算得:$S_1 = 1.1773 \quad S_2 = 0.3093$

$$C = \frac{S_2}{S_1} = 0.2627$$

$C = 0.2627 < 0.35$,由上述得知模型精度为一级,因此此模型可用来预测成都地铁的客运量,预测结果如表 4 所示。

预测结果 表4

年份(年)	2015	2016	2017	2018	2019	2020
客运量(亿人)	4.8248	7.5691	11.8743	18.6281	29.2235	45.8453

由此可见,就目前而言,人们出行的方式多种多样,步行、自行车、常规公交、私家车等。而轨道交通的出现,可以更好地让人们控制出行的时间,并在一定程度上减缓城市交通的负担,节省了人们等车和堵车的时间成本。轨道交通正逐步被众人青睐,而随着未来"零换乘"和"无缝衔接"的逐一实现,轨道交通将作为综合交通运输的主要部分,为大家提供一个更为舒适、人性化的出行方式,进一步高效率地满足人们的出行需求,并且能最大限度地发挥各种运输方式的组合优势和整体的效能,推进"4 个交通"中的综合交通这一核心的发展,实现社会利益、经济效益的最大化,以适应社会的未来发展。

1.4 轨道交通发展的关联度分析

目前,影响轨道交通发展的因素有很多,如沿线的土地利用、城市的经济水平、城市中心的潜在增长能力、有效的城市管理等[8]。在部分研究中,有选取线长、线路数、车站数和车辆数作为指标来研究轨道交通发展的规模,其中线长是衡量轨道交通发展规模的最重要指标;其次,线路条数可以测量轨道交通的扩张程度,通常情况下地铁线路越多,轨道交通的扩张程度越大;第三,车站数的多少可以反映轨道交通节点个数,可作为客流量的替代指标;第四,车辆数是轨道交通服务水平和技术水平的测算指标[9]。但在本文中,采用轨道交通占公共交通的比重、人均 GDP 以及城市人口数等指标来进行研究,主要的原因是:首先,公共交通在市民出行中仍然占有很大的比重,通过考察轨道交通占公共交通的比重可以在一定程度上反映市民对轨道交通的需求,由于交通需求的大小和分布是决定城市轨道交通发展规模最直接和最具有决定意义的因素,可通过这一指标来间接或直接地体现轨道交通的客运量;其次,人均 GDP 可反映城市经济建设的水平,而城市经济的发展水平是轨道交通建设规模大小的经济基础,因而通过这一指标来对交通出现的活跃程度进行分析;最后,由于城市人口数决定了城市的交通需求,以及城市交通出行的总量,因此选取了该指标。尽管影响轨道交通客运量比较重要的指标还包括票价的变动、轨道路线的布局等,但是由于采用的是灰色预测模型,因素越多反而对预测的影响越大、精度越低,因此只采用上述三个指标作为相关因素。

将表 2 中的数据表示如下:

地铁客运量 $\boldsymbol{X}_1 = (0.1187, 0.5528, 1.03, 2.42, 2.82)$

地铁客运量占城市公共交通客运量的比重 $\boldsymbol{X}_2 = (1.1, 5.4, 6.9, 12.9, 15.7)$

人均 GDP $\boldsymbol{X}_3 = (3.9518, 5.1710, 5.6836, 6.3977, 7.0337)$

城市人口数 $\boldsymbol{X}_4 = (1149.07, 1163.28, 1173.35, 1187.99, 1404.76)$

步骤一:初始化,即将该序列所有数据分别除以第一个数据,得到:

$\boldsymbol{X}_1' = (1, 4.6571, 8.6773, 20.3875, 23.7573)$

$\boldsymbol{X}_2' = (1, 4.9091, 6.2727, 11.7272, 14.2727)$

$\boldsymbol{X}_3' = (1, 1.3085, 1.4382, 1.6189, 1.7798)$

$\boldsymbol{X}_4' = (1, 1.0123, 1.0211, 1.0338, 1.2225)$

步骤二:求序列差

$$\Delta_2 = (0, 0.252, 2.4046, 8.6603, 9.4846)$$
$$\Delta_3 = (0, 3.3486, 7.2391, 18.7686, 21.9775)$$
$$\Delta_4 = (0, 3.6448, 7.6562, 19.3537, 22.5348)$$

步骤三:求两级差

$$M = \max\ \max \Delta_i(k) = 22.5348$$
$$m = \min\ \min \Delta_i(k) = 0$$

步骤四:计算关联系数(取 $\rho = 0.5$)

$$r_{1i}(k) = \frac{11.2674}{\Delta_i(k) + 11.2674}$$

$r_{12}(1) = 1$ $r_{12}(2) = 0.9781$ $r_{12}(3) = 0.8241$ $r_{12}(4) = 0.5654$ $r_{12}(5) = 0.5429$

$r_{13}(1) = 1$ $r_{13}(2) = 0.7709$ $r_{13}(3) = 0.6088$ $r_{13}(4) = 0.3751$ $r_{13}(5) = 0.3389$

$r_{14}(1) = 1$ $r_{14}(2) = 0.7555$ $r_{14}(3) = 0.5954$ $r_{14}(4) = 0.3679$ $r_{14}(5) = 0.3333$

步骤五:求关联度

$$r_{12} = \frac{1}{5}\sum_{k=1}^{5} r_{12}(k) = 0.7821$$

$$r_{13} = \frac{1}{5}\sum_{k=1}^{5} r_{13}(k) = 0.61874$$

$$r_{14} = \frac{1}{5}\sum_{k=1}^{5} r_{14}(k) = 0.61042$$

由计算结果表明,公共交通的客运量与轨道交通的客运量有着紧密的联系。其具体分析如下:

轨道交通相比常规公交而言,有以下优势:①人们出行的耗时少,车辆班次之间的时间间距少,定时准时的特性极大地节省了人们的出行时间成本;②由于轨道交通占用的土地少,因此分担了城市路面的通行压力,有效地缓解了城市拥堵问题;③舒适性较高,相比常规公交,其座椅、通道等较为干净。

但是轨道交通相比常规公交而言,却还有如下不足之处:①轨道交通的投资大,建设耗时长,造价昂贵,后期维护成本高,通常入不敷出;②轨道交通目前只是在城市的支干线路布点,线网密度较低,并没有惠及所有人;③对于大中城市而言,地铁票价与他们的出行时间相比不差什么,但是在中小城市而言,地铁的票价相比常规公交就要贵一些;④目前,北京首次编制了专门针对城市与公共交通发展特点的地方标准《公交专用车道设置规范》,据预测,市民乘坐公交出行的速度将有望提高33%[10]。再如目前没有地铁的城市瑞士日内瓦,通过划定公交专用车道,以确保公交车的快速运行,并且公交专用车道与民用车道分别由不同的红绿灯来指挥,从而增加公交车在交叉路口的绿灯通行率。由于目前大力发展常规公交,因此轨道交通发展的势头较弱一些。

综上所述,轨道交通的发展并不能完全取代常规公交,但两者的竞争在一定程度上是存在的。就目前而言,应当着力发展轨道交通与常规公交的一体化,即两者的接驳,轨道交通作为干线,常规公交作为支线,这样既能有效解决将乘客门对门接送的问题,也能缩短人们出行的时耗。

2 推进成都轨道交通发展的对策建议

2.1 更加人性化的设计

虽然轨道交通通常是准时准点到达,但是与公交车和出租车换乘之间的协调还不够,没有办法保证人们出地铁后用较短时间就能坐上公交车,同时,地铁周边的停车场较少,使得大部分的私家车在路边排起了长龙,严重影响了行人道内行人的通行。因此"P + R"模式的建设迫在眉睫,人们通过这种换乘的出行方式,既在一定程度上避免了中心区域的拥堵问题,同时还节省了油费,方便又环保。目前,无锡地铁的首个"P + R"换乘停车场正式对外开放,无锡地铁在建设之初,即按照打造绿色、快捷的便民服务工程的要求,对地铁公共交通接驳换乘系统进行了充分的调研和系统性的规划,并在地铁建设过程中通过"同步规划、同步立项、同步建设"的方式规划了多个停车场[11]。而成都也将在地铁的外围建 8 个停车场,这主要是为了方便住到城外的人们来市中心上班。依据 2014 年数据,成都正在建设的地铁项目有 7 个,在年内还将新开工 5 个。因此,在修建地铁时,不要只是盲目地为了疏通人群而修建,而是应该配合整体公共交通的发展而修建,要尽量保证轨道交通与常规公交等的换乘距离小于 100m,同时要尽量实现公共交通接近于"门到门"的无缝服务。

2.2 拓展自身的融资渠道

一种方案是对票价的动态调整,以实现自身的运营收入,可通过在特殊的时间段制订不同的票价,以及出台月票、年票等。对于新开通的地铁来说,可先通过降价的方式吸引人们乘坐,当能够维持住乘客的黏性时,逐渐地提高票价。比如西安地铁二号线,在建成之初,乘坐地铁持一卡通刷卡由原来的 7 折变成了 9 折。当初西安地铁建成后持一卡通刷卡为 9 折,但是为了贯彻落实全市缓堵保畅工作部署,吸引更多市民选择地铁出行,进一步缓解地面交通压力,决定优惠为 7 折[12]。但在 2015 年年初,又将优惠制度变为了 9 折,但是地铁的客流量却丝毫没有减少,这主要是因为大多数人习惯了这种方式,这种折扣的变动不会较大地影响人们出行方式的选择。第二种方案是通过发展地铁周边的商圈,来缓解自身的支出,目前地铁沿线的黄金店铺、楼盘都炒得很热。由于地铁让人们的出行变得更加方便,因此越来越多的商家看中这一商机,可通过构建"地铁 +"的盈利模式,来拓展自身的融资渠道。

2.3 借助"一带一路"的政策,向跨区域的轨道交通发展迈进

目前,在《京津冀协同发展规划纲要》中提出京津冀交通一体化,三地交通互联互通,形成 1 小时都市生活圈,其中规划将北京地铁 6 号线通至河北燕郊、大兴线通至河北固安、房山线通至河北涿州[13]。因此对于成都而言,可开通与重庆之间的城际轨道,满足城市群中居民的巨大交通需求,逐渐淡化城市边界的界定,既可逐渐改变城市单中心的城市布局,也可逐步实现成都这一"西南地区的交通枢纽"的城市发展战略定位。其实,早在 2000 多年前,就已经形

成了南方丝绸之路,而南方丝绸之路的国内起源点就是成都,而在一带一路的发展战略中,成都作为西部的中心城市,应该构建起丝绸之路的综合运输体系。目前,成都已经开通面向欧洲、亚洲的蓉欧班列、中亚班列,重新构建起了古丝绸之路[14]。未来,成都应借助一带一路的机遇发展其地理优势、经济优势,在一带一路的建设中成为国际交通枢纽。

3 结论

根据2010—2014年成都市的轨道交通客运量数据,建立了灰色预测模型,从成都市轨道交通客运量预测的结果看,预测精度较高,符合该地区的社会经济发展趋势,说明了该方法用于轨道交通客运量预测的可行性和有效性,从而为正确研判未来的轨道交通客运量的发展趋势提供了科学依据。在应用灰色预测模型对轨道交通客运量进行初步预测后,再构建了灰色关联模型,进一步反映了轨道交通客运量的影响因子,实用性较强。但在后续的研究中,需考虑到多种预测方法的优选,以便更好地提高预测精度。

参考文献

[1] 城市轨道交通2014年度统计分析报告——运营概况[R]. 中国城市轨道交通协会信息第二期,2015-05-07.

[2] 胡佩锋. 交通流量短时预测方法研究[D]. 北京:北京交通大学,2007.

[3] 郭敏,肖翔,蓝金辉. 道路交通流短时预测方法综述[J]. 自动化技术与应用,2009(06):8-9.

[4] 王奕,徐瑞华. 基于周期时变特点的城市轨道交通短期客流预测研究[J]. 城市轨道交通研究,2010(01):46-49.

[5] 史文雯. 城市轨道交通短时客流预测与最优客运能力调配问题的研究[D]. 北京:北京交通大学,2011.

[6] 顾炯. 基于灰色理论的城市轨道交通短期客流预测研究[J]. 交通标准化,2014(23):58-60.

[7] 吴强,冯维琇,胡晓嘉. 灰色预测法在城轨客流预测中的应用[J]. 城市轨道交通研究,2004(03):52-55.

[8] 马小毅,常华. 浅析轨道交通客流的影响因素——以广州市为例[J]. 轨道交通规划与发展,2010:119-123.

[9] 陈蓓. 国外城市轨道交通发展规模研究[D]. 北京:北京交通大学,2010.

[10] 米兰. 北京实施公交专用道新标准:公交有望提速33%[N]. 法制晚报,2015-05-02.

[11] 无锡地铁首个"P+R"换乘停车场正式对外开放[N]. 江苏省交通运输厅,2015-05-08.

[12] 张莉. 长安通乘地铁7折优惠月底到期,优惠是否延续未定[N]. 华商报,2014-12-06.

[13] 郭超. 北京3地铁将延至燕郊固安涿州[N]. 新华网,2015-05-08.

[14] 李倩. 从"蓉"出发"一带一路"战略中的成都机遇[N]. 成都日报,2015-03-06.

基于改进遗传算法的短时交通流组合预测模型

宋子杭，彭宏勤*，刘　爽，廖略伶

北京交通大学　城市交通复杂系统理论与技术教育部重点实验室，北京 100044

摘　要　针对城市交通流具有周期性、非线性等特征，提出一种短时交通流预测模型。该模型以BP神经网络、支持向量机（SVM）和ARIMA时间序列预测模型为基本模型，分别进行交通流预测，并通过对遗传算法算子的改进，对基本模型进行概率权重分配，寻找最优的分配结果，从而组合出具有高精度的预测模型。通过算例发现，组合预测模型的预测性能优于单个预测模型，预测误差较小，从而验证了基于改进遗传算法组合预测模型的有效性和正确性。

关键词　城市交通；交通流预测；遗传算法；交通流；组合模型

Short-term Freeway Traffic Flow Prediction based on improved Genetic Algorithm combined Model

Song Zihang, Peng Hongqin*, Liu Shuang, Liao Lueling

MOE Key Laboratory for Urban Transportation Complex Systems Theory and Technology, Beijing Jiaotong University, Beijing 100044, *China*

Abstract　In city traffic, the traffic flow is periodic and nonlinear. A new method of short – term traffic flow prediction is put forward. With BP neural network model, SVM model and ARIMA mode as basic models, and through the improvement of genetic algorithm, the combined model can distribute the weight of the basic models, searching for the optimal comeout, compositing prediction model with high accuracy. The result of the example shows that the performance of the combined prediction model is better than a single model with a smaller prediction error. Thereby it shows the correctness and validity of the improved genetic algorithm combined model.

Key words　city traffic; traffic flow prediction; genetic algorithm; traffic flow; combined model

0　引言

城市短时交通流预测一直是国内外研究的热点，很多模型被提出并应用于短时交通流的预测，如BP神经网络模型、支持向量机模型、ARIMA模型、非参数回归模型等。每种模型的使用

基金项目：国家自然科学基金（71131001）；国家基础研究计划项目（2012CB725406）

作者简介：宋子杭（1991—），男，浙江杭州人，硕士生，主要研究方向为交通运输规划与管理。

*通信作者：hqpeng@bjtu.edu.cn

都有各自所需的信息以及特定的使用条件，目前尚无在不同情况下都能适用的短时交通流预测模型。

单一短时交通流预测模型若在某个时段表现出较好的预测结果，则表明该模型能够描述该时段时间序列的变化机理。若选取不同的基本模型进行组合，使其在各自表现优异的时段进行组合，则得到表现最优的预测结果，从而提高短时交通流预测的准确性和有效性。

李中才使用改进的实时遗传算法，将 Logistic 模型[1]、线性模型和修正的指数模型进行组合，对平均年工作量进行预测，发现组合模型能够更好地逼近观测值。郑为中、史其信根据贝叶斯组合定理[2]，将 BP 神经网络和 RBF 神经网络模型组合，进行短期交通量的预测。该组合模型实现了较精确的预测结果，并将相对误差控制在 10% 以内。陈果建立了支持向量机的预测模型[3]，并使用遗传算法对嵌入维数、多项式核函数次数、惩罚因子和损失函数等参数进行优化标定，得到了较好的拟合效果。王建等对贝叶斯组合模型进行改进[4]，使模型只根据当前时刻之前观测量的表现，实时更新基本模型的权重分配，减少迭代次数。预测结果表明，该模型表现不仅优于单个预测模型，同时也优于传统的贝叶斯组合模型。本文选择 BP 神经网络模型、支持向量机模型和 ARIMA 模型三种预测模型进行组合，并将组合模型用于短时交通流预测。

1　基本模型

BP 神经网络模型、支持向量机模型和 ARIMA 模型是三种最常用的时间序列预测模型。BP 神经网络模型有着很强的非线性拟合能力，能以任意精度逼近任意非线性连续函数。支持向量机模型的泛化能力相对 BP 神经网络较强，可以避免神经网络训练结果不稳定的缺陷[5]。ARIMA 模型适用于有规律且平稳的时间序列和线性模型，有较好的预测效果。将三种基本模型进行组合，充分发挥各个模型的优势，弥补单个模型的不足，从而组合出高精度的预测模型，用于短时交通流预测。

1.1　BP 神经网络预测模型

BP（Back Propagation）神经网络是 1986 年 Rumelhart 和 McCelland 的科学小组提出，是一种根据误差反向传播算法训练的多层前馈网络，是最常用的预测模型之一[6]。BP 神经网络能拟合任意非线性函数并具有一定泛化能力，为解决非线性、不确定性、不确知系统问题提供了一条新的途径。BP 神经网络的特点在于具有高度的自学习能力，可以以任意的精度来逼近非线性函数。其网络一般分为输入层、隐藏层和输出层。网络的拓扑图如图 1 所示。

1.2　支持向量机预测模型

支持向量机（support vector machine，SVM）是 Corinna Cortes 和 Vapnik 等于 1995 年首先提出的[3]，它适用于识别小样本、非线性以及高位模型，并同时推广到函数拟合等其他机器问题学习中。它的基本思想是基于最小化 VC 维的上界用于控制拟合函数的样本容量，即支持向量机的样本个数，其基本构建思想如下[3]。

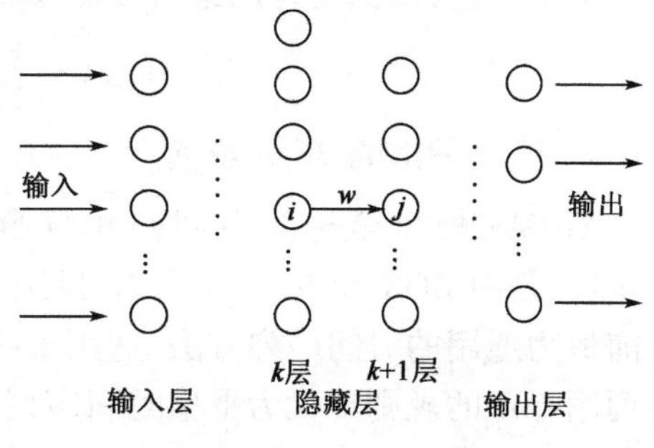

图 1　BP 神经网络图

对于样本集(x_i,y_i)，(其中 $x_i \in \boldsymbol{R}^d$，为输入变量，$y_i \in \boldsymbol{R}$，为输出变量，$i=1,2,\cdots,n$)，线性回归的目标为求下列回归函数：

$$f(x)=(w \cdot x)+b \tag{1}$$

式中：$w \in \boldsymbol{R}^d$，$(w \cdot x)$满足内积且满足结构风险最小原理，b 为阈值。此时函数逼近问题等价于：

$$R_{\mathrm{reg}}[f]=CR_{\mathrm{emg}}[f]+\frac{1}{2}(w \cdot w) \tag{2}$$

式中：$R_{\mathrm{reg}}[f]$——目标函数；

C——惩罚因子。

引入不敏感系数 $\boldsymbol{\varepsilon}$，使所有样本数均落在$f(x)+\varepsilon$ 和$f(x)-\varepsilon$ 的区域内，则优化问题可等价于：

$$\begin{gathered}\min \frac{1}{2}(w \cdot w)\\ s.t\,|y_i-(w \cdot x_i)-b| \leqslant \varepsilon\end{gathered} \tag{3}$$

为保证满足条件，引入松弛因子 ζ 和 ζ^*，其中 $\zeta,\zeta^* \geqslant 0$。则优化问题变为：

$$\begin{gathered}\min \frac{1}{2}(w \cdot w)+C\sum_{i=1}^{n}(\zeta_i+\zeta_i{}^*)\\ s.t\quad y_i-(w \cdot x_i)-b \leqslant \varepsilon+\zeta_i\\ (w \cdot x_i)-y_i+b \leqslant \varepsilon+\zeta_i^*\\ \zeta,\zeta^* \geqslant 0\end{gathered} \tag{4}$$

用核函数 $K(x_i,x_j)$来代替内积运算，并将式(4)中的问题转化为对偶问题进行求解。得到：

$$\begin{gathered}\max \sum_{i=1}^{n} y_i(\alpha_i-\alpha_i^*)-\varepsilon\sum_{i=1}^{n}(\alpha_i+\alpha_i^*)\\ -\frac{1}{2}\sum_{i=1,j=1}^{n}(\alpha_i-\alpha_i^*)(\alpha_j-\alpha_j^*)K(x_i,x_j)\\ s.t\quad \sum_{i=1}^{n}\alpha_i=\sum_{i=1}^{n}\alpha_i^*\\ 0 \leqslant \alpha_i \leqslant C\\ 0 \leqslant \alpha_i^* \leqslant C\end{gathered} \tag{5}$$

综上所述，得到支持向量机预测模型为：

$$f(x)=\sum_{i=1}^{n}(\alpha_i-\alpha_i^*)K(x_i,x_j)+b \tag{6}$$

1.3 ARIMA 预测模型

ARIMA 模型全称为自回归积分滑动平均模型(autoregressive integrated moving average model)，是由 BOX 和 Jenkins 在 20 世纪 70 年代所提出的时间序列预测方法。ARIMA 模型是目前最为通用的时间序列方法，适用于线性模型和平稳时间序列。具体方法是将非平稳时间序列用一定的规则转化为平稳时间序列，然后将因变量仅对它的滞后值以及随机误差项进行回归并建立模型。ARIMA 模型根据原序列是否平稳以及回归中所含部分的不同，分为移动平

均过程(MA)、自回归过程(AR)、自回归移动平均过程(ARMA)以及 ARIMA 过程。ARIMA 模型可以用自回归阶数(p)、差分次数(d),以及移动平均阶数(q)来表示,通常写作 ARIMA(p,d,q)。

2 模型建立

假设在某交通流时间序列 $\{q_t\}$ 上,用预测模型对未来短时交通量流进行预测,其预测值与之前 m 时段的交通流存在某种函数关系,用式(7)来描述预测其过程。

$$q_{t+1} = f(q_t, q_{t-1}, \ldots, q_{t-m+1}) \tag{7}$$

式中: q_{t+1}——未来时段的预测值;

$q_t, q_{t-1}, \ldots, q_{t-m+1}$——交通流的实际观测值。

根据上述时间序列,可由 n 个基本时间序列的预测模型进行组合预测得到 q_t,由式(8)进行描述。

$$q_t = q_{i,t}(q_{t-1}, q_{t-2}, \ldots, q_{t-m+1}) + \varepsilon_{i,t} \tag{8}$$

式中: q_t——交通时间序列在时段 t 上的实际观测值;

$q_{i,t}$——第 i 个预测模型在 t 时刻上的预测值, $i = 1, 2, \cdots, n$;

$\varepsilon_{i,t}$——第 i 个预测模型在 t 时刻上的误差。

式(8)中,不同的预测模型在不同时段的预测性能不同,实际观测值可能与某预测模型所得到的预测值最为接近,即产生的误差最小,但在预测之前无法确定性能最优的预测模型 i 。因此,为保证在 t 时刻上有更大的概率选择性能更优的预测模型,引入概率分配值 $p_{i,t}$,表示在 t 时刻上选择第 i 个预测模型的概率。若确定了 $p_{i,t}$,则得到在 $t+1$ 时刻组合模型的预测结果为式(9)。

$$q_{t+1} = \sum_{i=1}^{n} p_{i,t} q_{i,t+1} \tag{9}$$

本文使用改进的遗传算法搜索概率分配值 $p_{i,t}$ 全局最优解。遗传算法(GA)是由美国的 J. Holland 教授于 1975 年在他的专著《自然界和人工系统的适应性》中首先提出的[7]。遗传算法是一种能够模拟生物进化过程,适用于搜索全局最优解的算法。标准遗传算法的操作过程如图 2 所示。

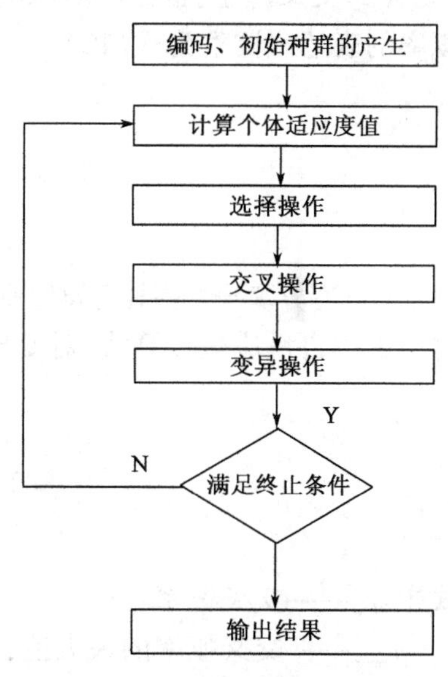

图 2 遗传算法流程

初始种群大小的选择会影响遗传算法的迭代速度以及最优解的准确性。种群数目较大时,种群具有多样性,易产生最优解,但此时算法收敛速度较慢;种群数目较小时,算法的收敛速度较快,但易陷入局部最优,算法不稳定。为保证在进化初期种群进行大范围的搜索,进行全局进化以避免过早收敛;在进化后期,当逼近最优解时,种群在局部范围内进行快速搜索,加快收敛速度,尽可能提高解的精度。保证进行全局范围搜索最优解的情况的同时,又加快了收敛速度。因此,提出一种自适应的遗传算法,使遗传算子根据种群的进化情况,随时进行调整,改进后的遗传算法具体算法步骤如下。

步骤一:初始种群生成

随机产生一组具有 N 个个体的初始种群 $\boldsymbol{population1}$,$\boldsymbol{population1}=(X_1,X_2,\cdots,X_n)$,每一个个体 X_i 代表一组解。对每一组解进行二进制编码,产生一组对应的染色体,组成染色体的元素表示为基因。

步骤二:适应度函数评价

根据适应度函数,对种群的个体进行适应度评价。本文以预测值与实际观测的误差为适应度函数的评价标准。误差越小,适应性越高;误差越大,适应度越低。选择适应性函数为式(10)。

$$\text{fitnessfun}=\frac{1}{\varepsilon} \tag{10}$$

步骤三:遗传算子操作

(1)选择算子:对每个个体的适应度进行选择复制操作。假设第 i 个个体的适应度为 f_i,则它被选择的概率为:

$$p_i=\frac{f_i}{\sum_{i=1}^{N}f_i} \tag{11}$$

(2)交叉算子:根据配对原则和交叉概率,对种群中的个体进行交叉,产生后代。对交叉概率的表达式调整为式(12)。

$$p_c=\begin{cases}p_c-\left(\dfrac{p_{cmax}-p_{cmin}}{it_{max}}\right)\text{iter} & ,f>f_{avg}\\ p_{cmin} & ,f\leqslant f_{avg}\end{cases} \tag{12}$$

(3)变异算子:根据变异原则和变异概率,对种群个体中部分信息进行变异,产生新的种群。根据自适应遗传算法,对变异概率进行调整。

$$p_m=\begin{cases}p_m+\left(\dfrac{p_{mmax}-p_{mmin}}{it_{max}}\right)\text{iter} & ,f'>f_{avg}\\ p_{mmin} & ,f'\leqslant f_{avg}\end{cases} \tag{13}$$

式中:p_c——交叉概率;

p_{cmax}——交叉概率的最大值;

p_{cmin}——交叉概率的最小值;

p_m——变异概率;

p_{mmax}——变异概率的最大值;

p_{mmin}——变异概率的最小值;

it_{max}——最大进化代数;

iter——当前代数;

f_{avg}——种群的平均适应度;

f——交叉的两个个体中适应度较大的适应度值;

f'——进行变异的个体的适应度值。

步骤四:终止条件判断

判断新种群是否满足终止条件,若否,则返回步骤 2。若满足,则将群体中最好的个体进行输出。

由于交通流具有稳定周期变化的特点,相同时段具有相似的变化趋势,且相关性较大。分析历史数据的实际观测值以及预测值,对每时段进行遗传算法搜索,得到最优解。对相同时段得到的解进行回归分析,得到在相应时间段上的概率权重分配值 $p_{i,t}$ 。

为了描述模型的预测精度,引入相对误差均值 MSPE 和均方根误差 RMSE。其中相对误差均值反映了预测结果与实际结果的偏离程度;均方根误差反映了误差分布的集中与离散程度。其中 MAPE 和 RMSE 的计算公式如(14)和式(15)所示。

$$\mathrm{MAPE} = \frac{1}{N}\left[\sum_{t=1}^{N}\frac{|q(t)-\hat{q}(t)|}{q(t)}\right] \tag{14}$$

$$\mathrm{RMSE} = \sqrt{\frac{1}{N}\left[\sum_{t=1}^{N}\frac{|q(t)-\hat{q}(t)|^{2}}{q(t)}\right]} \tag{15}$$

式中:$q(t)$——时段 t 上交通流量的观测值;

$\hat{q}(t)$——时段 t 上交通流量的预测值;

N——观测的总时段数。

3 模型计算与结果分析

本文选择北京市四环某路口周一和周五 24h 的交通流数据进行算例分析。该路口的交通流具有较明显的高峰趋势,且存在一定的变化规律,交通流突变率较小。数据采集时间为 2013 年 6 月 6 日至 9 月 18 日,共获得 480 个基础数据。根据交通流量数据,对各个基本模型进行训练,对 9 月 11 日与 9 月 18 日的交通流进行预测。对改进的遗传算法组合模型进行计算,得到各个时段上不同基本预测模型所分配的权重。对各个基本模型与基于改进后遗传算法的组合模型的预测结果和实际观测值进行对比,进行误差分析。对比观测和预测的交通流量,分析得到各个模型的相对误差均值和均方根误差,如表 1 所示。

预测模型性能对比 表 1

模　　型	MAPE(%)	最大相对误差(%)	RMSE(%)
ARIMA	5.43	13	7
SVM	2.84	22	5.65
BP 神经网络	7.12	29.02	12.93
改进的遗传算法组合模型	1.79	7.57	2.70

从表 1 中得到,基于改进的遗传算法组合模型的预测性能比其他各个基本模型具有更优的预测表现。组合模型的相对误差均值最小,为 1.79% 。SVM 模型的相对误差均值虽然也较小,但其最大的相对误差达到了 22% 左右,不符合预测精度要求。BP 神经网络的相对

误差均值和最大相对误差都较大,仅在某几个时刻的具有较精确的预测表现。组合模型的均方根误差为2.7%左右。总体而言,基于改进的遗传算法组合模型具有更优的预测性能。

图3所示为各个基本预测模型和遗传算法组合模型与实际值某天的预测结果。由图中得到,几个预测模型都较好地反映出了交通流量的变化趋势,其中改进的遗传算法组合模型拟合的效果最优。

图4是各个基本模型和组合模型在某天预测中的相对误差。SVM模型与BP神经网络模型在0—5时间段的相对误差较大,SVM在其他时间的性能较为优异,ARIMA在一些时段的预测相对误差普遍较高。而基于遗传算法改进的组合模型性能较为优异,相对误差在10%以内,普遍较小。组合模型的关键在于找出每个时段所适用的模型,根据遗传算法和历史数据,得到每个时间段模型分配的权重。基于基本模型的预测表现,组合出在各个时间段都表现稳定的模型,且不同时段分配到每个基本模型的权重不同。因此,该组合模型是一种随时段变化而自适应的预测模型,且表现出较精确的预测效果。

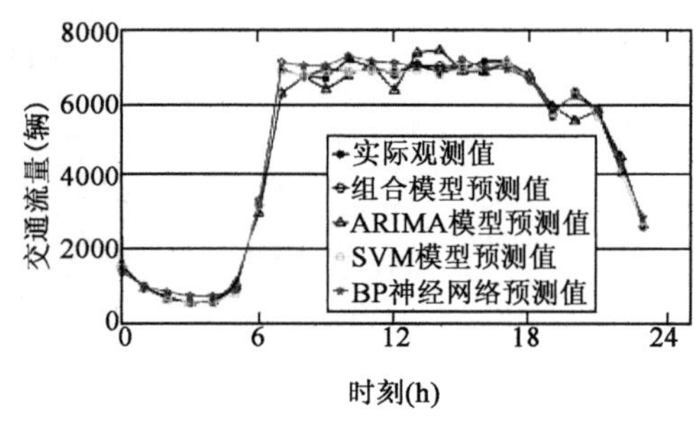

图3　模型预测结果对比

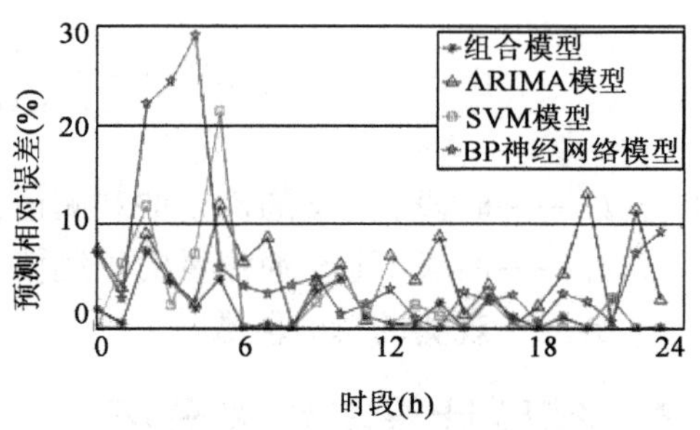

图4　模型预测相对误差对比

4　结论

本文采用一种改进的遗传算法,对ARIMA模型、SVM模型和BP模型进行组合,针对城市短时交通流预测,进行了模型预测结果的误差分析。结果表明,该组合预测模型的预测性能比单个基本预测模型更优,具体表现在相对误差均值、均方根误差和每时段的相对误差上。基于改进遗传算法的组合模型对短时交通流进行预测,并将每个时段上的相对误差控制在10%以内,符合模型预测精度要求。

综上所述,该组合模型具有的特点如下:

(1)根据历史数据和遗传算法来寻找最优的概率分配权重,比较不同模型在不同时段的预测表现,并选择某时段性能最优的模型,产生的组合模型预测性能较为稳定。

(2)采用改进的遗传算法,搜索最优解,在保证全局搜索的前提下,加快收敛速度,保证了模型求解的精确性和模型的稳定性。

(3)该组合预测模型适合预测变化趋势明显、数据突变率较小、波动较为平稳的时间序列。该模型基于历史数据的规律,对权重进行分配。在不同的预测地点和时段进行预测,选取基本模型中性能最优的时段,得到较好的拟合效果。

参 考 文 献

[1] 李中才. 改进的实数遗传算法在求解组合预测模型中的应用[J]. 东北农业大学学报, 2005,36(6):782-786.

Li Zhongcai. Using an improved real-code genetic arithmetic to solve weights of combination forecasting model[J]. Journal of Northeast Agricultural University ,2005,36(6):782-786.

[2] 郑为中,史其信. 基于贝叶斯组合模型的短期交通量预测研究[J]. 中国公路学报,2005, 18(1):85-89.

Zheng Weizhong, Shi Qixin. Study of short-term freeway based on BAYESIAN traffic flow prediction[J]. China Journal of Highway and Transport. 2005,18(1):85-89.

[3] 陈果. 基于遗传算法的支持向量机时间序列预测模型优化[J]. 仪器仪表学报,2006,27 (9):1080-1084.

Chen Guo, Optimizing of support vector machine time series forecasting model parameters based on genetic algorithms[J]. China Journal of Scientific Instrument. 2006, 27(9): 1080-1084.

[4] 王建,邓卫,赵金宝,等. 基于改进型贝叶斯组合模型的短时交通流量预测[J]. 东南大学学报(自然科学版),2012,42(1):162-167.

Wang Jian, Deng Wei, Zhao Jinbao, etc. Short-term freeway traffic flow prediction based on improved Bayesian combined model[J]. Journal of Southeast University(Natural Science Edition),2012,42(1):162-167.

[5] 钟颖,汪秉文. 基于遗传算法的 BP 神经网络时间序列预测模型[J]. 系统工程与电子技术,2002,24(4):9-11.

Zhong Yin, Wang Binwen. BP network sequence prediction model based on genetic algorithm [J]. Systems Engineering and Electronics. 2002,24(4):9-11.

[6] Francis E. H. Tay, Cao Lijuan. Application of support vector machines in financial time series forecasting[J]. Omega: The International Journal of Management Science, 2001, 29(4): 309-317.

[7] Tsai TsungHsien, Lee Chikang, Wei Chienhung. Neural network based temporal feature models for short-term railway passenger demand forecasting[J]. Expert Systems With Applications, 2009,36(02):3728-3736.

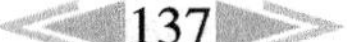

高速铁路动态定价方法研究

索　源*

北京交通大学　城市复杂系统理论与技术教育部重点实验室,北京 100044

摘　要　本文提出借鉴国内外航空公司广泛成功应用的收益管理中的核心方法——动态定价法,来对铁路现行的定价方法进行调整。在分析动态定价定义的基础上,建立起广义效用函数模型,给出不同类型的旅客购票选择概率的 Logit 模型,并设计价格更新函数模型,采用模拟仿真方法对模型进行求解,最后通过实际算例进行验证。研究表明,动态定价方法不仅是可行的,而且具有较强的市场适应性,有利于提高我国高速铁路运输业的整体收益。

关键词　交通运输系统工程;动态定价;高速铁路

Research on Pricing Method of China Railway High-speed Tickets Based on Dynamic Pricing

Suo Yuan*

MOE Key Laboratory for Urban Transportation Complex Systems Theory and Technology, Beijing Jiaotong University, Beijing 100044, *China*

Abstract　In this paper, in order to adjust the current pricing method of railway, we propose dynamic pricing from revenue management method which is widely and successfully applied in airlines whether at home or abroad. On the basis of analyzing the definition of dynamic pricing, this paper establishes generalized utility function model of passenger ticket-choosing. Logit model of different types of passengers is given and the price-updating function model is set. Then use simulation method to solve the model and empirical research is given. It is proved by the empirical research that dynamic pricing method of this paper is not only feasible, but also strongly market-adaptable, and is able to increase overall benefits of high-speed railway transportation.

Key words　traffic and transportation systems engineering; dynamic pricing; China Railway High-speed

随着我国社会主义经济体制深化改革在国民经济各个领域的逐步推进与完善,交通基础设施逐渐完善,人民的生活及收入水平不断提升,出行需求也不断增加。同时,人们对于出行的需求也有所改变,不仅仅是“有票能买”,而是“多方式任选”“多座任挑”,对于安全性、速度、舒适性、价格以及便捷度都有了更高的要求。由于公路、航空等运输方式飞速发展,铁路运输

作者简介:索源(1993—),男,硕士生,研究方向为城市轨道交通及铁路客运。

* 通信作者:15120871@ bjtu. edu. cn

不再具有改革开放以前的巨大优势,铁路客货源大幅流失,客货运周转量均呈急速下降趋势。因此,从航空运输以及国外高速铁路运输行业借鉴,探讨适应于我国高速铁路的动态定价方法,从而提高高速铁路收益,增加高速铁路市场竞争力,对于铁路运输业而言迫在眉睫。

1 动态定价的定义

动态定价是一种随着时间、地点、消费人群不同而不断变换产品销售价格的定价方式,从而区别于采取单一、不变价格的静态定价方式[1]。

相比较于传统定价方法,就市场这个关键词而言,动态定价方法具备两个显著特征[2,3]:

(1)动态定价面向市场而不是面向成本

对于应用收益管理的企业而言,在成本基础上附加利润的传统定价模式将无法顺应市场瞬息万变的局势。多级价格的设置有利于尽可能大地把握市场动向,满足不同类型顾客的需求。

(2)动态定价面向细分市场而不是面向整个市场

采用动态定价时,产品的市场需求应该随着价格变化而变化,并且该市场能够实现细分。在此过程中,产品的价格需要根据不断变化的市场需求以及自身的供给情况进行变化。动态定价的具体流程如图1所示[4]。

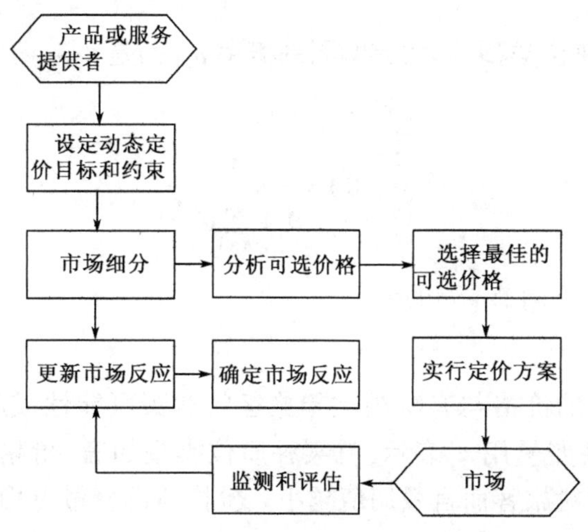

图1 动态定价流程

2 旅客购票广义效用函数模型

一般而言,座位类型 $i(i=1,2,\cdots,m)$ 对于旅客群体 $j(j=1,2,\cdots n)$ 的广义效用函数 U'_{ij} 是随着座位特性的不同以及旅客主体特性的不同而变动的,可用如下公式表示:

$$U'_{ij}=V'_{ij}+\varepsilon_{ij} \tag{1}$$

式中:V'_{ij}—— 广义效用的可测部分,主要涉及价格、舒适性、座位出入方便程度、观景视野这4项影响因素;

ε_{ij}—— 随机误差项,用以反映随机因素。

本文将可测部分各影响因素称为特性变量,特性变量之间的关系视为线性关系,可用如下公式表示：

$$V'_{ij}=\sum_k \beta_{ij}^k x_{ij}^k \tag{2}$$

式中：β_{ij}^k—— 对应于座位类型 i 和旅客群体 j 的第 k 个特性变量的待定参数，用于体现该特性变量在旅客群体 j 在考察座位类型 i 时的敏感程度，该参数应通过前期旅客需求调查与预测获得；

x_{ij}^k——对应于座位类型 i 和旅客群体 j 的第 k 个特性变量，特性变量 $k=1$、2、3、4 分别表示价格、舒适性、座位出入方便程度以及观景视野。

有购票意愿的旅客在某一时刻考虑购票并面对多种座位类型时，总会选择广义效用最大的进行购买，故一名属于旅客群体 j 的旅客购买一张第 i 种座位类型的车票的概率是：

$$p_j(i)=p\{U'_{ij}\geqslant U'_{cj},i\neq c,i\in[1,m],c\in[1,m]\} \tag{3}$$

假设 V'_{ij} 和 ε_{ij} 独立，且 ε_{ij} 服从 Gumbel 概率分布，则可以得到基于广义效用理论的多项 Logit 模型[5,6]，属于旅客群体 j 的旅客购买一张第 i 种座位类型的车票的选择概率 $p_j(i)$ 是：

$$\begin{cases} V'_{ij}=\sum_k \beta_{ij}^k x_{ij}^k \\ p_j(i)=\dfrac{e^{\lambda V'_{ij}}}{1+\sum_{h=1}^m e^{\lambda V'_{hj}}} \end{cases} \tag{4}$$

其不购买任何一种座位类型，即放弃购票的概率 $p_j(0)$ 是[7]：

$$\begin{cases} V'_{ij}=\sum_k \beta_{ij}^k x_{ij}^k \\ p_j(0)=\dfrac{1}{1+\sum_{h=1}^m e^{\lambda V'_{hj}}} \end{cases} \tag{5}$$

式中：λ——调节参数，用于调节 $e^{\lambda V'_{ij}}$ 的值。

2.1 价格

一般而言，某种商品的价格与有购买欲望旅客的购买可能性成反比。对应于座位类型 i 和旅客群体 j 的价格特性变量用 x_{ij}^1 表示，就某种座位类型而言，价格越高该特性变量值应越小，从而使该种座位类型对旅客而言效用值越小。价格特性变量可用如下公式表示：

$$x_{ij}^1=\frac{V_{\min}-V_{\max}}{f_{ij,\max}-f_{ij,\min}}f_{ij}+\frac{V_{\max}f_{ij,\max}-V_{\min}f_{ij,\min}}{f_{ij,\max}-f_{ij,\min}} \tag{6}$$

式中：f_{ij}——第 i 种座位类型的车票价格（元）；

$f_{ij,\min}$——第 i 种座位类型对于第 j 个旅客群体而言的效用最大价格，即旅客认为足够低且铁路企业可以接受的最低价格（元）；

$f_{ij,\max}$——第 i 种座位类型对于第 j 个旅客群体而言的效用最小价格，即旅客认为可接受的最高价格（元）。

2.2 舒适性

座位的舒适性主要涉及乘车环境、旅行服务等因素，考虑到将所有座位按舒适性划分后主要体现为不同的席别等级，因此，不同席别的座位类型的舒适性特性变量不同。对应于座位类

型 i 和旅客群体 j 的舒适性特性变量用 x_{ij}^2 表示，席别等级最高的座位类型舒适性特性变量 x_{ij}^2 取 $V_{\max}$，席别最低的则取 $V_{\min}$。

2.3 座位出入方便程度

现行高速铁路动车组车厢座位设置主要分为左右侧两排座位，根据席别等级的不同，每排的座位数不同。对应于座位类型 i 和旅客群体 j 的座位出入方便程度特性变量用 x_{ij}^3 表示。靠窗的座位较之于靠过道的座位出入方便程度更低，因此靠过道的座位出入方便程度特性变量 x_{ij}^3 取 $V_{\max}$，向靠窗一侧特性变量取值递减。

2.4 观景视野

是否靠近车窗，是否有更好的采光条件，是否具有较好的观景视野，将会影响到不同的座位类型对于某些旅客群体而言的广义效用的值。对应于座位类型 i 和旅客群体 j 的座位出入方便程度特性变量用 x_{ij}^4 表示。靠窗的座位较之于靠过道的座位观景视野更好，因此靠窗的座位观景视野特性变量 x_{ij}^4 取 $V_{\max}$，向靠过道一侧特性变量取值递减。

3 动态定价方法与价格更新函数模型

3.1 动态定价方法

本文讨论的动态定价方法，其主要流程如图 2 所示。流程图第一步循流线①进行，此后的过程循流线②循环进行。

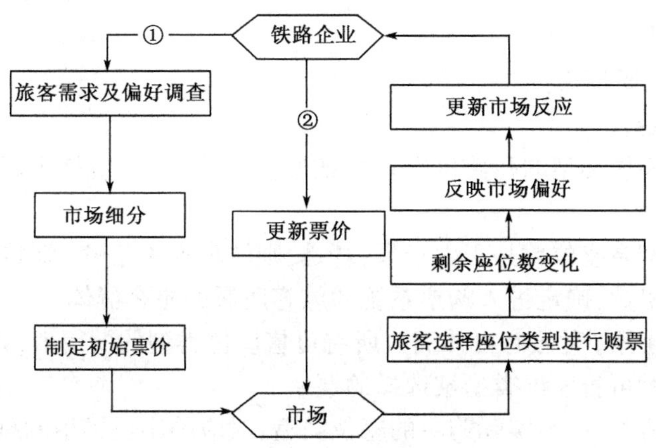

图 2 高速铁路动态定价流程

对上述流程图有如下解释：

(1)在前期准备阶段，铁路企业应完成旅客需求及偏好调查，了解不同旅客对价格、席别、座位出入方便程度、观景视野等影响因素的敏感程度，从而准确地进行市场细分，将所有有购票意愿的旅客群体划分为多个具有各自特性的群体，并采用预测方法估计出各群体所占的比例。在此基础上，制定初始价格方案并投入市场，如图 2 中流线①所示。

(2)初始价格方案投入市场后，旅客会依据自身喜好与判断进行购票选择，若有旅客完成购票行为，则剩余的座位数将随之变化。由于不同座位类型之间存在明显差异，且任由旅客选择，故剩余座位数体现出旅客对不同座位类型的不同喜好程度，即市场反应。根据剩余座位数的变化情况，更新价格方案，适当提高部分座位类型的价格，如图 2 中流线②所示。

3.2 价格更新函数

在此，将旅客进入购票系统（不管其最终是否购票）至其离去称为一个阶段。在第 s 个阶段结束后，第 i 种座位类型的价格 $f_{ij}^{(p)}$ 为：

$$f_{ij}^{(s)} = f_{ij}^{(0)} + r\left[\frac{S_{ij}^{(0)} - S_{ij}^{(s)}}{l}\right] \tag{7}$$

式中：$f_{ij}^{(0)}$——第 i 种座位类型的初始价格（元）；

$f_{ij}^{(s)}$——第 s 个阶段结束后，第 i 种座位类型的价格（元）；

$S_{ij}^{(0)}$——第 i 种座位类型的初始剩余座位数（个）；

$S_{ij}^{(s)}$——第 s 个阶段结束后，第 i 种座位类型的剩余座位数（个）；

r——价格更新幅度（元）；

l——价格更新步长（个）。

在第 s 个阶段结束后，第 i 种座位类型的剩余座位数可以通过查询得知，该种座位类型的初始座位数也是已知的，对于该种座位类型的初始价格，只要确定了价格更新幅度 r 和价格更新步长 l，就能确定其当前状态下的价格。

4 模型的求解

4.1 算法设计

以下是算法的主要步骤：

步骤 1：算法开始。

步骤 2：设置各座位类型的初始价格 $f_{ij}^{(0)}$、初始座位数 $S_{ij}^{(0)}$、价格更新步长 l 以及价格更新幅度 r。

步骤 3：判断总剩余座位数是否大于零，若是，则转步骤 4；若否，则转步骤 10。

步骤 4：抽取随机数，确定进入购票系统的旅客所属的旅客群体 j。

步骤 5：计算对于第 j 种旅客群体而言所有可售座位类型的效用值，并求其总和。

步骤 6：计算各种可售座位类型被选择的概率。

步骤 7：抽取随机数，确定实际购买的座位类型，对应的座位类型的剩余座位数减一。

步骤 8：判断各座位类型的剩余座位变动量是否达到价格更新步长 l，若是，则转步骤 9；若否，则转步骤 3。

步骤 9：按照对应座位类型的价格更新幅度提高价格，转步骤 3。

步骤 10：算法结束。

模拟仿真流程如图 3 所示。

4.2 算例分析

4.2.1 数据处理

在算例中，选用和谐号 CRH 380AL（2571～2640）型电力动车组作为研究对象，现行的列车车厢座位布置方式如图 4 所示。将各席别等级的所有座位分为 8 种座位类型，如表 1 所示。

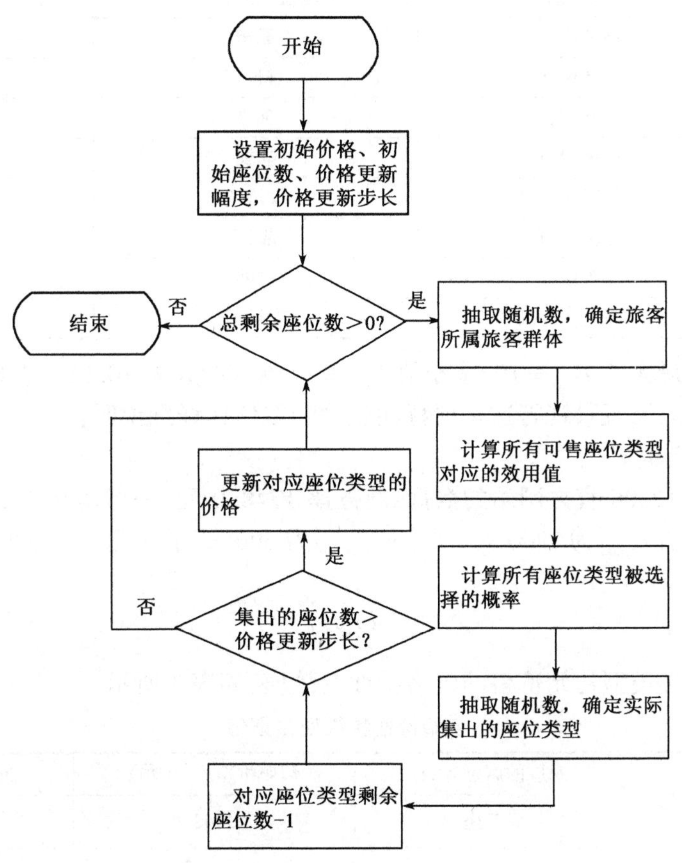

图3　模拟仿真流程

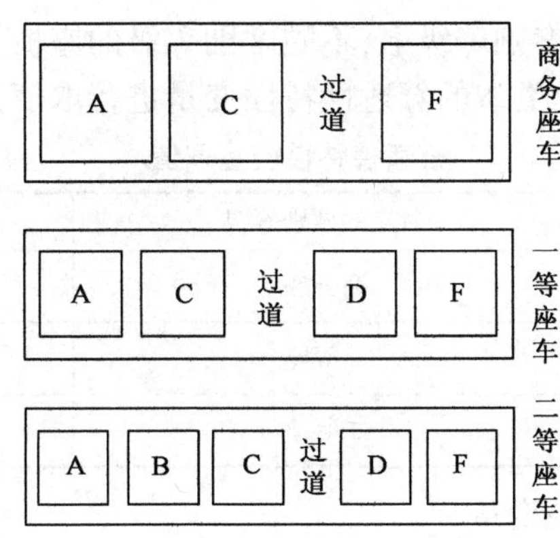

图4　各席别等级的座位布置

各座位类型的座位数 表 1

座位类型 i	对应的席别等级	座位相对位置	座位数(个)
1	商务座,A	靠窗	8
2	商务座,C	靠过道	8
3	商务座,F	独立	10
4	一等座,A 或 F	靠窗	56
5	一等座,C 或 D	靠过道	56
6	二等座,A 或 F	靠窗	369
7	二等座,B	中间	185
8	二等座,C 或 D	靠过道	369

取特性变量的最大值 $V_{\max}=10$,最小值 $V_{\min}=1$,调节参数 $\lambda=0.01$。在此对价格、舒适性、座位出入方便程度以及观景视野这 4 项特性变量的取值作详细说明:

(1)价格特性变量 x_{ij}^1

根据中国铁路 12306 官方网站的数据:商务座 1748.0 元,一等座 933.0 元,二等座 553.0 元。取价格的最大值 $f_{ij,\max}$ 为 1800 元,最小值 $f_{ij,\min}$ 为 500 元,代入公式(6)可得:

$$x_{ij}^1=-\frac{9}{1300}f_{ij}+\frac{175}{13} \tag{8}$$

计算得到各座位类型初始价格的价格特性变量值,如表 2 所示。

初始价格特性变量取值 表 2

特性变量 x_{ij}^1	对应的席别等级	初始价格 $f_{ij}^{(0)}$(元)	对应的特性变量值
$x_{1j}^1,x_{2j}^1,x_{3j}^1$	商务座	1748	1.36
x_{4j}^1,x_{5j}^1	一等座	933	7.00
$x_{6j}^1,x_{7j}^1,x_{8j}^1$	二等座	553	9.63

(2)舒适性特性变量 x_{ij}^2

舒适性的差异主要体现在席别等级上,不同席别等级的座椅、乘车环境以及随车服务都不同,其中商务座最优。对各座位类型的舒适性特性变量进行取值,如表 3 所示。

舒适性特性变量取值 表 3

特性变量 x_{ij}^2	对应的席别等级	对应的特性变量值
$x_{1j}^2,x_{2j}^2,x_{3j}^2$	商务座	10
x_{4j}^2,x_{5j}^2	一等座	5
$x_{6j}^2,x_{7j}^2,x_{8j}^2$	二等座	1

(3)座位出入方便程度特性变量 x_{ij}^3

一般而言,靠过道的座位出入方便程度最高,座位出入方便程度由靠过道的座位向靠窗的座位递减。但商务座的座椅排列较为松散,前后排间隔较大,故出入方便程度受位置影响较小。对各座位种类的座位出入方便程度特性变量进行取值,如表 4 所示。

座位出入方便程度特性变量取值　　表 4

特性变量 x_{ij}^3	对应的席别等级及座位位置	对应的特性变量值
x_{1j}^3	商务座,靠窗	8
x_{2j}^3	商务座,靠过道	10
x_{3j}^3	商务座,独立	10
x_{4j}^3	一等座,靠窗	5
x_{5j}^3	一等座,靠过道	10
x_{6j}^3	二等座,靠窗	1
x_{7j}^3	二等座,中间	5
x_{8j}^3	二等座,靠过道	10

(4)观景视野特性变量 x_{ij}^4

一般而言,靠窗的座位观景视野最优,观景视野由靠窗的座位向靠过道的座位递减。同样,对于商务座来说,靠窗或靠过道对观景视野影响较小。对各座位类型的观景视野特性变量进行取值,如表 5 所示。

观景视野特性变量取值　　表 5

特性变量 x_{ij}^4	对应的席别等级及座位位置	对应的特性变量值
x_{1j}^4	商务座,靠窗	10
x_{2j}^4	商务座,靠过道	8
x_{3j}^4	商务座,独立	10
x_{4j}^4	一等座,靠窗	10
x_{5j}^4	一等座,靠过道	5
x_{6j}^4	二等座,靠窗	10
x_{7j}^4	二等座,中间	5
x_{8j}^4	二等座,靠过道	1

4.2.2　结果及分析

(1)供小于求

假设高速铁路运输市场出现供小于求的状态时,所有座位类型的车票均能全部售出。采用现行定价方法模拟得到的客票总收入 $R_{nowadays}=660363$,购票总人数 $N_{all}=1208$;采用动态定价方法模拟得到的客票总收入 $R_{dynamic}=733233$,购票总人数 $N_{all}=1220$。将数据导入 IBM SPSS Statistics version 22.0 得到图 5 和图 6。

根据图 5 和图 6,在售出前 106 张车票后,采用动态定价方法的客票总收入才开始大于采用现行定价方法的客票总收入,两者之差随着车票售出而不断增大,最终客票总收入差为

$R_{dynamic}-R_{nowadays}=72870$，增幅达到了11.03%。客票总收入差在售出车票数为107至350张左右时，增长慢且上下波动；直至售出车票数超过350张左右之后，客票总收入差呈现指数上升趋势。综上所述，当高速铁路运输市场出现供小于求的状态时，采用动态定价方法在客票总收入方面优于采用现行定价方法，运用动态定价方法可以很好地提高高速铁路运输业的整体收益。

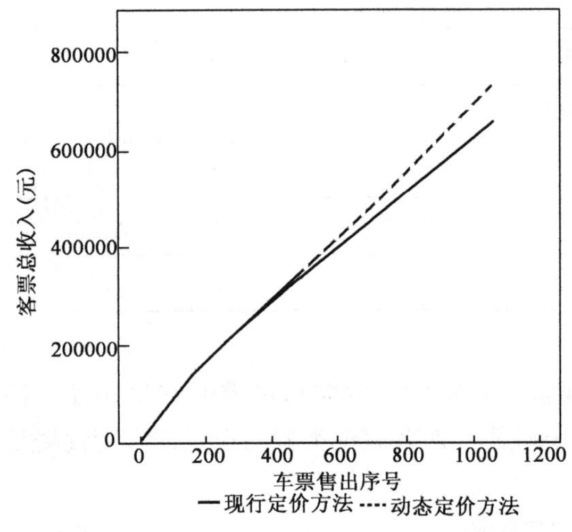

图5 采用不同定价方法时客票总收入增长趋势

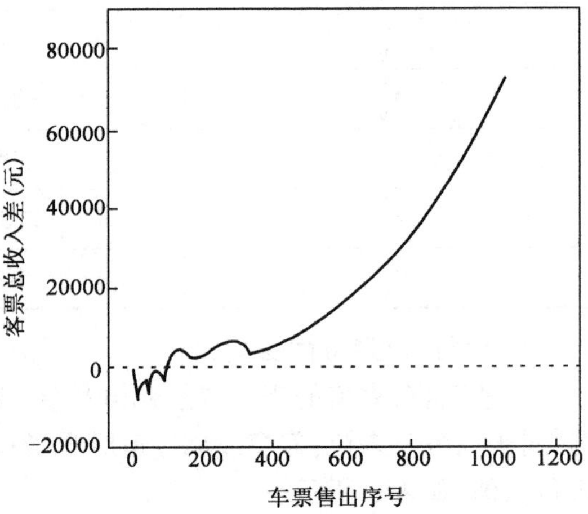

图6 $R_{dynamic}-R_{nowadays}$变化趋势

(2)供过于求

假设高速铁路运输市场出现供过于求的状态时，所有座位类型的车票不一定能全部售出。考虑到购票总人数越多，采用动态定价方法在客票总收入上对采用现行定价方法的优势越明显，在此取购票总人数N_{all}分别为一列高速铁路旅客列车全列总定员的80%、70%、60%进行分析。采用现行定价方法的车票销售模拟仿真过程以及动态定价方法的车票销售模拟仿真过程分别运行50次，得到每次运行结束后的客票总收入数据。

当购票总人数分别为全列总定员的80%、70%以及60%时，采用动态定价方法较之于采用现行定价方法的收入平均值分别提高28721.58元、20768.38元以及13484.96元，增幅分别为5.80%、4.66%以及3.43%。

5 结论

在本文的算例中，以客票总收入为考察指标，在高速铁路运输市场出现供小于求的状态时，采用动态定价方法较之于采用现行定价方法的收入提高72870元，增幅11.03%；在高速铁路运输市场出现供过于求的状态时，当购票总人数分别为全列总定员的80%、70%以及60%时，采用动态定价方法较之于采用现行定价方法的收入平均值分别提高28721.58元、20768.38元以及13484.96元，增幅分别为5.80%、4.66%以及3.43%。因此，本文提出的动态定价方法具有较强的市场适应性，可以很好地提高我国高速铁路运输业的整体收益。

参考文献

[1] 周晶,杨慧.收益管理方法与应用[M].北京.科学出版社.2009:124-125.

[2] 王博雅.基于服务质量的产品动态定价策略研究[D].北京:中央民族大学,2012.

[3] 周寅艳.航空公司货运动态定价与容量控制研究[D].北京:南京航空航天大学,2012.2.

[4] 罗伯特.菲利普斯.定价与收益管理优化[M].北京.中国财政经济出版社,2008:42-240.

[5] 李辰.交通方式划分的LOGIT模型方法[D].南京:河海大学,2004.

[6] Gumbel分布的参数估计方法的统计分析[J].水利学报,1989(11).35-42.

[7] 陈锐锐.中国民营航空公司收益管理定价问题研究[D].南京:南京航空航天大学,2010.

基于可变需求的交通小区备用能力模型及其应用

肖海亮，邹志云*，谢文智，高健智

华中科技大学 土木工程与力学学院，武汉 430074

摘　要　本文将备用能力的概念扩展到交通小区的层面，通过计算各交通小区的备用能力，衡量各小区地块的土地利用开发潜力。在交通小区备用能力的概念基础上，建立基于可变需求的交通小区备用能力二阶层规划模型，其中上层模型在路网承载能力范围内寻求最优的信号控制策略，以使总体交通出行需求和各地块的备用能力最大化，下层模型考虑基于用户平衡的出行路径和出行目的地选择行为。此外，本文将描述路段通行能力提升的变量离散化，并研究其对交通小区备用能力的影响。模型通过遗传算法求解，并通过一个算例进行模型应用分析。结果表明，模型能确定各交通小区最多能容纳的出行生成量或吸引量，及相应的最优信号控制策略或道路通行能力提升方案，并能够根据交通系统的运行状况对土地利用进行反馈研究，从而为制定可持续的土地利用规划与交通规划管理政策提供帮助。

关键词　路网设计问题；交通小区备用能力；可变需求；双层规划模型；遗传算法

Zonal reserve capacity model based on variable demand and its application

Xiao Hailiang, Zou Zhiyun*, Xie Wenzhi, Gao Jianzhi

School of Civil Engineering and Mechanics, Huazhong University of Science and Technology, Wuhan 430074, China

Abstract　In this paper, the concept of reserve capacity has been extended to zone level to measure the land use development potentiality of each trip generation zone. Bi – level programming models are proposed to determine the signal setting of individual intersections for maximizing possible increase in total travel demand and the corresponding reserve capacity for each zone. The change of the O – D pattern with the variation of upper level decision variables is concerned through the combined distribution/assignment model under user equilibrium condition. Furthermore, we have introduced the discrete network design problem by increasing road capacity and examined its effect on the land use development potentiality of trip generation zone. A numerical example is presented to illustrate the applications

---

作者简介：肖海亮（1989—），男，湖北人，硕士。主要研究方向为道路交通系统规划与设计。

*通信作者：hustzou@163.com

of the models and how genetic algorithm is applied to solve the problem. The models proposed in this paper can predict how much additional trip generation for each zone can be accommodated by road network, as well as the corresponding signal control strategy or link capacity expansion scheme. When applied in congeste network, these models can decide whether the network is over loaded and the level of over-development for each zone can also be shown, and hence efficient policy for sustainable development between land use and transportation planning can be proposed.

Key words network design problem; zonal reserve capacity; variable demand; bi-level model; genetic algorithm

0 引言

备用能力(reserve capacity)的概念最初被应用于单独的信号交叉口:对于任意一个信号交叉口,在满足进口道通行能力、信号周期时长和最小绿灯时间及其他约束条件下,通过采取最优的信号控制策略,使通过交叉口的通行能力增加,增加的这部分通行能力即被定义为该交叉口的备用能力[1]。传统的备用能力概念在1997年被Wong和Yang扩展到有信号交叉口的路网层面:对于任意一个基于信号灯控制的路网,在满足路网中各进口道通行能力、信号周期时长和最小绿灯时间及其他约束条件下,通过采取最优的信号控制策略,使路网的通行能力增加,增加的这部分通行能力即被定义为该路网的备用能力[2]。该道路网络层面的备用能力问题通过建立二阶层模型求解,其中路网备用能力的最大化作为上层目标函数,下层为用户平衡模型。Gao和Song在2002年提出备用能力应针对每一个起讫点对进行计算,以反映不同的起讫点之间所使用路径的拥堵状况之差异[3]。同时,Gao和Song还研究了路段通行能力的提升对路网备用能力的影响,并以此建立城市平衡路网设计中的备用能力模型。

道路网络层面的备用能力概念将微观层面的信号配时设计和宏观层面的出行需求管理联系起来,可以用于指导土地利用开发、道路拥堵收费等宏观政策的制定,因此十分具有研究价值。Ge、Zhang和Lam研究了不同的出行信息如何通过影响用户平衡的路径选择行为进而影响路网的备用能力[4]。Ceylan和Bell研究了通过两阶段法制定固定信号配时策略下的路网备用能力问题,并将交通需求每日的波动情况考虑在内[5]。Chiou从路网备用能力的角度入手,研究出可以同时实现交通需求最大化和总体出行延误最小化的方法[6]。Chen、Chootinan和Wong通过引入能力可靠性(capacity reliability)的概念提出一种新的备用能力模型,该模型可以研究路网中的所有路段均在能力范围内运行的可能性[7]。Miandoabchi和Farahani将备用能力模型的应用扩展到离散的交通网络设计问题(DNDP),并研究如何确定新建道路的方向、位置和车道数以实现路网备用能力的最大化[8]。

本文将备用能力的概念进一步扩展至交通小区的层面,即在满足各路段流量不超过预设的饱和流量前提下,寻求各个交通小区的现有出行生成量所能接受的最大乘子数及相应的最优信号控制策略。该备用能力的概念可以通过寻求最优的信号控制策略得到各个小区的最大出行生成量,从而可用以衡量各个交通小区剩余的土地开发利用潜力,或用以分析某交通小区是否已经开发过度,并直接导致周边道路的交通拥堵。此外,由于信号控制策略的变化将在一定程度上改变区域交通的出行分布模式,因此,不同于以往研究中采用的交通出行分布模式固定的假设,本次研究将在出行分布随信号控制策略发生变化的情形下进行,即考虑可变的出行需求,以更加符合实际的出行行为。

1 交通小区备用能力的定义

Wong 和 Yang[2] 首次提出的路网备用能力的概念是针对整个路网而言,即所有交通小区的出行生成量都使用同一最大乘子数;Gao 和 Song[3] 将路网备用能力的概念扩展到起讫点对层面,即每个起讫点对都分配有各自的最大乘子数。然而,如果需要衡量不同交通小区地块的开发利用对周边交通系统的影响,无论是路网层面还是起讫点对层面的备用能力的定义都无法实现该目的,因为它们都无法反映各交通小区地块的土地利用开发导致的出行生成量的改变对交通系统的影响。为了直接以小区地块为单位,建立土地利用开发与交通系统承载力的关系模型,本文在路网备用能力的概念基础上进行研究单位的细分,提出交通小区备用能力的概念。

定义:对于任意一个基于信号控制的路网,在满足信号交叉口各进口道的通行能力、信号周期时长和最小绿灯时间等约束条件,并同时考虑出行者的出行路径和出行目的地选择行为时,通过采取最优的信号控制策略,使各交通小区的能力增加,增加的这部分能力即为该交通小区的备用能力。若 $\boldsymbol{\mu}$ 为各个交通小区已有出行生成量的乘子数, $\boldsymbol{O}$ 为各个交通小区的已有出行生成量,则各交通小区的备用能力可以描述为 $(\boldsymbol{\mu}-\mathbf{1})\boldsymbol{O}$ 。

当各交通小区出行生成量 $\boldsymbol{O}$ 一定时,路段流量 f 是可变出行需求 $\boldsymbol{q}$ 、各交通小区的出行生成量乘子数 $\boldsymbol{\mu}$ 和信号控制变量 $\boldsymbol{\lambda}$ 的函数。为了保证在用户平衡的路径选择行为下,交叉口的排队和延误可以被出行者接受,与信号交叉口相连的路段流量应该控制在可以接受的范围内:

$$f_{a}(\boldsymbol{q},\boldsymbol{\mu},\boldsymbol{\lambda}) \leqslant \rho_{a} s_{a}(\lambda)_{a}, \alpha \in \bar{A}$$

其中,考虑城市路网 $G=(N,A)$, N 为节点集合, A 为有向路段集合, $\bar{A}$ 表示受信号灯控制的有向路段的集合, f_a 为路段 a 上的交通流量, $a \in A$; ρ_a 表示路段 $a \in \bar{A}$ 上可以接受的最大饱和度; $s_a(\lambda_a)$ 表示路段 $a \in \bar{A}$ 的通行能力,并由信号控制变量 λ_a 决定。信号控制变量 λ 应该满足一定的线性约束条件,其中包括周期时长、清空时间、最小和最大绿灯时间等约束:

$$\boldsymbol{G}_i \boldsymbol{\lambda}_i \geqslant \boldsymbol{b}_i, i \in \boldsymbol{I}$$

其中, $\boldsymbol{\lambda}_i$ 为对应于信号交叉口 $i \in \boldsymbol{I}$ 的信号控制变量; $\boldsymbol{I}$ 为路网中信号交叉口的集合;矩阵 $\boldsymbol{G}_i$ 和 $\boldsymbol{b}_i$ 由信号交叉口 $i \in \boldsymbol{I}$ 具体的信号配时所确定[1]。

2 基于可变需求的交通小区备用能力模型建立

交通小区层面的备用能力问题即通过寻求各交通小区的现有出行生成量所能接受的最大乘子数和相应的最优信号控制策略来最大化整个路网的出行需求,同时满足在用户平衡的居民出行路径选择行为下,各路段流量不超过预设的饱和流量。该问题可以用二阶层模型描述,其中上层模型通过制定最优的信号控制策略寻求整个路网出行需求的最大化,下层模型描述基于用户平衡的出行路径选择行为。

在以往的研究中,下层用户平衡模型的出行需求分布是固定的[2, 3]或考虑每天有规律的波动[5]。然而,更加实际的情况是,出行者在选择出行目的地时,会同时考虑各目的地的吸引力和到达目的地所需要的花费(包括时间、费用等)。而随着上层决策者对信号控制策略的变更,部分路段的延误将发生改变。在上述出行目的地选择行为下,这种改变会逐渐影响出行者对出行终点的选择结果,从而导致路网出行需求的重分布。因此,该问题的下层用户平衡模型应该同时考虑出行路径选择行为和出行目的地选择行为，即建立基于可变需求的用户平衡模型，以更加符合实际的出行行为。

由于不同的出行分布模式会产生不同的关键路段，而这些关键路段的通行能力则很大程度上决定了某些交通小区的备用能力。因此，交通小区的备用能力不仅依赖于各交通小区的已有出行需求量，更取决于出行需求的分布模式。当考虑可变需求时，不同的出行目的地选择行为决定了不同的出行分布模式，从而影响着各交通小区的备用能力。因此，相对于以往研究中固定出行需求分布的假设，本文在可变需求条件下得到的交通小区备用能力将更具有实际意义，而如何合理地建立模型描述出行目的地选择行为是合理地确定交通小区备用能力的关键。

本次研究中，下层用户平衡模型采用单约束的出行分布和交通分配组合模型，即各交通小区出行生成量固定，目的地选择行为用 logit 模型描述[9]。则上述基于可变需求的交通小区备用能力问题可以用二阶层模型描述：

(P1)(U1)：
$$\max_{\mu,\lambda}\sum_{r\in R}\mu_r O_r \tag{1a}$$

S. t.

$$f_a(\boldsymbol{q},\boldsymbol{\mu},\boldsymbol{\lambda}) \leqslant \rho_a s_a(\lambda_a),a\in\bar{A} \tag{1b}$$

$$\boldsymbol{G}_i\boldsymbol{\lambda}_i \geqslant \boldsymbol{b}_i,i\in \boldsymbol{I} \tag{1c}$$

其中各路段平衡流量 $f_a(\boldsymbol{q},\boldsymbol{\mu},\boldsymbol{\lambda}),a\in A$ 由以下用户平衡模型得到：

(P1)(L1)：
$$\min_{f,q}\sum_{a\in \boldsymbol{A}}\int_0^{f_a} t_a(x,\lambda_a)\,\mathrm{d}x+\frac{1}{\gamma}\sum_{r\in \boldsymbol{R},s\in \boldsymbol{S}}(q_{rs}\ln q_{rs}-q_{rs})-\sum_{r\in \boldsymbol{R},s\in \boldsymbol{S}}M_s q_{rs} \tag{1d}$$

S. t.

$$\sum_{p\in \boldsymbol{P}}h_p^{rs}=q_{rs},\ \forall r\in \boldsymbol{R},s\in \boldsymbol{S} \tag{1e}$$

$$\sum_{s\in \boldsymbol{S}}q_{rs}=\mu_r O_r,\ \forall r\in \boldsymbol{R} \tag{1f}$$

$$h_p^{rs}\geqslant 0,\ \forall p\in \boldsymbol{P},r\in \boldsymbol{R},s\in \boldsymbol{S} \tag{1g}$$

式中：$\boldsymbol{R}$——路网中出行起点的集合，$\boldsymbol{R}\subset \boldsymbol{N}$；

$\boldsymbol{S}$——路网中出行终点的集合，$\boldsymbol{S}\subset \boldsymbol{N}$；

r——路网中某个出行起点 $r\in \boldsymbol{R}$；

s——路网中某个出行终点，$s\in \boldsymbol{S}$；

p——出行起点 r 和出行终点 s 之间的某条路径，$r\in \boldsymbol{R},s\in \boldsymbol{S}$；

O_r——出行起点 r 所在交通小区的出行生成量，$r\in \boldsymbol{R}$；

μ_r——出行起点 r 所在交通小区中出行生成量的乘子数，$r\in \boldsymbol{R}$；

$\boldsymbol{P}$——出行起点 r 和出行终点 s 之间所有路径的集合，$r\in \boldsymbol{R},s\in \boldsymbol{S}$；

q_{rs}——出行起点 r 和出行终点 s 之间的出行需求量；

h_p^{rs}——起终点为 r 和 s 且经过路径 p 的交通流量；

γ——logit 模型的参数，常数项 M_s 用以描述目的地 s 的吸引力；

$t_a(f_a,\lambda_a)$——路段 a 的阻抗函数，假设其是连续可导且随路段流量 f_a 严格单调递增。

注意由于目标函数的特定形状，模型中隐含的约束条件 $0<q_{rs}<O_r,\forall r,s$ 将会在自变量取最优值时满足[9]。

下层模型的用户平衡条件可以通过式(1d)～式(1g)的拉格朗日函数对路径流量$\{h_p^{rs}\}$求偏导得到[9]。此外,式(1d)～式(1g)的拉格朗日函数对起讫点对之间的出行需求q_{rs}的一阶条件为:

$$\frac{1}{\gamma}\ln q_{rs}+u_{rs}-M_s-\pi_r=0,\forall r\in \boldsymbol{R},s\in \boldsymbol{S} \tag{2}$$

其中,u_{rs}和π_r分别为(1e)和(1f)式的拉格朗日算子,而根据用户平衡条件,u_{rs}可以理解为起讫点对$r-s$之间的最短旅行时间[9]。式(2)可以改写为:

$$q_{rs}=\mathrm{e}^{-\gamma(u_{rs}-M_s-\pi_r)},\forall r\in \boldsymbol{R},s\in \boldsymbol{S} \tag{3}$$

(3)式可以作为起讫点对之间的出行需求模型,同时为保证各交通小区出行生成量守恒,式(3)代入式(1f)得到:

$$O_r=\frac{1}{\mu_r}\sum_m \mathrm{e}^{-\gamma(u_{rm}-M_m-\pi_r)},\forall r\in \boldsymbol{R} \tag{4}$$

式(3)和式(4)相除可得到:

$$\frac{q_{rs}}{O_r}=\frac{\mu_r\mathrm{e}^{-\gamma(u_{rs}-M_s-\pi_r)}}{\sum_m \mathrm{e}^{-\gamma(u_{rm}-M_m-\pi_r)}}=\frac{\mu_r\mathrm{e}^{-\gamma(u_{rs}-M_s)}}{\sum_m \mathrm{e}^{-\gamma(u_{rm}-M_m)}} \tag{5}$$

式(5)可以看出,下层用户平衡模型式(1d)～式(1g)通过引入出行生成约束式(1f),将出行目的地选择行为用通过logit方程建立的出行生成量分担率模型描述,即出行者会选择吸引力M_s较大且出行花费u_{rs}较少的目的地。因此,下层模型同时考虑了出行路径选择行为和出行目的地选择行为。由于当出行时间减少或目的地吸引力增加时,起讫点对之间的出行需求会增加,因此有理由假设式(5)中$M_s\geqslant 0\ \forall s$且$\gamma>0$。

以模型(P1)为基础,本文还将研究路段通行能力的提升对交通小区备用能力的影响。以往的研究大多数将通行能力的提升作为连续变量来处理,这样尽管降低了求解的难度,但是并不符合实际。由于路段通行能力的提升主要通过增加行车道来实现,因此,应该通过离散的非负整数变量y来决定是否增加车道以及增加的车道条数,从而描述路段通行能力提升。此时路段a的通行能力可以表示为:

$$s_a(\lambda_a,y_a)=\lambda_a(\kappa_a+y_aH),\forall a\in \boldsymbol{A} \tag{6}$$

其中,$y_a=0,1,2,\cdots,\forall a\in \boldsymbol{A}$;$H$表示一条标准行车道的饱和流量;$\kappa_a$为路段$a$当前的饱和流量。注意本文没有考虑降低路段通行能力的情况,因为这种情况在实际中比较少见。此外,由于用地条件的限制,各路段通行能力的提升应该限制在最大可扩展的通行能力范围内:

$$\kappa_a+y_a\cdot H\leqslant J_a,\forall a\in \boldsymbol{A} \tag{7}$$

其中J_a表示路段a在用地条件的限制下允许的最大饱和流量。同时,本文还考虑了管理部门的投资预算对路段通行能力提升决策的约束:

$$\sum_a E_a(y_a)\leqslant B,\forall a\in \boldsymbol{A} \tag{8}$$

其中$E_a(y_a)$为提升路段a的通行能力的投资函数,B为管理部门总的投资预算。综上所述,考虑路段通行能力提升以后,基于可变需求的交通小区备用能力模型改写为:

(P2)(U2)

$$\max_{\mu,\lambda}\sum_{r\in \boldsymbol{R}}\mu_r O_r \tag{9a}$$

s. t.

$$f_a(\boldsymbol{q},\boldsymbol{\mu},\boldsymbol{\lambda}) \leqslant \rho_a s_a(\lambda_a), a \in \bar{\boldsymbol{A}} \tag{9b}$$

$$G_i \lambda_i \geqslant b_i, i \in I \tag{9c}$$

$$\kappa_a + y_a \cdot H \leqslant J_a, \forall a \in \boldsymbol{A} \tag{9d}$$

$$\sum_a E_a(y_a) \leqslant B, \forall a \in \boldsymbol{A} \tag{9e}$$

$$y_a \geqslant 0 \text{ 且为整数 } \forall a \in \boldsymbol{A} \tag{9f}$$

其中各路段的平衡流量 $f_a(\boldsymbol{q},\boldsymbol{\mu},\boldsymbol{\lambda},\boldsymbol{y})$ 由出行分布和交通分配组合模型式(1d)～式(1g)得到。

3 求解算法

本文提出的模型实质均为双层规划模型,由于这类模型往往具有非凸的特性,其解空间具有开放性且存在局部最优解,而全局最优解则很难找到,因此其求解成为交通规划领域十分具有挑战性的研究课题之一。此外,由于模型(P2)中引入了描述道路通行能力提升的离散变量,根据 NDP 问题的分类,(P2)实质为混合路网设计问题(MNDP),其求解难度更大,运用传统的解析算法求解存在一定的困难[10]。

由于遗传算法(genetic algorithm)在 NDP 问题中被广泛应用且具有良好的全局优化性,尤其对于 MNDP 问题具有较高的求解效率,且其使用频率相对其他非数值算法也相对较高,因此本文将采用遗传算法(genetic algorithm)求解。遗传算法是一种通过模拟自然选择和遗传学机理的生物进化过程来搜索最优解的方法[11],其具有良好的全局搜索能力和内在的并行性,且不需要对搜索空间做出严格的数学假设[12]。此外,遗传算法已被证明当给予足够的计算时间时,可以稳定地提高计算结果的精确度[13]。

本文通过遗传算法求解双层规划模型(P1)与(P2)的具体步骤如下:

第一步:确定变量的上下限值,设置遗传算法初始参数(种群规模、染色体长度、变量维数、最大遗传代数、代沟、交叉概率、变异概率等)。通过罚函数法设计如下适应度函数:

(P1)

$$\Phi_1(\boldsymbol{\mu},\boldsymbol{\lambda}) = \sum_{r \in \boldsymbol{R}} \mu_r O_r - \theta\left(\max\left\{0, \sum_{a \in \bar{\boldsymbol{A}}} \left(f_a(\boldsymbol{q},\boldsymbol{\mu},\boldsymbol{\lambda}) - \rho_a s_a(\lambda_a)\right)\right\}\right)$$

(P2)

$$\Phi_2(\boldsymbol{\mu},\boldsymbol{\lambda},\boldsymbol{y}) = \sum_{r \in \boldsymbol{R}} \mu_r O_r - \theta\left(\max\left\{0, \sum_{a \in \bar{\boldsymbol{A}}} \left(f_a(\boldsymbol{q},\boldsymbol{\mu},\boldsymbol{\lambda},\boldsymbol{y}) - \rho_a s_a(\lambda_a, y_a)\right)\right\} + \max\left\{0, \sum_{a \in \boldsymbol{A}} E_a(y_a) - B\right\}\right)$$

第二步:将信号控制变量 $\boldsymbol{\lambda}$ 和乘子数 $\boldsymbol{\mu}$ 通过格雷编码成字符串 x_j,在变量约束范围内随机产生初始群体 $\boldsymbol{X}(\mathbf{1})$,并通过求解下层规划模型计算 $\boldsymbol{X}(\mathbf{1})$ 的适应度值,令 $k=1$;其中下层规划模型采用两阶段算法求解,详细步骤可参考相关文献[9],此处不再赘述。

第三步:根据线性排序法(ranking)计算适应度值的分布,并根据分布结果采用随机遍历抽样法(Sus)对群体 $\boldsymbol{X}(\boldsymbol{k})$ 进行选择运算;

第五步:采用单点交叉法对上一步的选择结果群体进行交叉运算。

第六步:采用基本位变异法对上一步的交叉结果群体进行变异运算。

第七步:计算上一步变异结果群体的适应度值,并根据该适应度值进行重插入子代到父代的运算,以实现保优策略,最终得到新的群体 $\boldsymbol{X}(\boldsymbol{k}+1)$ 及其适应度值。

第八步:令 $k = k + 1$,检查收敛条件是否满足:如果 k = 最大群体代数,则选取具有最高适应度值的个体作为问题的最优解;否则返回到第三步。

4 算例分析

本文采用 Wong 和 Yang 的研究中使用的路网算例,并对其基本参数进行适当的修改[2],如图 1 所示。该路网有 7 条路段、6 个节点,其中节点 E 和 F 为信号交叉口, $\lambda_1,\lambda_2,\lambda_3,\lambda_4$ 分别为进口道 1、2、3、4 所分配的绿灯时长,且满足 $\lambda_1 = 1 - \lambda_3, \lambda_2 = 1 - \lambda_4$ 以简化运算,同时绿灯时长限定在 0.05 和 0.95 范围内。所有与信号交叉口相连路段所允许的最大饱和度取均一值 $\rho = 0.90$ 。出行起点 A、C 和出行目的地 B、D 组成四个起讫点对,起点 A 和 C 的出行产生量分别为 18veh/min 和 16veh/min。路网的其他输入参数如表 1 所示。

路网基本输入参数(1) 表 1

路段编号(a)	1	2	3	4	5	6	7
自由流旅行时间(t_a^0)	2.0	1.0	2.0	1.0	1.0	1.0	2.0
饱和流量(κ_a)	24	30	30	35	24	30	30

注:1. 路段阻抗函数: $t(f_a,\lambda_a) = t_a^0[1.0 + 0.5(f_a/(\lambda_a\kappa_a))^2]$

2. 路段通行能力: $s_a(\lambda_a) = \lambda_a\kappa_a$

3. λ_a 为路段 a 的绿灯通行时间,对于不受信号灯控制的路段 $\lambda_a = 1.0$。

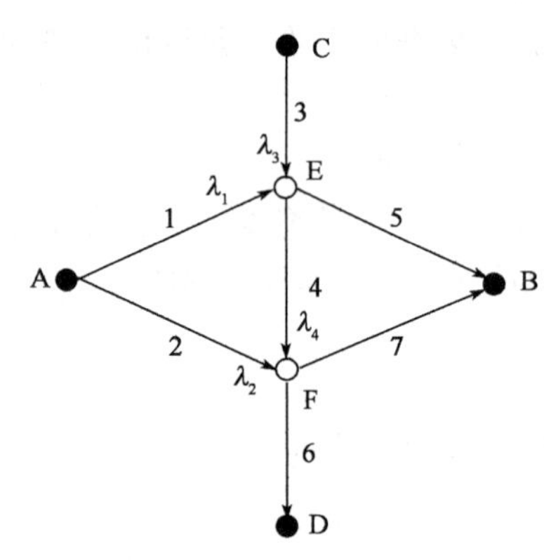

图 1 信号控制路网算例

遗传算法使用 Sheffield 大学开发的遗传算法工具箱(GATBX)在 Matlab 中计算,根据 Goldberg(1989)的建议[11],相关的参数设定如下:

(1)种群数设定为 50。

(2)为达到精度 0.001 以上,每个变量的字符串长度为 13。

(3)单点交叉概率为 0.6。

(4)基因位变异法按照 0.0333 的概率进行变异。

(5)最大群体代数为 500。

(6)重插入子代到父代的运算中,子代代替父代使用基于适应度的选择,即较大适应度的子代个体代替较小适应度的父代个体,且重插入的子代个体在整个子代种群中所占比率为 100%。

4.1 模型(P1)的求解与分析

在模型(P1)中,为简化计算,假设 logit 模型的参数 $\gamma = 1.0$,出行目的地 B 和 D 的吸引力 M_s 分别为 0.5 和 1.0。本文将对模型(P1)进行两种情景下的应用分析。

4.4.1 情景一:区域内所有地块均按照规划方案进行土地利用开发

在本算例中,假设 A、C 地块均按照已有的控规规划方案进行土地利用开发后,出行生成量分别达到 18veh/min 和 16veh/min。根据遗传算法求解模型(P1)后所得结果如表 2 ~ 表 4

所示。

模型(P1)在情景一下的决策变量计算结果 表2

决策变量($\boldsymbol{\mu},\boldsymbol{\lambda}$)	μ_A	μ_C	λ_1	λ_2	λ_3	λ_4
计算结果	1.182	1.590	0.057	0.769	0.943	0.231

路网出行需求量最大时的出行分布模式 表3

小区地块	B	D	O'_r
A	16.361	4.912	21.273
C	7.270	18.173	25.443
D'_s	23.631	23.085	46.716

路段流量分配结果 表4

路段编号	1	2	3	4	5	6	7
路段流量(veh/min)	0.485	20.787	25.447	7.270	18.662	23.630	4.427
路段饱和度	0.02	0.70	0.85	0.21	0.78	0.78	0.15

计算结果表明,在已有的规划方案下,A、C地块分别拥有3.273veh/min和9.443veh/min的备用能力。从剩余开发空间的角度来分析,在已有土地利用规划方案产生的交通需求量和规划路网条件下,当采取最优的信号控制策略时,A、C地块最多分别剩余0.182/1.182 = 15.4%和0.590/1.590 = 37.1%的土地利用开发空间,而路网整体则还剩余(46.716 - 34)/46.622 = 30.5%的开发空间。此外,表4显示,当A、C地块的出行生成量达到最大时,在最优的信号控制策略下,路段2、3、5、6的饱和度相对较高,如果需要继续提高整个路网的备用能力,则首先需要提高这些关键路段的通行能力。

4.1.2 区域内部分地块过度开发

模型(P1)还可以根据交通系统的运行状况对周边地块的土地利用(现状或规划方案)进行反馈研究,判断是否出现过度开发的情况。下面考虑算例路网出现拥堵的情形,假设A地块和C地块的已有出行生成量分别达到30veh/min和28veh/min。该情形的计算结果如表5所示。

模型(P1)在情景二下的决策变量计算结果 表5

决策变量($\boldsymbol{\mu},\boldsymbol{\lambda}$)	μ_A	μ_C	λ_1	λ_2	λ_3	λ_4
计算结果	0.710	0.908	0.059	0.770	0.941	0.230

计算结果表明,在当前的路网条件和最优的信号控制策略下,A、C地块的开发均超过路网所能承受开发强度的29%和9.2%,路网当前的总体交通需求(58veh/min)超过路网所能承受的最大交通需求(46.716veh/min)的19.5%。此时如果模型是应用于评估现状,则应该进一步控制周边地块的开发,采取一定的交通管理措施并适当地提高交通基础设施的服务水平,如提高周边道路通行能力等;如果模型是应用于评估规划方案,则应该及时调整土地利用规划,通过降低开发强度或调整土地利用性质以减少出行生成量或同时调整交通规划方案,提高交通系统的通行能力,以使土地利用与交通系统相互协调。

4.2 模型(P2)的求解与分析

模型(P2)在模型(P1)的基础上,通过提升路段的通行能力来研究交通规划管理策略对交通小区备用能力的影响。为提高计算效率,本文将通过各路段的最大通行能力约束[式(9d)],确定提升通行能力的决策变量 **y** 可取的离散值,并通过基于格雷码的二进制字符串进行编码。路网的基本参数如表 6 所示。

路网基本输入参数(2) 表 6

路段编号(a)	1	2	3	4	5	6	7
自由流旅行时间(t_a^0)	2.0	1.0	2.0	1.0	1.0	1.0	2.0
饱和流量(κ_a)	24	30	30	35	24	30	30
最大饱和流量(J_a)	40	50	40	55	50	45	45
决策变量 y_a 可取值	0,1	0,1,2	0,1	0,1,2	0,1,2	0,1	0,1

注:1. 路段阻抗函数:$t(f_a,\lambda_a)=t_a^0\{1.0+0.5(f_a/[\lambda_a(\kappa_a+y_a\cdot H)^2]\}$,其中 $H=10$veh/min/lane

2. 路段通行能力:$s_a(\lambda_a)=\lambda_a(\kappa_a+y_a)$

3. 提升路段通行能力的投资函数为 $E_a(y_a)=1.5d_a(y_aH)^2$,其中 d_a 为投资函数的参数,并假设对于所有路段 $d_a=2.0$。

根据上述参数和求解算法,求得在不同的投资预算 B 下的计算结果,如表 7 所示。

模型(P2)在不同投资预算下的决策变量计算结果 表 7

投资预算 B	0	400	800	1200	1600	2000	2400
μ_A	1.182	1.476	1.341	1.407	1.578	2.139	1.9716
μ_C	1.590	1.598	1.896	2.129	2.096	1.547	2.127
λ_1	0.057	0.050	0.064	0.051	0.068	0.083	0.055
λ_2	0.769	0.779	0.722	0.690	0.770	0.837	0.776
λ_3	0.943	0.950	0.936	0.949	0.932	0.917	0.945
λ_4	0.231	0.221	0.278	0.310	0.230	0.163	0.224
y_1	0	0	0	0	0	0	0
y_2	0	1	1	1	1	2	2
y_3	0	0	1	1	1	0	1
y_4	0	0	0	0	1	1	1
y_5	0	0	0	1	1	0	1
y_6	0	0	0	1	1	1	1
y_7	0	0	0	0	0	0	0
路网整体需求	46.716	52.136	54.477	59.392	61.944	63.242	69.514
路网层面备用能力	1.374	1.533	1.602	1.747	1.822	1.860	2.045
出行总成本	176.154	193.167	205.689	224.415	231.901	226.186	258.454
方案实际投资	0	300	600	1200	1500	2000	2400

计算结果显示,随着投资预算从0增加到2400,路网可容纳的交通需求量增加了48.8%,其中,A地块的备用能力提高了66.8%,B地块的备用能力提高了33.8%。因此,在相应的最优信号控制策略下,道路通行能力的提升可以在一定程度上提高路网的土地利用开发潜力。

从表7中可以看出,A、C地块的备用能力并没有随着投资预算单调递增。如图2所示,在A地块在投资预算由1200提高到2000、B地块在投资预算由400提高到800以及2000提高到2400时,其备用能力均有所降低,但其总体上依然呈上升趋势。这是为了使每一个投资水平下路网所能容纳的总需求量最大化,两个地块的备用能力会根据不同的通行能力提升方案进行相互协调和相互平衡的结果,因此,路网整体层面的备用能力是随投资预算单调递增的。由于本文模型的目标是挖掘路网最大能够容纳的需求量,因此没有对出行生成量乘子数进行约束,也没有考虑路网的出行成本,而在模型的实际应用中,可以通过预设乘子数的取值范围来平衡各个地块的土地利用开发强度,通过牺牲潜在的出行需求量来换取路网较低的出行成本和较高的服务水平。此外,表7还显示,随着投资预算的增加,路段2、3、5、6相继成为提升路段通行能力的关键路段,该结论与表4所得结论相符。

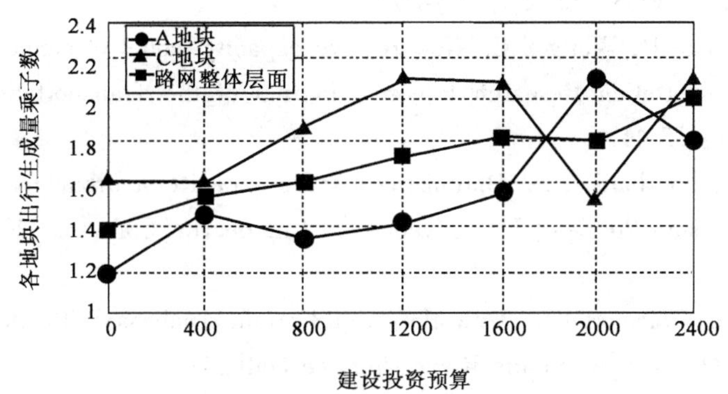

图2　交通小区备用能力与路网备用能力随建设投资预算的变化情况

5　结论

本文通过对交通小区备用能力的定义,建立了基于单约束可变需求的交通小区备用能力模型(P1)和考虑路段通行能力提升的交通小区备用能力模型(P2)。两个模型均能得到在一定的路网条件下,各交通小区最多能容纳的出行生成量或吸引量,以及相应的最优信号控制策略或通行能力提升方案,因此可以为制定可持续的土地利用规划与交通规划管理政策提供帮助。其中,模型(P1)可以通过对出行生成量乘子数设定不同的取值范围,来考虑不同的土地利用规划及调整方案,也可以根据交通系统的运行状况对周边地块的土地利用进行反馈研究,判断是否出现过度开发的情况——如果出现过度开发,模型还可以计算过度开发的程度,为合理地调整土地利用规划或进行交通需求管理提供指导。模型(P2)可以确定在不同的投资预算下提升路段通行能力的方案,以使路网所能容纳的交通需求量最大化,从而可以为规划管理部门的合理决策提供帮助。

参考文献

[1] Allsop R E. Estimating the traffic capacity of a signalized road junction[J]. Transportation Research. 1972, 6(3): 245-255.

[2] Wong S C, Yang H. Reserve capacity of a signal-controlled road network[J]. Transportation Research Part B: Methodological. 1997, 31(5): 397-402.

[3] Ziyou G, Yifan S. A reserve capacity model of optimal signal control with user-equilibrium route choice[J]. Transportation Research Part B: Methodological. 2002, 36(4): 313-323.

[4] Ge Y, Zhang H, Lam W. Network reserve capacity under influence of traveler information [J]. Journal of Transportation Engineering. 2003, 129(3): 262-270.

[5] Ceylan H, Bell M G H. Reserve capacity for a road network under optimized fixed time traffic signal control[J]. Journal of Intelligent Transportation Systems. 2004, 8(2): 87-99.

[6] Chiou S. A hybrid approach for optimal design of signalized road network[J]. Applied Mathematical Modelling. 2008, 32(2): 195-207.

[7] Chen A, Chootinan P, Wong S C. New reserve capacity model of signal-controlled road network[J]. Transportation Research Record: Journal of the Transportation Research Board. 2006, 1964(1): 35-41.

[8] Miandoabchi E, Farahani R Z. Optimizing reserve capacity of urban road networks in a discrete Network Design Problem[J]. Advances in Engineering Software. 2011, 42(12): 1041-1050.

[9] Sheffi Y. Urban Transportation Networks: Equilibrium Analysis With Mathematical Programming Methods[M]. Upper Saddle River: Prentice Hall, 1985.

[10] Farahani R Z, Miandoabchi E, Szeto W Y, et al. A review of urban transportation network design problems[J]. European Journal of Operational Research. 2013, 229(2): 281-302.

[11] Goldberg D E. Genetic algorithms in search, optimization, and machine learning[M]. Boston: Addison-wesley Reading Menlo Park, 1989.

[12] Yin Y. Genetic-algorithms-based approach for bilevel programming models[J]. Journal of Transportation Engineering. 2000, 126(2): 115-120.

[13] Mathew T, Sharma S. Capacity expansion problem for large urban transportation networks [J]. Journal of Transportation Engineering. 2009, 135(7): 406-415.

地铁线路输送能力计算研究

李　茜*1,许得杰1,冯旭杰2

1. 北京交通大学 城市复杂系统理论与技术教育部重点实验室,北京 100044;

2. 交通运输部科学研究院,北京 100029

摘　要　线路的输送能力对于地铁的运营组织有重要的指导意义,实际研究中可分为理论能力、现有能力和需要能力三个不同的概念。本文针对线路的现有输送能力,对其计算问题进行研究,定量分析了影响现有输送能力的几个主要因素,提出了现有输送能力的计算方法,并结合某条线的实际运营情况进行了实例分析计算。

关键词　地铁;输送能力

Calculation of Metro Line Transport Capacity

Li Xi*1, Xu Dejie1, Feng Xujie2

1. *MOE Key Laboratory for Urban Transportation Complex Systems Theory and Technology, Beijing Jiaotong University, Beijing* 100044;

2. *China Urban Sustainable Transport Research Center, China Academy of Transportation Sciences, Beijing* 100029, *China*

Abstract　The transport capacity of the line has an important guiding significance for the operation of the metro. The actual research can be divided into three different concepts, the theoretical capacity, the existing capacity and the required capacity. This paper in view of the existing transport capacity and research on its calculation problem, quantitatively analyzes the main factors that affect the existing transport capacity, puts forward the calculation method, and the example analysis and calculation are carried out combined with the actual operation of a certain line.

Key words　metro; transport capacity

0　引言

地铁因其具有快捷、便利、高效、安全、节能和运输量大等特点,现已成为解决城市交通问题的重要手段,在各大城市得到了飞速的发展。发展的同时,日益增长的客流也对地铁线路的输送能力提出了更高的要求。

线路输送能力是指在一定的车辆类型、信号设备、固定设备和行车组织方法的条件下,按照现有活动设备和乘务人员的数量,地铁线路在单位时间(通常是高峰小时)所能运送的乘客人数[1]。实际研究中其可分为理论输送能力、现有输送能力和需要输送能力。具体而言,理论

作者简介:李茜(1993—),女,山西忻州人,硕士生,研究方向为交通运输规划与管理。

* 通信作者:lixi11@ bjtu. edu. cn

能力是指新建线路在设计阶段根据设备线路特点理论上可以达到的能力;现有能力是指在建成现有固定设备、线路特性以及行车组织方案下线路所能达到的能力;需要能力是指为了适应中、远期规划年度的客运需求,线路应具备的能力[2]。现有对地铁能力的研究中缺乏对这三种能力概念的区别及针对性研究,本文将这三种概念进行区别,并针对线路现有输送能力的计算问题进行研究。在地铁能力计算的研究中,目前主要以对折返站折返能力的计算分析和信号对通过能力及折返能力影响的研究为主,缺乏对线路整体输送能力分析计算的研究。因此,本文在深入分析影响地铁线路输送能力的各项因素的基础上,对线路整体输送能力的计算问题进行了研究。

1 地铁线路输送能力影响因素分析

地铁系统庞大而复杂,其线路的现有输送能力受各项固定、移动设备及运行组织方法的影响,较难计算。因此,对线路能力的分析计算必须在对影响线路能力的各项因素展开分析的基础上进行。

线路现有输送能力的决定因素可概括为两个:一是线路现有通过能力;二是列车载客能力。因此,本文将地铁线路现有输送能力的影响因素分为线路现有通过能力因素和列车载客能力因素。线路现有通过能力因素又包含信号、折返、可用车组数量、停站时间等技术作业时间、列车车辆性能及编组数量。而线路通过能力实质上是由列车间隔时间的大小决定的,因此对线路现有通过能力因素的分析可以是对各项影响因素的定量化分析,即计算每种影响因素决定的列车间隔时间。列车载客能力因素包括车辆载客能力和列车编组。

1.1 信号系统因素

地铁信号系统按闭塞制式可分为固定闭塞式 ATC 系统、准移动闭塞式 ATC 系统和移动闭塞式 ATC 系统。各种信号制式下,列车追踪间隔时间的计算方法如下:

1.1.1 固定闭塞列车追踪间隔时间

固定闭塞制式下,轨道电路被划分成多个闭塞分区,列车按闭塞分区行车。间隔 3 个闭塞分区的列车追踪间隔时间为:

$$I_{固} = \frac{3.6(3L_B + L_T)}{v_T} \tag{1}$$

式中:L_B——闭塞分区的长度(m);

L_T——列车长度(m);

v_T——列车追踪范围内,后行列车的平均运行速度(km/h)。

1.1.2 准移动闭塞列车追踪间隔时间

准移动闭塞制式下,ATP 系统采用速度—距离曲线的列控方式,后行列车的追踪点是前行列车尾部所占用的轨道电路的起点再加一段安全距离的位置。准移动闭塞列车追踪间隔时间为:

$$I_{准} = \frac{v_{max}}{3.6a} + \frac{3.6(L_F + L_A + L_S)}{v_{max}} \tag{2}$$

式中:v_{max}——列车最大运行速度(km/h);

a——列车的制动减速度(m/s^2);

L_F——确认信号及制动反应时间内列车走行的距离(m);

L_A——后行列车的目标停车点距前行列车占用轨道电路起点的安全距离(m);

L_S——前行列车尾部距所占用轨道电路起点的距离(取轨道电路单元长度)(m)。

1.1.3 移动闭塞列车追踪间隔时间

移动闭塞制式下,后行列车的追踪点为前行列车的尾部,即列车追踪运行间隔由后续列车的制动性能和前后列车的安全防护距离决定。移动闭塞列车追踪间隔时间为:

$$I_{移} = \frac{v_{max}}{3.6a} + \frac{3.6(L_F + L_A)}{v_{max}} \tag{3}$$

式中:v_{max}——列车最大运行速度(km/h);

a——列车的制动减速度(m/s^2);

L_F——确认信号及制动反应时间内列车走行的距离(m);

L_A——后行列车的目标停车点距前行列车占用轨道电路起点的安全距离(m)。

1.2 折返因素

折返站的能力是地铁线路能力的关键因素。折返站的折返能力由折返出发间隔时间决定,其定义为在折返作业正常进行、考虑作业与进路干扰的情况下,折返列车在折返站的最小出发间隔时间,如图1所示。

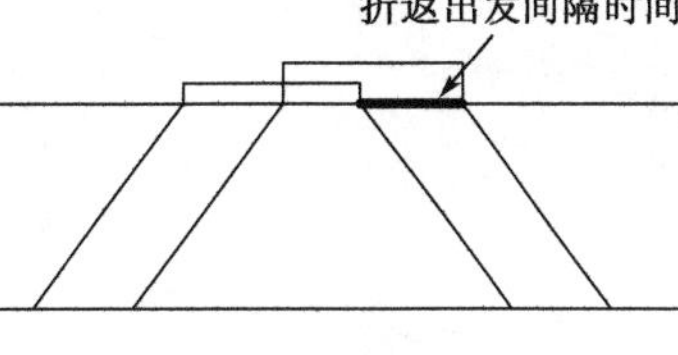

图1 折返出发间隔时间

折返站折返方式根据完成折返作业的位置,可以分为两种:站前折返和站后折返。两种折返方式的折返出发间隔计算如下。

1.2.1 站前折返出发间隔

(1)站前单股道折返作业的最小折返间隔为[3]:

$$I_{折返} = I_{发} = t_{接} + t_{锁闭} + t_{发} + t_{停} \tag{4}$$

式中:$I_{折返}$——最小折返间隔时间(s);

$I_{发}$——最小折返出发间隔时间(s);

$t_{接}$——到达列车驶进车站的时间(s);

$t_{锁闭}$——发车进路解锁及接车进路办理并锁闭的时间(s);

$t_{发}$——列车从到达正线经折返线至出发正线驶离车站的运行时间(s);

$t_{停}$——列车在到达正线停站时间(s)。

(2)站前双股道折返时的最小折返间隔为:

$$I_{折返} = I_{发} = t_{接} + 2t_{锁闭} + t_{发} \tag{5}$$

1.2.2 站后折返出发间隔

站后单股道折返作业的最小折返间隔为:

$$I_{折返} = I_{发} = t_{进站} + t_{办理} + t_{进折} + t_{停} + t_{反应} \tag{6}$$

或

$$I_{折返} = I_{发} = t_{出站} + t_{办理} + t_{出折} + t_{停} + t_{反应} \tag{7}$$

式中:$I_{折返}$——最小折返间隔时间(s);

$I_{发}$——最小折返出发间隔时间(s);

$t_{进站}$——到达列车驶进车站闭塞分区的时间(s);

$t_{办理}$——办理进出折返线进路的时间(s);

$t_{进折}$——列车从到达正线至折返线的运行时间(s);

$t_{停}$——列车停站办客时间(s);

$t_{反应}$——车载设备反应时间(s);

$t_{出站}$——出发列车驶离车站闭塞分区的时间(s);

$t_{出折}$——列车从折返线至出发正线的运行时间(s)。

1.3 可用车组数及技术作业时间

可用车组数及技术作业时间决定的列车追踪间隔时间 I车组 由列车全周转时间 T全 和可运用车组数 N 可用车组 决定,即:

$$I_{车组} = \frac{T_{全}}{N_{可用车组}} \tag{8}$$

列车全周转时间指的是列车由起点站出发,经过沿线各站完成一次运营服务,回到起点站准备再次出发所进行的一系列技术作业所运用的总时间,如图 2 所示。

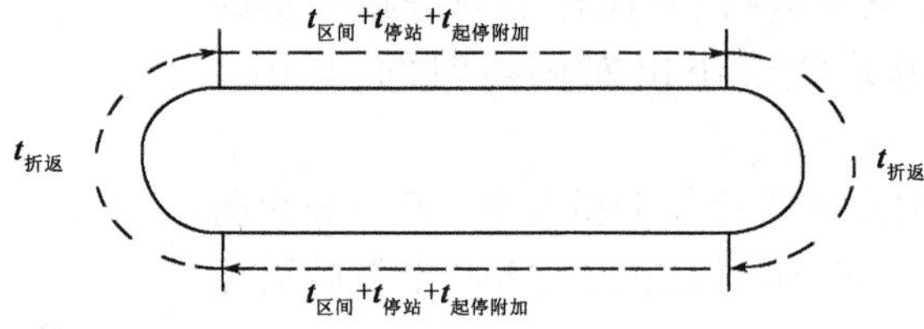

图 2　列车全周转时间组成

列车全周转时间由区间运行时间、停站时间、列车起停附加时间、列车在折返站的停留时间等各项技术作业时间组成,即:

$$T_{全} = \sum t_{技术作业} = \sum t_{区间} + \sum t_{停站} + \sum t_{起停附加} + \sum t_{终端折返} \tag{9}$$

1.4 列车载客能力因素

列车载客能力是每辆车载客数量与每列车编组辆数的积。具体可以表示为列车载客能力(人/列)=每辆车载客数量(人/辆)×列车编组辆数(辆/列)。一定运营服务标准下的列车载客能力为:

$$N_{载客} = N_{定员} \times (100\% + \beta) \tag{10}$$

式中:β——一定运营服务标准下容许超过列车定员的比例。

2 现有输送能力计算方法及评述

综合上述各项影响因素的定量分析及列车载客能力的计算,总结出地铁线路现有输送能力的具体计算方法,主要包括以下几个步骤:

(1)确定各影响因素决定的列车最小间隔时间。

①信号系统因素决定的追踪列车最小间隔 $I_{信号}$,根据闭塞制式的不同,其计算方法也不

同。追踪列车最小间隔时间的参考值为：根据城轨列车仿真系统对不同闭塞方式下列车追踪运行的模拟，得到的三种闭塞方式下最小追踪列车间隔分别为固定闭塞108s，准移动闭塞(75m轨道电路单元长度)88s，移动闭塞83s[4]。

②折返因素决定的列车最小折返间隔 $I_{折返}$，根据折返方式和折返配线形式的不同，列车折返作业流程是不同的，其最小折返间隔的计算也不同。

③可用车组数及技术作业决定的列车追踪间隔 $I_{车组}$。

(2)确定列车实际最小间隔时间。

列车实际最小间隔时间是各项因素决定的最小间隔时间中的最大值，即：

$$I = \{I_{信号}, I_{折返}, I_{车组}\} \tag{11}$$

例如上海地铁1号线，信号追踪最小间隔为2min，折返最小间隔为3min，列车实际的行车间隔为3min；8号线信号追踪最小间隔为1.5min，折返最小间隔为4min，列车实际的行车间隔为4min。

(3)确定一定运营服务标准下的列车载客能力 $N_{载客}$。

(4)计算一定运营服务标准下的地铁线路现有输送能力，即：

$$N_{现有输送} = \frac{3600N_{载客}}{I} = \frac{3600N_{定员}}{I} \times (100\% + \beta) \tag{12}$$

上述所考虑的影响因素仅为主要影响因素，也可在此基础上综合考虑其他影响因素，通过以上方法全面计算在建成现有固定设备、移动设备、线路特性及行车组织方案下线路理论上所能达到的输送能力。

3 实例分析计算

以某市某条地铁线路(A线)为例，分析该线线路能力的影响因素，并计算线路现有输送能力。

3.1 影响因素分析

对A线各项线路能力影响因素的实际情况进行具体定量分析。

3.1.1 信号系统能力

A线采用先进的无线移动闭塞式列车运行控制(CBTC)系统。正线上为双线单向超速防护自动闭塞，正线与车辆段联络线也为超速防护自动闭塞，列车防护区域由列车长度及其前后防护距离组成，同时实现了列车与地面间基于无线传输的连续的双向通信。列车凭车载信号设备的指示运行，采用自动驾驶模式(AM)。

因此，A线理论上列车追踪间隔为90s内，信号系统一般不会限制线路的能力。

3.1.2 折返能力

A线采用单交路，列车在两个终点站间折返运行。两个终点折返站均为双岛四线式车站，站后设置交叉渡线和两条折返线，用于列车折返，车站配线布置如图3所示。在正常情况下，使用折返线Ⅰ进行折返作业，折返线Ⅱ作为备用，相当于站后单股道折返。因此，按照站后单股道折返发车间隔的计算公式，计算列车在该折返站的折返发车间隔。

对两个折返站的折返作业流程、时间参数等进行分析，计算在现有条件下的理论最小折返发车间隔。

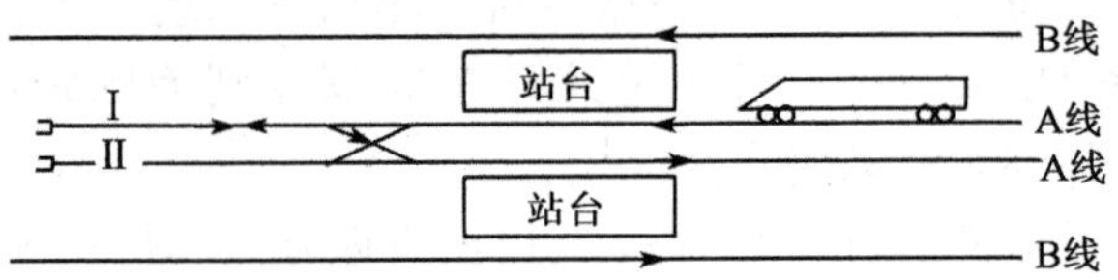

图3　终点折返站配线及折返进路

相关运行时间及参数的取值为：

(1)折返信号系统采用ATO自动折返模式，ATO自动驾驶列车进出折返线的速度不超过30km/h，侧向通过道岔最高运行速度为30km/h。

(2)列车进路办理时间按照13s的理论参考值取值。

(3)停站时间按现行运行图规定的45s取值，因基于现行行车组织。

(4)正常情况下车载CBTC设备反应时间为0.07～0.75s，按1s取值。

(5)列车进站到达的时间取35s，列车进折返线的时间取30s。

因此，两站在现有条件下的理论最小折返出发间隔时间均为：

$$I_{折返}=I_{发}=t_{进站}+t_{办理}+t_{进折}+t_{停}+t_{反应}=35s+13s+30s+45s+1s=124s$$

综上，A线在现有条件下的理论最小折返出发间隔时间为124s。

3.1.3　可用车组数量及技术作业时间

(1)可用车组数

A线目前为单一列车交路，共有车组22组，2组为预备，实际运用车组数为20组。

(2)列车全周转时间

由上文分析可知，列车全周转时间包括列车区间运行时间、列车在中间站的停站时间和列车在折返站的停留时间。各部分时间取值如下：

①列车停站时间。因现有能力是基于现行运行组织，故列车停站时间按现行运行图规定的各站停车时间取值，A线列车在中间站的停留时间总计为960s。

②列车在折返站的停留时间。列车在折返站的停留时间是指一列车在折返站由到达至出发的总间隔时间，包括列车在折返站的折返作业时间和列车在折返站停站办客的时间。图4所示为列车从到达终点折返站起到从该站出发的作业流程及时间参数。

序号	作业项目	时间(s)	作业流程
1	列车停站下客	45	
2	办理列车进折返线进路	13	
3	列车进折返线	30	
4	驾驶室转换	15	
5	办理出折返线进站进路	13	
6	列车出折返线到达站台	32	
7	列车停站上客	45	
8	办理出站进路	13	

图4　终点折返站折返作业流程及时间参数

因此，列车在折返站的停留时间总计为(45+30+15+32+45)×2=334s。

③列车区间运行时间。列车在区间的运行时间主要取决于列车在区间的运行速度，而运行速度又由线路条件、信号系统及列车性能等因素决定，因此，列车在区间的运行时间一般较为固定。按现有行车组织，列车区间运行时间按 A 线的实际情况取值，区间运行时间总计为 2700s。

④列车全周转时间。

$$T_{全} = \sum t_{技术作业} = \sum t_{区间} + \sum t_{停站} + \sum t_{终端折返} = 2700 + 960 + 334 = 3994\text{s}$$

(3)列车间隔时间

可用车组数决定的列车追踪间隔时间为：

$$I_{车组} = \frac{T_{全}}{N_{可用车组}} = \frac{3994}{20} = 200\text{s}$$

3.1.4　列车载客能力

A 线使用长春轨道客车股份有限公司生产的 DKZ33 型电力动车组，属 B 型车 6 辆编组。列车长度 120m，列车定员 1460 人。如果按照高峰期间允许超员 20% 的比例计算，A 线每列列车的载客能力为 1752 人。

3.2　线路输送能力计算

(1)根据上述对各因素的分析计算，A 线列车理论上的最小间隔时间为：

$$I = \max\{I_{信号追踪}, I_{折返}, I_{车组追踪}\} = \max\{90, 124, 200\} = 200\text{s}$$

(2)计算 A 线的现有输送能力为：

$$N_{现有输送} = \frac{3600N_{载客}}{I} = \frac{3600N_{定员}}{I} \times (100\% + \beta) = \frac{3600}{200} \times 1752 = 31536\ 人/\text{h}$$

4　结论

地铁线路现有输送能力的影响因素主要有信号、折返、本线可用车组数及技术作业时间、列车载客能力等，在对各项因素定量分析的基础上可计算得到线路的现有输送能力。现有输送能力决定了在现有的固定、移动设备等条件及行车、运营组织方案下，线路实际输送量增长的空间及发车间隔压缩的空间，对既有线实际的运营组织有重要的指导意义。

参 考 文 献

[1] 毛保华. 城市轨道交通系统运营管理[M]. 北京：人民交通出版社，2006.

[2] 吴命利，温伟刚，李春青. 城市轨道交通概论[M]. 北京：北京交通大学出版社，2013.

[3] 王京峰，惠伦. 地铁站前折返能力分析[J]. 石家庄铁道学院学报(自然科学版)，2008(1)：26-30.

[4] 刘海东，毛保华，何天健，等. 不同闭塞方式下城轨列车追踪运行过程及其仿真系统的研究[J]. 铁道学报，2005(2)：120-125.

城市道路资源与交通出行结构耦合协调度构建研究

邓克涛*

铁道警察学院 铁路与公安基础教研部,郑州 450053

摘　要　交通供需耦合关系的优劣决定了交通运行效率的高低、路网容量的发挥水平,而城市道路资源与交通出行结构系统是城市交通供需系统最主要的子系统之一。本文分析了道路资源与交通出行结构系统的元素组成与序参量选择,阐述了两者之间彼此影响过程,并引入耦合协调度模型进行定量评价,为交通管理者通过评判标准制定具体的城市供需系统措施提供参考。

关键词　城市交通供需系统;道路资源;交通出行结构;耦合协调度

The Research on the Construction for Coupling Coordinative Degree Between Urban Road Resources and Trip Mode Structure

Deng Ketao*

Basis for Teaching and Research Department of Railway and Police Railway Police College, Zhengzhou 450053, *China*

Abstract　The coupling relationship between traffic supply and demand determines the level of traffic operation efficiency and the level of network capacity, and the urban road resources and transportation structure system are the most important subsystems of urban traffic supply, and demand system. This paper analyzes the elements of road resources and traffic travel structure system, and the selection of the order parameters, describing the process of the interaction between them and quantitative evaluation of the model of coupling coordinative degree. Reference resources for the traffic managers are provided to develop specific measures for urban supply and demand system through the evaluation criteria.

Key words　urban traffic supply and demand system; road resources; trip mode structure; coupling coordinative degree

0　引言

交通供给是指为了满足各种交通需求所提供的基础设施和服务,包括道路资源配置、道路

作者简介:邓克涛(1982.4—),男,讲师,研究方向为警用铁道技术、交通安全。

*通信作者:dengketao@rpc.edu.cn

网络结构、公交网络结构等。交通需求是指出于各种目的的人和物在社会公共空间中以各种方式进行移动的需求,包括出行产生、出行分布、方式划分、交通分配等。二者达到平衡状态通常被理解为城市道路网的总体建设规模刚好满足交通出行需要的要求,即路网的总容量和交通需求量相等或相近。一旦平衡打破,交通管理和决策部门需要通过一系列措施长时间调整到位。事实上,城市交通供需失衡可以归结为结构性失衡和耦合性失衡[1],传统的注重建设的解决手段是和关注交通供需的结构性失衡的观点一脉相承的,而现在则越来越重视交通管理与交通供需耦合失衡问题间的对应关系。交通供需耦合关系的优劣决定了交通运行效率的高低、路网容量的发挥水平[2]。研究两者之间的耦合关系有助于管理部门制定有效的交通策略,协调城市交通平衡发展,避免出现城市交通供需系统失衡。

东南大学钱寒峰初步构建了基于供需的城市耦合交通系统,提出了城市交通供需的耦合,实际上是供需各个子系统的耦合[2],但是并没有阐述供需系统之间的子系统耦合解决办法。北京工业大学赵延峰、罗铭、陈艳艳等人引入协调度,构建了土地与城市交通系统协调度模型,该模型在一定程度上反映了土地利用与城市交通协调发展,程度和趋势[3,4]。研究城市交通供需系统耦合,首先要解决各子系统间的耦合关系。基于此,本文选择城市交通供给系统中的城市道路资源与城市交通需求系统中的交通出行结构这两个主要子系统,引入耦合协调度模型阐述两者之间的耦合协调关系,以促使城市交通供需达到最优状态。

1 城市道路资源与交通出行结构耦合系统分析

物理学中的耦合是指两个(或两个以上的)系统或运动形式通过相互作用而彼此影响的现象。耦合度就是描述系统或要素彼此相互作用影响的程度。从协同学的角度来分析,耦合作用和耦合程度决定了系统在达到临界区域时走向何种序与结构,或称决定了系统由无序走向有序的趋势[5]。系统由无序转向有序的关键在于系统内部序参量之间的协同作用,它决定着系统的规律与特征,耦合度正是度量这种协同作用好坏的指标。由此,可以把城市道路资源与城市交通出行结构两个系统,通过各自的耦合元素彼此产生影响的程度定义为城市道路资源与交通出行结构耦合度,它的大小一定程度上反映了城市交通供需系统耦合协调的程度,如图1所示。

1.1 城市道路资源

道路资源是道路在时间和空间上的总称。一个交通参与者及其交通工具,在道路上“占用道路资源”,不仅有地面的占用,还有空间高度的占用,更有滞留时间的占用。本文考虑的城市道路资源事实上是交通参与者可以利用的城市道路,按照等级分类城市道路可以分为快速路、主干路、次干路、支路。快速路和主干路是城市交通的骨架,保证城市各区域的连通性。次干路和支路的功能则是辅助主干路,保证区域路网的可达性。

1.2 城市交通出行结构

1995年出版的《城市道路交通规划设计规范》(GB 50220—1995)中纳入交通结构的概念。根据规范,交通结构即为居民出行采用的各种交通方式所承担的出行量占居民出行总量的百分比。根据北京交通大学的研究,交通结构存在五种分类标准:第一类为目前常见的定义标准,基于出行方式的交通结构;第二类为基于出行范围的交通结构,包括市域、市区、对外以

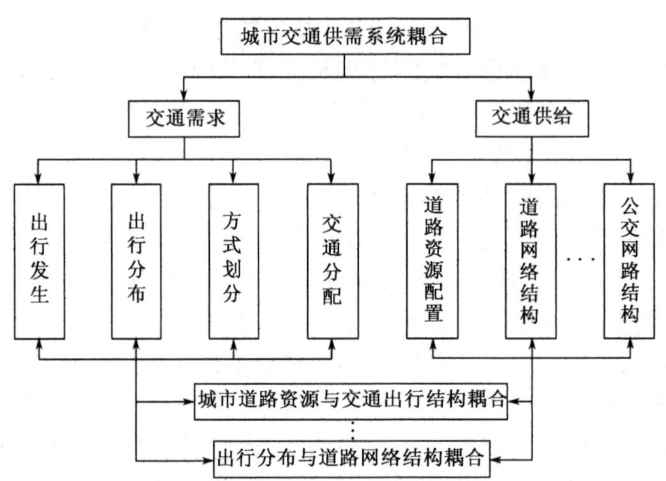

图1 城市交通供需系统耦合框架

及特殊通道交通结构等;第三类是基于出行目的交通结构,包括通勤出行、全目的出行以及特定目的出行等;第四类是基于出行时段的交通结构,分为高峰小时、全日交通结构等;第五类交通结构则以出行链为依据加以划分,并将交通结构拓展为交通出行结构和交通供给结构两部分。本文研究的交通结构则为规范中规定的基于居民出行方式的交通结构,即交通出行结构[6]。

城市交通出行方式构成受城市规模影响,本文主要考虑常规公交车、出租车、私家车、电动车、自行车和步行,暂不考虑城市轨道交通、轮渡、缆车、索道等对道路资源影响较小的交通方式。

1.3 城市道路资源与交通出行结构耦合系统分析

城市道路资源与交通出行结构耦合系统的研究是一项复杂的系统工程。城市道路资源系统与交通出行结构之间及其内部都存在着复杂的关系,呈现出交互促进约束机制,最直接的体现就是交通出行结构选择城市道路资源或者城市道路资源匹配交通出行结构,如图2所示。

一方面,随着经济的快速增长和人们生活水平的提高,越来越多的居民选择购置小汽车,这使得交通需求不断增加,其发展速度远远大于道路和交通设施的建设速度,势必造成交通拥挤和运行效率下降。另一方面,城市管理者将交通拥挤理解为交通供应不足,采取新修道路和拓宽道路的措施,这种交通供给的增加暂时缓解了交通需求矛盾,却吸引了更多交通出行量,有限增加的道路通行能力难以匹配快速增加的交通需求量。可见,管理者为改善交通出行结构系统而采取的最直接的办法,最终结果往往与预期大相径庭。

城市道路资源系统与交通出行结构系统耦合良好,则道路网容量大、道路通行能力强,否则将产生交通流分布不均匀的情况,导致交通流在时间和空间上均衡状态被打破,从而影响整个路网的整体服务水平。所以城市道路资源和交通需求结构在总量上达到平衡、在功能和结构上密切耦合是城市交通供需系统的最优化状态,也是道路交通管理者的最终目标。

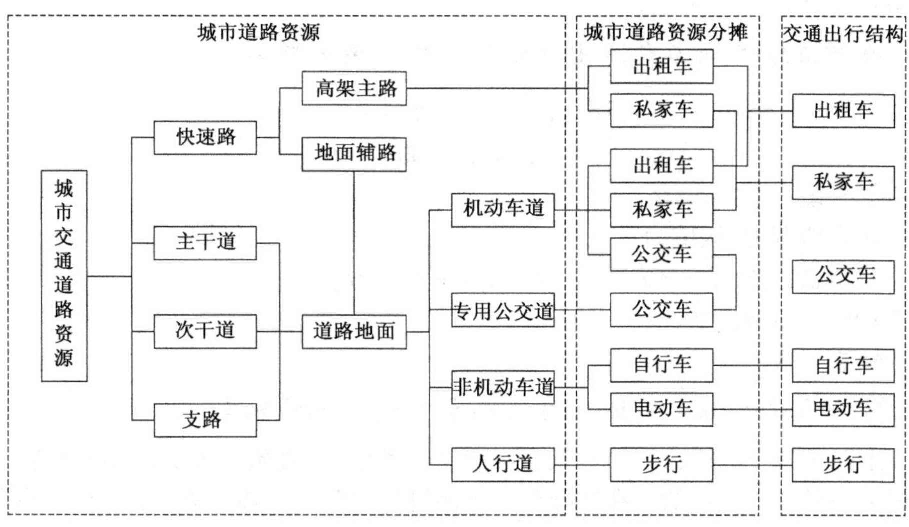

图2 城市道路资源与交通出行结构耦合系统框架

2 城市道路资源与出行结构耦合协调度模型

城市道路资源系统与交通出行结构系统都是由复杂多样的要素组成的系统。设变量 $\boldsymbol{u}$ 是城市道路资源系统序参量向量，$\boldsymbol{u}=(u_1,u_2,\cdots,u_n)$，$u_{ij}$ 为城市道路资源系统的第 i 个序参量 u_i 的第 j 个指标，其值为 $x_{ij}(i=1,2,\cdots,n;j=1,2,\cdots,m)$；变量 $\boldsymbol{v}$ 是交通出行结构系统序参量向量，$\boldsymbol{v}=(v_1,v_2,\cdots,v_n')$，$v_{ij}$ 为交通出行结构系统的第 i 个序参量 v_i 的第 j 个指标，其值为 $y_{ij}(i=1,2,\cdots,n';j=1,2,\cdots,m')$。若将系统的每一要素对系统发展的贡献作为系统发展的一个目标，便于量化各系统的指标，反映城市道路资源与交通出行结构系统总体功能，考虑引入一个数理统计中功效函数 $W=f(w)$，分别称 $x=f(\boldsymbol{v})$，$y=f(\boldsymbol{v})$ 为城市道路资源系统与交通出行结构系统的功效函数，各指标对子系统序参量有序度贡献通过几何平均法或者线性加权和法得到各系统序向量值。

$$\boldsymbol{u}=(u_1,u_2,\cdots,u_n)=\sum_{i=1}^{n}\sum_{j=1}^{m}\alpha_{ij}x_{ij}\quad \sum_{j=1}^{m}\alpha_{ij}=1 \tag{1}$$

$$\boldsymbol{v}=(v_1,v_2,\cdots,v_n')=\sum_{i=1}^{n'}\sum_{j=1}^{m'}\beta_{ij}x_{ij}\quad \sum_{j=1}^{m'}\beta_{ij}=1 \tag{2}$$

式(1)和式(2)中，α_{ij}、β_{ij} 分别为 x_{ij}、y_{ij} 的权重。

2.1 城市道路资源与交通出行结构耦合理论模型

耦合度的计算要借鉴物理学中的容量耦合概念及容量耦合系数模型，推广得到多个系统相互作用的耦合度模型，即：

$$C=\left\{\frac{(\boldsymbol{u},\boldsymbol{v})}{(\boldsymbol{u}+\boldsymbol{v})}(\boldsymbol{u}+\boldsymbol{v})\right\}^{\frac{1}{2}} \tag{3}$$

式(3)中 C 为耦合度，它反映了道路资源系统与交通出行结构耦合的数量程度。C 的取值为 0~1，值越大，耦合性越好，反之，耦合性越差。此模型在一些情况下很难反映出城市道路资源系统与交通出行结构的耦合程度，当两个子系统的综合序参量向量 $\boldsymbol{u}$ 和 $\boldsymbol{v}$ 的值都比较低，且得分相近的情况下，使用耦合度指标会出现系统协同发展程度较高的伪评价结果，而协调度模型能有效地解决这个问题。

2.2 城市道路资源与交通出行结构耦合协调度模型

$$D = (C \times T)^{\frac{1}{2}} \tag{4}$$

$$T = au + bv \tag{5}$$

式中：C——耦合度；

D——耦合协调度，取值为 0 ~ 1。

T——城市道路资源与交通出行结构综合调和指数，它反映城市道路资源与交通出行结构的整体协同效应；

a、b——待定系数。

2.3 城市道路资源与交通出行结构子系统序参量确定

在城市道路资源与交通出行结构耦合协调度模型中，道路资源和交通出行结构子系统序参量的指标选择是至关重要的。在选择时应把握科学性和实用性原则。科学性原则是指所选择的序参量要有明确实际意义，在子系统发展过程中起主导作用。序参量变量不宜太少，而且能反映城市道路资源与交通出行结构系统及子系统之间的关系，从而有利于综合评价城市道路资源与交通出行结构系统的协调性。实用性原则是指序参量选择的指标不宜过多，不宜划分太细。模型的设计应在科学性与实用性之间进行权衡。根据以上原则，确定道路资源与交通出行结构耦合协调度模型的序参量。

(1)城市道路资源子系统。交通设施投资占当年财政支出的比例，交通工具占用道路面积等。

(2)城市交通出行结构子系统。公交车、出租车、私家车、电动车、自行车、步行拥有量，出行距离，出行时间等。

2.4 城市道路资源与交通出行结构耦合协调度标准评判

城市道路资源与交通出行结构的耦合协调发展不但要求耦合协调度 D 值较大，而且要求两个子系统的综合序参量向量 $\boldsymbol{u}$ 和 $\boldsymbol{v}$ 之间差异较小。因此，在划分过程中，若 $\boldsymbol{u}$ 和 $\boldsymbol{v}$ 之差不超过 0.1，则视为二者同步发展；若 $\boldsymbol{u}$ 和 $\boldsymbol{v}$ 之差超过 0.1，则视为非同步发展。依据道路资源与交通出行结构交互作用的强弱程度，一般可以将其耦合的过程划分为 6 个阶段，耦合协调度划分为 6 种类型。依据两个子系统的综合序参量向量 $\boldsymbol{u}$ 和 $\boldsymbol{v}$ 之间的差异，可以将系统耦合类型分为三类，如表 1 所示。

城市道路资源与交通出行结构耦合协调度标准评判[7] 表 1

耦合度	耦合阶段	耦合协调度	协调强度	子系统参量极差	耦合类型
$C=0$	非耦合阶段	$D=0$	非协调耦合	$u-v<-0.1$	城市道路资源系统发展滞后型
$0<C\leqslant0.3$	低水平耦合阶段	$0<D\leqslant0.3$	低度协调耦合		
$0.3<C\leqslant0.5$	颉颃阶段	$0.3<D\leqslant0.5$	中度协调耦合	$-0.1<u-v\leqslant0.1$	各子系统发展同步型
$0.5<C\leqslant0.8$	磨合阶段	$0.5<D\leqslant0.8$	高度协调耦合		
$0.8<C\leqslant1$	高水平耦合阶段	$0.8<D\leqslant1$	极度协调耦合	$u-v>0.1$	交通出行结构系统发展滞后型
$C=1$	良性共振耦合	$D=1$	完全协调耦合		

3 结论与展望

城市道路资源与交通出行结构耦合协调度计算结果说明了城市道路资源与交通出行结构协调一致的程度。协调度大,表明二者的发展具有较高的一致性;协调度小,表明城市道路系统滞后或超前于交通出行结构系统的发展。根据城市道路资源与交通出行结构的历史数据及未来的发展目标,模型可对城市某一时期或现状的城市道路资源与交通出行结构的协调发展程度进行定量评价,从而为制订具体的城市供需系统措施提供参考。在进行实证研究时,需要注意以下问题:

(1)反映从 T_1 时段到 T_2 时段耦合协调度的变化,能够使交通管理者干预影响这一时间段的序变量,从而调整城市道路资源利用和交通出行结构,也是实际研究的需要。

(2)城市交通供需系统非常复杂,而城市道路资源和城市交通出行结构系统又是城市交通供需系统中的重要子系统。正是由于模型的复杂程度,在计算系统间耦合协调度模型时,在借鉴其他研究成果的基础上,简化了大量函数关系,这也会对计算结果的准确性造成一定影响。

(3)耦合协调度模型评价系统发展应用比较广泛,从研究成果来看,选择子系统序变量的指标相对比较容易,指标值容易获取,所以广泛应用于经济发展与环境污染等领域。而对于城市道路资源和城市交通出行结构系统而言,序参量的选取以及指标值获取比较困难,实证研究过程中可以将城市缩小到一个可度量的区域,或者以出行距离最短、出行时间最少等为最优目标抽取对目标值有影响的序参量指标。

(4)城市道路资源与交通出行结构耦合协调度一定程度上反映了城市交通供需系统的耦合协调,由于城市交通供需系统还包含城市道路网络结构与交通出行分布系统等子系统,需要再次进行耦合协调,才能从真正意义上计算出城市交通供需系统耦合协调度。

参 考 文 献

[1] 周晶,朱振涛.城市交通供需失衡的层次分析及其控制策略[J].交通运输系统工程与信息,2007,7(4):24-29.

[2] 钱寒峰,杨明.基于交通供需平衡的城市交通耦合系统[J].交通科技与经济, 2010,58(2):16-18.

[3] 赵延峰,陈艳艳,罗铭.城市交通复合系统协调度模型研究[J].道路交通与安全,2006,7(4):31-33.

[4] 罗铭,陈艳艳,刘小明.交通—土地利用复合系统协调度模型研究[J].武汉理工大学学报(交通科学与工程版), 2008,7(4):24-29.

[5] 吴大进,曹力,陈立华.协同学原理和应用[M].武汉:华中理工大学出版社,1990:9-17.

[6] 宋墨.中小城市合理交通出行结构研究[D].哈尔滨:哈尔滨工业大学,2013.

[7] 王搏.基于耦合模型的我国区域经济与生态环境协调发展动态研究[D].长沙:湖南大学,2014.

城市轨道交通系统内部成本测算及对比分析

吴珂琪*[1],杨远舟[2]

1. 北京交通大学　城市复杂系统理论与技术教育部重点实验室,北京 100044;
2. 交通运输部科学研究院,北京 100029

摘　要　城市轨道交通系统成本构成复杂,其成本受到城市轨道交通形式、发展地区、建设走廊等因素影响较大。本文从城市轨道交通内部成本构成出发,重点研究了城市轨道交通系统从施工建设阶段到运营维护阶段的成本构成及成本测算。采取城市轨道交通子系统成本清单,构建了建设成本测算模型;采取运输工作量参数,构建了运营成本测算模型。通过算例中假设的放射通道及环形通道,结合成本测算模型,分别计算了不同城市轨道交通系统在不同通道的成本表现,为城市管理者选择城市轨道交通形式提供了量化依据。

关键词　城市轨道交通系统;内部成本估算;城市典型交通走廊

Inner costs estimation and comparative analysis of Urban Rail Transit

WU Keqi*[1], Yang Yuanzhou[2]

1. *MOE Key Laboratory for Urban Transportation Complex Systems Theory and Technology, Beijing Jiaotong University, Beijing* 100044, *China*;
2. *China Urban Sustainable Transport Research Center, Academy of Transportation Sciences, Beijing* 100029, *china*

Abstract　The cost structure of urban rail transit system is very complex, which is influenced by the urban rail traffic patterns, developing areas, building corridors and so on. This paper starts with the inner cost structure of urban rail traffic, and mainly studies the cost structure and measurement of urban rail traffic from the construction phase to the operation and maintenance stage. The paper takes the cost list of urban rail traffic subsystem to construct the calculating model of capital cost, and takes the transportation workload parameters to construct the calculating model of operating cost. With the cost calculating model, the paper calculates different urban rail transit system's performance in different channels by the hypothetical radiation channel and annular channel in analysis example, and provides the quantitative basis for urban administrators to choose right urban rail traffic patterns.

Key words　urban rail transit system; inner costs estimation; typical urban traffic corridors

---

基金项目:国家自然科学基金(71390332,71131001)

作者简介:吴珂琪(1988—),女,湖南衡阳人,博士生。

*通信作者:11114238@bjtu.edu.cn

0 引言

城市轨道交通作为解决城市交通问题的重要途径,以其无可比拟的优势在各国迅速发展起来。但是,城市轨道交通种类繁多,技术指标差异较大,各国的评价标准还未统一。其次,城市轨道交通成本构成复杂,且所受影响因素较多。各国学者都试图对城市轨道交通系统的成本进行测算[1-3],但是城市轨道交通作为一个复杂的大系统,不仅包括多种类别,并且会随着环境、时间、内部特性的变化而变化。因此,成本相关的可获得数据及成本数据的可靠性问题造成了完全成本的计算困难。同时,成本是决策发展不同形式轨道交通的重要考虑因素,同时也是票价制定的重要影响因素。针对既有研究的成本计算缺乏对不同制式和建设条件差异的考虑,本文在细化城市轨道交通系统形式的基础上,考虑其本身典型特征结合外部的建设条件,对城市轨道交通系统的内部成本进行匡算。

1 基本说明及假设

根据我国《城市公共交通常用名词术语》[4]的定义,将"以电能为动力,轮轨运转的快速大运量公共交通的总和"称为城市轨道交通。但是根据系统容量大小、敷设方式、路权等,目前最为常见的城市轨道交通系统又可分为地铁、轻轨、单轨、有轨电车及通勤铁路5类。为更好地研究城市轨道交通系统成本测算问题,本文做出以下假设:

(1) 本文研究的城市轨道交通系统成本测算主要针对施工建设阶段和运营维护阶段两个阶段展开。

(2) 假设地铁系统均采取地下敷设方式,单轨、轻轨为高架敷设方式,而有轨电车及通勤铁路均为路面敷设方式。并假设地面敷设方式占道路使用面积最大,其次为高架敷设方式,地下敷设方式不占用道路使用面积。

(3) 由于有轨电车类型差异较大,会造成其内部成本的差异较大。按运量大小分,有轨带车系统可分为低运量有轨电车系统和高运量有轨电车系统两种,并假设低运量有轨电车系统内部成本相对较低,高运量有轨电车系统内部成本相对较高。

2 模型构建

根据价值链理论,城市轨道交通的内部成本主要可划分为前期规划设计成本、施工建设成本及运营维护成本。根据既有文献研究,施工建设阶段及运营维护阶段成本占其全生命周期成本的80%以上。因此,本文重点研究了这两个阶段的成本构成及水平,施工建设阶段及运营成本阶段成本的影响因素如图1所示。

建设成本按系统构成主要可分为线路成本(桥梁 c_{11}、隧道 c_{12}、轨道 c_{13}、路权成本 c_{14} 4个部分)、车辆段成本及车站成本,记为 ***CC***(Capital Costs);运营成本按发生类型主要可分为车辆购置成本及运营可变成本,记为 ***OC***(Operational Costs)。

2.1 线路成本($c_{11}+c_{12}+c_{13}+c_{14}$)

2.1.1 线路区间成本($c_{11}+c_{12}+c_{13}$)

线路的敷设方式是线路区间造价的重要影响因素之一,决定了线路区间工程种类,此外线路区间成本还受到断面土质的影响。参考韩国国家铁路(Korea National Railroad)的《铁路投资分析及评估指南》(Railroad investment Analysis & Assessment Guides)[5]中桥梁和隧道的标准成本。线路区间成本可采用公式(1)计算。

$$\sum_i c_{1,i,j,h}^k = \sum_i \sum_j G_{i,j,h} L U_{i,j,h} \tag{1}$$

式中:k——城市轨道交通类型;

i——线路区间不同构造类型,包括桥梁、隧道和轨道;

$G_{i,j,h}$——区间中采取 j 类结构或工法、h 类土质或断面的第 i 类线路区间构造占全线总长的比例(%);

$U_{i,j,h}$——区间中采取 j 种结构或工法、h 类土质或断面下的 i 类线路构的单位造价(万元/km);

L——线路里程(km)。

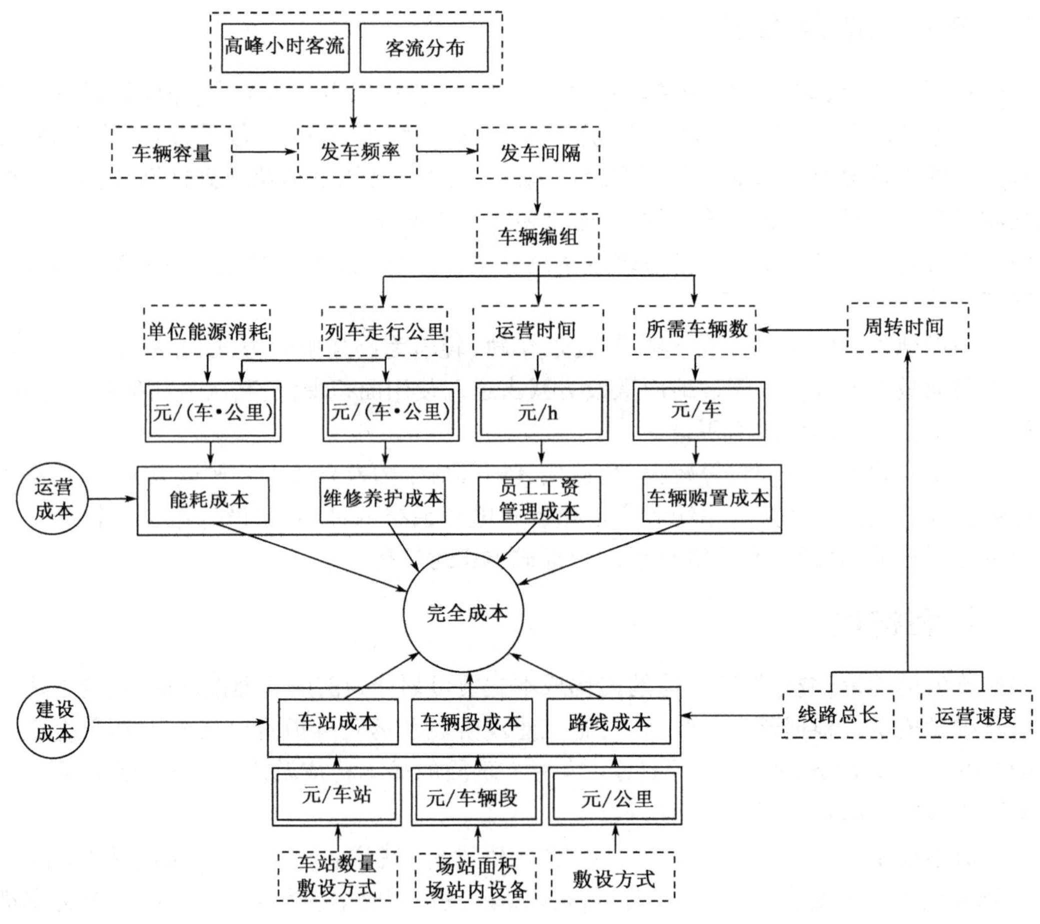

图1 城市轨道交通系统内部成本构成

2.1.2 路权成本(c_{14})

路权成本主要与敷设方式、通道宽度、线路修建位置(中心城区或市郊)相关。结合文献

Wang(2009)[6]对土地价格的研究,路权成本可采用公式(2)表示:

$$c_{14} = \sum_{a} l_{a,b} w_l^k \theta e^{\rho d_{a,b}} \tag{2}$$

式中:$d_{a,b}$——b 城市 a 地区距离市中心的距离(m);

θ——中心城区的平均土地价格(万元/m^2);

ρ——地价随距离变化的速率;

$l_{a,b}^k$——b 城市 a 地区第 k 类城市轨道线路长度(m);

w_l^k——第 k 类城市轨道交通系统的通道宽度(m)。

2.2 车站成本(c_2)

车站造价与其敷设方式、规模、结构形式、施工方法、地质条件等因素相关。由于各地的物价水平、技术条件等差异,造价变化范围较大。根据国内车站平均造价成本,选取文献[8]和[9]中的平均造价,明挖法、暗挖法的地下车站平均造价取值分别为 1.04 万元/m^2 和 0.94 万元/m^2;地面车站平均造价为 0.14 万元/m^2;建桥合一及建桥分离式高架车站平均造价分别为 0.38 万元/m^2 及 0.36 万元/m^2。根据假设,地铁系统车站均采取地下敷设方式,轻轨、单轨系统车站均采用高架敷设方式,有轨电车及通勤铁路车站均采用地面敷设方式。则车站建设成本可采用公式(3)计算。

$$c_2^k = \sum_{i'} G_{s,i'} U_{s,i'} l_{car} n_{car} w_s \tag{3}$$

式中:$G_{s,i'}$——第 i' 种敷设方式的车站占全线车站比例(%);

$U_{s,i'}$——第 i' 种敷设方式车站的单位平方米造价(元/m^2);

l_{car}——不同车型车辆长度(m)车站规模与列车长度及车站乘降量有关;

n_{car}——列车编组数;

w_s——站台宽度(m)。

其他符号与前文一致。

2.3 车辆段成本(c_3)

车辆段成本主要由车辆段中的列检库、停车线长度及其单位造价决定。根据文献[5]的研究发现,地铁地下线车辆段及停车场的单位公里造价为 30571 万元/km,而地铁高架敷设的车辆段及停车场的单位公里造价为 2292 万元/km。由于其他城市轨道交通系统车辆段及停车场相关数据缺失,因此,假设城市轨道交通系统车辆段及停车场的设置仅与敷设方式、列检库及停车线长度相关。同时,在城市核心区车辆段通常采取地下敷设方式,而郊区车辆段通常采取地面敷设方式。

停车场长度与车辆长度、高峰小时所需车辆数等相关,可采用公式(4)计算。而列检库长度由车辆长度、备用列车数量等决定,可采用公式(5)计算。

$$L_{\mathrm{tc}}^k = (l_{\mathrm{car}}^k + c)N_t + (N_t - 1)d_1^k + d_2^k \tag{4}$$

$$L_{\mathrm{ly}}^k = (l_{\mathrm{car}}^k + c)N_j + (N_j - 1)d_1^k + d_2^k \tag{5}$$

式中:L_{tc}^k——停车场长度;

l_{car}^k——车辆长度;

N_t——所需车辆数;

L_{1y}^{k}——列检、月检库长度；

N_j——列检、月检车辆数，假设等于所需车辆数的25%；

c——停车误差(m)，通常取值为2m；

d_1^k——两列位之间的距离(m)，其中，有轨电车取3m，其他轨道交通系统取6m；

d_2^k——停车场/月检库的车辆距离端墙及后车挡的距离(m)，有轨电车取12m，其他城市轨道交通系统取21m。

2.4 机电设备成本

机电设备是城市轨道交通系统的重要组成部分，主要包括供电、信号、通风、空调等。根据陈进杰(2010)[3]的研究，地上线为主或地下线为主的地铁线路单位公里机电设备成本差别较大。但除地铁以外，其他城市轨道交通制式机电设备单位造价数据缺失。因此，假设轻轨和单轨机电设备成本等于地铁地上线平均公里造价，通勤铁路机电设备成本为地铁地下线造价的四分之一，而有轨电车的机电设备成本为地铁地下线机电设备造价的五分之一，具体如表1所示。

不同类型城市轨道交通系统单位机电设备成本　　表1

类型	地铁	轻轨	单轨	有轨电车	通勤铁路
平均每公里造价(万元/km)	11154.5	3405.5	3405.5	2230.9	2788.63

另外，考虑到施工建设阶段成本需要分摊到各年度，为计算简便，不考虑资金使用的机会成本，仅采用各项成本发生与各子系统的使用寿命进行计算得出，各自系统使用寿命如表2所示。

城市轨道交通系统子系统使用寿命　　表2

子系统	桥梁	隧道	轨道	车辆	车站	车辆段设施	车辆段设备	机电设备
使用寿命(年)	100	100	30	30	100	100	30	30

2.5 运营成本

2.5.1 车辆购置成本($C_{veh}^{k'}$)

车辆成本是城市轨道交通系统设备的核心，根据国内外建设经验表明，车辆购置成本可占总设备投资的10%~20%。车辆购置的总成本由车辆单价及备用车底总数决定。而备用车底数量取决于线路初期的编组、线路客流水平、线路里程及发车间隔等，如公式(6)所示。

$$N_{car} = (1+\gamma)\left\{\frac{q\left[\frac{2L}{v_t}+2(n_s-1)Ht_0+T_t\right]}{Bn_{car}}\right\}^{+} \tag{6}$$

式中：N_{car}——高峰小时车辆需求；

γ——备用车辆占总车辆数比例(%)；

L——线路总里程；

v_t——列车平均运行速度(km/h)；

n_s——车站数；

q——单向小时客运量，在规划设计期内采用预测客流(人/h)；

H——发车间隔(h)；

t_0——停站时间,有轨电车与上下车客运量相关,其他形式取定值(h);

T_t——列车周转时间(h);

B——车辆定员;

n_{car}——列车编组。

根据公式(6),则各形式城市轨道交通系统的车辆购置成本可采用备用车底总数与单位车辆购置成本的乘积计算。

2.5.2 运营可变成本($C_v^{k'}$)

运营可变成本是城市轨道交通运营企业为完成乘客运输任务所消耗的费用支出,覆盖了城市轨道交通系统生命周期的绝大部分时间。如图1所示,运营可变成本主要包括能耗成本、员工工资、管理成本及维修养护成本四个部分。能耗成本及维修养护成本与列车走行公里相关,而员工工资及管理成本与运营时间直接相关。由于我国单位运营成本数据获取难度较大,借鉴澳洲交通委员会、美国国家公交数据库及 Alejandro(2010)[7]及 Hsu(2013)[8]中的数据取值。另外,根据中华人民共和国商务部发布的各国人均收入水平,澳洲、美国的年人均收入水平分别为36.9万元、31.1万元,而我国交通运输行业年人均收入水平为6.3万元,差距较大。因此,对统计数据中的员工工资进行相关处理,具体如表3所示。

城市轨道交通系统单位运营可变成本参照值 表3

系统	员工工资 c'_1 [元/(车·h)]	能耗成本 c'_2 [元/(车·km)]	维修成本 c'_3 [元/(车·km)]	管理成本 c'_4 (%)
地铁	78.75	22.07	104.09	14
轻轨	39.38	12.04	69.30	17.5
单轨	39.38	12.04	69.30	17.5
有轨电车	19.69	9.36	44.32	21
通勤铁路	78.75	22.07	142.75	14

运营可变成本可采用公式(7)计算:

$$C_v^k = (1 + c'^k_4)\{\sum_{t'=1}^{T'} D_{t'}^k N_{car}^k [c'^k_1 + (c'^k_2 + c'^k_3)L]\} \tag{7}$$

式中:C_v^k——第 k 种城市轨道交通类型的运营可变成本;

$c_m^{k'}$——第 k 种城市轨道交通类型第 m 项单位可变运营成本;

$D_{t'}^k$——研究时段,将全天运营时间分为 T' 个时段。

其他符号与前文一致。

3 算例分析

传统观念中,地铁内部成本要高于其他城市轨道交通系统,有轨电车的内部成本最低,地下线的成本要高于地面和地上线的成本。但由于城市轨道交通系统成本受较多因素的影响,如征地拆迁难度、费用,客运需求,不同系统线路敷设方式,车辆是否国产化等,这些都会造成不同城市轨道交通系统的单位成本具有较大的差异。而征地拆迁难度、费用,客运需求等影响因素都与线路建设的通道情况相关。中心导向型城市是目前我国典型的城市发展模式,其构造及典型客运走廊布局如图2所示。

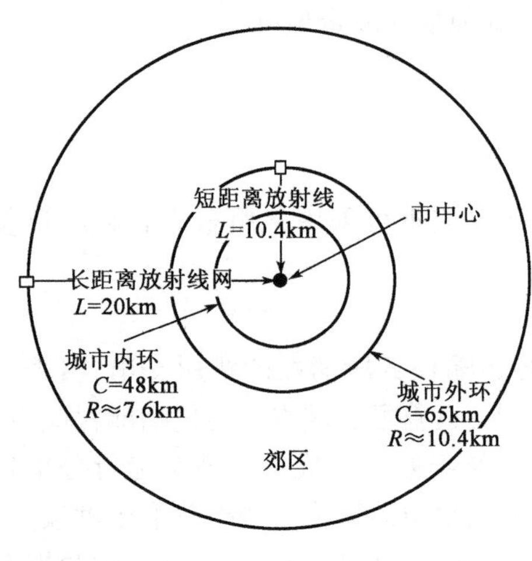

图2　大城市城市内走廊

城市交通走廊根据布局可以分为放射线和环线，根据位置及长度又可分为城市内环线、城市外环线、短距离放射线、长距离放射线四种类型。环线服务于居住在中心城区并且在中心城区的其他位置的乘客。本算例中假设城市核心区为以市中心为圆点，半径为10.4km的范围。并假设距离市中心直线距离为7.6km的环形线路为城市内环线，线路长度48km；距离市中心直线距离10.4km的环形线路为城市外环线，线路长度65km；城市短距离放射线为全线均在中心城区的线路，线路长度为10.4km；城市长距离放射线为穿越城市核心区与外围区域的线路，线路长度为20km。具体走廊特性如表4所示。

不同走廊特性　　表4

走廊类型	短距离放射线	长距离放射线	城市内环线	城市外环线
客流需求(100万人次/d)	42	34	38	29
高峰小时断面客运量(万人次/h)	3.23	2.62	2.93	2.31
平均站间距(km)	1	1.5	1	2
中心城区地价(万元/m^2)	5			

注：高峰小时系数采用0.154(数据来源：根据北京地铁各线早高峰小时系数取平均值得出，市区内线路高峰小时相对较高，而郊区线高峰小时系数相对较低)。

以各形式服务的客运周转量为基准，计算得出各形式的单位建设成本、单位运营成本及单位内部成本，具体如表5所示。从单位建设成本来看，轻轨的单位建设成本最低，而有轨电车(低成本)模式的单位建设成本较高；而从单位运营成本来看，地铁的单位运营成本较低，并且地铁较低的单位运营成本能在一定程度上弥补地铁较高的单位建设成本。因此，在基准条件下，在不同通道类型下地铁的单位内部成本均最低。

不同通道条件城轨系统建设、运营及内部成本比较　　表5

建设成本	通道类型	地铁	轻轨	单轨	有轨电车(高)	有轨电车(低)	通勤铁路
单位建设成本[万元/(人·km)]	短距离放射线	0.024	**0.011**	0.021	0.066	0.165	0.020
	长距离放射线	0.027	**0.009**	0.016	0.051	0.104	0.015
	城市内环线	0.026	**0.011**	0.021	0.065	0.163	0.020
	城市外环线	0.031	**0.010**	0.015	0.050	0.104	0.015
单位运营成本[万元/(人·km)]	短距离放射线	**0.127**	0.143	0.246	0.554	1.857	0.362
	长距离放射线	**0.206**	0.237	0.917	2.117	2.914	0.484
	城市内环线	**0.547**	0.593	1.011	2.410	7.808	1.500
	城市外环线	**0.579**	0.692	1.093	2.536	8.258	1.238
单位内部成本[万元/(人·km)]	短距离放射线	**0.151**	0.153	0.267	0.620	2.022	0.382
	长距离放射线	**0.233**	0.246	0.933	2.169	3.017	0.500
	城市内环线	**0.573**	0.605	1.032	2.476	7.972	1.520
	城市外环线	**0.610**	0.702	1.108	2.586	8.361	1.254

高峰小时客流量对各形式城市轨道交通系统的单位成本影响较大,而高峰小时客流量由客运需求决定(假设高峰小时系数一定)。由于不同城市不同通道的客运需求具有较大的差异,因此,本文做了关于客运需求的灵敏度分析,在基准客运需求在-99%到100%范围内变化时,各城市轨道交通系统在不同通道上内部成本的表现如图3所示。

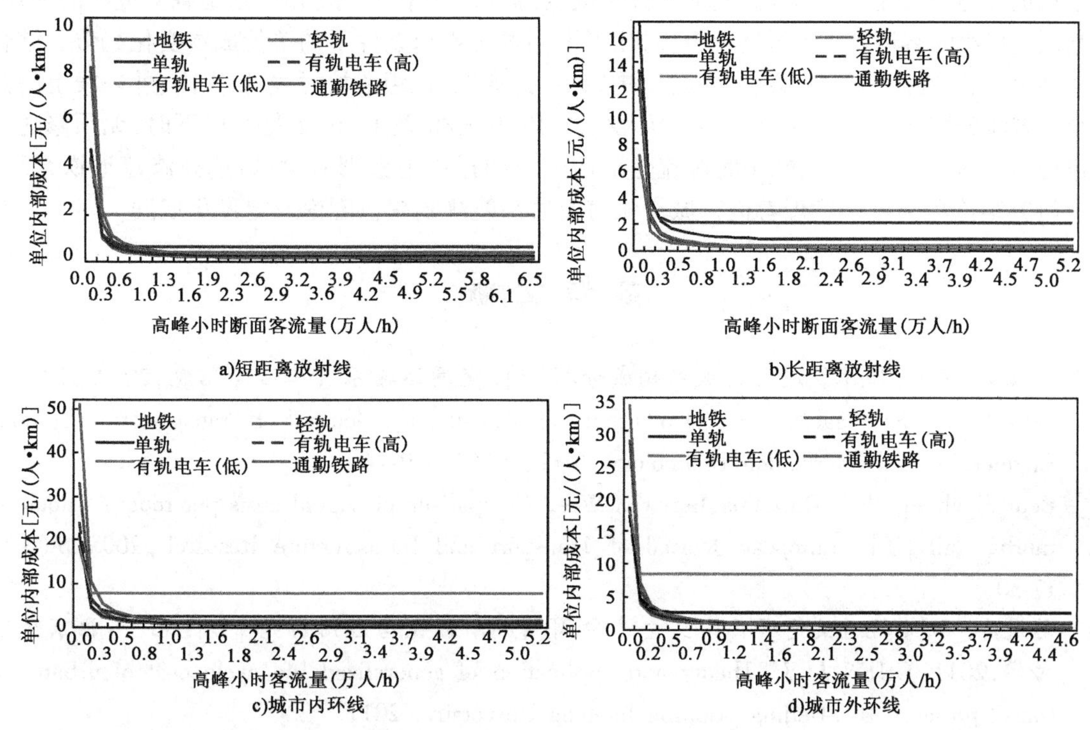

图3 灵敏度分析

可以看出,随着高峰小时客流量的增加,各形式城市轨道交通系统单位内部成本呈下降趋势,而随着运量超过其运输能力范围时,会造成客运需求无法满足。因此,其单位内部成本将保持不变。具体从不同通道来看:

(1)短距离放射线上,高峰小时客运需求在0.16万人/h以下时,低运量有轨电车系统的单位内部成本最低;在[0.16,1.46]万人/h范围内时,轻轨的单位内部成本最低;当高峰小时客运需求达1.46万人/h以上时,地铁单位内部成本最低。

(2)长距离放射线上,高峰小时客运需求在0.13万人/h以下时,低运量有轨电车系统的单位内部成本最低;高峰小时客运需求在[0.13,1.96]万人/h范围内时,轻轨的单位内部成本最低;当高峰小时客运需求达到1.96万人以上时,地铁单位内部成本最低。

(3)城市内环线上,高峰小时客运需求在0.15万人/h以下时,低运量有轨电车系统单位内部成本最低;高峰小时客运需求在[0.15,2.19]万人/h时,轻轨的单位内部成本最低;高峰小时客运需求达到2.19万人/h以上时,地铁的单位内部成本最低。

(4)城市外环线上,高峰小时客运需求在0.12万人/h以下时,高运量有轨电车系统单位内部成本最低;高峰小时客运需求在[0.12,1.16]万人/h范围内时,轻轨的单位内部成本最低;高峰小时客运需求在1.16万人/h以上时,地铁的单位内部成本最低。

4 结论

本文基于城市轨道交通系统建设子系统成本清单及运输工作量参数,分别构建了不同类型城市轨道交通系统建设成本及运营成本计算模型,研究了其在不同城市交通走廊上成本的表现,并利用高峰小时客运需求灵敏度分析,对比了不同客运需求条件下的单位成本变化趋势。结合具体结论来看,在高峰小时客流在一定范围以下时,即短、长距离放射线,城市内、外环线上的高峰小时客流分别在1.46万人/h、1.96万人/h、2.19万人/h及1.16万人/h以下时,无须修建大运量地铁系统;当各通道高峰小时客流分别达到或超过以上数据时,可以选择修建地铁系统。以上研究结论可为城市管理者进行城市轨道交通系统规划提供理论及定量化依据。

参考文献

[1] 李文兴,尹帅. 城市轨道交通成本构成分析[J]. 交通运输系统工程与信息,2012,12(4):9-14. LI W. X. Analysis on cost of urban rail transit [J]. Journal of Transportation Systems Engineering and Information Technology,2012, 12(4): 9-14.

[2] Bent Flyvbjerg, Nils Bruzelius, Bert van Wee. Comparison of capital costs per route – kilometer inurban rail [J]. European Journal of Transport and Infrastructure Research, 2008, 8 (1): 17-30.

[3] 陈进杰. 城市轨道交通项目广义全寿命周期成本理论与应用研究 [D]. 北京:北京交通大学,2011. CHEN J. J. Theory and application of generalized life cycle cost of urban rail transit project [D]. Beijing: Beijing Jiaotong University, 2011.

[4] 中国国家标准化管理委员会 GB/T 5655—1985 城市公共交通常用名词术语[S]. 北京:中国标准出版社,1985. [GB/T 5655—1985, Common terms of urban public transport [S]. Standardization Administration of the People's Republic of China, 1985].

[5] Korea National Railroad. Railroad Investment Analysis & Assessment Guides [M]. Korea National Railroad, 2003.

[6] Wang R. The structure of Chinese urban land prices: estimates from benchmark land price data [J]. Journal of Real Estate Finance and Economics, 2009, 39 (1):24-38.

[7] Alejandro Tirachini, David A. Hensher, Sergio R. Jara-Díaz. Comparing operator and users costs of light rail, heavy rail and bus rapid transit over a radial public transport network [J]. Research in Transportation Economics, 2010,(29):231-242.

[8] Lo Rosa Hsu. Cost estimating model for mode choice between light rail and bus rapid transit systems [J]. Journal of Transportation Engineering, 2013, 139:20-29.

[9] Xingju Wang, Zhanmin Zhang, Jinjie Chen. Methodologies for assessing costs of rail transit systems based on small sample data [J]. International Journal of Rail Transportation, 2015, 3 (2): 81-96.

地铁列车站间运行模式与节能坡设计研究

李　磊*,冯　瑜,赵　页

北京交通大学　城市交通复杂系统理论与技术教育部重点实验室,北京 100044

摘　要　通过对地铁列车站间运行过程的分析,得出列车在牵引—惰行—制动以及牵引—匀速—制动这两种常见站间运行模式下的运行策略,并根据列车的运行策略及运动模型构建了基于 MATLAB 软件的列车运行仿真计算系统。在仿真计算系统的基础上,重点研究了节能坡中加减速坡的坡长和坡度对列车站间运行能耗的影响。最终的仿真计算结果表明,在不同的站间运行模式下,坡长和坡度组合对列车站间运行能耗的变化规律并不一致。

关键词　地铁;运行模式;节能坡;运行能耗

Analysis of the Operation Mode and the Energy-saving Slope Design for Metro Systems

Li Lei*, Feng Yu, Zhao Ye

MOE Key Laboratory for Urban Transportation Complex Systems Theory and Technology, Beijing Jiaotong University, Beijing 100044, *China*

Abstract　This paper obtained the operation strategies of the acceleration-coasting-brake mode and the acceleration-cruising-brake mode through the analysis of metro train's operation, and have built the train operation simulation system based on MATLAB software. On the basis of the simulation system, this paper also focuses on the impact of slope length and gradient, which are the main parts of the energy saving slope, for the train's operation energy consumption. The simulation results show that in different operating modes, the slope length and slope combinations have the different impact on the train's energy consumption.

Key words　metro; operation mode; energy-saving slope; operation energy consumption

近年来,国内大城市掀起了地铁建设的热潮,地铁也逐渐成为我国大城市居民的重要出行方式。但是随着地铁线网规模的不断增长,地铁运营也存在着能耗巨大的问题。在地铁系统的能耗构成中,列车运行能耗占了 50% 左右[1],因此研究如何减少地铁列车运行能耗,对地铁系统的节能减排有着重要意义。

作者简介:李磊(1992—),男,湖南衡阳人,硕士生,研究方向为城市轨道交通列车节能运行优化。

*通信作者:15120837@bjtu.edu.cn

列车运行能耗大小受列车操纵序列以及地铁线路纵断面的影响。列车在站间运行中有多种不同的操纵序列,但由于地铁系统的站间距较小,因此常用的操纵序列较为简单,主要有两种常用的站间运行模式:牵引—惰行—制动模式(以下简称惰行模式)以及牵引—匀速—制动模式(以下简称巡航模式)。在线路纵断面设计中,线路区间应尽量设置为节能坡的形式,列车利用坡道进行加减速,以达到节能运行的目的。本文主要探讨列车运行模式与节能坡设计对列车运行能耗的影响,并根据列车运行仿真计算结果,分析得出不同站间运行模式下较优的节能坡设计。

1 列车运行仿真系统

列车运行仿真是指对列车的站间运行过程进行仿真计算。在已知站间运行时分、区间限速等约束条件的情况下,可以通过仿真计算得到列车在站间的运行能耗等一系列仿真数据。列车运行仿真系统的设计包括列车运动模型以及不同站间运行模式下的列车运行策略。本文的列车运行仿真计算系统是在 MATLAB 软件平台上构建。

1.1 列车运动模型

列车运动模型包括列车运动方程以及能耗计算公式。列车的运动方程为:

$$\begin{cases} a(v,s) = \dfrac{F(v) - B(v) - W(v,s)}{M} \\ \Delta v = 3.6a(v,s)\Delta t \\ \Delta S = \dfrac{v_p \Delta t}{3.6} \end{cases} \tag{1}$$

式中:$a(v,s)$——列车受到的合力(m/s^2);

$F(v)$——列车牵引力(kN),在惰行、制动工况时为0;

$B(v)$——列车制动力(kN),在惰行、牵引工况时为0;

$W(v,s)$——列车阻力(kN);

M——列车质量(t);

Δt——时间步长(s);

Δv——计算步长内的速度变化值(km/h);

ΔS——计算步长内的距离变化值(m);

v_p——每个时间间隔的平均速度(km/h)。

根据列车运动方程得出的结果,可以计算出列车的运行能耗:

$$E = \frac{\sum_{i=1}^{n} F(v,s)\Delta s_i}{3600} \tag{2}$$

式中:$F(v,s)$——对应一定速度和运行距离的牵引力取值(kN),惰行、制动工况下取值为0;

s_i——该计算步长内的运行距离(m)。

1.2 列车运行策略

国内外学者根据最大值原理,对列车的节能运行控制进行了理论建模与求解分析,得出了以下结论:列车最优控制是由全力牵引,全力制动,部分牵引,部分制动和惰行组成;在部分牵引或者部分制动工况下,列车速度保持恒定[2]。

因此,惰行模式中启动牵引和制动停车过程采用最大牵引和最大制动的工况计算,巡航模式中启动牵引和制动停车过程也采用最大牵引和制动的工况计算。由于巡航模式中的匀速行驶描述的只是列车的运行状态而不是牵引工况,因此对应的牵引力大小需要根据具体的线路坡度而定。现代的电机控制技术可以连续地控制牵引力,在车载 ATO 系统的自动驾驶模式下,能够保证列车在区间仍然能够维持恒定的速度行驶,其上下波动误差较小。所以,在进行列车运行仿真计算时,巡航模式中的匀速过程将简化成速度无波动的情况。

2 节能坡设计方案

节能坡的常见形式如图 1 所示,区间线路坡道分为三种类型,分别为车站坡、加减速坡和中间坡[3-4]。根据《地铁设计规范》(GB 50157—2013)[5],车站坡的长度一般不小于远期列车编组长度,坡度宜采用 2‰;紧邻车站坡两端的是坡度较大的加减速坡,地铁正线区间坡道最大不宜超过 30‰,因此紧邻车站坡两端的加减速坡,其最大的坡度不宜超过 30‰;夹在加减速坡中间的是中间坡,考虑到区间隧道排水的需要,其最小坡度不宜小于 3‰。

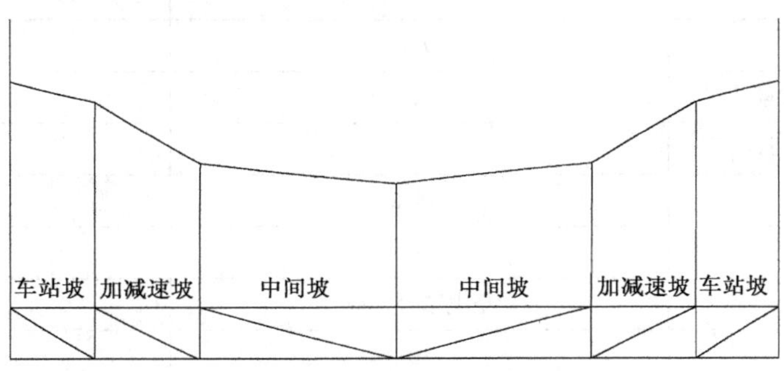

图 1 节能坡的常见类型

节能坡的三种坡道中,加减速坡对于列车加减速度有着重要的影响,其长度与坡度对于列车在区间的运行能耗影响较大。此外,站间距对节能坡的坡长设置也会造成重要影响。因此,本文主要探讨列车在不同站间运行模式下加减速坡的长度、坡度以及站间距对于列车站间运行能耗的影响。

考虑到城市轨道交通地下线路往往共用一个隧道结构,因此在进行节能坡设置时将其设置为对称型坡道,即上下行线路的线路纵断面相同。其中,车站坡固定为长度 100m,坡度为 -2‰和 2‰;中间坡固定坡度为 3‰或 -3‰,其长度根据加减速坡的坡长及站间距而定(站间距分为 1000m、1500m 和 2000m 三种方案)。加减速坡的坡度数值在仿真实验时,其变化范围为 10‰~30‰(即坡度 i 的变化范围为 10~30),坡长变化范围为 100~300m。1000m 区间的坡长组合如表 1 所示,1500m 以及 2000m 区间的坡长组合与 1000m 区间相比,加减速坡的坡长不变,中间坡的坡长增加,具体数据不再赘述。

1000 米站间距节能坡坡长方案　　表 1

站间距	组合	车站坡（坡度/坡长）	加减速坡（坡度/坡长）	中间坡（坡度/坡长）	中间坡（坡度/坡长）	加减速坡（坡度/坡长）	车站坡（坡度/坡长）
1000m	1	-2/100	$-i/100$	-3/300	3/300	$i/100$	-2/100
	2	-2/100	$-i/150$	-3/250	3/250	$i/150$	-2/100
	3	-2/100	$-i/200$	-3/200	3/200	$i/200$	-2/100
	4	-2/100	$-i/250$	-3/150	3/150	$i/250$	-2/100
	5	-2/100	$-i/300$	-3/100	3/100	$i/300$	-2/100

3 仿真分析

3.1 仿真参数设置

列车仿真运行的基础参数如表 2 所示，列车采用北京地铁某号线上实际运营的动车组。

列车仿真运行基础参数　　表 2

参数名称	参数值	单位
列车编组	三动三拖（+Tc－M－T－M－M－Tc+）	—
动车质量	53.6	t
拖车质量	47.6	t
带司机室拖车质量	47.4	t
列车牵引电机数量	12	mm
列车长度	118.8	m
线路隧道长度	29	km
制动方式	空电联合制动	—
限速	80	km/h
区间技术速度	50	km/h

列车运行基本阻力公式如公式 3 所示。

$$W_0 = g\{(1.65 + 0.0247v)M_m + (0.78 + 0.0028v)M_t + [0.0028 + 0.0078(n-1)]v^2\} \tag{3}$$

式中：W_0——列车基本阻力（N）；

M_m、M_t——动车总质量、拖车总质量（t）；

n——列车编组车辆数；

v——列车运行速度（km/h）。

3.2 仿真结果及分析

列车在不同运行模式（惰行模式和巡航模式）、不同节能坡组合下所对应的区间运行能耗如图 2～图 7 所示，图中每条线表示的是在同一线路坡道组合下，加减速坡坡度变化时能耗的变动情况，具体图例见图 6 和图 7（图 2～图 7 共用一个图例）。

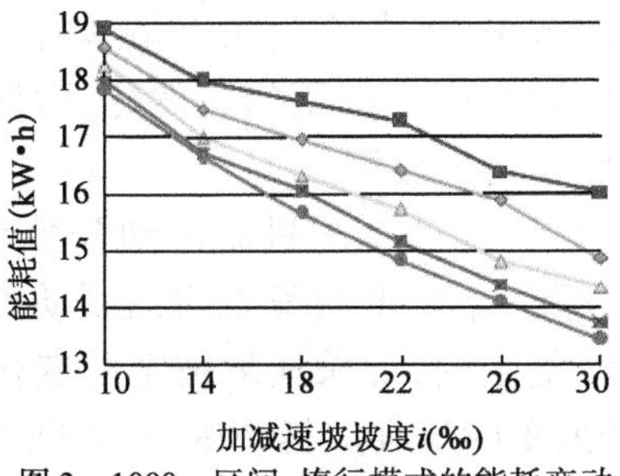

图2　1000m区间、惰行模式的能耗变动

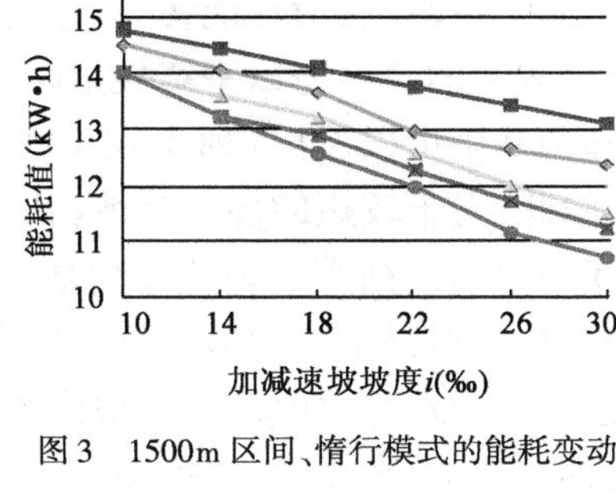

图3　1500m区间、惰行模式的能耗变动

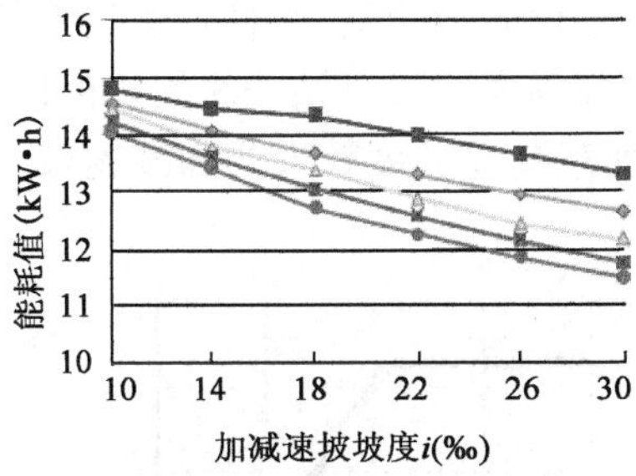

图4　2000m区间、惰行模式的能耗变动

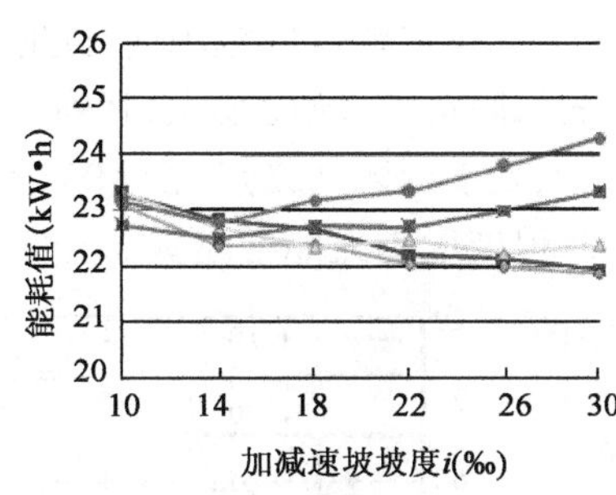

图5　1000m区间、巡航模式的能耗变动

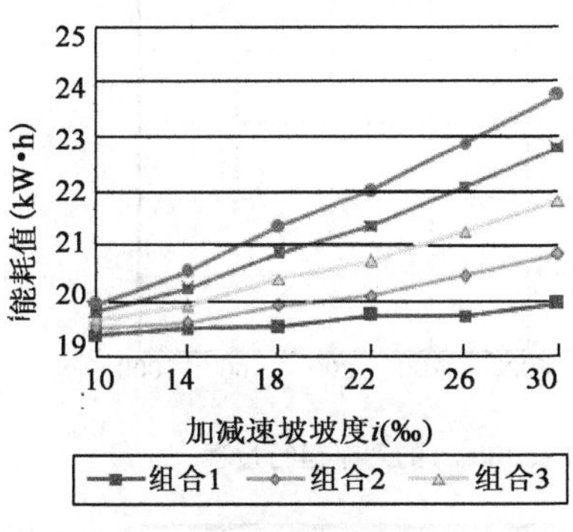

图6　1500m区间、巡航模式的能耗变动

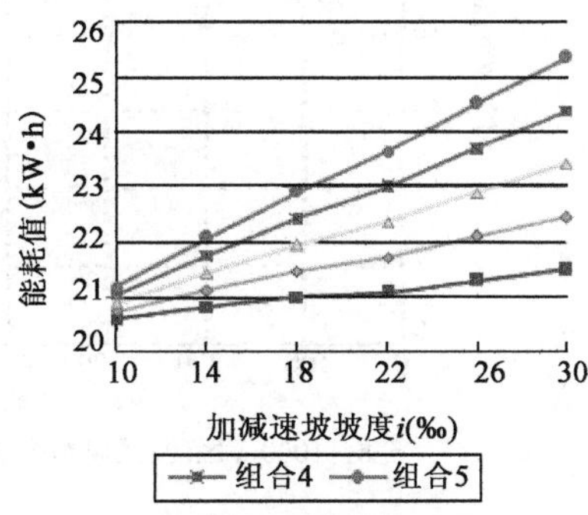

图7　2000m区间、巡航模式的能耗变动

(1)惰行模式下的能耗变化

从图2～图4中可以看出,随着节能坡中加减速坡坡长和坡度的增加,该运行模式下列车运行能耗随之降低,即加减速坡的坡长越长、坡度越大,列车在惰行模式下的运行能耗越小。而从站间距来看,1500m区间和2000m区间的列车运行能耗数值相差不大,而在1000m区间,列车运行能耗会更大,因此节能坡区间越长,惰行模式下列车的单位距离运行能耗会越大。

(2)巡航模式下的能耗变化

巡航模式下的列车能耗变化情况如图5～图7所示,在站间距较大的1500m和2000m区间,随着节能坡中加减速坡坡长和坡度的增加,该运行模式下列车运行能耗随之增加,即加减速坡的坡长越长、坡度越大,列车在巡航模式下的运行能耗越大。而在1000m区间,列车的能耗变化出现不一样的规律:对于加减速坡坡度较长的坡道组合4和坡道组合5,加减速坡坡度越大,其能耗会越大;对于加减速坡坡度较短的坡道组合1、2、3,加减速坡坡度越大,其能耗会略微减低。

1000m 站间距中出行分化的原因是由于在巡航模式中，列车不仅在出站牵引阶段会消耗能量，而且在匀速过程也会消耗能量，列车若是在坡度较大的上坡道匀速运行，为保持速度不变，列车会输出较大的牵引力以平衡坡道阻力，从而加大列车能耗。

从图 8 和图 9 中可以看出：列车在 1000m 区间运行时，列车的进站制动开始点在 750 ~ 800m 之间。因此，对于较短的加减速坡（比如 100m，即组合 1，此时靠近进站制动点的加减速坡范围为 800 ~ 900m），列车的匀速过程基本在中间坡范围内，加减速坡坡度的变化对匀速过程的能耗影响较小，但是加减速坡坡度的增大会降低列车的最高运行速度，从而减少出站牵引的能耗。所以，对于较短的加减速坡，坡度越大，其列车运行能耗越小。对于较长的加减速坡（比如 250m，即组合 4，此时靠近进站制动点的加减速坡范围为 650 ~ 900m），列车的匀速过程会有较大的一部分在加减速坡范围内，此时列车会输出较大的牵引力，使得运行能耗增大。所以，对于较长的加减速坡，坡度越大，其列车运行能耗会越大。对于站间距更长的区间，列车的停站制动开始点更接近区间终点（图 10），这就造成列车会在坡度较大的加减速坡上匀速运行较长的距离，使得坡度越大能耗越大。

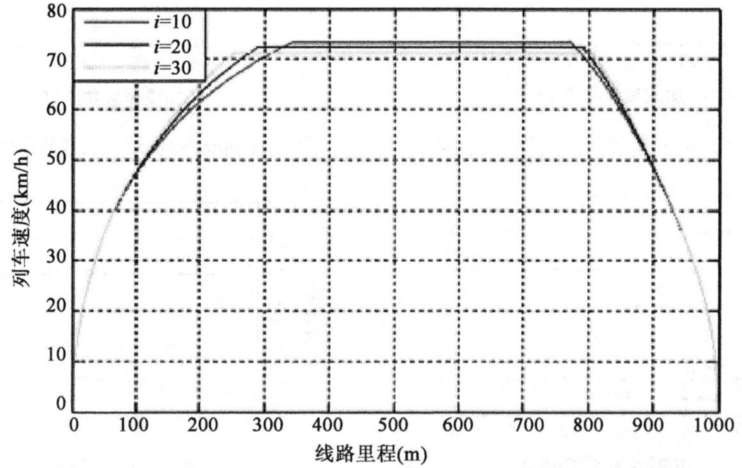

图 8　1000m 区间、线路组合 2（加减速坡长 100m）的列车运行过程

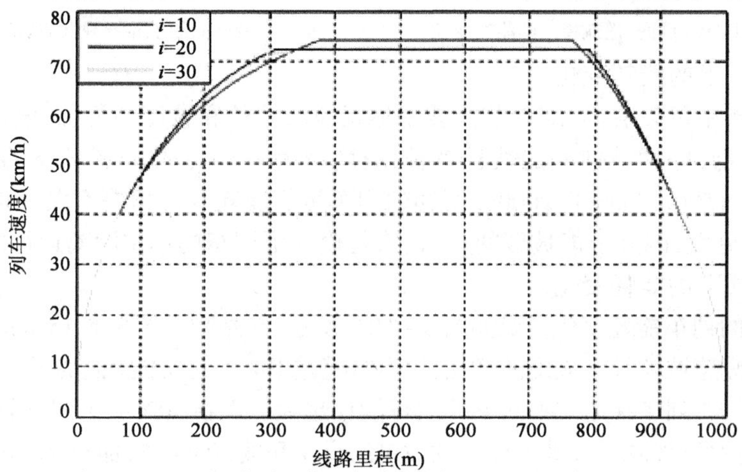

图 9　1000m 区间、线路组合 4（加减速坡长 250m）的列车运行过程

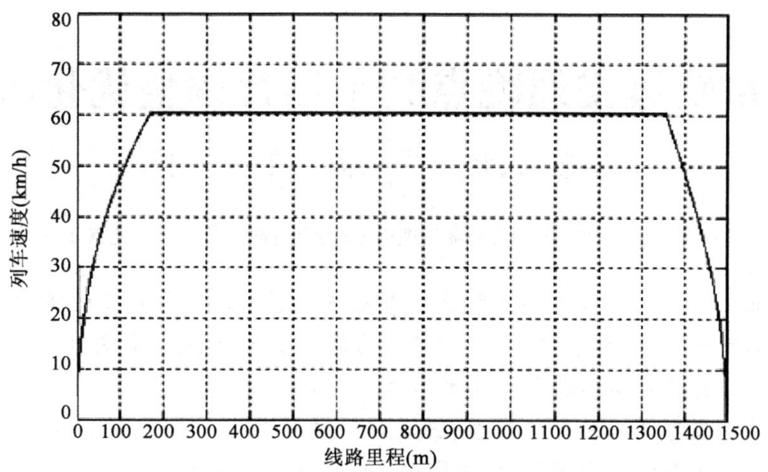

图10 1500m区间、线路组合4、$i=30$时的列车运行过程

从图2～图7中也可以看出，在站间距相同、加减速坡坡度和坡长相同的情况下，列车按照巡航模式运行的能耗比按照惰行模式运行的能耗要大。但是从运行过程中来看的话，巡航模式运行过程速度变化较为平缓，能给旅客带来更高的舒适度。

4 结论

本文对列车在不同站间运行模式，不同节能坡线路条件下的列车运行能耗进行了仿真分析。最后得出的结论是：在惰行模式下，节能坡的加减速坡坡长越长，坡度越大，其运行能耗越低。在巡航模式下，对于站间距较小的区间，若节能坡的加减速坡较短，则加减速坡坡度越大，能耗越小，若节能坡的加减速坡较长；则加减速坡坡度越大，能耗越大；对于站间距较大的区间，加减速坡坡度越大，坡长越长，其运行能耗会越大。

参考文献

[1] 于雪松.城市轨道交通列车节能优化及能耗评估[D].北京：北京交通大学，2012.

[2] 朱金陵，李会超，王青元等.列车节能控制的优化分析[J].中国铁道科学，2008，29(2)：104-108.

[3] 乐建迪.地铁正线节能坡设计探讨[J].铁道设计标准，2008(8)：17-19.

[4] 胡晓丹，张杰，周方明.城市轨道交通节能坡寻优研究[J].铁道工程学报，2013(5)：27-39.

[5] 住房和城乡建设部.GB 50157—2013 地铁设计规范[S].北京：中国建筑工业出版社，2014.

城市轨道交通晚点列车运行调整优化研究

曹耘文,柏　赟*,陈　垚,李　瑭

北京交通大学　城市交通复杂系统理论与技术教育部重点实验室,北京 100044

摘　要　列车正点率和能耗水平都是衡量城市轨道交通线路服务水平的重要指标。当列车发生出站晚点时,通常采用“延赶结合”的运行调整方式。本文基于这种调整策略,提出一种以前行列车和后行列车的区间运行时间为决策变量、以列车到达间隔均衡性和牵引节能为优化目标的模型,并设计了遗传算法进行求解。案例分析验证了模型能够有效恢复地铁列车到发均衡性,并且在平峰小时和高峰小时的节能率分别为10.67 % 和9.91 %。

关键词　城市轨道交通;到发间隔;节能;列车晚点;协同控制

Rescheduling of Metro Trains upon Service Disturbances

Cao Yunwen, Bai Yun*, Chen Yao, Li Tang

MOE Key Laboratory for Urban Transportation Complex Systems Theory and Technology, Beijing Jiaotong University, Beijing 100044, *China*

Abstract　Metro train delay is an important index to evaluate the service quality. Currently, the delay of subway is dealt with “Time-Delaying and Time-Exceeding” running method. Combing this method and genetic algorithm, a model adjusting the headway of metro trains is proposed. To recover the balance of tracking interval and decrease energy consumption, the running time of the leading and following train is selected as the decision variable. Simulation results show that the model recovers the tracking interval balance effectively and saves 10.67% and 9.91% of total energy in usual hour and peak hours respectively.

Key words　the metro; headway; energy saving; delay; cooperated control

0　引言

在地铁列车实际运行过程中,很多随机因素如设备故障、客流波动等容易造成地铁列车出站晚点。前行列车出站晚点会缩短其与后行列车的到发间隔距离。当到发间隔过短(小于安全到发间隔)时,可能造成后行列车在区间内发生“制动再牵引”的情况,导致后行列车消耗额外的电能。除此之外,列车出站晚点还会影响列车群到发间隔的均衡性。

基金项目:国家基础研究计划(2012CB725406),国家自然科学基金 (71201007,71571016)

作者简介:曹耘文 (1991—),男,安徽人,研究生,主要研究方向为城市轨道交通列车运行控制。

* 通信作者:yunbai@ bjtu. edu. cn

针对上述问题,国内外有学者进行了研究。吴洋等提出一种移动闭塞条件下地铁列车到发间隔实时调整方法[1],在此研究的基础上提出一种“延赶结合”调整方法,用于恢复列车到发间隔的均衡性[2]。在铁路运行调整领域,柏赟等提出了一种最优接近速度控制方法,采用黄金比例搜索算法确定被干扰列车在冲突区域开放时刻的最优速度与位置,并设计相应的启发式算法计算被干扰列车的运行控制方案,使其尽早通过冲突区域,减少列车运行时分损失[3]。

单纯地采取“延赶结合”的调整方式会造成“赶点”列车区间运行时间过度压缩,其区间运行能耗增加;现行的列车晚点调整方法并没有考虑“赶点时间”和“延长时间”的分配。因此,本文在“延赶结合”调整方式的基础上,提出一种晚点列车调整优化模型,通过调整前行列车和后行列车的区间运行时间,达到恢复列车到发间隔均衡性和节约列车区间运行能耗的目的。

1 问题描述

为了更好地阐述本文的模型,首先给出本文涉及的变量及符号。

1.1 符号

控制变量:

α:前行列车区间运行时间调整系数;

β:后行列车区间运行时间调整系数。

参数:

$\overline{S}$:最小安全到发间隔;

T_{P}:计划区间运行时分;

ΔT:发车间隔;

W:停站时间;

D:晚点时间;

W_{I}:到发间隔均衡性权重系数;

W_{E}:能耗权重系数。

中间变量:

s_{L}^{i}:前车列车位置;

s_{F}^{i}:后行列车位置;

T_{L}:调整后的前行列车区间运行时间;

T_{F}:调整后的后行车区间运行时间;

I_{j}:计划到发间隔;

I_{S}:调整后的到发间隔;

E_{j}:列车期望最小区间运行能耗;

E_{S}:列车系统实际能耗;

E_{L}:前行列车区间运行能耗;

E_{F}:后行车区间运行能耗;

E_{K}:列车区间运行动能变化;

E_G:列车区间运行势能变化;

E_r:列车区间运行克服阻力做功。

1.2 列车晚点影响分析

(1)列车晚点对到发间隔的影响

列车到发间隔是指前行列车到站时间减去后行列车出站时间。当前行列车发生出站晚点,会导致到发间隔时间缩短,如图1所示。准点和晚点情况下的到发间隔计算公式如式(1)和式(2)。

$$I_P = (T_P + W) - (T_P + \Delta T) \tag{1}$$

$$I_L = (T_P + W) - (T_P + \Delta T) - D \tag{2}$$

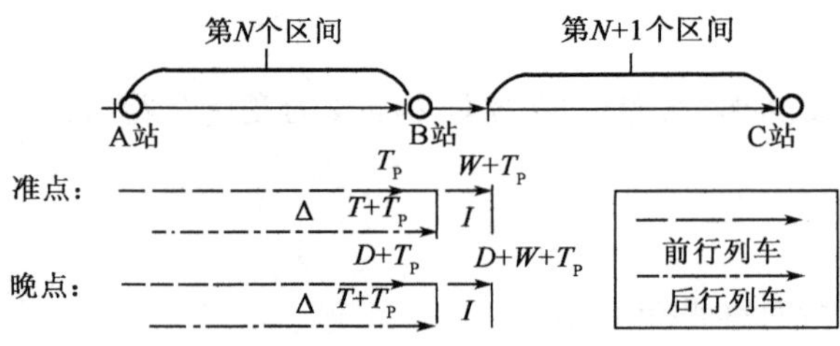

图1 到发间隔

本文假设乘客到达站台人数服从均匀分布;乘客均可以上车,不存在乘客滞留站台现象。因此,当前行列车出站晚点导致间隔时间被压缩,后行列车到站时间与前行列车出站时间间隔过短,乘客在站台的累积程度不足,造成后行列车的运力不能全部发挥。所以列车到发间隔时间的均衡性是衡量列车群吸纳乘客能力的重要指标。

(2)列车晚点对区间运行能耗的影响分析

列车晚点对列区间运行能耗的影响主要分成两个方面:一是在现行的调整策略中,前行列车施行"赶点"策略,为了恢复晚点,需要压缩下个区间的运行时间,增加区间平均运行速度,导致前行列车区间运行能耗的增加;二是由于前行列车出站晚点,晚点行车与后行车的追踪间隔距离缩短,当小于最小安全追踪距离时,后行车会发生区间"制动再牵引"的过程。当列车不满足安全动态限速时,将采取制动工况以保证列车运行安全,当确保列车不会超限速时,会重新牵引使得列车区间运行能够满足计划运行时分的要求,过程如图2所示,图中实线表示列车受到前行列车影响而发生"制动再牵引"的速度曲线,虚线表示原计划的速度曲线。

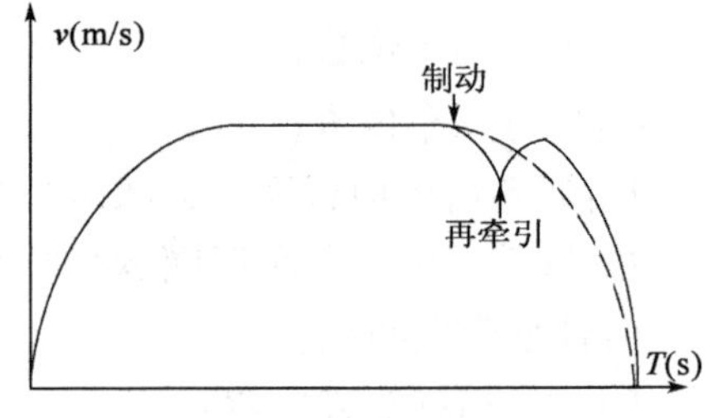

图2 列车"制动再牵引"过程

2 地铁列车晚点优化调整模型

目前对于列车晚点通常采取"延赶结合"的调整策略[2],过程如图3a)所示。若前行车在B站发生出站晚点,为了尽快恢复到发间隔的均衡性,前行车将在区间 $N+1$ 内的区间运行时间压缩为 $T_p-D/2$,而后行车将在区间 N 的区间运行时间延长为 $T_p+D/2$,以此来恢复列车计划的到发间隔。但如此简单的调整方法会造成前行列车启动出站时无法高效利用后行列车制动进站产生的再生制动能量，因此问题加入调整参数 α 和 β，调整后前行车将在区间 $N+1$ 内的区间运行时间压缩为 $T_P-\alpha D$，而后行车将在区间 N 的区间运行时间延长为 $T_P+\beta D$，如图 3b）所示。

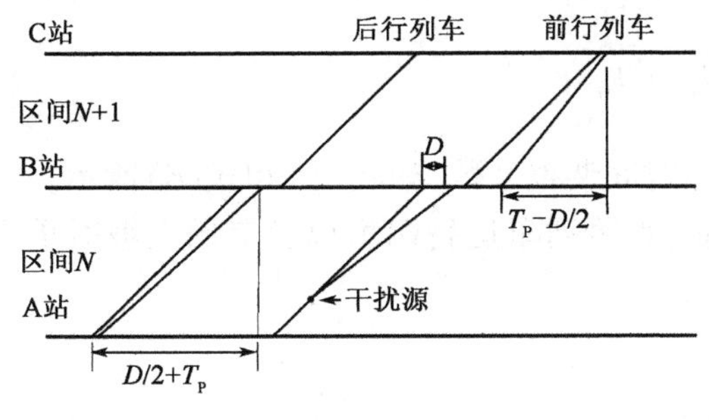

a）“延赶结合”调整方案

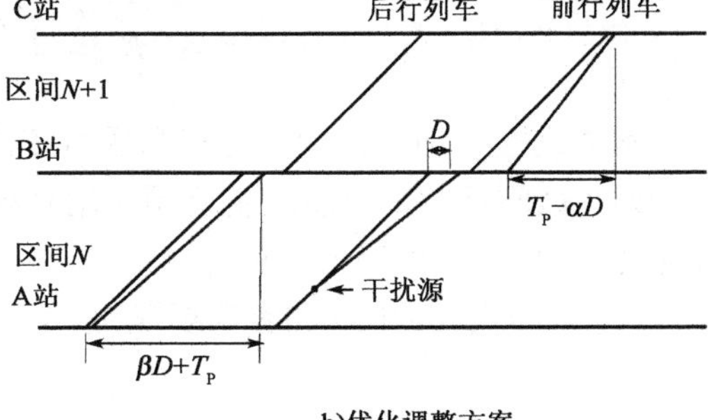

b)优化调整方案

图 3　调整方案

列车在同一区间内的运行能耗随运行时间的增加而减小，单位时间的变化带来的能耗的变化程度也有很大不同[5]，如图 4 所示。若按现行的调整方法，前行列车因为压缩区间运行时间导致的能耗增加 E_1，明显大于后行列车延长区间运行时间减少的能耗 E_2。因此，在保证地铁列车尽可能恢复到发间隔的前提下，分配不同的调整时间给前后行车，列车系统总运行能耗会有明显差异。

本文将列车区间的运行过程划分为如图 5 所示的四个阶段[4]。并根据上述分析，在现行列车晚点调整方法的基础上，设计了新的晚点列车运行调整方法，通过优化分配调整前行列车和后行列车区间运行时间，不考虑坡道起伏对列车区间运行的影响，保证调整后前行列车在区间 $N+1$ 和后行列车在区间 N 的运行时分及速度曲线，避免发生图 2 所示的“制动再牵引”情况，以达到节能和保证地铁系统吸纳客流能力的效果。

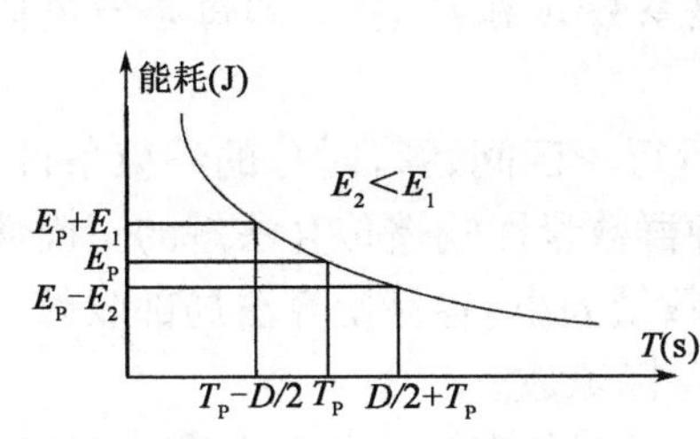

图 4　列车运行能耗随运行时间变化的曲线

图 5　列车区间运行阶段划分

根据前文描述可得目标函数为：

$$\min F = W_I\left|\frac{I_j - I_S}{I_j}\right| + W_E\frac{E_S}{E_j} \tag{3}$$

$$I_S = (T_F + \Delta T) - (T_L + W) - D \tag{4}$$

$$T_L = T_P - \alpha D \tag{5}$$

$$T_F = T_P + \beta D \tag{6}$$

$$E_S = E_L + E_F \tag{7}$$

$$E_L = \int_0^{T_L} E_K + E_G + E_r \mathrm{d}t \tag{8}$$

$$E_F = \int_0^{T_F} E_K + E_G + E_r \mathrm{d}t \tag{9}$$

本文设置 α 和 β 作为前行车和后行车区间运行时间调整系数,如式(5)和式(6)所示。

列车区间运行牵引能耗主要用于增加列车动能、克服列车运行阻力以及克服上坡时重力势能变化[6],如式(8)和式(9)。

式(5)和式(6)中 α 和 β 需要满足:

$$0 \leqslant \alpha \leqslant 1$$

$$0 \leqslant \beta \leqslant 1 \tag{10}$$

前行车和后行车的区间运行时间需要满足列车区间最小和最大运行时分的要求:

$$T_{\min} \leqslant T_L \leqslant T_{\max} \tag{11}$$

$$T_{\min} \leqslant T_F \leqslant T_{\max} \tag{12}$$

前行车和后行车的间隔需要满足最小安全到发间隔的需求,如式(13)所示。

$$s_L^i - s_F^i \geqslant \bar{S} \tag{13}$$

3 模型求解

根据问题描述可知,求解晚点地铁列车到发间隔调整模型是一个大容量组合问题,遗传算法是一种通过模拟自然进化过程搜索最优解的方法,可以有效解决此类问题,故将其应用于运行调整模型的求解。

(1)采用实数对前行车和后行车区间运行时间调整系数 α 和 β 编码,即每条染色体的基因为一组$\{\alpha,\beta\}$对应着一种调整方案。

(2)设置种群数量。初始种群随机生成,并遵循前后行车区间运行时分的约束条件,种群数量就是个体的个数需要大于控制变量的 3 倍。并且种群数量影响遗传算法解的正确性和计算效率,种群数量太大,需要太多的仿真计算时间,种群数量太小,容易使算法局部收敛。

(3)设置适应度函数。适应度函数采用式(1)中的目标函数。

(4)设置交配、变异概率。染色体交配将从种群中选择两条染色体作为父辈,以交叉概率进行基因互换产生两个后代,基因以一定概率发生突变,基因突变帮助寻找新的基因,从而有机会发现更好的后代。

本文在 Matlab 环境下编程,实现晚点地铁列车间隔调整模型。算法求解的流程如图 6 所示,首先随机生成第一代种群,然后将种群中的每个个体即$\{\alpha,\beta\}$组合代入晚点地铁列车到发间隔调整计算模块进行计算,接着根据目标函数计算每个个体的适应度值并进行选择、交配、突变等操作后产生新一代种群,若未满足终止条件,则重复上述步骤,否则计算结束,输出计算结果。

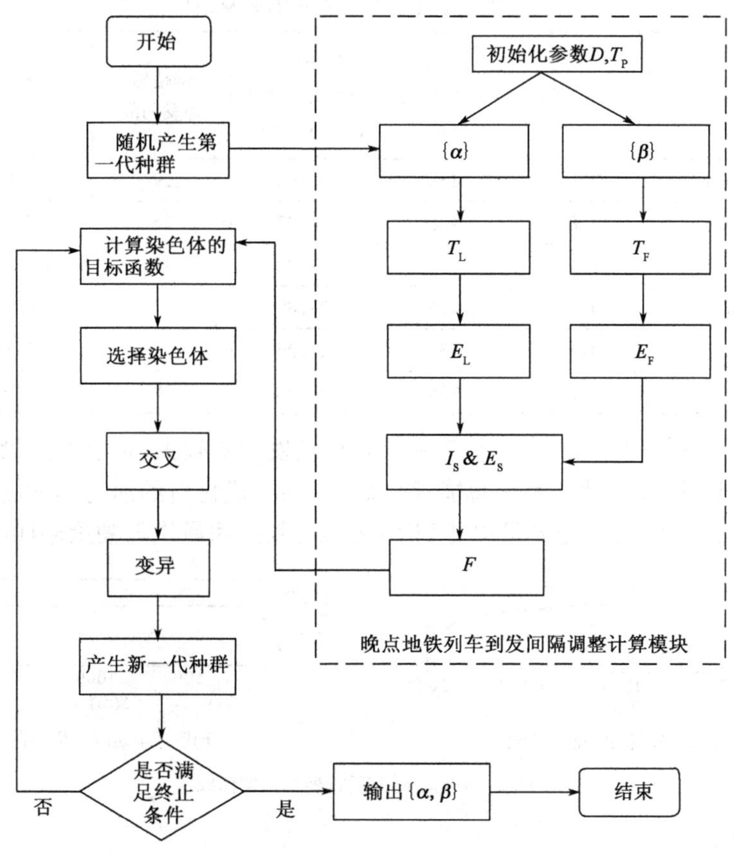

图6　地铁晚点优化调整模型求解的流程

4　案例分析

4.1　仿真参数

设计线路中AB、BC站间距离均为2000m，站间为平直坡道，列车限速为80km/h，列车由A站出发驶往C站，在B站停车。使用北京地铁某实际线路的列车，编组方式为3M3T，列车长度为114m，列车质量为279.68t。列车在AB区间和BC区间的计划运行时分为130s，停站时间均为50s。高峰时期的发车间隔为100s；平峰时期的发车间隔为290s。

遗传算法中参数的取值如下：初始种群大小设定为30，交叉概率为0.8，变异概率为0.05，最大迭代次数为100。

4.2　仿真结果分析

(1)平峰小时

利用列车运行仿真软件模拟列车在区间内的运行过程。计划运行时分及驾驶策略下，平峰时期前行车和后行车的最小能耗期望值为24kW·h，计划到发间隔为100s。因为平峰时期列车调整需要综合考虑到发间隔的均衡性和列车能耗，所以到发间隔均衡性和能耗惩罚因子分别取0.5和0.5，仿真结果如表1所示。

平峰时期晚点列车到发间隔调整结果　　表1

α	β	前行车区间运行时间(s)	后行车期间运行时间(s)	系统区间运行总能耗(kW·h)	调整后到发间隔	目标函数 F	是否满足安全到发间隔
0.1	0.8	129	138	26.68	19	0.5809	Y
0.2	**0.8**	**128**	**138**	**27.03**	**20**	**0.5631**	**Y**
0.3	0.7	127	137	27.78	19	0.5788	Y
0.3	0.6	127	136	27.89	19	0.6061	Y
0.2	0.7	128	137	27.26	19	0.5930	Y
0.5	0.5	125	135	30.26	20	0.6306	Y

比较表中各行数据可得，平峰时期前后行列车到发间隔较大，可以通过延长后行车的区间运行时间来均衡到发间隔，使得系统总能耗降低。因此，优化后的前行车和后行车发间隔调整系数 α 和 β 为 0.2 和 0.8，节能率可以达到 10.67%，其区间最优驾驶策略如图 7 所示。

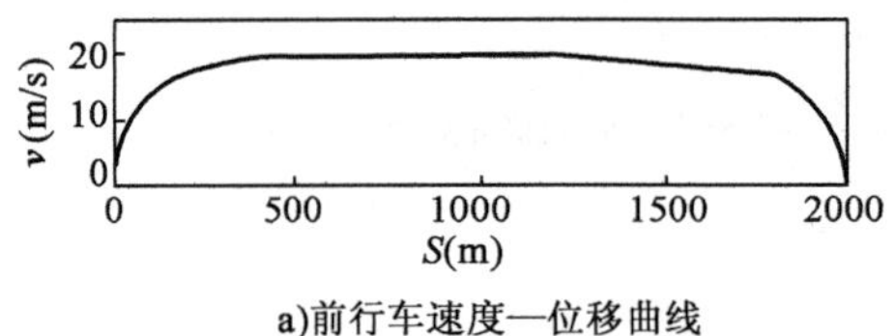

a)前行车速度—位移曲线

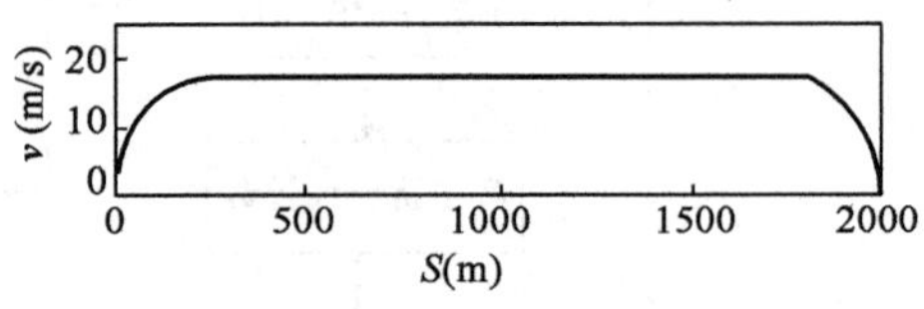

b)后行车速度—位移曲线

图 7　平峰小时前后行列车速度曲线

(2)高峰时期

计划运行时分及驾驶策略下，前行车和后行车的最小能耗期望值为 30kW·h，计划到发间隔为 60s。因为高峰时期更注重到发间隔均衡性的恢复，所以到发间隔和能耗惩罚因子分别取 0.8 和 0.2，仿真结果如表 2 所示。

高峰时期晚点列车到发间隔调整结果　　表2

α	β	前行车区间运行时间(s)	后行车期间运行时间(s)	系统区间运行总能耗(kW·h)	调整后到发间隔	目标函数 F	是否满足安全到发间隔
0.1	0.8	129	138	26.68	19	0.7216	N
0.2	0.8	128	138	27.03	20	0.7208	N
0.2	0.7	128	137	27.26	19	0.7371	N
0.3	**0.7**	**127**	**137**	**27.78**	**20**	**0.7408**	**Y**
0.3	0.6	127	136	27.89	19	0.7538	Y
0.5	0.5	125	135	30.26	20	0.8075	Y

根据式(4)~式(6)可得，若要消除前行列车晚点对列车到发间隔均衡性的影响，需使调整系数 α 和 β 之和等于 1。为了使列车尽快恢复到发间隔的均衡性，模型优化后的前行车和后行车发间隔调整系数 α 和 β 为 0.3 和 0.7，节能率可以达到 9.91%，其最优区间驾驶策略如图 8 所示。

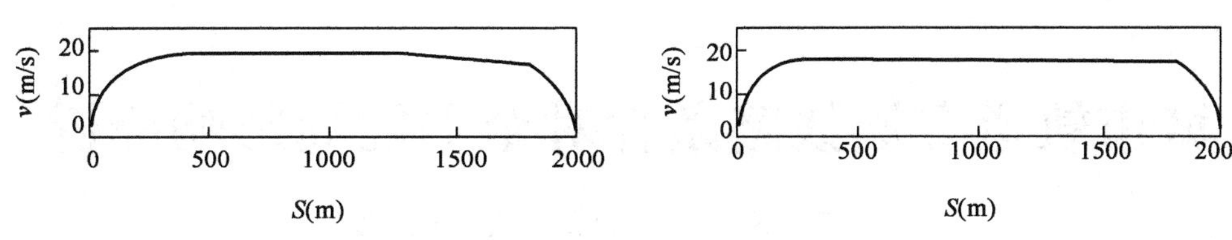

图 8　高峰小时前后行列车速度曲线

5　结论

本文基于单车节能区间运行策略,建立了晚点列车运行调整模型,模型的控制变量为前后行列车区间运行时分。使用该模型调整晚点列车,不仅可以避免后行列车在区间运行时不因前车晚点出现“制动再牵引”的现象,而且能够使前后行列车追踪间隔满足最小安全追踪间隔的前提下,达到恢复到发间隔均衡性和降低列车系统牵引能耗的目的。

案例分析验证了晚点列车到发间隔调整能够适应平峰时期和高峰时期不同运营需要下,在有效恢复到发间隔均衡性的前提下,相比于现行的调整方案,在平峰时期和高峰时期的节能率分别为 10.67 %和 9.91 %。

参 考 文 献

[1] Wu Y, Wang YM, Zeng L. Method of real-time adjustment of metro trains headway after a delay[J]. Electric Locomotives & Mass Transit Vehicles,2003,26(5):21-23.

[2] Wu Y, Luo X, Wang Y M, et al. Time-delaying and time-exceeding running methods to adjust the operation of departure delay metro trains[J]. Journal of Transportation Engineering and Information,2004,2(2):96-114.

[3] Bai Y,HO TK,Mao B H. Train control to reduce delays upon service disturbances at railway junction[J]. Journal of Transportation Systems Engineering and Information Technology,2011, 11(5):114-122.

[4] Su S, Tang T, Roberts C, et al. Cooperative train control for energy-saving[J]. Intelligent Rail Transportation (ICIRT), 2013:7-12.

[5] Cheng J X,Howlett P G. A note on the calculation of optimal strategies for the minimization of fuel consumption in the control of trains[J]. IEEE Transactions on Automatic Control, 1993, 38(11), 1730-1734.

[6] Bai Y,Ho T K,Mao B H, et al. Energy-efficient locomotive operation for china mainline railways by fuzzy predictive control[J]. IEEE Transactions on Intelligent Transportation Systems, 2014, 15(3):938-948.

城市轨道交通线路条件对牵引能耗影响分析

邱　宇,柏　赟*,陈　玥,陈绍宽

北京交通大学　城市交通复杂系统理论与技术教育部重点实验室,北京 100044

摘　要　本文以仿真数据为基础,从线路纵断面设计、平面曲线、站间距以及车站位置等角度,借助灰色关联理论研究了线路条件对牵引能耗的影响。研究表明,站间距和车站位置对牵引能耗的影响很大。从节能角度出发,当设计速度为60km/h时,站间距宜设计在0.8km以上;当设计速度为60~80km/h时,站间距宜设计在1.2km以上;当设计速度高于80km/h时,站间距可设计在1.6km以上。此外,车站设置在凸形地段有利于牵引节能。

关键词　线路条件;城市轨道交通;牵引能耗;灰色关联理论

Analysis on the Influence of Line Condition in Railway Transportation on Traction Energy Consumption

Qiu Yu, Bai Yun*, Chen Yue, Chen Shaokuan

MOE Key Laboratory for Urban Transportation Complex Systems Theory and Technology, Beijing Jiaotong University, Beijing 100044, *China*

Abstract　From the design of the vertical section, the plane curve, the station spacing and the station position, we can get the important degree sort of the line influence factors with the help of the gray correlation theory and study, the effect of the line conditions on the traction energy consumption. From the perspective of energy saving, the station spacing should meet: If the speed limit is less than 60 km/h, the station spacing should not be less than 0.8 km; if the speed limit is 60-80km/h, the station spacing should not be less than 1.2km; else if the speed limit is more than 80 km/h, the station spacing should not be less than 1.6 km. Besides, the station location should be set in a convex location for saving traction energy.

Key words　line condition; urban rail transit; traction energy consumption; grey relation theory

0　引言

因具有运量大、污染小、安全性高等特点,城市轨道交通已成为各大城市优先发展的交通方式。随着运营里程的增长,城市轨道交通系统能耗尤其是牵引用能也在快速增长。因此,牵

基金项目:国家自然科学基金项目(71571016),北京市科技新星计划(Z121106002512028)

作者简介:邱宇(1990—),女,江苏宿迁人,硕士生,主要研究方向为城市轨道交通。

*通信作者:yunbai@ bjtu. edu. cn

引节能是城市轨道交通领域研究的热点问题之一。

国内外学者分别从规划设计和运营组织层面对牵引节能方法进行了研究。在线路设计层面,文献[1]重点研究了线路坡度、曲线对牵引能耗的量化影响。文献[2]研究了线路纵断面设计方案对牵引能耗的影响。文献[3]研究了站间距、敷设方式、平面曲线等因素对列车牵引能耗的影响。在运营组织层面,文献[4]通过对列车运行速度曲线的设计及时刻表优化来实现节能。文献[5]、文献[6]分别从单列车和多列车层面研究了节能操纵对牵引能耗的影响。

上述研究尽管涉及了线路的坡道和曲线等因素对牵引能耗的影响,但并不能用于系统地指导线路节能设计。本文以实际城市轨道交通线路为研究对象,通过仿真模拟得到不同线路的牵引能耗,并采用灰色关联理论研究坡道、曲线和车站位置等因素对牵引能耗影响的重要度,最后总结线路节能设计的关键。

1 线路条件对牵引能耗的影响分析

不同的纵断面和平面曲线设计方案以及站间距都会影响牵引能耗。其中,线路坡度和曲线半径决定了列车运行的附加阻力,而站间距会影响列车制动能量损失。

1.1 纵断面坡道设计

坡道是影响车辆附加阻力的一个重要因素。列车在上坡道运行时,坡道附加阻力与列车运行方向相反,牵引力需要克服重力做功,因此较列车在平坡上运行能耗增加;在下坡道运行时,坡道附加阻力与列车运行方向相同,且牵引力与重力的作用方向也相同,因此较列车在平坡上运行能耗减少。

1.2 平面曲线

平面曲线是影响车辆附加阻力的又一个重要因素。曲线总长越大、曲线半径越小,则曲线附加阻力越大,越不利于节能。因此在线路设计阶段,对于平面曲线的设计,一般要求曲线半径不应过小,尽可能减少曲线的设置。

1.3 站间距

站间距对列车能耗的影响主要体现为对停车次数的影响。列车制动停车和再次启动需要消耗一定的电力。因此,站间距越大,则单位运输距离下的制动次数越少,有利于牵引节能。

1.4 车站位置

车站位置的选取一般结合城市周边客流量,综合考虑地下管线、交通状况、周边规划以及车站附属建筑的位置等因素。在线路设计阶段,除了上述因素,还需考虑是否处于节能坡凸面。对于处于节能坡凸面的车站,可以有效利用重力势能,减少进站制动与出站牵引,达到节能的目的。

2 线路影响因素重要度排序

以城市列车运行计算系统为基础,采用同一型号列车按照“牵引—惰行”的模式分别运行于某大城市地铁各线路,以分析各线路的能耗情况。考虑不同长度线路的牵引能耗可比性,本文采用每百车公里的牵引单耗进行分析。仿真单耗结果如表1最后一列所示。

各线路条件因素与单耗 表1

线路	平均站间距(km)	站中心处于凸面比例(%)	最大坡度×坡长	坡度绝对平均值(m)	曲线总长占全线比例(%)	单耗(kW·h/百车公里)
A上	1.4	22	16217	6.90	17.3	265.71
A下	1.4	30	8520	7.09	17.5	255.43
B上	1.28	6	3018	7.73	33.8	316.71
B下	1.28	11	3668	8.21	33	312.17
C上	1.23	13	12480	7.34	29.8	311.82
C下	1.23	17	6120	7.08	32	299.43
D上	1.49	10	7039	6.42	34	260.36
D下	1.49	0	890	7.02	34	259.26
E上	1.47	38	2887	6.85	29.5	251.76
E下	1.47	38	2877	6.58	41.7	251.69
F上	1.31	54	7944	10.30	42.9	280.77
F下	1.31	31	7944	9.88	42.9	261.6
G上	1.25	20	7697	6.24	33.6	303.16
G下	1.25	15	7700	6.12	32.6	304.23
H上	2.7	31	10819	5.55	30.8	177.21
H下	2.7	19	10810	5.4	29	186.2
I上	2.77	42	23920	6.14	36.5	176.92
I下	2.77	42	23846	6.15	36	174.97
J上	1.75	71	4293	5.41	31	227.19
J下	1.75	57	16800	5.09	30.5	247.61
K上	2.31	73	5880	6.54	42.9	195.10
K下	2.31	64	5600	6.48	38.4	220.29
L上	3.49	21	12138	8.33	53	169.95
L下	3.49	29	12138	8.15	53	162.8

根据线路条件对牵引能耗的影响分析，选择平均站间距、站中心处于凸面比例（站中心距离坡道组合顶端的距离小于所处坡道的半坡长）、最大坡度×坡长、坡度绝对平均值以及曲线总长占全线比例为影响牵引能耗的主要因素表1，并采用灰色关联理论进行分析。

灰色关联分析是通过确定参考数据列和若干个比较数据列的几何形状相似程度来判断其联系是否紧密，它反映了曲线间的关联程度。选取最优指标集单耗作为参考数列，记为 $x_0 = \{x_0(k) \mid k=1,2,\cdots,24\}$，依次选取平均站间距、站中心处于凸面比例、最大坡度×坡长、坡度绝对平均值、曲线总长占全线比例作为比较列 $x_i = \{x_i(k) \mid k=1,2,\cdots,24\}, i=1,2,3,4,5$。根据 x_i 与 x_0 的关系可知，站中心处于凸面比例为正极指标，其他均为负极指标。

无量纲化处理的方法有很多种，如均值化、百分比化、倍数、归一化、极差最大化以及区间值化等变换。这里采用区间值化变换将 $x_i(k)$ 转化为无量纲值 $x_i'(k)$，使得 $x_i'(k) \in (0,1)$，式(1)适用于正极性指标,式(2)适用于负极性指标。

$$x'_i(k) = \frac{[x_i(k) - \min x_i(k)]}{[\max_i(k) - \min x_i(k)]} \tag{1}$$

$$x'_i(k) = \frac{[\max x_i(k) - x_i(k)]}{[\max_i(k) - \min x_i(k)]} \tag{2}$$

表2所示为由灰色关联理论计算得到的不同因素与牵引能耗的关联度值。由表2结果可知,影响牵引能耗的线路因素按重要度排序依次为:站间距、车站位置、曲线、坡道。因此,从节能角度出发,在线路规划阶段,首先要对站间距进行合理规划,其次确定车站区域的纵断面方案。

关联度排序 表2

因素	关联度	因素	关联度
均站间距	0.71	坡道最大坡度×最大坡长	0.64
站中心处于凸面比例	0.65	坡度绝对平均值	0.58
曲线总长占全线比例	0.64		

3 线路条件重要影响因素量化分析

3.1 站间距

在站间距较短的线路上,列车启动、制动更频繁,牵引单耗随站间距的增加而减少。为了研究站间距对运行能耗的影响,设计仿真线路如下:线路为平直线路,只设一个站间区间,站间距从0.5km以0.1km为单位递增至2km。列车从A车站起动,在9个不同限速(40km/h、50km/h、60km/h、70km/h、80km/h、90km/h、100km/h、110km/h、120km/h)条件下运行至B车站停止。为了保证结果的可比性,将牵引单耗作为指标进行比较,仿真结果如图1所示。图1中,限速为90km/h、100km/h、110km/h、120km/h的曲线有重叠,其原因是站间距太小,列车尚未牵引加速至限速就已经制动,同一条线路制动点相同,所以牵引单耗也相同。

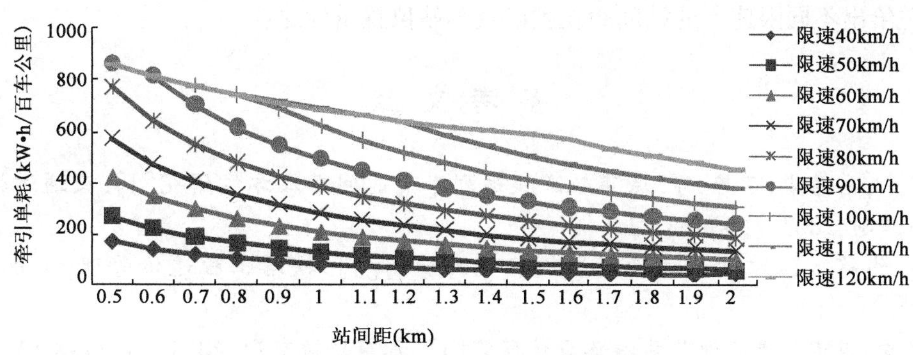

图1 列车牵引单耗随站间距的变化情况

限速相同时,站间距越大,牵引单耗越小。在实际设计中,应考虑客流情况设置车站位置,但不宜设置过短的站间区间。当限速小于60km/h时,站间距不宜小于0.8km;当限速为60~

80km/h 时,站间距不宜小于 1.2km;当限速大于 80km/h 时,站间距不宜小于 1.6km。

3.2 车站位置

为了研究车站位置对牵引能耗的影响,设置如下仿真:给定长为 1km 的线路,均匀分布 3 个车站 A、B、C,站中心位置分别为 0km、0.5km、1km。给出 3 种 B 站位置的设置方案,如图 2 所示。

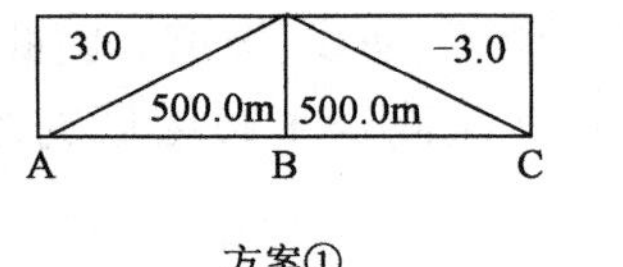

方案①

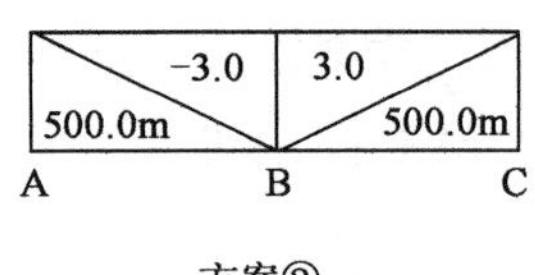

方案②

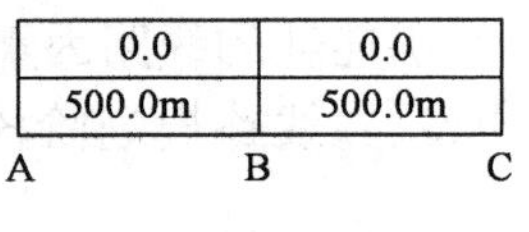

方案③

图 2　车站 B 位置设置方案

仿真结果如表 3 所示,方案①最节能,方案③次之,方案②最耗能。方案①中,B 车站位于坡道组合的顶端(车站处于凸面),进站上坡用坡道阻力抵消一部分制动力,出站下坡可有效减少牵引力的使用来降低牵引能耗,因此方案①最节能。方案②中,B 站位于坡道组合的顶底端(车站处于凹面),进站下坡增加额外的制动,出站上坡增加额外的牵引,因此方案②最耗能。综上所述,在其他条件允许的情况下,优先选择"低区间、高站位"的设计方案。

不同车站位置的设置方案所对应的牵引能耗　表 3

方　案	方案①	方案②	方案③
牵引能耗(kW · h)	58.668	63.573	61.952

4　结论

城市轨道交通线路设计对牵引能耗的影响主要体现在纵断面、平面曲线、站间距以及车站位置等方面。本文通过仿真研究了线路条件对牵引能耗的影响,利用灰色关联理论,得到各因素的重要度排序为:站间距、车站位置、曲线、坡道。对站间距和车站位置这两个重要度因素做了仿真,并给出不同限速下的站间距设置以及车站位置设计建议。

参 考 文 献

[1] 刘海东,毛保华,丁勇,等.城市轨道交通列车节能问题及方案研究[J].交通运输系统工程与信息,2007,7(5):68-73.

[2] 庞渊.线路节能坡设计方案对地铁能耗的影响[J].铁路工程造价管理,2008,23(1):10-13.

[3] 李文波.城市轨道交通节能线路设计研究[J].都市快轨交通,2013,26(2):8-13.

[4] Shuai Su, Xiang Li, Tao Tang, Ziyou Gao. A subway train timetable optimization approach based on energy-efficient operation strategy[J]. IEEE Transactions on Intelligent Transportation Systems,2013,14(2):883-893.

[5] Y. V. Bocharnikov, A. M. Tobias, C. Roberts, S. Hillmansen, C. J. Goodman. Optimal driv-

ing strategy for traction energy saving on DC suburban railways[J]. The Institution of Engineering and Technology,2007,1 (5): 675-682.

[6] Shuai Su, Tao Tang, Clive Roberts. A cooperative train control model for energy saving[J]. IEEE Transactions on Intelligent Transportation Systems,2015,16(2):622-631.

我国高速铁路通过能力现状研究

赵欣苗*[1],张思佳[1],李　茜[1],李夏苗[2]

1. 北京交通大学　城市复杂系统理论与技术教育部重点实验室,北京 100044;
2. 中南大学　交通运输学院,长沙 410075

摘　要　随着乘客对高速铁路的需求增加,我国高速铁路线路的部分区间出现能力饱和的问题。本文根据京沪高铁上海虹桥—徐州东区段和京广高铁广州南—赤壁北区段的现状运行图,统计了各车站的间隔时间和各区间的发车对数,总结分析了列车运行图的特点,并与日本东北新干线进行对比分析,为高速铁路的能力提高提供依据。

关键词　高速铁路;通过能力;追踪间隔;开行列数

Analysis on the Carrying Capacity of Chinese High-speed Railways

Zhao Xinmiao*[1], Zhang Sijia[1], Li Xi[1], LI Xiamiao[2]

1. *MOE Key Laboratory for Urban Transportation Complex Systems Theory and Technology*, *Beijing JiaotongUniversity*, *Beijing* 100044, *China*;
2. *School of Traffic and Transportation Engineering*, *Central South University*, *Changsha* 410075, *China*

Abstract　With the rapid development of high-speed railway, some segments of the lines in our country are facing the problem of saturated capacity, thus this paper compiles the intervals of each station and the departure frequencies of each section based on the current train diagrams of Beijing-Shanghai high-speed railway (Shanghai Hongqiao-Xuzhou East) and Beijing-Guangzhou high-speed railway (Guangzhou South-Chibi North), and compares the characteristics with Tohoku Shinkansen in Japan, aiming to provide some advice on improving the capacity of high-speed railways.

Key words　high-speed railway; capacity; tracking interval; departure frequency

0　引言

随着居民生活水平的提高,经过高速铁路刚开通前几年的客流培养期后,高速铁路以其安全、快速、准时和便捷等特点吸引了更多乘客。随着乘客对高速铁路需求的逐渐增加,上座率也呈现增长趋势,所以各线路增加了开行对数来提升运力,但是部分高速铁路区段的上座率已经较高而开行对数难以再增加,出现了能力饱和的问题,尤其在节假日等时期运力紧张现象更

作者简介:赵欣苗(1991—),女,黑龙江绥化人,博士生。

* 通信作者:zhaoxm@ bjtu. edu. cn

为突出。所以有必要分析我国高速铁路现状的通过能力,为高速铁路提高运力提供参考。

高速铁路通过能力的定义是:在采取一定数量和类型的动车组和一定的行车组织方法条件下,在运营时间内高速铁路区段的各种固定设备在单位时间内(通常一小时或一昼夜)所能通过基准列车的最多列车数或对数[1]。通过能力与列车运行图密切相关,列车运行图受多种因素影响,主要包括列车区间运行时间、列车在站停留时间、车站间隔时间和追踪列车间隔时间等。本文分析了京沪高铁上海虹桥—徐州东区段和京广高铁广州南—赤壁北区段的现状运行图,并与日本新干线运行图的间隔时间和发车对数等方面对比分析,研究成果可以为高速铁路能力研究提供一定依据。

1 高速铁路影响因素分析

高速铁路通过能力的影响因素主要包括停站数量、列车区间运行时间、起停车附加时分、动车出入库的间隔时分、动车组的检修能力、供电臂的供电能力、咽喉区的长度、中间站的到发线数量以及跨线列车的比例等因素。

(1)停站数量

列车的运行时间由区间运行时间和停站时间组成,通常高速铁路在车站的停站时间为1~2min,所以停站数量决定了停站时间。不同等级的车站对应不同的客流需求和服务频率,导致列车的多种停站方案,即停站数量和停站位置不同,从而使运行图从平行运行图变为非平行运行图,影响了线路的通过能力。

(2)列车区间运行时间

列车区间运行时间是指相邻两个车站之间的运行时间,即列车从某站发车,按规定速度一直运行至相邻车站停稳或通过相邻车站所需要的时间。通常以牵引计算为理论依据,并结合查定标准和列车试运行的方法来确定。虽然实际运行中列车性能、列车重量和驾驶员熟练程度的不同会使实际区间运行时间与牵引计算值之间存在一定误差,但适当条件下可以修正。

(3)起停车附加时间

我国高速铁路线路的起车附加时间一般取值为2min,停车附加时间一般取值为3min。列车的运行时间受起停车附加时间的影响,列车在区间的运行状况分为四种:①前站通过,后站通过,没有起停车附加时间,技术速度最快;②前站通过,后站到达,仅有停车附加时间3min;③前站出发,后站通过,仅有起车附加时间2min;④前站出发,后站到达,起停车附加时间共5min,技术速度最慢。

(4)动车组入库的间隔时间

动车组出入库的间隔时间对高铁通过能力有影响,高铁朝发夕至的特点使动车出入口有早上集中发车、晚上集中收车的现象。而列车入库前需探病检测,导致限速为10km/h。例如上海虹桥站探病检测装置设在列车入库与车站之间,导致前几组列车入库间隔一般为7min,但随着检测车辆增加,出清轨道电路时间增长,使入库间隔达10min以上。

(5)动车组的检修能力

动车组的类型较多,检修标准不统一。目前我国的高速铁路车底是固定配属制,动车所只对固定型号的车辆进行检修,所以连续运行时间达到48h或连续走行公里数达到4400km之前,车底需回到本段检修,因此产生车底回送、调用等问题,影响了车底交路的合理勾画。

(6)供电臂的供电能力

高速铁路过电分相时,可能对起停附加时间有影响。例如京广线的长沙南站,距离车站中心的下行方向497m处有一个电分相,坡度为2%,列车过分相的时间损失为68s,所以长沙南下行方向的起车附加时分为186s[1]。

(7)咽喉区的长度

部分车站的到发线数量多、使用道岔多,导致咽喉长度较长。例如上海虹桥站(高速场)是京沪高铁的始发终到站,有17条到发线,下行进站信号机距车站中心线达1459m,导致列车的车站连到间隔和连发间隔时间都比较大。

(8)中间站的到发线数量

中间站同方向的到发线若只有一条,则车站办理连到作业时,后行列车必须待避,导致间隔时间加大,例如京沪线的定远站、丹阳北站和滕州东站。

(9)跨线列车的比例

我国高铁目前存在部分跨线列车,跨线列车可以实现旅客乘车不必换乘列车的需求。由于跨线列车优先铺画,所以跨线列车与前后两列车之间的间隔时间可能产生额外的扣除时间,导致间隔时间增大。例如京沪线上海段的能力限制区间徐州东—蚌埠南的跨线列车最多。

2 现状运行图的能力分析

分别统计京沪高铁上海虹桥—徐州东区段2014年12月运行图、京广高铁广州南—赤壁北区段2014年12月运行图以及日本东北新干线2011年3月运行图的上行方向,分析沿线各车站的间隔时间和各区间的开行列车数。

2.1 车站间隔时间统计

借助运行图统计分析软件,统计各车站的各类间隔时间,选取部分5min及以下的车站间隔,如表1所示。

现状运行图部分间隔时间统计 表1

京沪线上海局			京广线广铁集团			日本东北新干线		
站名	间隔类型	间隔时间(min)	站名	间隔类型	间隔时间(min)	站名	间隔类型	间隔时间(min)
上海虹桥	连发	5.00	清远	通通	4.00	盛冈	到通	3.00
昆山南	到到	2.00	清远	通通	4.92	北上	通到	4.00
苏州北	到通	2.00	耒阳西	通通	4.00	仙台	到通	3.00
无锡东	到到	3.00	衡阳东	连发	4.95	白石藏王	到通	2.28
无锡东	通到	2.00	衡阳东	通发	2.55	白石藏王	通到	3.63
常州北	到到	2.73	衡山西	发通	4.55	福岛	到通	1.83
镇江南	通到	2.18	衡山西	通通	4.00	福岛	到到	1.18
丹阳北	到通	3.00	株洲西	通通	4.00	郡山	通通	1.43
滁州	通到	2.00	长沙南	连发	4.20	那须盐原	到通	1.13
定远	通到	2.05	长沙南	发到	4.20	那须盐原	通通	1.02

由表1可见，不同车站在实际运用中选取了不同的各类间隔时间。京沪高铁中，昆山南、苏州北$I_{到到}$最小为2min，无锡东、滁州$I_{通到}$最小为2min，定远、镇江南$I_{通到}$为3min及以下；京广高铁中，清远、耒阳西、衡山西及株洲西$I_{通通}$为4min及以下，衡阳东$I_{连发}$、衡山西$I_{发通}$、长沙南$I_{连发}$及$I_{发到}$为5min以下；日本东北新干线的郡山、那须盐原站的$I_{通通}$在2min以下，白石藏王$I_{通到}$在3min及以下，盛冈、仙台、白石藏王$I_{到通}$在3min及以下，北上、白石藏王$I_{通到}$在4min及以下。

2.2 车站间隔分类及比例

在线路通过能力的影响因素中，间隔时间是重要的影响因素，对运行图的车站间隔时间按照大小进行分类，如图1所示。

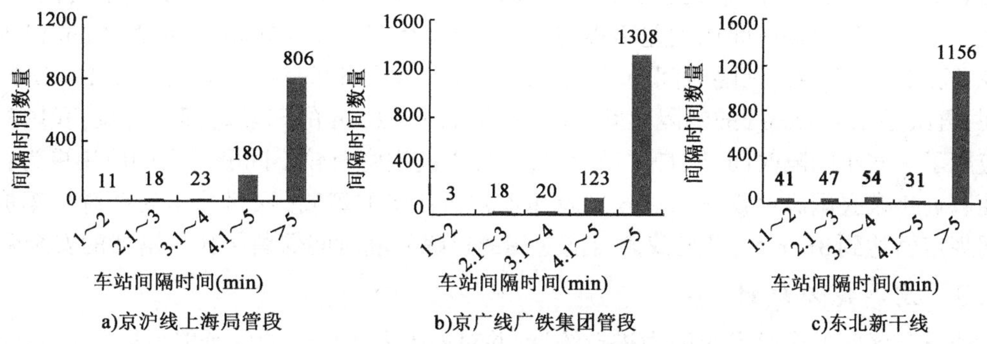

图1 车站间隔时间按大小的数量统计

图1a)所示为京沪高铁上海虹桥—徐州东区段上行车站的间隔分类，车站间隔时间大于5min的占78%；图1b)所示为京广高铁广州南—赤壁北区段上行车站的间隔分类，车站间隔时间大于5min的占89%；图1c)所示为东北新干线东京—七护十和田区段上行车站的间隔分类，车站间隔时间大于5min的占87%。

目前我国采取小于5min的车站间隔数量较少，5min以下间隔时间的比例如图2所示。

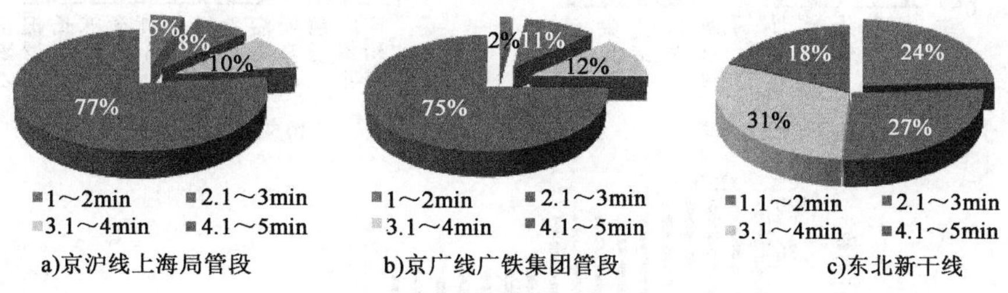

图2 小于5min的车站间隔比例

图2a)所示为京沪高铁上海虹桥—徐州东区段上行小于5min的车站间隔时间，间隔时间中4.1~5min占77%、3.1~4min占10%、2.1~3min占8%、1.1~2min占5%；图2b)所示为京广高铁广州南—赤壁北区段上行小于5min的上行车站间隔时间，间隔时间中4.1~5min占75%、3.1~4min占12%、2.1~3min占11%、1~2min以下占2%；图2c)所示为东北新干线上行小于5min的车站间隔比例，间隔时间中，4.1~5min占21%、3.1~4min占51%、2.1~3min

占 19%、1 ~2min 以下占 9%。

京沪线(上海虹桥—徐州东)、京广线(广州南—赤壁北)和日本东北新干线的上行方向追踪间隔的比较如表 2 所示。

追踪间隔时间与日本东北新干线比较　　表 2

线路	>5min	≤5min	5min 内间隔比例(%)			
			4.1 ~5min	3.1 ~4min	2.1 ~3min	1 ~2min
上海上行	78%	22%	77	10	8	5
广铁上行	89%	11%	75	12	11	2
东北上行	87%	13%	18	31	27	24

由表 2 可见,间隔时间中大于 5min 的比例相差不大,但是小于 5min 的间隔时间中,我国京沪线和京广线的间隔时间比例差不多,75% 以上采用了 4.1 ~5min 的数值,4min 以下的数值较少;而东北新干线的间隔时间中,采用 3.1 ~4min 间隔时间较多,其次是 2.1 ~3min 的间隔时间,再次是 4.1 ~5min 的间隔时间,最少的是 1.1 ~2min 的间隔时间。可见,我国高铁中虽然应用了一些小间隔时间,但是数量较少;而日本高铁中对较小间隔时间的应用更为普遍。

随着近年来我国高速铁路的迅猛发展和各方面技术的革新,铁路技术规范对列车追踪间隔时间规定已达到 3min[2],可见我国目前应用的追踪间隔时间保留了比较富裕的安全余量。

2.3 发车能力统计

对线路各区间的全日发车能力进行统计,并对最大发车区间的发车能力进行分时统计。

(1)全日发车能力

京沪线上海局管段、京广线广铁集团管段以及日本新干线的各区间全日发车能力统计如图 3 所示。

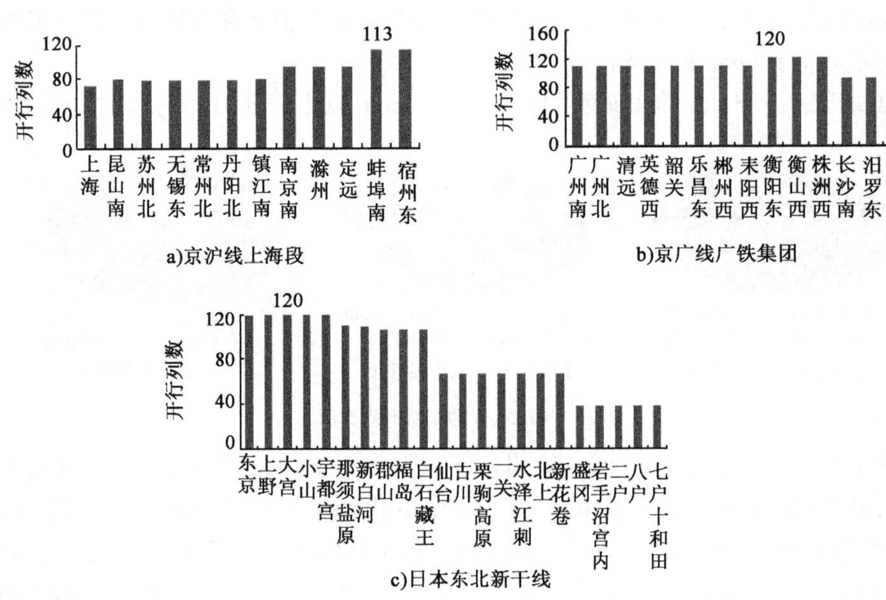

图 3　全日区间上行开行列数统计

由图3a)可见,京沪区段上海虹桥—徐州东区段上行区间开行列数最小为上海虹桥—昆山南区间的72对,最大为宿州东站—徐州东区间的113对。有部分列车经蚌埠南到合福客运专线,还有部分列车终点站为南京南站。以6:00－23:00为统计时段,第一列车为6:52－8:19南京南—徐州东,最后一列车为20:08－22:54蚌埠南—徐州东,22:54－次日6:00有2列夜车运行(不包括检测列车)。

由图3b)可见,京广高铁广州南—赤壁北区段上行区间开行列数最小为岳阳东—赤壁北区间的91对,最大为衡阳东—长沙南区间的120对。有部分列车经衡阳南到湘桂高铁,还有部分列车终点站为长沙南站。以6:00－23:00为统计时段,第一列车为6:00－6:47长沙南—赤壁北,最后一列车为21:00－23:50广州南—长沙南,23:50－次日6:00有2列夜车运行。

由图3c)可见,随着距东京越远,开行列车数量逐渐减少。东北新干线上行区间开行列数最小为盛冈—岩手沼等区间的38列;最大为东京—上野等区间的120列。以6:00－23:00为统计时段,第一列车为6:21－7:04小山站—东京,最后一列车为19:44－23:04新青森到东京,结束运行时间为23:04。

综上所述,日本高铁线路夜间无列车运行,我国运行在2列以下。在统计时段基本相近的情况下,我国高铁的区间最大列数已达到东北新干线水平,目前东北新干线的运行图也不是满图运行,说明我国高铁仍然有发展的余量。

(2)最大区间发车列数

统计发车列数最多的区间的分时发车列数,如图4所示。

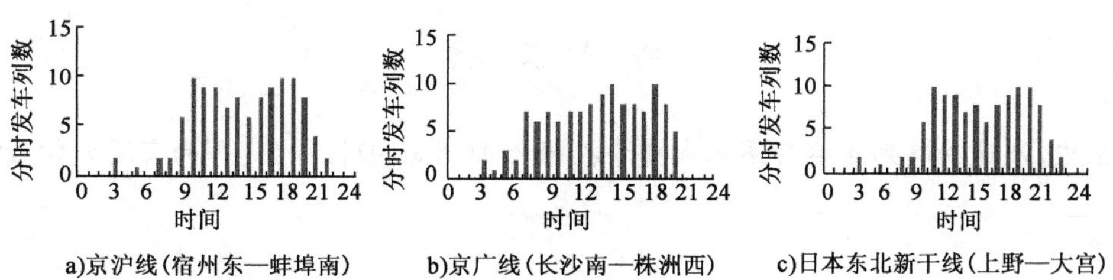

图4 最大区间分时发车列数统计

由图4可见,目前开行列数较高的时段基本集中在上午9:00至晚上21:00,小时最大开行列数的值是10,三条线路均采用了平均5min的发车间隔;日本东北新干线运行图并不是满图运营,与东海道新干线的187列尚有差距,所以京沪线和京广线的运行图即使在最大列车列数区间,仍有增加列车列数的可能。

(3)典型车站的连到和连发间隔统计

根据前文对通过能力的影响因素分析,车站的连到间隔和连发间隔时间是制约线路通过能力的重要因素。本文统计京沪线、京广线和东北新干线的车站间隔时间,以上海虹桥站、广州南站和东京站为例。

上海虹桥站出发列车的最大时段为10:01－11:00,出发8列,最小连发间隔为5min(10:05－10:10),有6列车的4个连发间隔为5min,其他连发间隔为7min左右;广州南站出发列车最大时段为12:01－13:00和13:01－14:00,到达9列,最小连到间隔为5min(12:00－12:05、13:51－13:56),12:01－13:00有3列车的2个连发间隔为5min,其他列连发间隔为 7min 左右,13:01 –14:00 有 1 个连发间隔为 5min,其他列连发间隔为 6min 左右;东京站到达列车最大时段为 18:01 –19:00 到达 8 列,最小连到间隔为 4min(18:32 –18:36),19:01 –20:00 到达 7 列,最小连到间隔为 4min(19:48-19:52)。

综上所述,三条线路的单位时间最大发车列数比较接近,国内的两条线路均最小采用了 5min 间隔,而日本东北新干线最小采用了 4min 间隔。

3 结论

本文对京沪高铁上海虹桥—徐州东区段和京广高铁广州南—赤壁北区段的追踪间隔和能力进行了分析,并与日本东北新干线进行了比较,得到结论如下:

日本新干线采取间隔时间为 4min 的运行图,因为车站咽喉区的长度较短,列车进站和出站的进路长度均较短。日本高铁线路运行时间为 6:00 –23:00,夜间无列车运行,我国运行列车数也在 2 列以下。在统计时段基本相近的情况下,东北新干线的区间列车密度达到 120 列,我国两条线路的最大列数已达到东北新干线水平,但在最大列车列数区间的不同时段,仍有增加列车对数的可能。

我国高速铁路采取间隔时间为 5min 的运行图,大于 5min 间隔的比例与日本东北新干线相近,但 5min 以下的间隔中,我国高速铁路的间隔时间主要分布在 4.1 ~5min,占 75%;而东北新干线的间隔时间主要分布在 3.1 ~4min,占 31%,所以我国具有编制间隔时间为 4min 运行图的可能。

参 考 文 献

[1] 田伯文. 高速铁路列车运行图基本要素技术标准研究[D]. 成都:西南交通大学,2012.

客运专线仿真问题初探

唐继孟*[1],孙全欣[1],蔡　浩[2]

1. 北京交通大学　城市复杂系统理论与技术教育部重点实验室,北京 100044;

2. 汕头大学　工学院,汕头 515063

摘　要　客运专线网络对我国的社会和经济发展具有举足轻重的作用。无论在客运专线规划设计阶段,还是在运营管理阶段,搭建客运专线仿真平台都十分必要,能够实时模拟列车的运行过程,为设计者和管理者提供定量的决策支持。本文对客运专线仿真平台搭建进行了初步探索。首先研究了国内外铁路运营仿真平台的开发使用现状;然后,借鉴国外相关软件,提出了一个系统全面的客运专线仿真系统的框架,对研发一款符合我国国情和路情系统全面的客运专线仿真系统具有一定的指导意义;最后总结了客运专线仿真技术的未来发展趋势。

关键词　铁路运输;客运专线;仿真系统;发展趋势

An Preliminary Analysis of the Dedicated Passenger Lines′ Simulation

Tang Jimeng*[1],Sun Quanxin[1],Cai Hao[2]

1. *MOE Key Laboratory for Urban Transportation Complex Systems Theory and Technology*, *Beijing Jiaotong University*, *Beijing* 100044, *China*;

2. *College of Engineering*,*Shantou University*,*Shantou* 515063,*China*

Abstract　The dedicated passenger lines network plays a decisive role in the social and economic development of our country. No matter in the planning and design stage of dedicated passenger lines or in the operations management stage of it, setting up a simulation platform of dedicated passenger lines is very necessary, which can simulate the operational process of trains in real time and can provide designers and administrators with measurable decision-making support. This paper makes an initial exploration on the construction of the simulation platform of dedicated passenger lines. Firstly, it studies the present situation of exploitation and usage of railway operation simulation platforms at home and abroad. Secondly, by learning experiences from related software, the paper presents a systematic and comprehensive framework of simulation

基金项目:国家自然科学基金(71390332,71131001)

作者简介:唐继孟(1989—),男,湖南邵阳人,博士生。

*通信作者:13114232@bjtu.edu.cn

system of dedicated passenger lines, which has certain guiding significance for researching and developing a systematic and comprehensive simulation system of dedicated passenger lines that suited to the present conditions of our country and railway transport. The future development trends of simulation technique of dedicated passenger lines are discussed and summarized at the end of the paper.

Key words railway transportation; dedicated passenger lines; simulation system; developing tendency

0 引言

客运专线是以客运为主的快速铁路。目前在我国,铁路等级除Ⅰ、Ⅱ、Ⅲ级外又增加了"客运专线"等级,时速为200~350km/h的旅客运输铁路统称为客运专线,曲线半径一般在2200m以上。我国的客运专线分为两大级别——高铁级客专和快铁级客专。前者指我国的高速铁路,《高速铁路设计规范》(TB 10621—2014)将我国的高速铁路定义为:新建设计开行250(含预留)及以上动车组列车,初期运营速度不小于200的客运专线铁路;后者指时速低于高铁250km/h底线标准的客运专线(市域快铁和一些城际铁路,如蓟港快铁、长株潭城际铁路等)。

国务院于2004审议通过的《中长期铁路网规划》规定:到2020年,建设客运专线1.2万公里以上,客车速度目标值达到200km/h及以上。届时将形成以"四纵四横"为骨干的客运专线网络,对我国社会和经济发展意义重大,不仅有效地拉动区域间经济、人才的交流,而且可以推动区域经济结构调整,对促进就业、提高工资水平都会产生积极影响。采用计算机仿真技术搭建"客运专线仿真系统平台",无论是建设阶段的规划设计,还是建成以后的运营管理中,都具有重要意义。仿真平台能够营造出与实际铁路运输接近的虚拟现实环境,并预演列车的运行状况,预先发现列车运行中出现的问题,可以及时提出解决策略,同时在列车运行计划优化、车站布局优化、设施设备利用情况统计等方面能够发挥重要作用。

1 国内外铁路运营仿真系统分析

1.1 国外铁路运营仿真系统

国外开展铁路运营仿真系统研究较早,20世纪70年代,欧美等国家就开始运用计算机模拟方法研究铁路运输问题[1]。多种铁路运营仿真软件被开发出来,商业运用较多的有瑞士苏黎世联邦理工大学开发的Opentrack、德国铁路管理咨询有限责任公司与汉诺威大学交通、铁路建设与运营学院合作开发的Railsys、Systra(赛思达)公司开发的Railsim、斯洛伐克Zilina大学开发的Villon、英国AEA铁路技术公司开发的铁路模拟软件VISION、日本交通控制实验室研制的UTRAS等。

(1) Opentrack

该软件自1995开始开发,2000年推出1.0版本,以后根据用户反馈意见逐步更新完善,先后推出1.1~1.4等版本,直到目前的1.6版本。该软件按照用户输入的线路数据和列车参数,并根据预定义的时刻表和仿真参数进行仿真,主要功能包括列车牵引计算、列车时刻表管理、运行图铺画、铁路运营全过程仿真、系统故障和延迟模拟分析、铁路运营统计指标和能力分析。该软件基本涵盖了列车运营所涉及的全部过程,功能比较全面,但该软件采用的牵引计算规范、信号系统都是基于欧洲标准,与国内标准有一定差异,二者难以兼容。

(2) Railsys

Railsys 在西欧国家使用较多,国内用户有北京交通大学、同济大学,目前版本为 8.0。系统主要包括设施管理、时刻表管理、仿真管理和评价管理四个模块。设施管理模块处理基础设施及信号控制的数据,同时可以根据需要进行新方案的评价。时刻表管理模块提供交互操作,能帮助设计者制定无冲突的时刻表,能够输出图形化的时刻表,同时能得到轨道占用计划、后台计算运行时间和轨道占用情况。仿真管理模块在时刻表的基础上进行仿真,同时可以在仿真中考虑不同的交通控制策略,以便找出产生冲突时的解决方案。评价管理模块主要是对输出数据的组织和管理,输出主要包括每车平均延误、延误的车辆数和比例、轨道线路变换次数等。

(3) Railsim

Railsim 是北美铁路常用的一套铁路模拟软件. 它以 TPC(Train Performance Calculator) 为基础,可以精确地模拟铁路系统中多种列车的运行。Railsim 列车运行仿真系统主要包括列车运行行为计算(TPC)模块、追踪间隔计算模块、安全制动距离模块、基础设施模块、信号设计模块、网络仿真器模块及供电负荷分析器模块。列车运行行为计算模块,可以根据线路平纵断面和列车编组,计算分析列车运行速度时分能耗,评价机车牵引性能。追踪间隔计算模块是计算列车追踪间隔的辅助工具,能够自动处理信号释放时间,支持固定闭塞、机车信号、ATC 等不同信号系统。安全制动距离模块能够计算正反向的安全制动距离,能够模拟多种运行工况。基础设施模块可以录入或导入线路、信号等基础设施,并可定义列车构成、进路、调度优先权、附属和旅客行为,还可定义运营环境。信号设计模块用于支持工程设计和优化列车控制系统,主要用于验证设计的信号对列车运行的影响。网络仿真器可按比例尺图或示意图的形式实时演示列车运行全过程。供电负荷分析器能够分析列车在运输网络中按照规定运行图运行情况下的电能消耗。

(4) Villon

Villon 主要用于建立铁路枢纽(主要是编组站) 仿真模型,主要在奥地利、德国和瑞士等国的几个编组站、工业站和客运站得以运用。铁科院早期也曾采用该软件仿真国内几个大型客运站。该软件可直接从 AutoCAD 文件中读取车站平面数据,然后利用网络图的方式规定列车在站的作业项目,包含仿真牵引计算、列车运行、车组分解、人员分工等功能,具有较强的仿真、演示、统计功能。

(5) VISION

VISION 的功能包括模拟路网上列车、信号系统及基础设施之间的相互作用的情景;研究铁路运输系统在各种假设条件下(即"如果——则") 的运行效果;快速、高效地分析列车间隔和线路能力;验证新项目的可行性;对多设计方案进行论证以寻求最优解;保证系统能够满足各种运营要求。

(6) UTRAS

UTRAS 是日本交通控制实验室在 20 世纪 80 年代开始研制的一个功能比较全面的铁路模拟系统,并在 20 世纪 90 年代开始得到应用。该系统从研究新干线的交通控制系统出发,具有列车运行计算、列车模型对运营的影响分析、延误恢复及分析、不同通信信号制式的影响分析、多列车运行能力及效果的评价等功能。该模拟系统已经在日本得到较多应用。

1.2 国内铁路运营仿真系统

我国学者对铁路运输系统模拟的研究主要集中于牵引计算、运行图编制等方面,这些方面是整个铁路运营仿真的重要组成部分。近年来,国内虽然有一些高校和科研机构发表了多篇关于铁路仿真的学术论文[2-8],但迄今为止,还没有一款系统全面的铁路运营仿真软件。理论研究与应用实践与国外还有一定差距。

目前,国内仅开发了一些与运营仿真有关的软件系统,或者说是运营仿真系统的组成部分,与国外系统全面的运营仿真系统还有一定差距,主要有如下几种:

(1)牵引计算

铁道科学研究院机车车辆所于1993年2月~2000年12月研发了牵引计算程序,最终版本为2.5。该程序是根据《列车牵引计算规程》(TB/T 1407—1998)进行编制的,功能基本覆盖了计算的各项内容,包括牵引力利用系数的处理、油耗、电耗等。该程序近年已被国内各铁路局、设计院等有关单位广泛采用。该程序存在的主要问题是不适用于高速铁路、不适用于大坡道线路、停车误差大、区间调速制动与现场操作有差异、无后续更新计划。

北京交通大学在过去10年来一直致力于轨道交通系统相关理论与技术的研究,在列车牵引计算、列车运行计划编制理论与方法、车站作业计划编制、运输过程仿真技术等领域取得了一系列成果。该校于20世纪末开发了通用列车运行模拟软件,并不断维护升级,能够适应各种不同制式的铁路系统,有灵活、可扩充的机车车辆数据库,方便维护。

(2)运行图编制

西南交通大学研制的列车运行图编制软件——计算机编制列车运行图系统,包括数据库管理、运行图编制及调整、时刻表生成、车站股道占用图绘制及指标统计等功能。该软件在将编图资料采用数据库管理的同时,采用全参数化设计,具有良好的实用性、通用性和可扩展性。该软件建立了“单双线合一”的编图算法,为路网列车运行图的编制奠定了技术基础,并采用基于人工编图经验的启发式搜索算法,对难度较大的单线列车运行图自动编制问题取得了有效突破。该软件切合实际需要,提供了编图工作中所需要的各种交互手段,不但具有较强的单机编图功能,同时还具有较完善的计算机联网编图功能。软件的数据管理模块能有效支持网络操作,数据的输入、修改及列车运行图的编制和调整等实现了网络化,可支持列车运行图编制的多用户协同工作。该软件是一个智能化程度较高的、系统性较强的、功能较完善的计算机编图软件系统。

2 客运专线仿真系统框架

本文在借鉴国外相关软件的基础上,按照我国客运专线的设备类型及作业规则,把握我国客运专线运营过程及特征,提出一个符合我国国情和路情的客运专线运营仿真系统的框架,如图1所示。该系统在读入线路、车站、信号、供电、运输组织方案等数据资料后,实现了对客运专线的全日行车作业的动态仿真。该系统将用于评价客运专线的运输组织方案合理性、验证各项运营指标是否满足要求及发现方案中存在的薄弱环节,并提出改善措施。

该系统主要由以下四大模块组成。

(1)基础数据管理模块

该模块负责线路数据和移动设备数据的管理。宏观路网数据、车站线路设备数据、区间线

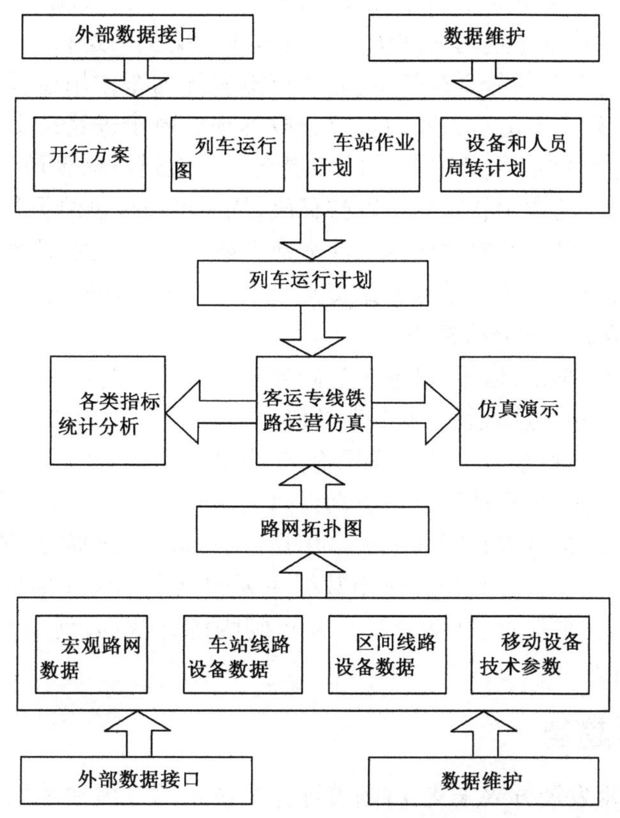

图1　客运专线仿真系统框架

路设备数据及移动设备技术参数等基础数据不会随线路运行计划变化而改变,相对固定,所以,进行车站仿真作业前,需要将这些数据录入数据库中。考虑到基础数据较多,且逻辑关系复杂,为了能够快速导入这些数据,可以规定某种格式的接口,方便与其他软件进行数据对接,比如车站平面图数据可以直接由车站 CAD 文件读入。对于读入的基础数据,应提供修改、编辑和维护等功能,方便基础数据的管理。

(2)列车运行计划管理模块

列车在区间运行和车站作业都是按照预先确定的规则和计划进行。该模块主要有两大功能,一方面能够识别并导入指定格式的开行方案、列车运行图、车站作业计划及设备和人员周转计划等列车运行组织计划;另一方面在缺少某些运行计划的情况下,该模块能够根据线路条件和列车类型自动生成一个完整的初始运行计划,以便能够正常进行仿真。这些计划作为运营仿真模块的输入数据,是仿真得以进行的前提,同时也是系统仿真的输出数据。仿真系统对这些计划进行仿真模拟,检验其是否可行,并发现计划的薄弱环节,从而对其调整优化,最后输出较好的列车运行计划。考虑到仿真过程中,可能需要调整各类计划,所以该模块还应该提供各种计划的修改编辑功能。

(3)客运专线运营仿真模块

在给定线路平纵断面数据和各类运行计划的基础上,通过选用一定的动车组类型,实时计算列车的受力、速度、加速度等状态信息,推进列车的仿真运行,实现车站咽喉、到发线列车接发、折返、出入段等各项技术作业的精细仿真。列车在线路上的运行基于给定的进路,系统提供基于轨道区段占用的实时信号系统仿真,完全模拟实际列车占用过程。进路开通时所涉及的轨道区段同时锁定,列车出清进路暂时选择分段解锁。由于进路是由多个轨道电路区段组成的,如果采用分段解锁的方式,当列车的尾部清空一个轨道电路区段后,经过一定的设备释放时间,该轨道电路区段的占用状态就可以被释放,从而可以提供给另外一条进路使用。仿真系统演示运行时,采用消息文本窗口或标示冲突地点或列车等方式,应能实时显示或提示各种进路交叉冲突,并能实时显示或提示因进路交叉导致的列车计划外延迟、减速或停车。

(4)仿真显示及结果统计分析模块

在利用读入的线路、车站、信号、供电等基础数据生成的路网拓扑图上,依据给定的列车运行计划,将列车群在区间的追踪运行,及在车站停站、通过、折返、进出段等各项作业清楚直观地展现在仿真界面上。各列车从出动车段开始,在线路上追踪运行,最后回到动车段的整个过程及在各车站的各项作业,用户都可以在仿真界面上实时观测。列车如果出现站外停车、反方向接车等情况,仿真界面都可以直观地展示给用户。仿真需要全面、系统地输出结果,以便科学地评价客运专线各类运行计划,仿真输出数据主要包括列车每个时间步长的状态数据(如列车位置、速度、加速度、牵引力、制动力等)、发车间隔统计数据、列车延误数据、车站到发线利用率、道岔利用率等。

3 未来发展趋势

铁路运营仿真技术发展方兴未艾,将随着计算机技术的发展和客运专线在全世界的兴起而不断发展,纵观国内铁路运营仿真系统,其未来共同的发展要点主要有如下几点:

(1)基于地形的三维化

目前仿真软件的界面多是二维的示意图形式,多采用输入各种线路数据或导入 CAD 平面图建立仿真模型,不但建模工作量大、容易出错,而且建立的示意图不能准确表现线路、车站布局的空间比例关系,不能按比例直观地显示列车在线路上的时空变化关系。未来随着铁路线路、车站等设计的三维可视化,运营仿真也将向基于 GIS、具有地形地貌的三维化发展。

(2)建模快速化

仿真需要大量的基础数据,包括线路设施、运营调度规则、运行图、列车周转计划等。过去进行仿真时,往往需花大量的时间在建立仿真模型上,并且对基础数据进行局部修改后,重建仿真模型费时很长。目前,越来越多的研究者意识到这一问题,并着手开展相关研究。研究主要从制定标准化的数据格式(如 RailML)、方便数据交换、提高编制运行图和列车周转计划的智能化程度等方面着手,也包括直接采用工程设计平面图。

(3)运行计划智能化

未来,仿真研究工作者将根据列车开行方案,制定合理的列车运行计划这一工作,通过现代数学分析和管理方法,逐渐提高计算机制定合理运行计划的智能程度,从而将仿真操作者从烦琐的工作中解放出来。

(4)评价指标综合化

现有的仿真系统一般都能输出多项评价指标,如车站各条股道的能力利用率、占用图,各个道岔的能力利用率、占用图,列车运行速度时分能耗曲线,列车晚点统计,实绩运行图等。但如何综合评价客运专线的运输组织方案的优劣,如何综合评价一个车站作业计划的优良程度,以及如何能够快速找到薄弱环节并生成解决方案,这些还是现有仿真系统非常欠缺的。未来的仿真系统将采用系统论等现代管理方法,寻求综合化的评价指标,以便能快速直接地对一个车站、一条线路、一个路网进行合理评价。

4 结论

我国的客运专线网对社会和经济的发展具有举足轻重的作用。无论在客运专线的规划设计阶段,还是在建成后的运营阶段,搭建一个客运专线仿真平台,准确地模拟列车运行过程,检验运输组织方案的合理性,能够为客运专线的规划设计和运营管理提供很好的决策支持。本文研究了国内外铁路运营仿真系统开发应用现状,在借鉴国外相关软件的基础上,提出了一个符合我国国情和路情的客运专线运营仿真系统框架,该系统主要由四大模块组成:基础数据管理模块、列车运行计划管理模块、客运专线运营仿真模块和仿真显示及结果统计分析模块。最后,指出了未来客运专线仿真技术的发展方向:基于地形的三维化、建模快速化、运行计划编制智能化及评价指标综合化。本文为将来研制一款准确、全面的客运专线仿真系统提供了一个基础框架,对将来的铁路运营仿真系统研究开发具有一定的指导意义。

参考文献

[1] 杨肇夏,毛保华,何天健.铁路运输模拟系统的现状与发展[J].北方交通大学学报,2002,26(5):1-8.

[2] 石红国.列车运行过程仿真及优化研究[D].成都:西南交通大学,2006.

[3] 何桥.高速动车组牵引计算仿真系统设计与开发[D].成都:西南交通大学,2013.

[4] 苏梅.铁路运营模拟系统的发展与应用研究[J].交通运输系统工程与信息,2009,9(2):44-49.

[5] 张星臣,杨浩,朱晓宁,等.京沪高速铁路列车运行仿真实验系统研究[J].铁道学报,1998,20(4):1-8.

[6] 毛保华,王保山,徐彬,等.我国铁路列车运行计划集成编制方法研究[J].交通运输系统工程与信息,2009,9(2):27-37.

[7] 李博.客运专线列车运行仿真研究[D].北京:铁道科学研究院,2007.

[8] 孟令云,蒋熙,杨肇夏.基于 Agent 的客运专线列车运行仿真研究[J].系统仿真学报,2009,21(6):1538-1542.

二阶模型 CA-CMAC 在 ETC 匝道应用研究

刘烈锋

兰州交通大学　交通运输学院,兰州 730070

摘　要　针对机动车数量的急剧增长,高速公路面临资源紧张的局面。本文设计了基于二阶模型和信度分配的小脑模型关节控制器(credit assigned-cerebellar model articulation controller,CA-CMAC),并在高速公路不停车电子收费系统(electronic toll collection,ETC)入口匝道中应用,用来控制驶入高速公路的车辆数,使其主线交通流维持在期望的水平。用二阶模型对高度非线性的高速公路交通流进行建模,寻找信度分配的最佳参数,将此参数输入 CA-CMAC,得出使道路交通流的流量、密度、速度维持在期望水平的最佳 ETC 入口匝道控制策略。同时设计了反馈控制器,控制误差在一个可接受的范围。最后用 MATLAB 软件仿真,仿真结果和预期结果相似,表明 CA-CMAC 可以对进入高速公路的车辆进行有效控制,提高高速公路主线车流通行能力。

关键词　公路运输;CA-CMAC;二阶模型;入口匝道;不停车电子收费系统

The Application of Second Order Model CA-CMAC on ETC Ramp

Liu Liefeng

School of Traffic and Transportation, Lanzhou Jiaotong University, Lanzhou 730070, *China*

Abstract　With the rapid development of motor vehicles and insufficient resource of freeway's capacity. Credit assigned-cerebellar model articulation controller(CA-CMAC) is designed based on second order model, and then, applied on on-ramp electronic toll collection(ETC). We find that this method can make the mainline traffic flow maintain on desired level. The highly nonlinear freeway traffic flow is modeled by second order model to find the optimal parameters used for credit assignment and import these optimal parameters to CA-CMAC. After that, the optimized strategy of on-ramp ETC is obtained to make the flow, density and speed of the traffic maintain on desired level. At the same time, we designed feedback controller to make the error keep on accepted range. Finally, the system simulation is carried out by MATLAB software. Simulation result is similar to the expected one. It can control the number of vehicles efficiently and keep the freeway unblocked.

Key words　highway transportation; CA-CMAC; second order model; on-ramp; electronic toll collection

---

作者简介:刘烈锋 (1991—),男,湖南株洲人,硕士。

* 通信作者:E-mail:lfboke@ qq. com

0 引言

高速公路包括衔接匝道、基本行驶路段和交织区三个基本组成部分。高速公路匝道不停车电子收费系统(ETC)是目前世界上最先进的道路收费方式,也是道路收费的主流发展方向。通过安装在车辆挡风玻璃上的车载电子标签与在收费站 ETC 车道上的微波天线之间的微波专用短程通信,利用计算机联网技术与银行进行后台结算处理,从而达到车辆通过收费站不需停车就能缴纳费用的目的。本文在入口匝道 ETC 上运用合适的控制算法和控制策略,将道路车量数目稳定在期望密度附近。

从 20 世纪七十年代以来,交通控制研究发展的速度非常之快,众多交通工程学领域的专家陆续发表论文,对匝道控制提出自己的算法和控制方法。文献[1]从宏观模型、混合交通流的宏观模型和微观模型着手,分析各个算法及模型的特点。文献[2],[3]中 Albus J S 提出 CMAC 是一种对多自由度有同时控制功能的自适应系统,它能通过一个表格而不是联立数学方程的方法计算。CMAC 记忆的机器控制功能存储时通过迭代过程完成。如果控制函数足够平滑,那么函数收敛。文献[4]首次提出了人工神经网络用于单点匝道控制,可有效缓解高速公路道路拥挤。文献[5]提出基于精准系统建模的模糊神经算法 CMAC,系统设计包含机构测定和混合参数学习。文献[6]针对 CMAC 忽略激活存储单元的可信度,将误差均匀分配到所有被激活单元的弊端,提出信度分配学习值与激活存储单元的学习次数成反比的理念(CA-CMAC),将误差根据存储单元的可信度进行分配,达到快速收敛的目的。文献[7]将 CA-CMAC 应用在主元分析模型中,成功将多传感器实时在线故障检测与隔离应用起来。文献[8]针对交通流的时变非线性,设计小脑模型关节控制器与比例积分复合控制器,对高速公路交通流的多变环境具有很强的适应性。文献[9]针对 Albus 神经网络难以满足快速性的要求,对 CMAC 神经网络进行分割。它将整体网络切分成较小的子网络,通过信度分配的并行 CMAC,将子网络进行重新训练组合。文献[10]提出了高速公路建模、密度控制理论和方法,以及交通干线、交通网络的相关信号优化控制和智能控制的方法。

基于此,本文依据高速公路交通流流量、密度、速度的特点,建立二阶宏观交通流模型,得到优化参数,结合信度分配,设计了基于二阶模型的 CA-CMAC,并用于 ETC 匝道。

1 二阶交通流模型

在交通领域,通过对交通流建模来描述速度、密度、流量三个变量之间的内在关系。基于 LWR 一阶宏观交通流模型,Pyane 等研究人员率先建立了二阶宏观交通流模型,后经 M. pap-gaeoiou 等改进。该模型的表述如下:

$$\rho_i(k+1) = \rho_i(k) + \frac{T}{\lambda_i \Delta i}[q_{i-1}(k) - q_i(k) + r_i(k) - s_i(k)] \tag{1}$$

$$v_e[\rho_i(k)] = v_f\left\{1 - \left[\frac{\rho_i(k)}{\rho_{jam}}\right]l\right\}^m \tag{2}$$

$$q_i(k) = \rho_i(k) v_i(k) \lambda_i \tag{3}$$

$$v_i(k+1) = v_i(k) + \frac{T}{\tau}\{v_e[\rho_i(k)] - v_i(k)\} + \frac{T}{\Delta i} v_i(k)[v_{i-1}(k) - v_i(k)]$$

$$-\frac{\gamma T}{\tau\Delta_i}\frac{\rho_{i+1}(k)-\rho_i(k)}{\rho_i(k)+\kappa} \tag{4}$$

式中：$\rho_i(k)$——在 kT 时刻，第 i 段中车辆密度[veh/(km · lane)]；

T——采样的时间间隔；

Δi——第 i 段的长度；

λ_i——第 i 段中车道数目；

$q_i(k)$——在 kT 时刻，第 i 段中的交通流量(veh/h)；

$r_i(k)$——在 kT 时刻，第 i 区段的入口匝道车流量(veh/h)；

$s_i(k)$——在 kT 时刻，第 i 区段的出口匝道车流量(veh/h)；

v_e——平衡速度(km/h)；

v_f——自由速度(km/h)；

ρ_{jam}——阻塞密度，l、m——常数；

$v_i(k)$——在 kT 时刻，第 i 段中车辆平均速度(km/h)；

γ、τ、κ——模型参数，在所有区段都保持不变。

以下为保证交通量不小于零的约束条件：

$$\begin{cases}\rho_i(k)\geqslant 0,\\ q_i(k)\geqslant 0,\\ v_{\min}\leqslant v_i(k)\leqslant v_f,\\ r_i(k)\geqslant 0.\end{cases} \tag{5}$$

2 基于二阶模型的信度分配小脑模型关节控制器(CA-CMAC)

2.1 二维输入，层数为 3 的 CMAC 神经网络结构

CMAC 的基本思想是通过在重叠区域存储数据，达到数据更易获取、所需存储空间更少的目的。本文以二维输入 CMAC 为例，构建横纵坐标均有 7 个位的 CMAC，其结构如图 1 所示。横纵坐标输入状态变量通过 x_1 和 x_2 定义，对每一个输入状态，都分三层。对第一层，变量 x_1 被分为 A、B、C 三个区；变量 x_2 分为 a、b、c 三个区。第一层构成区域 Aa、Ab、Ac、Ba、Bb、Bc、Ca、Cb、Cc 是存储数据的地址，称为存储单元。类似的，存储单元 Dd、De、Df、Ed、Ee、Ef、Fd、Fe、Ff 在第二层被定义，存储单元 Gg、Gh、Gi、Hg、Hh、Hi、Ig、Ih、Ii 在第三层被定义。需要注意的是：只有相同层的区才能形成存储单元，如 Ag，Dg 这类存储单元是不存在的。本例中，二维 CMAC 共 49 个不同状态通过 27 个存储单元区分。

CMAC 算法在执行过程中分为输出产生和学习两个阶段。

在输出产生阶段，CMAC 使用一组数作为输入地址，根据当前输入状态变量获取存储数据，通过编址，将数据求和产生输出。设 m 为输入状态层数；N 为存数单元数；n 为总的状态数；y_{s_k} 为对应状态 $s_k(k=1\cdots n)$ 的输出值，为编址数据的总和。y_{s_k} 计算公式为：

$$y_{s_k}=\sum_{j=1}^{N}C_{sk,j}w_j \tag{6}$$

式中：w_j——第 j 个存储单元的存储数据；

$C_{s_k,j}$——表明第 j 个存数单元是否被状态 s_k 激活的参数，每一个输入状态均激活 m 个存储

单元。存储单元被激活，则 $C_{s_k,j}$ 为 1，否则为 0。如图 1 所示，($x_1(2)$，$x_2(2)$)激活存储单元 Aa、Ee、Hh，只有这三个 $C_{s_k,j}$ 为 1，其余为 0。

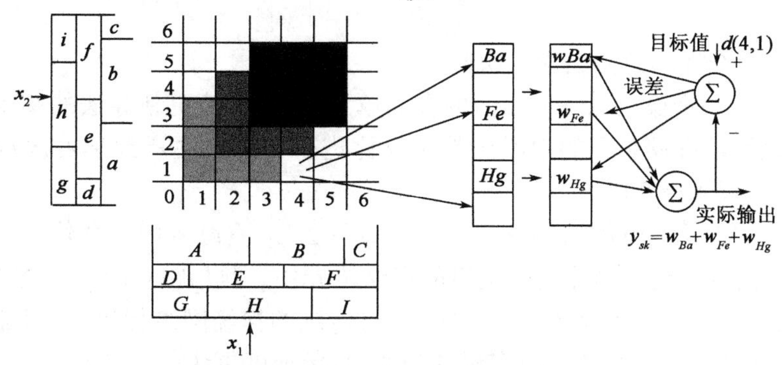

图 1　二维输入的 CMAC 神经网络

输出产生阶段是从 CMAC 表中产生输出，学习阶段是根据期望输出和实际输出之间的误差更新 CMAC 表中的数据。传统的 CMAC 通过将误差均匀分配，来更新激活的存储数据。s_k 是执行的状态；$w_j^{(i)}$ 是第 j 个存储单元在 i 次迭代后的值。传统的 CMAC 权值更新算法为：

$$w_j^{(i)} = w_j^{(i-1)} + \frac{\alpha}{m}C_{s_k,j}\left[\overline{y_{s_k}} - \sum_{j=1}^{N}C_{s_k j}w_j^{(i-1)}\right] \tag{7}$$

式中：　$\overline{y_{s_k}}$——对应状态 s_k 的期望值；

$\sum_{j=1}^{N}C_{s_k,j}w_j^{(i-1)}$——CMAC 在状态 s_k 下的实际输出；

α——学习常数，用来表示被激活的存储单元才会被更新，且在 α 小于 2 时，CMAC 的学习将会收敛。

在上述学习过程中，期望输出与实际输出之间的误差被均匀分配到激活的存储单元中。然而，在 $i-1$ 次迭代后，CMAC 中原来的存储数据已经包含了之前学习的内容，所以并不是每一个存储单元都有相同的学习历史。因此存储单元没有相同的可信度，但在式(7)中，却忽略了这一差异，把误差均分到所有已激活的存储单元中，导致第 i 次迭代的学习信息可能由于存储单元间学习历史的不同而产生误差。虽然当学习过程持续几个循环后，误差有可能被平滑，在 CMAC 的多种成功应用中很明显。但是用于实时在线学习的过程中，可能只允许进行一次循环训练，没有足够的时间来平滑误差数据。所以，传统的 CMAC 的学习结果可能不被实时在线学习接受。

2.2　基于信度分配的神经网络(CA-CMAC)

为了解决传统的 CMAC 更新算法中误差分配后产生的学习结果不能满足实时在线学习的问题，误差修正必须根据每个存储单元的可信度进行分配。这种思想在信度分配中很常见，然而，想要根据可信度进行误差分配，在传统的 CMAC 学习过程中，目前还没有确定哪一个单元对当前误差相关系数影响更大的方法。唯一可以使用的信息是存储单元更新的次数。运用这一假设，认为存储单元训练的次数越多，它所存储的值越准确，被分配到的误差也应该更小。因此，存储单元的学习次数可以视为存储单元的可信度。

由以上假设，式(7)改写为：

$$w_j^{(i)} = w_j^{(i-1)} + \alpha c_{s_k,j} \left(\frac{[f(j)+1]^{-1}}{\sum_{l=1}^{m}[f(j)+1]^{-1}} \right) (\bar{y}_{s_k} - \sum_{j=1}^{N} c_{s_k,j} w_j^{i-1}) \tag{8}$$

式中：$f(j)$——第 j 个存储单元的学习次数；

m——对应一个输入状态下激活的存储单元数目，权值更新算法的基本思想是误差根据激活存储单元的学习次数按反比进行分配。注意到学习次数必须包含当前次，以免被 0 除。

在式(8)中，误差均匀分配 $1/m$ 由 $[f(j)+1]^{-1}/\sum_{l=1}^{m}[f(l)+1]^{-1}$ 替代，通过这个修正，学习误差依据可信度按一定比例分配到激活的存储单元中。且 $[f(j)+1]^{-1}/\sum_{l=1}^{m}[f(l)+1]^{-1}$ 小于等于 1，CA－CMAC 算法收敛。CA-CMAC 与传统的神经网络相比，它对非线性实时控制适应性更强；同时解决了 CMAC 存储容量的问题，收敛速度更快。

2.3 二阶模型的 CA－CMAC 匝道 ETC 设计

在高速公路 ETC 入口匝道进行控制是为了保证高速公路交通流量、密度等关键变量在期望的范围内。即在某一时段、某一路段，找到合适的控制参数，输入 ETC 控制系统，调整该入口匝道的放行率，使这一时段和路段，道路服务水平能稳定在期望的数值。图 2 所示为基于二阶模型的 CA-CMAC 非线性闭环反馈系统，其控制对象是二阶交通流模型。期望交通密度 $\rho_{di}(k)$ 是输入信号，实际交通密度 $\rho_i(k+1)$ 是输出信号，即被控变量。其中 $r_i(k)=\Delta r_i(k)+r_i(k-1)$ 是匝道调节率，为该控制器寻找的控制目标，目的是使路段 i 在时刻 k 的 $\rho_i(k)$ 收敛到 $\rho_{di}(k)$，并以此作为进行 ETC 控制系统入口匝道调节率的控制变量。

该算法中，误差变化：

$$\Delta e_i(k) = e_i(k) - e_i(k-1) \tag{9}$$

误差：

$$e_i(k) = \rho_{di}(k) - \rho_i(k) \tag{10}$$

控制器的输出：

$$\Delta r_i(k) = k_p \Delta e_i(k) + k_i e_i(k) \tag{11}$$

经过反馈控制器控制 r_i 的追踪，按如上的反馈控制系统，能够最大限度地使交通流模型误差得到控制。

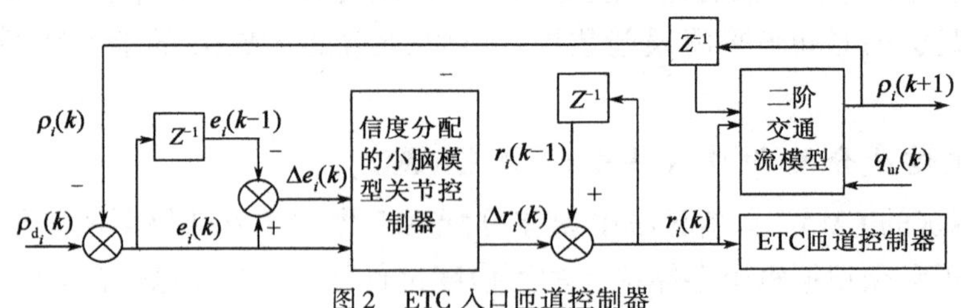

图 2　ETC 入口匝道控制器

3　仿真分析

高速公路交通流的密度和车辆道路占有率呈现相似的变化趋势，而道路占有率能够在 MATLAB 仿真中提供。一般，道路占有率这一参数可以作为替换道路交通密度的参数。本文对一段共包含 12km 的双向高速公路进行仿真，每一段长度 1km，其中在第 2km(设为路段 2)

和第10km(设为路段10)处设入口匝道,如图3所示。

仿真程序首先对二阶模型及交通流的三要素(流量、速度、密度)等参数进行初始化,对CMAC神经网络的层数、维数、初始密度进行设定;再计算覆盖偏移量和单元被激活的次数,对CMAC进行信度分配;随后设定路段2和路段10的期望密度,再对交通流应用二阶数学模型,对路段1到路段12分别计算实际交通密度和实际流量;然后将得到的数据信息输入到CA-CMAC,数据更新;最后用MATLAB输出各个图表,将各流量、速度、密度和时间等的相互关系清晰地表示出来。路段—时间—密度三维图如图4所示。路段—时间—速度三维图如图5所示。

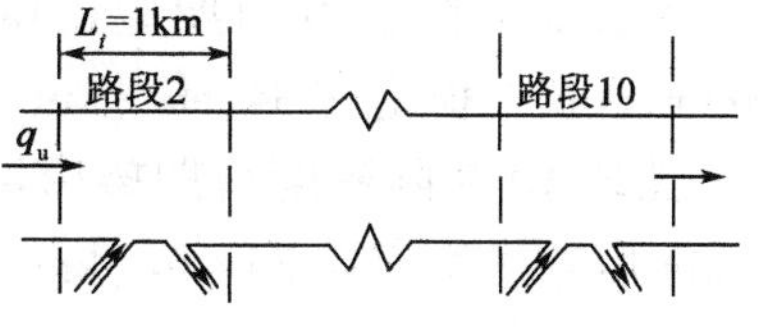

图3 二阶宏观交通流模型结构

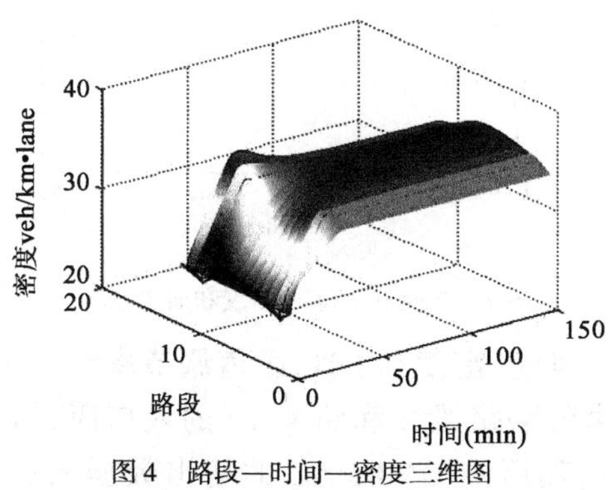

图4 路段—时间—密度三维图

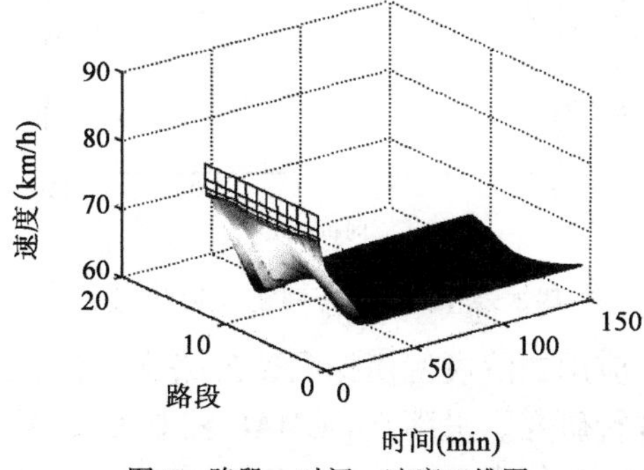

图5 路段—时间—速度三维图

在用MATLAB仿真的过程中,迭代次数为600,路段初始密度为26veh/km,初始双向流量为4264veh/(h·lane),初始速度为82km/h。二阶模型中,畅行速度v_f为100km/h,期望系数为33,采样周期为15/3600s,阻塞密度为76veh/km,L_i为第i段高速公路长度。从匝道2进入主线流量的初始值为100veh/h,从匝道10进入主线的流量初始值为200veh/h。

从图4可以看出,密度开始为22veh/(km·lane),随着时间的增加,密度上升到33veh/(km·lane),密度区域稳定。

从图5可以看出,行车速度开始在70km/h左右,随着时间增加,速度逐渐减慢到62km/h。

路段2的入口匝道调节率开始为170veh/h,短时间内迅速增加,在时间为25min时达到最高值,随后下降,在32min左右趋于稳定,维持在500veh/h左右,如图6所示。

路段10的入口匝道调节率开始为200veh/h,之后随时间增加,在20min时达到最高值,随后下降,在50min左右趋于稳定,维持在400veh/h左右,如图7所示。

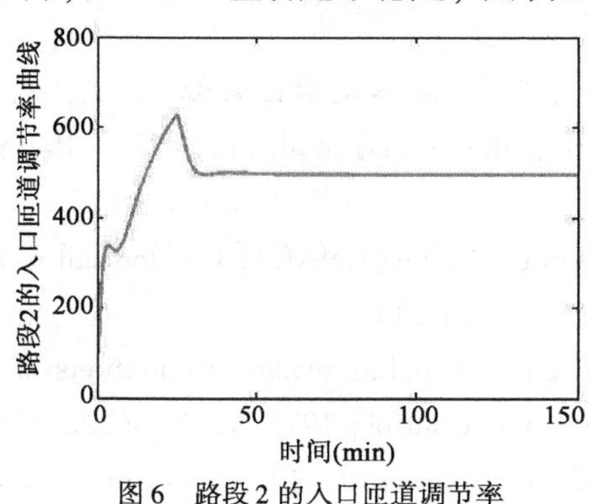

图6 路段2的入口匝道调节率

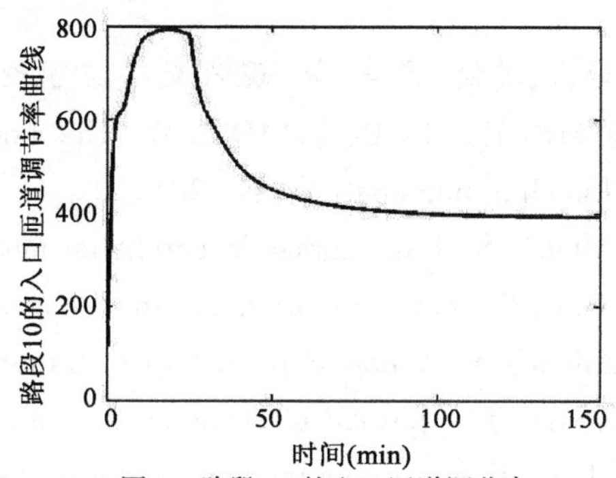

图7 路段10的入口匝道调节率

路段2实际密度与期望密度拟合度较高,实际密度从24veh/(km · lane)逐渐上升,在25min后基本稳定在34veh/(km · lane),如图8所示。

路段10实际密度与期望密度拟合度较高,实际密度从25veh/(km · lane)逐渐上升,在25min后基本稳定在34veh/(km · lane),如图9所示。

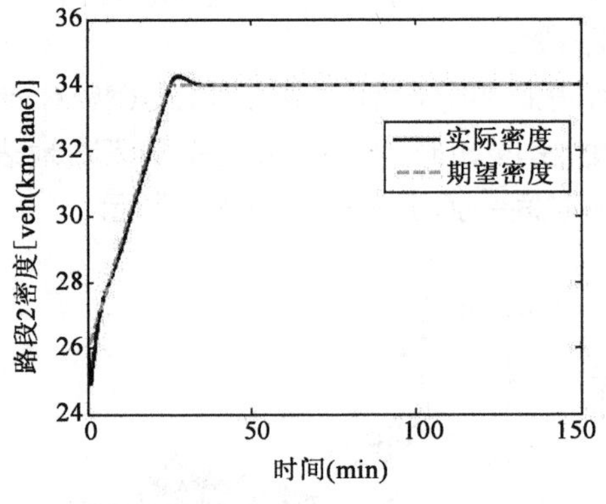

图8　路段2的实际密度和期望密度

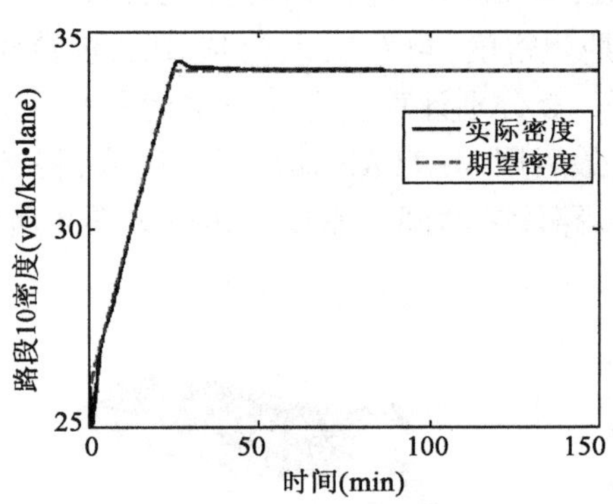

图9　路段10的实际密度和期望密度

应用二阶模型模拟高速公路交通流,分别就行车速度、密度和ETC匝道调节率等相关变量进行研究。采用CA-CMAC控制ETC系统,对高速公路路段2和路段10的入口匝道进行MATLAB仿真。CMAC神经网络的初始化权值为零,随后由CA-CMAC的输出数据来决定。仿真结果表明基于二阶模型的信度分配小脑模型关节控制器(CA-CMAC)能够很好地增强控制系统的稳定性,尤其对稳定不好,状态时刻变化的高速公路交通流有非常强的适应性。

4　结论

本文用二阶模型模拟交通流,然后与CA-CMAC结合,构建了基于二阶模型的CA-CMAC。为了验证该控制器的有效性,用MATLAB软件进行仿真,对高速公路位于路段2和路段10的ETC入口匝道进行仿真研究。结果显示基于二阶模型和信度分配的小脑模型关节控制器反应速度快,且具有优越的动态和稳态性能。在应对高速公路紧急交通事件等突发性问题的控制中,该控制策略可发挥重要作用。

参考文献

[1] 李力,姜锐,贾斌,等.现代交通流理论与应用[M].北京:清华大学出版社,2011.[LI L, JIANG R, JIA B, ZHAO X M. The modern traffic flow theory and application[M]. Beijing: Tsinghua university press, 2011.]

[2] Albus J S. Data storage in cerebellar model articulation controller(CMAC)[J]. Journal of Dynamic Systems, Measurement and Control, 1975, 97(2): 228-233.

[3] Albus J S. A new approach to manipulator control: The cerebellar model articulations of the ASME(J). Journal of Dynamic Systems, Measurement and Control, 1975, 97(3): 220-227.

[4] Zhang H M. Freeway ramp metering using artificial neural network[J]. Transportation Re-

search, Part C, 1997, C(5):273-286.

[5] CHENG K H. CMAC-based neural fuzzy approach for complex system modeling[J]. Neural Computing, 2009, 72(7): 1763-1774.

[6] Su S F, Ted T, Hung T H. credit assigned CMAC and its application to online learning robust controllers[J]. IEEE Trans on Systems, Man and Cybernetics Part B: Cybernetics. 2003, 33(2): 202-213.

[7] 朱大奇,陈楚瑶,颜明重. 基于CA-CMAC的快速传感器故障诊断方法[J]. 电子学报, 2008,36(8):1646-1650. [ZHU D Q, CHEN C Y, YAN M C. Fast sensor fault diagnosis method based on CA-CMAC [J]. Journal of Electronics, 2008, 36(8): 1646-1650.]

[8] 梁新荣,刘艳艳, 满国永,等. 基于小脑模型关节控制器与PID复合的高速公路交通流密度控制[J]. 控制理论与应用,2013,30(10):1281-1286. [LIANG X R, LIU Y Y, MAN G Y, et al. Density control for traffic flow based on the composite of PID controller and cerebella model articulation controller[J]. control theory and application,2013, 30(10):1281-1286.]

[9] 潘晔,顾幸生,卢胜利. 基于信度分配的并行集成CMAC及其在建模中的应用[J]. 控制理论与应用,2010.27(2): 211-215. [PAN Y, GU X S, LU S L. Credit-assignment-based parallel ensemble CMAC and its application in modeling[J]. control theory and application, 2010,27(2):211-215.]

[10] 史中科,黄辉先,曲仕茹,等. 交通控制系统导论[M]. 北京:科学出版社,2003. [SHI Z K, HUANG H X, QU S R, CHEN X F, Introduction to traffic control system[M]. Beijing: Science press. 2003.]

城市道路潮汐车流路段设置可变车道的仿真研究

陈志杰*[1],陈　垚[1],刘　路[1],朱　杰[2]

1. 北京交通大学　城市复杂系统理论与技术教育部重点实验室,北京 100044;

2. 北京市交通信息中心,北京 100055

摘　要　针对城市道路的潮汐交通现象,本文利用 VISSIM 仿真平台分析了城市主干路设置可变车道的适用性条件。通过对大量典型路段仿真结果的拟合,得到路段长度、双方向车道数、双方向车流量与车辆总延误时间的关系曲线。以路段上车辆总延误时间最小为目标函数,确定合理的可变车道设置方案。最后本文选取北京市蒲黄榆路作为案例,通过拟合曲线得到的延误时间与通过仿真得到的延误时间的相对误差在10%以内,具有较高的精度。因此当实时路段车流量发生改变时,可以直接通过上述拟合曲线判断是否应该设置可变车道,而无须根据当前车流量重新进行仿真。

关键词　可变车道;潮汐交通;服务水平;延误时间;VISSIM

Simulation on Setting Reversible Lanes on Urban Tidal Traffic Roads

Chen Zhijie*[1], Chen Yao[1], Liu Lu[1], Zhu Jie[2]

1. *MOE Key Laboratory for Urban Transportation Complex Systems Theory and Technology*; *Beijing Jiaotong University*, *Beijing* 100044, *China*;

2. *Beijing Transportation Information Center*, *Beijing* 100055, *China*

Abstract　To study the tidal traffic phenomena on urban roads, this paper analyzes the applicability conditions of setting reversible lanes on urban trunk roads by the VISSIM – based simulation platform. By fitting the simulation results of a large number of typical road sections, this paper gets the curves on the relationships among the road lengths, the bi – directional lane numbers, the bi – directional vehicle flows and the total vehicle delay time. An object function of minimizing the total vehicle delay time is made to get the reasonable setting schemes of reversible lanes. Lastly, this paper chooses the Puhuangyu road in Beijing as a research case. The relative error between the delay time obtained by fitting curves and the delay time obtained by simulations is within 10%, which is at high accuracy. As a result, when the real road vehicle flows are changed, the judgment whether setting reversible lanes can depend on the above fitting curve directly, instead of repeated simulation based on the current vehicle flows.

Key words　reversible lanes; tidal traffic; service level; delay time; VISSIM

作者简介:陈志杰(1989—),男,浙江宁波人,博士生,主要研究方向为交通运输规划与管理。

*通信作者:chen2640@ bjtu. edu. cn

0 引言

多数城市规划的土地利用中,大型商务区一般在城市中心,大型居住区一般在城市外围,这种分布使得部分市区道路出现潮汐车流,即早晨进城方向的交通量较大,反向流量较小;而晚上则正好相反。如此流量分布不均衡的现象正日益突显,甚至造成拥堵。因此,对于有条件的路段,可以考虑通过改变部分车道的行驶方向来调整两方向的车道数,从而提高道路的使用效率,即采用可变车道。例如,某道路早高峰进城方向车流量远大于出城方向,现通过采取减少出城方向的车道数并增加进城方向的车道数的方案,以缓解交通压力、疏导交通。晚高峰时,则采取与之相反的车道数调配方案,疏导车辆出城。

目前,国内外还没有关于如何设置可变车道的官方标准。2006 年,Brian Wolshon 等人对全美可变车道的应用进行了调查,文献[1-2]总结了实施中存在的问题,为可变车道的规划、设计、运营提供了信息。文献[3]从整个路网角度,利用双层规划模型,研究了可变车道的调整优化方案。文献[4]以道路服务水平为指标,论证了实施可变车道的可行性,提出了可变车道设置方案和效果仿真。文献[5]以可变车道数为决策变量,建立了用户延误模型。文献[6]研究了北京市朝阳路可变车道交通组织。

本文以北京市城市主干路为背景,考虑了可变车道长度对模型参数值的影响,通过 VISSIM 仿真,得到车流量和平均延误时间的量化关系。绘制出对应不同路段长度的车道数—流量—延误时间的关系曲线,为潮汐车流路段是否设置可变车道提供决策依据。

1 仿真建模

设路段单方向的车道数为 $n(n=2,3,\cdots)$,取 C_n 为 n 车道路段的通行能力。设 L 为路段长度,v_0 为自由流速度,则 $t_0=\dfrac{L}{v_0}$。根据 BPR 模型可以推出延误时间 Δt:

$$\Delta t = t - t_0 = \frac{L}{v_0}\alpha\left(\frac{q}{C_n}\right)^{\beta} \tag{1}$$

根据《城市道路设计规范》(CJJ 37—2012)[7],多车道的总通行能力 $C_n=\alpha_c C_1\delta\sum K_n$。其中 α_c 为道路分类系数,城市主干道取 0.8;C_1 为最内侧车道的可能通行能力;δ 为交叉口影响系数,根据路段长度 L 确定;K_n 为相应各车道的折算系数。考虑到 α、β 和 δ 都与路段长度 L 有关,取 $C'_n=\alpha_c C_1\sum K_n$,得到公式(2)。式中 α' 和 β' 都为 α、β 和 δ 的函数。对于 n 车道的路段,公式(2)中的 v_0 和 C'_n 都为定值,于是延误时间 $\Delta t=f(L,q,\alpha'(L,q),\beta'(L,q))$,其中 L 和 q 为自变量,Δt 为因变量,α' 和 β' 为要拟合的参数。

$$\Delta t = \frac{L}{v_0}\alpha'\left(\frac{q}{C'_n}\right)^{\beta'} \tag{2}$$

现分别考虑 L 和 q 对延误时间 Δt 的影响。设车道数为 n,先设定 q 不变,其值接近路段通行能力。通过考察 $\Delta t=f_1(L,\alpha'_1,\beta'_1)$ 的函数关系,将 L 划分为不同的子区间,继而在各个子区间内考察 $\Delta t=f_2(L,\alpha'_2,\beta'_2)$ 的函数关系。设 Δt_m 和 Δt_{m+1} 分别为 L 的子区间 I 两端点 L_m 和 L_{m+1} 对应的延误时间,则 $L_i\in I$ 的延误时间可近似表示为:

$$\Delta t_i = \frac{(L_{m+1}-L_i)\Delta t_m + (L_i - L_m)\Delta t_{m+1}}{L_{m+1}-L_m} \tag{3}$$

为了对 L 划分，本文引入城市道路服务水平的概念，取 $\bar{v}$ 为路段的平均速度，$\bar{v}=L/t$，由公式(1)可以得出：$\Delta t/L=(\bar{v})^{-1}-v_0^{-1}$，即当 v_0 一定时，单位长度的延误时间与 $\bar{v}^{-1}$ 线性正相关。所以可以考虑通过 $\bar{v}$ 所对应的城市道路服务水平，将 L 划分为不同的子区间。

本文首先对北京市五环内主要的城市主干路的几何布局和交通特性进行实地调查，获取了路段长度、信号配时以及不同车流量对应的行程时间等数据，并利用文献[8]中适合城市主干路的 $\alpha=1.26$，$\beta=1.68$ 的值作为 VISSIM 仿真平台的初始标定参数，将数据输入其中。仿真时数据采集的范围取本路段入口至下一个路段入口，即包含一个路段和一个交叉口。

根据《城市道路设计规范》(CJJ 37—2012)[7]，取北京市主干道自由流速度为 70km/h，则最内侧车道的通行能力 $C_1=1800$pcu/h，各车道通行能力的折算系数 K_n 从内向外分别取 1.0、0.85、0.75、0.6 和 0.5。计算得到 2、3、4、5 车道数的路段对应的路段通行能力 G'_n 分别为 2664pcu/h、3744pcu/h、4608pcu/h 和 5328pcu/h。

根据文献[9]中关于北京市平均行程速度与服务水平的关系，对于自由流速度 70km/h 的北京市主干道，平均行程速度为 56～40km/h，40～32km/h，32～26km/h 以及小于 26km/h 时，分别对应 C、D、E、F 服务水平。图 1 表示当流量 q 取 n 车道路段通行能力 C'_n 时，利用 VISSIM 仿真得到平均速度和对应的路段长度的关系。图中曲线用二次函数拟合，相关系数都在 0.85 以上。从图中看出，当路段长度 L 在 100～1000m 的范围内变化时，2 车道和 3 车道的路段服务水平分布在 D、E、F 范围内，$\bar{v}$ 随 L 的增加而增加，曲线斜率逐渐降低；而 4 车道和 5 车道的路段服务水平基本分布在 C、D 范围内，$\bar{v}$ 随 L 的增加，先增后减，在 C 级服务水平内某处，$\bar{v}$ 达到最大值。

对于 2 车道路段，图 1 中所示速度曲线与服务水平等级线的交点对应的路段长度 L 分别为 424m 和 644m，3 车道路段分别为 297m 和 539m，4 车道路段分别为 384m 和 970m，5 车道路段分别为 273m 和 953m。此外，4 车道和 5 车道路段的速度曲线顶点所对应的路段长度 L 分别为 677m 和 613m。

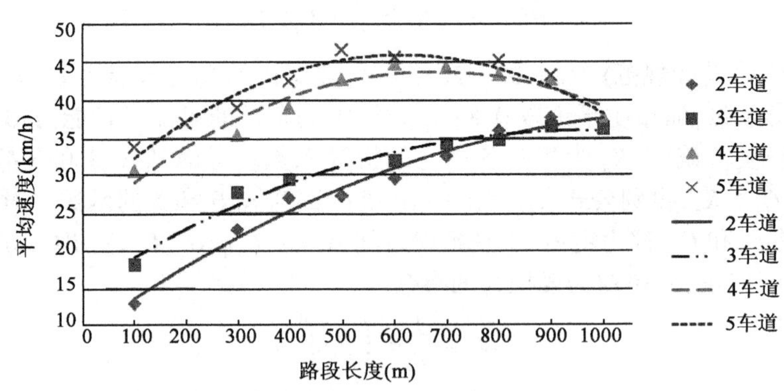

图 1　VISSIM 仿真得到的平均速度与路段长度关系

对于 2 车道的路段，$C'_n=2664$，考虑路段长度 L 取 100m、424m、644m 和 1000m 时，流量 q 和延误时间 Δt 之间的关系。设 $X=q/C'_n$，$Y=\Delta t/t_0$，由公式(2)可得 $Y=\alpha' X^{\beta'}$。利用 VISSIM 仿真，q 取值在 $(300, C'_n)$，每组仿真 3 次，并将得到的 X 和 Y 的值进行幂函数拟合。对 3、4、5 车道的路段，用相同的方法处理，回归计算，得到表 1 中所示对应不同车道数 n 的 α'、β' 和 R^2 值。

参数回归结果和相关系数　　表 1

n	L	α'	β'	R^2	n	L	α'	β'	R^2
	100	4.2314	0.3303	0.933		100	3.5679	0.1894	0.9137
2	100	4.2314	0.3303	0.933	4	100	3.5679	0.1894	0.9137
	424	1.8882	0.2174	0.9585		384	2.6999	0.1294	0.941
	644	1.4324	0.2835	0.9656		677	1.1795	0.1338	0.9038
	1000	0.7811	0.1724	0.9626		1000	0.7802	0.1840	0.8902
3	100	3.5358	0.2821	0.9423	5	100	3.2583	0.1595	0.8555
	297	3.7990	0.1880	0.9136		273	2.5416	0.1221	0.8304
	539	1.5548	0.1333	0.9483		613	1.1449	0.1335	0.8942
	1000	0.7933	0.1945	0.8502		1000	0.7461	0.1633	0.9245

2 设置可变车道的影响因素分析

利用公式(3)和表 1 中 α'和β'的值，绘制出以 50m 为间隔，路段长度 L 在[100,1000]内，不同车道数对应的流量 q 和延误时间 Δt 的关系曲线图。图 2 列举了当 L 分别取 300m、450m、700m 和 1000m 时，不同车道数对应的 q—Δt 曲线。

2.1 流量与延误时间、车道数的关系

分析图 2 中所示 2、3、4、5 车道的 4 条延误时间曲线可以发现，随着车流量的增加，路段上车辆之间的相互影响增大，使得平均延误时间 Δt 增大。但是由于城市道路受信号控制的影响，前方车辆会在路段出口处的交叉口排队，并以一定的饱和流率放行，所以在路段车流量不是非常大时，路段上的车辆主要受前方信号配时的影响，随着流量的上升，平均延误时间的增加趋于平缓。

另一方面，随着车道数的增多，相同流量下路段的延误时间逐次递减，但是不同长度下延误时间递减的程度不尽相同。如图 2 中 $L=300$m 的路段，2 车道和 3 车道的延误时间曲线比较接近，4 车道和 5 车道的延误时间曲线也比较接近；而在 $L=700$m 时，3、4、5 车道的延误时间曲线明显要比 2 车道的延误时间曲线缓和。

现分析流量的变化对延误时间的影响。考虑一条双向 6 车道的城市主干道，A 方向拥挤，B 方向非拥挤。图 2 中的①表示由 3 车道变为 4 车道后平均每辆车减少的延误时间，设其为 $\Delta t_{3\to4}$，则 $S_{\mathrm{I}}=q\Delta t_{3\to4}$，即面积 Ⅰ 表示调整车道数后拥挤路段减少的总延误时间；②表示由 3 车道变为 2 车道后平均每辆车增加的延误时间，设其为 $\Delta t_{3\to2}$，则 $S_{\mathrm{II}}=q\Delta t_{3\to2}$，即面积Ⅱ表示调整车道数后非拥挤路段增加的总延误时间。从图 2 中可以看出，当 $L=300$m 时，一般情况下，S_{I} 总是大于 S_{II} 的，即系统总的延误时间总是减少的。而当 $L=700$m 时，如果非拥挤路段的流量 q_{B} 偏大，就可能会导致 $S_{\mathrm{I}}<S_{\mathrm{II}}$，即系统总的延误时间是增加的。此时 $D_{\mathrm{A}}=q_{\mathrm{A}}/(q_{\mathrm{A}}+q_{\mathrm{B}})$ 减小，设置可变车道就是不适宜的了。

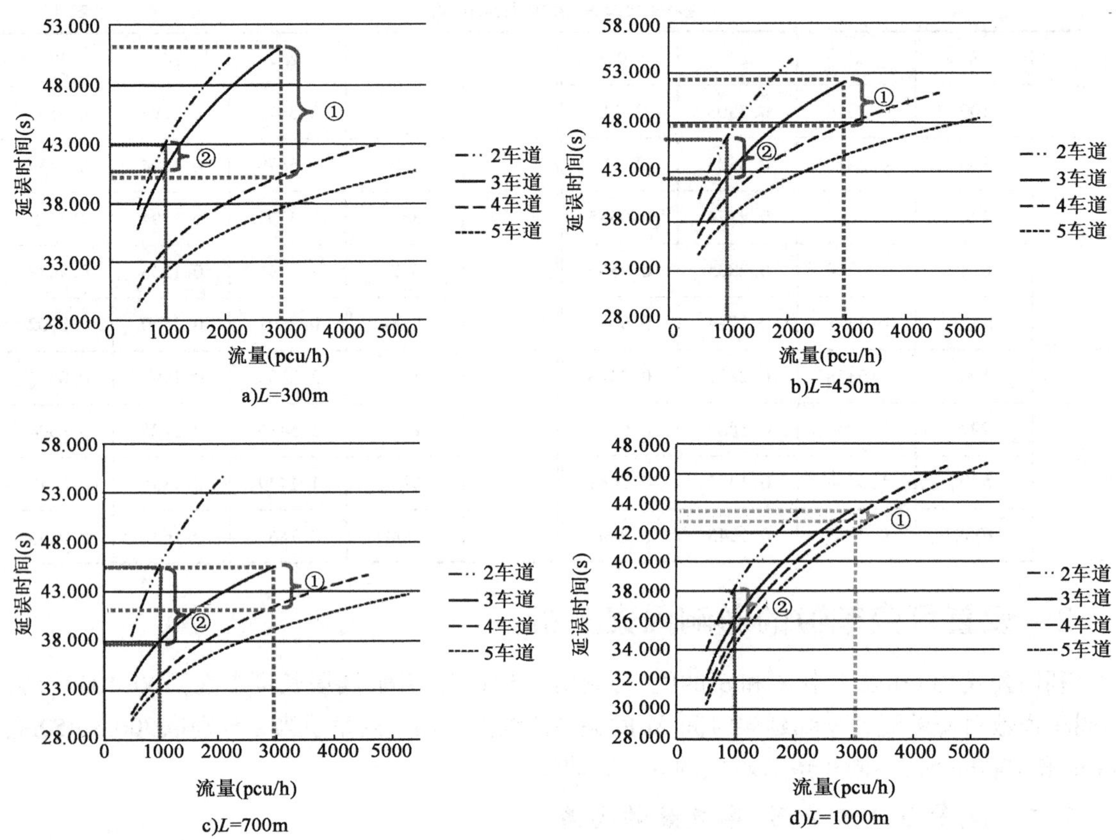

图2 不同长度下2、3、4、5车道路段的流量与延误时间曲线

2.2 路段长度与延误时间、车道数的关系

现考虑路段长度对延误时间的影响。对于上述双向3车道的城市主干道，设某高峰时期A方向的车流量为3000pcu/h，B方向的车流量为1000pcu/h，即A方向路段的方向分布系数$D_A=3/4$，所以可以采用可变车道[4]。现考虑将A方向的路段由3车道扩大为4车道，B方向的路段由3车道缩减为2车道。

(1)当路段长度为300m时，变换车道数后，A方向平均每辆车的延误时间缩短了10.9s，B方向平均每辆车的延误时间增加了2.0s。所以$\Delta t_{3\to4}>\Delta t_{3\to2}$，此时设置可变车道有利于改善交通拥堵状况。

(2)当路段长度为450m时，$\Delta t_{3\to4}$和$\Delta t_{3\to2}$基本相等，分别为4.3s和4.0s。

(3)当路段长度为700m时，A方向平均每辆车缩短的延误时间为4.0s，B方向平均每辆车增加的延误时间为7.6s，即此时$\Delta t_{3\to4}<\Delta t_{3\to2}$。但若考虑到A方向路段的$D_A=3/4$，即A方向与B方向的车流量比为3:1，而延误时间变化量的比$\Delta t_{3\to4}/\Delta t_{3\to2}$仅为1:1.9，所以此时系统总的延误时间仍是减少的，故采用可变车道仍具有可行性。

(4)当路段长度为1000m时，由于从3车道变为4车道后，平均每辆车缩短的延误时间仅为0.6s，而另一方向平均每辆车的延误时间增加了2.2s，$\Delta t_{3\to4}/\Delta t_{3\to2}=1:3.67$，系统总的延误时间是增加的，所以认为此时不需要采用可变车道。

3 模型的适用性分析

选取北京市南二环和南三环之间的蒲黄榆路(安乐林路交叉口至刘家窑路交叉口),路段长度367m,双向6车道。现通过对其早晚高峰的交通量调查发现,此路段具有明显的潮汐交通现象,$D_A \approx 2/3$,调查数据如表2所示。

蒲黄榆路早晚高峰车流量调查数据 表2

类别	早高峰(7:30-8:30)		晚高峰(17:30-18:30)	
	北→南	南→北	北→南	南→北
流量(pcu/h)	1233	2057	2353	1449
方向性系数	0.375	0.625	0.618	0.381

(1)对于7:30到8:30,考虑将南到北方向的3车道改为4车道,而将北到南的3车道改为2车道。当$L=367$m时,根据$q-\Delta t(L=350\text{m})$图,平均每辆车减少延误时间8.5s,相对于VISSIM仿真得到的7.887s,相对误差为7.76%。

(2)对于17:30到18:30,如果仍采用类似的方式变换车道数,由q-Δt图得到的延误时间为16s,而由仿真得到的延误时间为13.176s,相对误差为21.43%。考虑到此时路段车流量已经接近通行能力的90%,故此时模型已不适用。

结果表明,绘制的q-Δt图与仿真结果相近,具有较高的精度,q-Δt图可以直接作为判断是否设置可变车道的依据。

4 结论

本文在分析城市主干路可变车道设置影响因素的过程中,通过引入道路服务水平,并利用VISSIM仿真、曲线拟合等方法得到不同车道数路段的长度、流量与延误时间的量化关系图,并以延误时间为决策目标评价可变车道设置的可行性。

具体来说,本文的研究成果有:

(1)通过对不同服务水平下城市主干路车辆平均延误时间的仿真,拟合出车道数为2、3、4、5时模型中对应不同路段长度的α和β的取值。并由此绘制出路段长度取100~1000m时车道数、流量和延误时间的关系曲线。

(2)考察将主干路的3-3车道调整为4-2车道。如果路段长度小于800m,推荐设置可变车道,因为调整后拥挤方向的延误时间和系统总的延误时间都会有大幅的下降;如果路段长度较长,超过800m,则不建议设置可变车道,因为调整后拥挤方向的延误时间变化很小,而且系统总的延误时间还会大于调整前的。

(3)对于路段车流量小于通行能力时,通过公式计算得到的延误时间与仿真得到的结果较吻合,相对误差在10%以内,所以可以直接利用本文拟合出的参数绘制曲线进行可变车道设置的可行性分析;但如果流量继续增大或到达路段通行能力时,相对误差将大于10%。

综上所述,通过对比绘制的各车道数之间流量与延误时间的曲线图,决策者能较快地判断设置可变车道的可行性,从而有助于为可变车道的规划、设计、管理以及路网的交通诱导提供科学的依据。当然,将车道动态调整思想付诸实施,还有许多实际问题需要解决,如信号灯设置、交叉口改造等。这些都是值得进一步研究的内容。

参考文献

[1] Brian Wolshon, Laurence lambert. Reversible lanes systems: synthesis of practice[J]. Transportation Engineering, 2006, 132(12): 933-944.

[2] Wolshon Brian, Lambert Laurence II. Planning and operational practices for reversible roadways[J]. ITE Journal-institute of Transportation Engineers 2006, 76(8): 38-43.

[3] 张好智. 城市道路交通网络设计问题的相关优化模型与算法[D]. 北京:北京交通大学, 2007.

[4] 陈坚, 霍娅敏. 典型潮汐车流路段可变车道设置方案研究[J]. 重庆交通大学学报(自然科学版), 2008, 27(6): 1127-1130.

[5] 韩璧璘, 宋瑞, 何世伟, 等. 基于最小延误费用的可变车道数调整模型[J]. 道路交通与安全, 2009,9(3):1-5.

[6] 崔妍, 刘东. 北京市朝阳路可变车道交通组织研究[J]. 道路交通与安全, 2006, 6(9): 21-24.

[7] 中华人民共和国住房和城乡建设部. CJJ 37—2012 城市道路工程设计规范[S]. 北京: 中国建筑工业出版社,2012.

[8] 姜桂艳, 李继伟, 张春勤. 城市主干路路段行程时间估计的BPR修正模型[J]. 西南交通大学学报,2010,45(1):124-129.

[9] 马京辉. 采用HCM2000新方法计算城市道路服务水平浅析[J]. 城市道路与防洪,2009, 7(7):32-34.

半独立路权下交叉口有轨电车信号控制仿真评价

韦　伟*,彭　丰,李竹君,廖建奇

北京交通大学　城市复杂系统理论与技术教育部重点实验室,北京 100044

摘　要　本文在分析半独立路权下交叉口有轨电车被动优先、相对优先以及绝对优先三种信号优先策略的基础上,提出了一种融合层次分析与数据包络的多指标仿真评价方法,并通过仿真案例研究验证了所提出方法的有效性和适用性。案例研究发现,随着道路交通速度值的改变,相对优先的效益值始终较小,绝对优先的效益值则始终保持最大,且随着速度的增加而增加;相交道路的流量比接近 1 时,三种信号优先方式的效益值差异不大,但相交道路的流量比取低值时绝对优先的交叉口运行效率最优,取高值时则被动优先方案较为适用。

关键词　有轨电车;信号优先;交通仿真;多指标评价

Simulation and Evaluation of Signal Strategy under Semi-independent Way Condition of Tram

Wei Wei*, Peng Feng, Li Zhujun, Liao Jianqi

MOE Key Laboratory for Urban Transportation Complex Systems Theory and Technology, Beijing Jiaotong University, Beijing 100044, *China*

Abstract　Based on the analysis of 3 signal strategies (passive priority, relative priority and absolute priority) for tram in the intersection, a multi-criteria evaluation method combining Hierarchy Analysis and Data Envelop is proposed in this paper. Through the simulation case studies, the effectiveness and applicability of the proposed method is demonstrated. It can be found from the case studies that, with the increase of the road traffic speed, the benefit value of relative priority keeps low, while benefit value of the absolute priority increases and remains the largest in the 3 signal strategies. When the traffic flow ratio of the intersected road is close to 1, there are no significant differences among the 3 signal strategies. However, absolute priority is the most effective solution under a low traffic flow ratio of intersected road, while passive priority scheme is more suitable than the others when traffic flow ratio of intersected road is high.

Key words　tram; signal priority; traffic simulation; multi－criteria evaluation

---

基金项目:国家自然科学基金(71390332,71131001)

作者简介:韦伟(1989—),男,贵州清镇人,博士生,主要研究方向为城市道路交通诱导策略。

*通信作者:13114223@bjtu.edu.cn

0 引言

随着交通拥堵问题日益加剧,发展大容量公共交通已成为许多城市缓解交通拥堵的重要手段。各国普遍将大容量的轨道交通作为发展城市公共交通的重点,但一些中小城市无法承受建设地铁所需要的巨额投资。而现代有轨电车与地铁和轻轨相比具有投资少、建设周期短等优点,相对于常规公交具有运营能力高等优点,因此越来越多的城市通过建设有轨电车线路来缓解交通压力[1,2]。

有轨电车是一种轨道铺设于路面的交通方式,由于具有完全独立路权的线路,建设成本较高,所以其往往以共享路权的形式通过交叉口,即半独立路权形式。在半独立路权情形下,有轨电车和道路交通车辆之间存在复杂的相互作用,因此需要针对普通交叉口信号控制提出优化方法。交通仿真作为一种相对成熟的方法,可对不同信号优先策略下的交叉口运行效果进行模拟,但如何对仿真所得到的数据进行分析和提炼,研究交叉口信号优先策略的适用性,是目前研究者和运营单位普遍关心的问题[3,4]。

数据包络分析和层次分析法是较为常用的两种评价方法,二者自创立以来,被广泛应用于社会经济[5]、工业系统[6]和运输管理[7]等领域的多目标决策和效率评价。然而,由于层次分析法的成对比较矩阵(判断矩阵)主要依据决策者的主观判断或专家经验进行构造,决策者或者专家的主观性将在很大程度上影响最终的分析结果;而数据包络分析方法不需要预先设置各输入和输出指标的相对权重值,仅由数据中所潜藏的信息决定,对各个方案的评价是以对该方案最有利的权重组合进行的。因此,将二者结合起来不仅可以克服层次分析法中因主观判断所造成的结果不确定性问题,同时也可充分发挥层次分析方法在评价体系的建立和多指标融合方面的优势。

本文以半独立路权下有轨电车交叉口运行效率作为研究对象,以交通仿真模拟为基础,提出了一种融合层次分析与数据包络的多指标评价方法,对由多因素不同取值组合而成的各场景进行多指标评价分析,以研究不同的信号优先策略的适用性。

1 有轨电车交叉口信号优先模式

信号优先是使某种需要优先通行的交通载具(车辆)更加便捷地通过信号交叉口的一种策略。信号优先的方式主要分为被动优先、主动优先和实时优先三种方式。实时优先是指信号配时是根据实时交通数据进行调整的,因其控制机理较为复杂、实施困难而在实际应用中受到限制。

本文主要针对被动优先和主动优先的适用性进行研究。被动优先采用固定周期配时方案,通过设置有利于优先对象的绿灯相位来实现,因此也称为固定配时。主动优先是指在交叉口设置检测器,通过检测有轨电车的位置确定是否给予其优先信号,按其优先条件可以分为绝对优先和相对优先两种。

(1)绝对优先是指无论有轨电车何时到达,也不考虑配时方案,在确保所有可能产生冲突车辆安全停驶的情况下,立刻启动绿灯相位,保证在有轨电车到达交叉口时不停车通过交叉口。在最终应用中,此设定将不考虑提前时间,有轨电车无须减速,以正常速度通过交叉口即可,该系统普遍应用于城市有轨电车线路。绝对优先配时方案设计思路如图 1 所示。

(2)相对优先是在绝对优先的基础上,根据有轨电车的到达条件,通过采取相对优先的策略来减少有轨电车在交叉口的停车时间,其设计思路如图2所示。相对优先的主要策略包括以下三种:

①绿灯提前。当有轨电车在红灯相位到达时,绿灯相位的起始时间比计划的起始时间早8~10s。

②绿灯延长。当有轨电车在绿灯相位内未到达,延长绿灯时间8~10s,从而允许有轨电车通过。

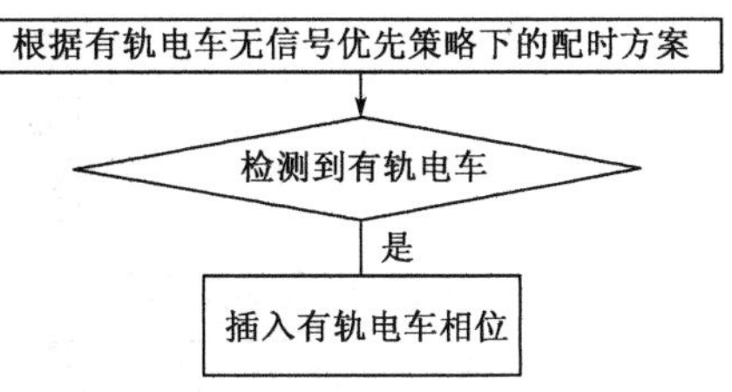

图1 有轨电车绝对优先策略设计思路

③插入相位。当有轨电车在红灯相位到达时,若下一相位仍不是有轨电车所在相位,则在此相位红灯结束后,给有轨电车插入8~10s的通行时间。

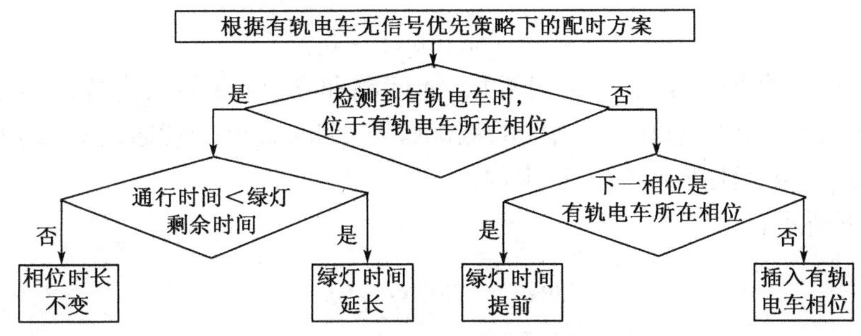

图2 有轨电车相对优先策略设计思路

2 融合层次分析与数据包络的多指标评价方法

在分析三种信号优先策略的基础上,本文提出一种融合层次分析与数据包络的评价方法,结合交通仿真实验,对半独立路权下有轨电车交叉口信号控制方案进行评价。该方法充分考虑了基于仿真的多指标评价的特点,首先运用层次分析方法建立由方案场景、评价指标以及优化目标所组成的层次结构评估体系;然后通过数据包络分析方法标定各个评价指标的相对权重,以消除层次分析方法中通过主观判断确定权重组合而对结果产生的不利影响;最后利用层次分析方法确定每个方案的有效性,得出方案的最终有效性排序。具体步骤如下:

(1)基于层次分析方法建立由参数输入层、方案层、指标层以及优化目标层所组成的四层结构评估体系,如图3所示。其中,方案层由输入指标层中不同的仿真输入参数组合所决定的方案集构成,仿真输入参数包括交叉道路与有轨电车沿线道路的流量比,有轨电车与道路交通的期望速度以及信号优先模式。输出指标包括有轨电车以及道路交通的延误。

(2)在仿真结果数据的基础上,通过数据包络分析方法确定各个评价指标的权重组合以及各输出方案之间的相对有效度。假设在仿真输入参数不同组合的基础上确定了n个仿真场景,输入仿真参数个数为m,输出评价指标个数为s,x_{ij}与y_{rj}分别表示第j个仿真场景的第i个输入参数与第r个输出指标。特别地,此处输出指标为延误,标准的数据包络模型默认产出指标越大越好,但实际中往往希望延误越小越好。假设第j个仿真场景的第r个输出指标——实际延误参数为o_{rj},将输出指标y_{rj}设置为最大延误与实际延误之间的差值,则y_{rj}越大延误越小,交叉口运行效果越好。

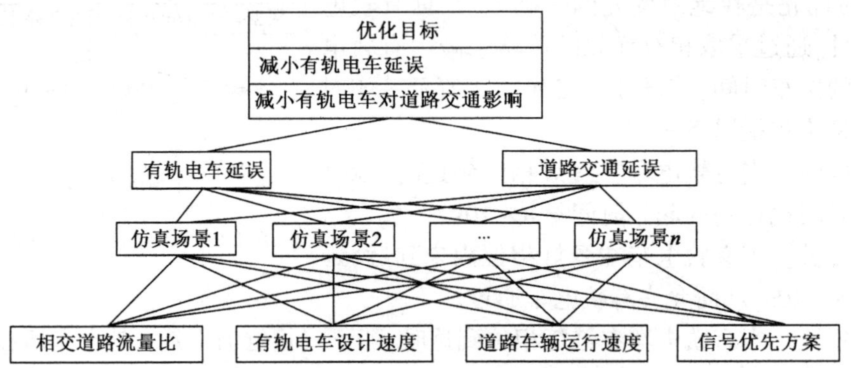

图3　半独立下有轨电车交叉口运行多指标评价模型层次结构

$$y_{rj} = \max(o_{rj}) - o_{rj} \tag{1}$$

对于任意两个仿真场景 A 和 B，通过求取 AA 问题和 BA 问题的最优解，可得到成对仿真场景之间的相对优劣性，AA 问题和 BA 问题的最优解 ω_{AA} 和 ω_{BA} 可分别通过式(2)和式(3)求得；类似地，ω_{BB} 和 ω_{AB} 也可运用同样的方法求取。

AA 问题如下所示：

$$\omega_{\mathrm{AA}} = \max\sum_{r=1}^{s} u_r y_{r\mathrm{A}}$$
$$s.t.\begin{cases}\sum\limits_{i=1}^{m} v_i x_{i\mathrm{A}} = 1\\ \sum\limits_{r=1}^{s} u_r y_{r\mathrm{A}} \leqslant 1\\ \sum\limits_{r=1}^{s} u_r y_{rj} - \sum\limits_{i=1}^{m} v_i x_{ij} \leqslant 0\\ u_r \geqslant \varepsilon, r = 1,2,\cdots,s\\ v_i \geqslant \varepsilon, i = 1,2,\cdots,m\\ j = 1,2,\cdots,n\end{cases} \tag{2}$$

BA 问题如下所示：

$$\omega_{\mathrm{BA}} = \max\sum_{r=1}^{s} u_r y_{r\mathrm{B}}$$
$$s.t.\begin{cases}\sum\limits_{i=1}^{m} v_i x_{i\mathrm{B}} = 1\\ \sum\limits_{r=1}^{s} u_r y_{r\mathrm{B}} \leqslant 1\\ \sum\limits_{r=1}^{s} u_r y_{r\mathrm{A}} - \omega_{AA}\sum\limits_{i=1}^{m} v_i x_{i\mathrm{A}} \leqslant 0\\ u_r \geqslant \varepsilon, r = 1,2,\cdots,s; v_i \geqslant \varepsilon, i = 1,2,\cdots,m\end{cases} \tag{3}$$

模型中，u_r 和 v_i 为输出指标与输入参数权重值，在模型中作为决策变量需要根据输入与输出数据进行确定，ε 为一个无限小的数值，用以保证 u_r 和 v_i 皆为正数，在实际应用中可取固定数值；经过优化模型得到相对有效性值 $\omega_{\mathrm{AA}}(\omega_{\mathrm{BB}})$ 与 $\omega_{\mathrm{BA}}(\omega_{\mathrm{AB}})$，据此，仿真场景 A 和 B 之间

的相对优劣值 p_{AB} 可表示为式(4)。

$$p_{AB} = \frac{\omega_{AA} + \omega_{AB}}{\omega_{BB} + \omega_{BA}} \tag{4}$$

(3)基于上述成对仿真场景之间的相对优劣值 p_{AB},构建包括所有仿真场景的判断矩阵 $\boldsymbol{P}$,针对决策目标(提高有轨电车服务水平,降低有轨电车对道路交通的影响程度),运用层次分析法计算各个仿真场景对其的最终有效性。在 $\boldsymbol{P}$ 的基础上,计算每个方案的综合效益。$\boldsymbol{P}$ 中的某一行的总和代表了该仿真场景相对于其他所有场景的综合效益值,则第 j 个方案的综合效益 θ_j 计算如式(5)所示。

$$\theta_j = \frac{\sum_{b=1}^{n} p_{jb}}{\sum_{a=1}^{n}\sum_{b=1}^{n} p_{ab}} \tag{5}$$

3 案例分析

选取北京市房山区道路网络中某交叉口为原型,加入有轨电车搭建仿真模型,将表1所示的影响交叉口运行效果的四个因素取不同的值,构建144种组合仿真案例,并通过VISSIM交通仿真软件进行循环仿真实验,最后运用所提出的融合层次分析与数据包络的多指标评价方法对仿真结果进行分析。

VISSIM 仿真场景设计 表1

影响因素	取值	方案数量
有轨电车信号优先方式	固定配时;相对优先;绝对优先	3
相交道路流量比	0.6:1;0.9:1;1.2:1	3
有轨电车运行速度	20km/h;30km/h;40km/h;50km/h	4
道路交通运行速度	20km/h;30km/h;40km/h;50km/h	4
仿真场景总数	3×3×4×4=144	

将所有方案按照信号优先方式分成三组,可以得到如图4所示的效益值分布图。从图中可以看出,绝对优先的效益值最大,证明其不仅在保证有轨电车优先通行和减小有轨电车延误方面具有突出效果,而且在控制道路交通延误增加方面相对于其他两种信号优先方案也具有优势。

按照信号优先方式和道路交通速度进行二维划分,可以得到图5所示的结果。可以看到,随着道路交通速度值的改变,相对优先的效益值在三者中始终最小,绝对优先的效益值则始终保持最大。并且,随着速度的增加,绝对优先相较于其他两者的优势更加突出。以上结果表明,随着道路交通速度的增加,绝对优先方式控制道路交通延误的效果更加明显。固定配时在道路交通拥堵或者车流量较大等低速状态下控制有轨电车和道路交通延误能力较好,但随着道路交通速度的增加,固定配时方案的能力也会受到限制。

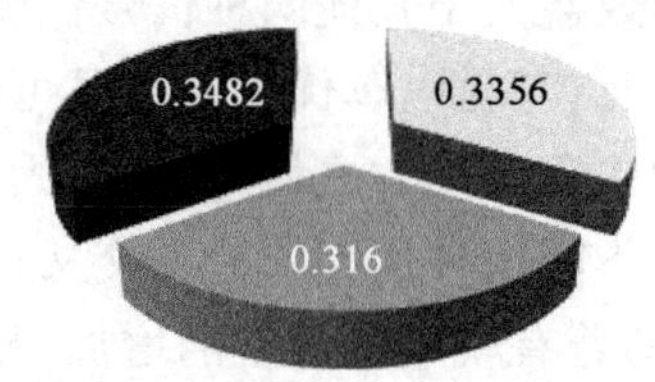

图4 三种优先策略效益值对比图

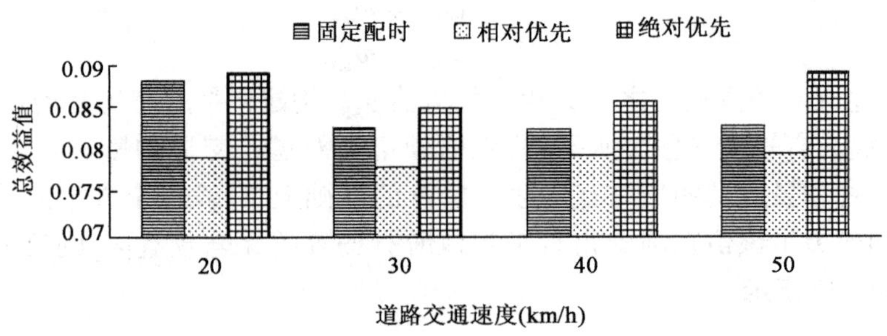

图5　不同信号优先方式下效益值随道路交通速度变化情况

信号优先方式和相交道路流量对交叉口运行的综合影响如图6所示。从整体上看，当相交道路与有轨电车沿线道路的流量较为接近的时候（相交道路流量比值为0.9），三种信号优先方式的效益值差异不大。

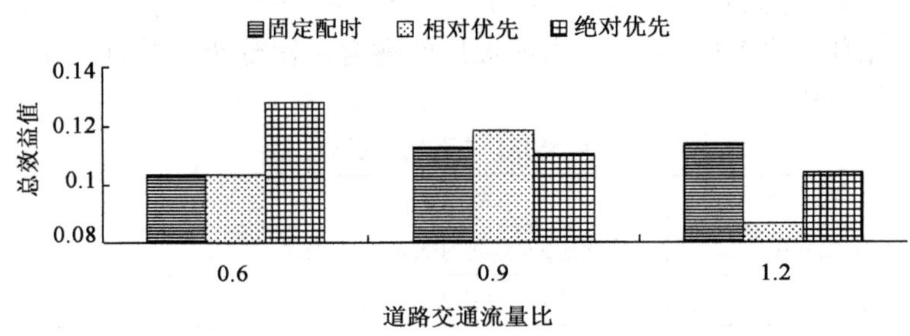

图6　不同信号优先方式下效益值随道路交通流量比变化情况

然而，对于三个不同层次的相交道路流量比，交叉口运行存在明显差别。当有轨电车沿线道路为主干道、相交道路为支路时（即相交道路流量比为0.6），主、支路间交通流量相差较大，宜采用有轨电车信号绝对优先方案。此时，绝对优先所产生的效益远大于其他两种信号优先方式，这是因为在相交道路交通量远小于有轨电车沿线道路时，有轨电车绝对优先通行可以将沿线通行量的延误控制在一定范围之内，使得总体效益值上升。

当构成交叉口的有轨电车沿线道路与相交道路均为主干道时（即相交道路流量比为1.2），两个方向间交通流量相当，宜采用有轨电车信号不优先方案。可以看出，固定配时所产生的效益大于其他两种信号优先方式。这是因为当有轨电车沿线道路与相交道路的交通量皆较大时，有轨电车优先通行虽可使有轨电车延误减小，但难以控制道路交通延误的大幅增加，因此被动优先方式最为可取，固定配时所对应的总体效益值最大。

不同信号优先方式下交叉口运行总效益值随有轨电车速度变化情况如图7所示。整体上看，随着有轨电车速度的增加，相对优先和绝对优先方式对应的效益值逐步降低，而固定配时方案所对应的效益值逐渐上升。这说明，随着有轨电车速度的上升，主动优先方式增加了道路交通延误，而固定配时能够更好地兼顾有轨电车和道路交通的服务水平。

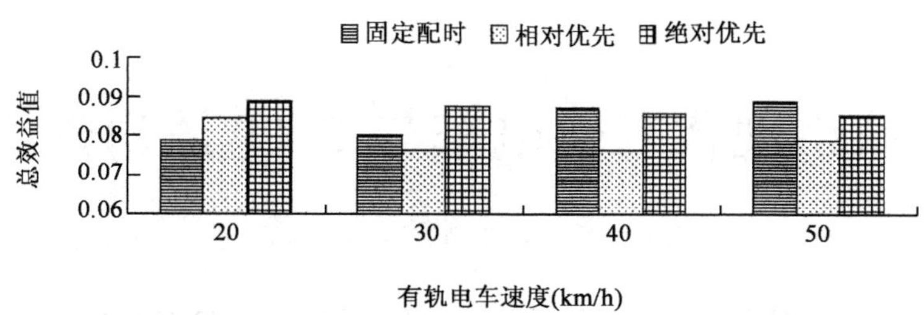

图7 不同信号优先方式下效益值随有轨电车速度变化情况

4 结论

本文在分析半独立路权下有轨电车交叉口信号优先策略的基础上，提出了一种融合层次分析与数据包络的多指标仿真评价方法。通过仿真案例研究发现，总体上，在三种信号优先方式中，绝对优先方式下的交叉口运行效果最好，其次是固定配时，最后是相对优先；但在不同的具体情形下，三种信号优先方式的适用性存在差别。

随着道路交通速度值的改变，相对优先的效益值在三者比中始终较小，绝对优先的效益值则始终保持最大，且随着速度的增加，绝对优先相较于另外两者的优势更加突出；相交道路的流量比接近1的时候，三种信号优先方式的效益值差异不大，但相交道路的流量比取低值时绝对优先方式下的交叉口运行效率最优，取高值时采用固定配时较好。可见，本文所提出的多指标评价方法对于半独立路权下有轨电车的运行效果分析具有较好的适用性和有效性，下一步的研究将探索有轨电车半独立路权下，信号控制交叉口的交通组织方案及其对交叉口运行效率的影响。

参考文献

[1] 刘新平. 新型有轨电车信号系统方案研究[J]. 城市轨道交通研究. 2012(5):50.

[2] 徐智勤，于波. 关于成都市局部区域发展有轨电车项目的设想[C]. 地下铁道新技术文集. 成都：西南交通人学出版社，2003:829-832.

[3] 王力. 新型有轨电车的信号系统[J]. 铁道通信信号，2009(1):33.

[4] 刘立龙，李建成. 基于VISSIM的现代有轨电车交叉口信号优先控制策略研究[J]. 公路与汽运，2014(6):56-58.

[5] GolanyB. ,Thore S. Restricted best practice selection in DEA: an overview with a case study evaluating the socio-economic performance of nations[J]. Annals of Operation Research,1997, 73: 117-140.

[6] Al-Refaie, A. Optimising correlated QCHs in robust design using principal components analysis and DEA techniques[J]. Production Planning and Control, 2011, 22 (7):676-689.

[7] Levine. J. , Underwood. S. E. A. . Multiattribute analysis of goals for intelligent transportation system planning[J]. Transportation Research Part C, 1996, 4 (2): 97-111.

中小城市现代有轨电车与BRT适用性研究

李　芳*,刘剑锋,王　静

北京城建设计发展集团股份有限公司交通研究中心,北京　100037

摘　要　本文在对中小城市居民出行特征分析的基础上,提出中小城市公交优先发展对策,并结合公共交通发展模式中现代有轨电车和BRT的技术经济特征、功能定位、信号优先、景观绿化适配性方面的差异,提出现代有轨电车和BRT在中小城市不同区域发展的适用性,为中小城市公共交通规划者提供参考依据,合理优化城市居民的出行结构,提升公共交通服务品质。

关键词　中小城市;公共交通;现代有轨电车;BRT

Research on the Applicability of Modern Tram and BRT in Medium and Small Cities

Li Fang*, Liu Jianfeng, Wang Jing

Beijing urban construction design & Development Group, Limited by Share Ltd, Transportation research center, Beijing 100037 *China*

Abstract　Based on the characteristic analysis of resident travel structure of medium and small cities, a bus priority development strategy for medium and small cities is proposed in this paper. Combining the difference analysis between modern tram and bus rapid transit in the sense of technique and economy, functional orientation, signal priority and landscape configuration, the applicability of modern tram and bus rapid transit (BRT) in different areas is then developed, which can provide a reference basis for transit planning, optimize the trip structure of residents and improve the public transportation service level of medium and small cities.

Key words　Medium and small city; Public transportation; Modern tram; Bus rapid transit

伴随中小城市空间扩张和社会经济的快速发展,交通供需矛盾不断激化。在交通资源和环境资源约束的背景下,为应对小汽车高速增长和交通拥堵,大力发展客运效率最高的公共交通是中小城市提升公交服务效率,优化出行结构,解决城市交通问题的重要途径。

作者简介:李芳(1987—),女,河南三门峡人,助理工程师。

*通信作者:12120875@bjtu.edu.cn

城市规划以交通优先,交通规划以公交优先。中小城市由于人口基数和经济财力有限,很难满足城市轨道交通轻轨和地铁的建设条件,而中小城市普遍面临空间发展不均衡,核心区域交通集聚性高,且出行特征具有公交分担率低、出行距离短、出行频次高的特点[1]。因此如何选择适宜中小城市公共交通的发展模式,是中小城市普遍面临的问题。

综合运量等级、投资造价、审批条件等多方面因素,现代有轨电车和 BRT 都能较好的服务中小城市。但如何结合城市特征,因地制宜的在两种模式间取舍,从而在公交系统的规划中,充分结合城市的特性,利用不同公交模式的优势,形成"主、次"分明的公交服务结构,实现效率和服务水平的最大化。从而形成高效合理、可持续发展的客运交通方式结构,是本文探讨的主要内容。

1 中小城市居民出行特征及存在的问题

中小城市在应对现存大规模和高速度的城市发展进程中,难以应对人口的迁移集聚,形成了强大的交通需求。随着小汽车亲民政策的实施,机动化的持续发展给中小城市交通带来了前所未有的挑战。

由于中小城市空间尺度有限,居民出行距离较短,出行成本低,使得中小城市居民出行表现为出行距离短、出行率高、公交分担率低的特点[1]。根据各城市居民出行特征分析,大城市居民出行率一般为 2.2 ~2.9 人次/日,而中小城市的居民出行特征一般为 3.1 ~3.7 人次/日,远高于大城市的居民出行率。大城市居民出行的公交出行分担率多为 18% ~25%,而中小城市的公交出行分担率多为 10% ~18%。这是因为中小城市居民平均出行距离短,电动自行车和摩托车出行的比率较高,是更灵活快捷的、服务点对点之间的出行。

中小城市交通发展过程中出现的问题主要表现在以下几个方面:

(1)客流集散点有限且分布相对比较集中,大型客流集散点难以应对大客流的冲击,局部交通拥堵现象严重。

(2)交通基础设施薄弱,道路交通缺少上位规划指导,城市道路呈现"见缝插针、遍地开花、断头路较多"的现象。

(3)城市道路交通功能分工紊乱,快速路、主干路、次干路、支路定位不明确,配比不合理,次干路和支路微循环功能差,无法有效疏解主干路客流。

(4)城市公共交通整体服务水平低,在大型客流集散点难以应对大运量客流冲击,过多线路承接大型客流集散点,造成线路绕行系数大、重复系数高等问题,进一步降低了公交的分担比。

2 中小城市公交优先发展对策

在中小城市演变的整个过程中,城市建设用地规划与道路基础设施供给之间严重脱节,两者之间缺乏有效的协调与平衡。缺少由快速路、主干路、次干路和支路构成的道路功能分工明确的多层次的城市道路交通网络。中小城市的干路和支路网络较为缺乏且连通性差,导致城市交通流主要由主干路承担,缺少辅助主干路网的城市交通微循环网络。过境交通穿越城市用地范围并与城市交通流混合,干扰了城市交通。

中小城市大多由城乡结合带或老城区发展起来,发展初期老城区道路设施落后陈旧,小街小巷多、道路街道断面较窄，道路通达性差。老城区作为中小城市的发源地，人口集聚效应明显，交通出习惯问题严重，但现阶段老城区的改造和拆迁问题困难且敏感，使得交通改造问题存在较大的难度。由于老旧城区交通问题的制约，公交效益很难得到充分的发挥。

随着中小城市的扩建，新建城区往往道路条件宽阔，但人口密度小，且居住配套设施不尽完备，新城交通畅通，但公交公司为保障运营效益，新城敷设线路不足，公共出行不便，新城的交通呈现机动车主导的模式。

中小城市可拓展发展空间有限，而人口密度较为集聚，因此主城区功能亟待疏解。随着中小城市的快速扩张，中小城市交通问题与土地、资源之间的矛盾日趋突出。随着中小城市新建组团的进一步落地和完备，空间的拓展势必引发居民出行距离的增长。以公共交通代替部分私人交通，能有效缓解我国中小城市的土地和资源压力。因此，合理分配道路资源是公交优先的必要前提。道路资源分配首先要满足公共交通的通行需要，对有限的城市道路资源进行合理的路权分配，平衡社会车辆和公交车对道路资源的占有率。

在中小城市落实“公交优先”战略优先，主要是通过重新分配路权，发展快速、高效的大容量公共交通系统。但由于受人口基数、政府资金财力、国家审批条件的制约，中小城市大容量公共交通主要表现为地面公共交通系统，即现代有轨电车和 BRT 两种模式。

3 现代有轨电车和 BRT 的关系

现代有轨电车与 BRT 在技术经济特征、功能层面、信号优先、城市景观方面各有优势。

现代有轨电车经历了一百多年的发展与变革，由旧式运行效率低下的“叮当车”发展成为了现代化的低地板、模块化设计、能够更好适应城市道路交通条件并能够与城市景观相结合有特色的城市公共交通系统。

BRT 经历了五十多年的发展和变革，既具有轨道交通容量大、快速等优点，又具有常规公交灵活，尤其是造价低廉等优点，是介于两者之间的新型现代化交通方式。

(1)技术经济特征分析

技术经济特征主要从运营速度、运能、造价、相对建设周期、车辆折旧率、能耗和环境污染七个方面来分析。现代有轨电车和 BRT 系统在技术经济特征方面具体指标对比见表 1。

现代有轨电车与 BRT 的技术经济特征对比[2] 表 1

指　　标	现代有轨电车	BRT
运营速度(km/h)	18 ~ 25	20 ~ 30
运能(万人/h)	0.8 ~ 1.5	0.8 ~ 1.2
造价(亿元/km)	0.5 ~ 1.5	0.2 ~ 1.0
相对建设周期	较长	较短
车辆折旧率	低	较高
能耗	较低	较高
环境污染	低	较高

(2)功能定位

有轨电车和 BRT 在功能定位上基本相同，都是介于常规公共汽(电)车和大运量城市轨道交通之间的中低运量的城市公共客运交通方式。两者最大的问题都是如何协调好与其他道路交通方式的关系，提高运行效率。

①现代有轨电车和BRT均可作为串联城市大客流集散点的公交骨干线[2]。

②现代有轨电车和BRT均可作为核心区与外围组团之间的衔接。

③现代有轨电车和BRT均可作为新建组团内部的骨干线。

④现代有轨电车可作为特色旅游观光公交线路。

⑤BRT可作为轨道交通的延伸、补充、联络和过渡，为远期轨道交通培育客流。

(3)信号优先

由于轨道的制动性较差，因此频繁应对进出站、交叉口的起停，都对车辆和轨道机械有所损耗。相对于BRT系统，有轨电车运营不灵活，对路权、交叉口及信号优先要求高。快速公交BRT系统灵活性较高，可以根据不同的客流需求和道路断面条件来匹配不同的路权设计，因此对于信号优先要求较低。

(4)城市景观与绿化效益分析

从城市景观与绿化效益方面与BRT相比，现代有轨电车更能融合中小城市的景观建设，带动绿色交通发展。现代有轨电车可在地面以草坪轨道的形式，结合特有的流线型车身及独特的造型，打造城市内部靓丽的动态名片。营造出动感、绿色和现代感的城市道路景观环境，赋予城市街道空间新的生命力。

通过上述对比分析，可以得出现代有轨电车和BRT在技术经济特征及功能定位方面差异性较小，两者均为中运量系统，因此同一走廊应避免重复敷设，这也是导致两者在城市内部竞争激烈的根本原因，使得交通规划者以及城市交通管理者难以抉择。但在信号优先及城市景观和绿化效益两方面分析，两者又各有优劣，因此需要进一步对比两者的实施条件，并结合城市的自身特征进行分析，最终确定城市的大容量公共交通发展模式。

4 中小城市现代有轨电车和BRT的适用性分析

(1)中小城市现代有轨电车的适用区域分析

现代有轨电车适用性的分析，要着重考虑城市道路条件、走廊客运量、政策环境等对功能发挥的推动和阻碍作用。从国内外的发展情况来看，有轨电车主要适用于有景观要求的老城中心、景观要求高的外围新城、组团内部交通需求量的客流走廊。即主要适用于以下地区：

①中小城市核心区道路条件好、交通需求量大的路段[3]。中小城市由于人口基数小，道路连续条件差，道路断面不统一，且考虑城市经济实力，建设地铁、轻轨轨道交通可能带来较大的技术与财政风险，因此可以考虑在公共交通需求量较大，常规公交难以承担的主走廊、道路条件好或近期有道路改造计划的路段修建现代有轨电车，解决城市内部交通出行。

②中小城市外围组团内部出行，一般在新区、新城等城市品质较高、道路改造量小的区域建设，尽量实现有轨电车路权专用，提高运行速度。由于城市产业布局的调整，外围组团快速发展，先期对区内公共交通的发展提出高水平的服务要求。

③中小城市构建旅游观光专线，中小城市在完善城市功能布局、构建便捷高效的公共交通体系时，可优先考虑具有观光及交通功能于一体的现代有轨电车[4]。规划设计时重点考虑与沿线的景观融合，打造城市的景观旅游带，实现旅游功能与交通功能的统一。

(2)中小城市BRT的适用性

快速公交BRT系统在城市交通中往往定义为承担中、高客流骨干走廊的角色。BRT系统适用于大强度土地开发利用、交通集中度高、混合交通问题突出、路网结构不合理、客流需求高的城市核心区。BRT需要在道路上划定独立行驶空间,设置专属站台、运用智能信息技术、配置完善的售票设施和装备,以形成公交快速走廊,对道路资源占用较大,因此要求道路至少为双向六车道以上才宜规划建设BRT线路。

①BRT适用于中小城市建成区,一般在路网结构比较复杂的核心区建设,对道路适应能力强。BRT的建设可根据城市的交通特征,如早晚高峰时刻灵活开通,平峰时刻作为普通道路灵活使用。

②针对无大运量轨道交通(如轻轨、地铁)规划的地区,可通过建设BRT作为城市公共交通的主走廊,满足城市交通需求的增长,避免重复二次投资[5]。同时可以选用地面敷设的BRT作为建设轨道交通的过渡方式以降低建设的初期投资与运营成本。

③提高城市应急能力。中小城市快速公交系统也应该具有城市应急通道的功能,中小城市因集聚效应明显,在应急条件下,常引发局部交通节点拥堵严重。BRT可作为城市应急通道的功能,供大型市政活动专车、救护车、消防车、警车等特种车辆在紧急情况下使用,避免中小城市因恶劣天气、大型活动、紧急事件等引发的局部重要节点甚至路网瘫痪。

5 结论和建议

针对中小城市特有的居民城市出行特征,现代有轨电车和BRT作为大运量的快速地面公共交通发展模式,虽然从功能定位及技术特征层面难以区分优劣,但对于城市不同发展区域有着特定的适用性。对于城市核心区道路条件好、交通流量大的区域,外围组团内部以及旅游观光带,建议采用高品质的现代有轨电车;对于在城市核心区道路条件较差、交通流量大的区域,以及远期无轨道交通规划的地区建议采用相对灵活的BRT。

参考文献

[1] 刘兰辉,王正.我国中小城市交通特征分析及交通规划——以中山市小榄镇和温州乐清市为例[J].城市交通,2004,2(1):21-24.

[2] 薛美根,杨立峰,程杰.现代有轨电车主要特征与国内外发展研究[J].城市交通,2008,(6):88-91.

[3] 东南大学交通学院.有轨电车在南京地区的适应性研究[R].南京:东南大学交通学院,2007.

[4] 訾海波,过秀成,杨洁.现代有轨电车应用模式及地区适用性研究[J].现代轨道交通研究,2009,(2):46-49.

[5] 杨敏,陈学武,王炜.城市快速公交(BRT)应用的可行性分析[J].现代城市轨道交通,2006,(4):13.

有轨电车沿线交叉口交通组织研究

李明高*[1],韦　伟[1],李　颖[1],毛迪安[2]

1. 北京交通大学　城市交通复杂系统理论与技术教育部重点实验室,北京 100044;
2. 内华达大学　雷诺分校土木与环境工程系,美国 内华达州 89557

摘　要　本文提出了有轨电车沿线交叉口交通组织方案,并显示了其应用效果。在此基础上,分析了有轨电车沿线交叉口机动车禁止左转/掉头组织方案的适用性。结果表明,在有轨电车沿线道路左转流量较小(左转车流占进口道比例小于15%),相交道路负荷较小(相交道路负荷与沿线道路负荷比值小于0.6),且绕行距离短(绕行距离小于1600m)的情况下,宜采用禁止左转/掉头组织方案;在有轨电车沿线道路左转/掉头流量较大,或者相交道路车流负荷较高,或者绕行距离过远时,宜考虑设置左转/掉头相位。

关键词　城市交通;有轨电车;交通组织

Research on Traffic Organization at Intersection with Tramcar

Li Minggao*[1], Wei Wei[1], Li Ying[1], Mao Di'an[2]

1. *MOE Key Laboratory for Urban Transportation Complex Systems Theory and Technology, Beijing Jiaotong University, Beijing* 100044, *China*;
2. *Department of Civil and Environmental Engineering, University of Nevada, Reno, NV* 89557, *USA*

Abstract　The traffic organization at intersection with tramcar is presented and the effects are analyzed. The applicability of no left turn for motor vehicle along the direction of tramcar at intersection is discussed. Results show that it is suitable to prohibited left turn when the proportion of the left-turn traffic flows is less than 15%, the ratio between intersection road traffic and the traffic of the road along the direction of tramcar is less than 0.6, and the round length is less than 1600m. Otherwise, when the proportion of the left-turn traffic flows is high, or the intersection road load is large, or the round length is far, left-turn phase should be stetted.

Key words　urban traffic; tramcar; traffic organization

0　引言

有轨电车是一种中低运量的轨道交通系统,单向高峰小时运量为0.6万~1万人[1],一般

作者简介:李明高(1989—),男,江西抚州人,博士生,主要研究方向为城市轨道交通。

*通信作者:liminggao1989@126.com

适用于大城市和中等城市的交通干线，或特大城市的市郊外围、城郊结合部、城市外围组团(卫星城)、旅游景区、经济技术开发区等与中心城区联系的交通干线[2]。

有轨电车一般采用地面线路，其在道路断面上的布置方式通常有中央布置、两侧布置和一侧布置三种形式[3]。路侧布置(包括两侧布置和一侧布置)时，有轨电车沿线道路机动车左转、右转及相交道路的机动车左转、直行、右转对有轨电车运行有影响，需在有轨电车同方向增设左、右转信号灯，在有轨电车相交道路方向，增设右转信号灯。中央布置时，有轨电车沿线道路机动车左转及相交道路的机动车左转、直行对有轨电车运行有影响。

有轨电车采用道路中央布置的形式较为普遍，为此，本文以道路中央布置的有轨电车为研究对象，分析不同条件下沿线道路机动车左转/掉头交通组织及其效果。

1 有轨电车沿线交叉口机动车辆左转/掉头交通组织

根据规划方案，某地区将在某道路南北方向中央敷设有轨电车，以该道路某一交叉口为例，分析敷设有轨电车后，该交叉口沿有轨电车方向左转/掉头车辆的交通组织。

1.1 交叉口现状

根据实地调研，该交叉口南进口为5车道，其中1个左转/掉头、3个直行、1个右转；北进口为5车道，其中1个掉头、1个左转、2个直行、1个直右；东西进口分别为双向2车道和双向4车道。早高峰小时该交叉口信号周期为150s，其中南北直行相位75s，南北左转相位15s，东西直行、左转相位45s，黄灯时间3s，全红时间2s。平峰信号周期为120s，其中南北直行相位55s，南北左转相位15s，东西直行、左转相位35s，黄灯时间3s，全红时间2s。交叉口车道及相位如图1a)所示。该交叉口某工作日早高峰8:00～9:00各方向交通流量如图1b)所示。

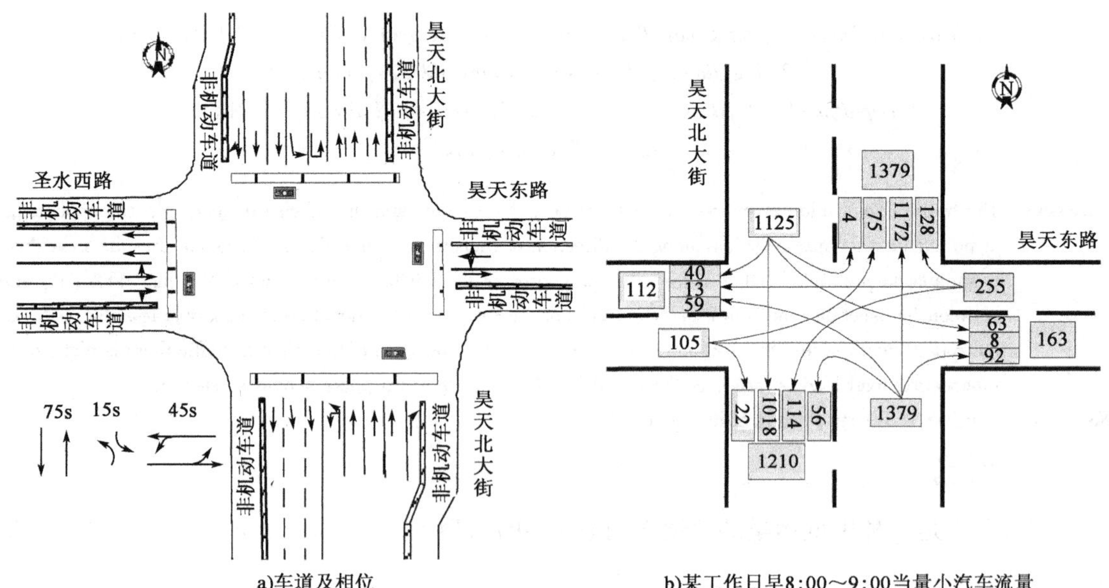

a)车道及相位　　b)某工作日早8:00～9:00当量小汽车流量

图1　交叉口现状

1.2 左转/掉头车辆组织方案及影响分析

1.2.1 组织方案

左转/掉头组织方案主要包括禁止左转/掉头和设置左转/掉头相位两种。实际调研数据表明,该交叉口南北左转、掉头车流量小,因此,该交叉口交通组织方案为:禁止南北进口左转、掉头,南北进口方向左转、掉头车辆通过绕行到相交道路掉头后,通过在相交道路直行、左转实现南北向的左转、掉头;或通过沿线上、下游交叉口绕行,南北进口方向车道分别调整为4车道,其中1个右转车道、3个直行车道。南北方向左转/掉头车辆经相交道路绕行组织方案如图2所示。

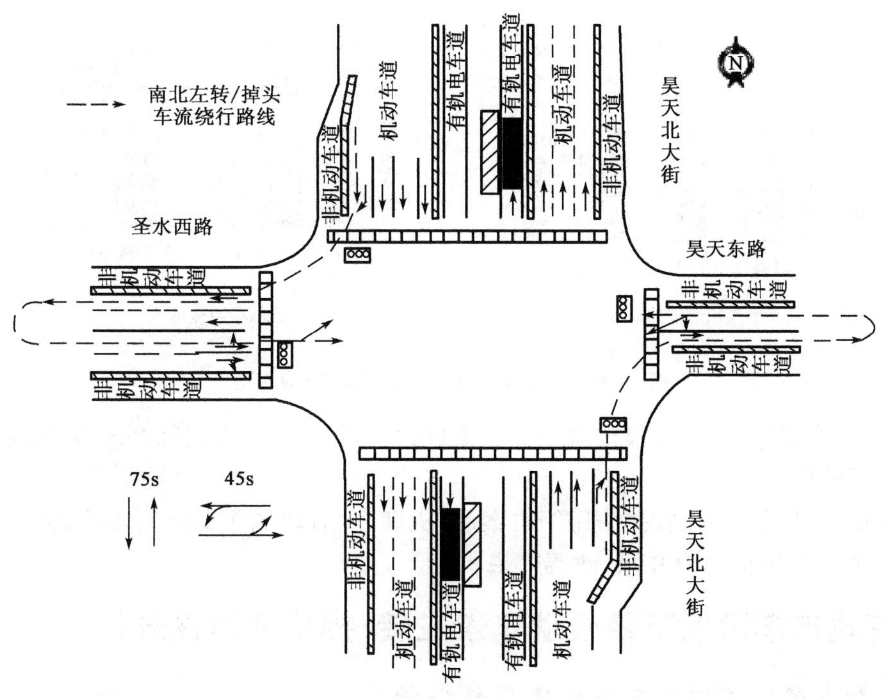

图2 南北/左转车流绕行组织方案

1.2.2 效果分析

南北方向禁止左转/掉头后,交叉口由原来三相位变为两相位。通过VISSIM仿真得到禁止左转/掉头前后运行效果,如图3所示。

从图3a)可以看出,禁止左转/掉头后,交叉口平均延误降低32.7%,机动车平均延误降低25.1%,有轨电车平均延误降低28.8%;除西进口外,交叉口各进口方向平均延误均有所降低,南北进口分别降低51.4%、38.8%,东进口降低9.4%。从图3b)可以看出,东、南、北进口方向的最大排队长度均有所降低,西进口最大排队长度稍有所增加。从图3c)可以看出,机动车和有轨电车的平均速度均有所增加,分别增加7.8%、4.5%。

禁止左转/掉头后,交叉口由三相位变成两相位,相位数减少,且信号周期减少,交叉口延误减少。虽然相交道路会增加相应的绕行车流,但相交道路负荷较小,且增加的绕行车流比例较小,因此,总体运行效果提高。西进口原有车流量较少,北进口左转、掉头车流绕行到西进口

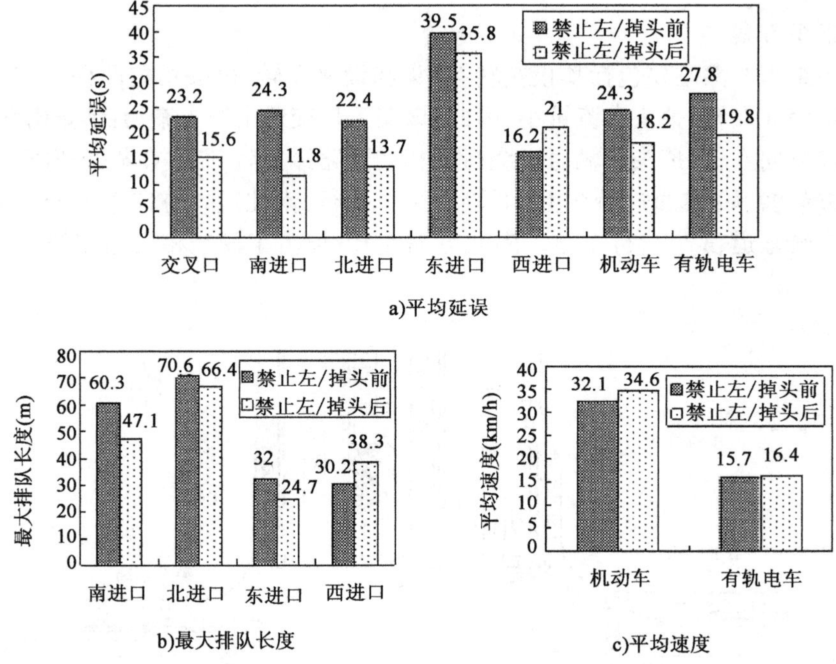

图3　禁止左转/掉头前后交叉口运行效果对比

后，相对于原有车流来说，西进口车流增加比重较大，东西方向直左时间并未改变，因此西进口运行效果有所降低。

总的来说，采取禁止左转/掉头组织方案后，机动车、有轨电车的运行效率均有所提高，交叉口服务水平从C级提高为B级，改善效果明显。

2　有轨电车沿线道路机动车禁左转/掉头适用性分析

2.1　相交道路不同负荷下的适用性分析

禁止左转/掉头后，南北方向左转/掉头车流绕行到相交道路，相交道路流量对该组织方案运行效果有影响。因此，对该交叉口相交道路流量负荷情况下进行仿真，分析相交道路流量对禁止左转/掉头组织方案的影响，得到如表1、图4所示结果。

相交道路不同负荷下禁止左转/掉头组织方案效果分析　　表1

相交道路负荷/沿线道路负荷	交叉口平均停车次数	
	有左转/掉头	无左转/掉头
0.4	0.6	0.1
0.6	0.5	0.1
0.8	0	0.6
1.0	0.5	1
1.2	0.4	0.4

从表 1 可以得出,在相交道路负荷较低时(相交道路负荷与沿线道路间负荷比小于 0.6),采用禁止左转/掉头组织方式,可减少有轨电车平均停车次数,交叉口平均停车次数为 0.1 次;当相交道路负荷增加时,平均停车次数增加。

从图 4 可以看出,相交道路负荷较低下(相交道路负荷与沿线道路间负荷比小于 0.6),禁止左转/掉头后,有轨电车和机动车的平均延误均有所减少,且有轨电车的延误减少幅度较大。随着相交道路负荷增加,禁止左转/掉头后机动车的延误有较大幅度的增加,有轨电车的延误也有一定幅度的增加。

禁止左转/掉头后,交叉口由三相位变为两相位,信号延误降低。相交道路负荷低的情况下,南北方向分配的绿灯时间较长,有效通行时间长,再加上东西方向车流量少,造成的影响相对较小,总体运行效果较好。随着相交道路负荷增加,相交道路绿灯时间逐渐增加,有轨电车的有效通行时间减少,且道路负荷增加,交叉口通行能力受限。

综上所述,相交道路负荷与沿线道路负荷的比值小于 0.6 时,采用禁止左转/掉头组织方式有轨电车运行延误少,且对机动车的影响较小;超过 0.6,绕行车辆与相交道路车辆冲突影响大,整体运行效果较差,不推荐采用禁止左转/掉头方案。

2.2 不同左转流量下的适用性分析

依次改变南北方向左转流量比例,仿真得到交叉口运行效果如图 5 所示。

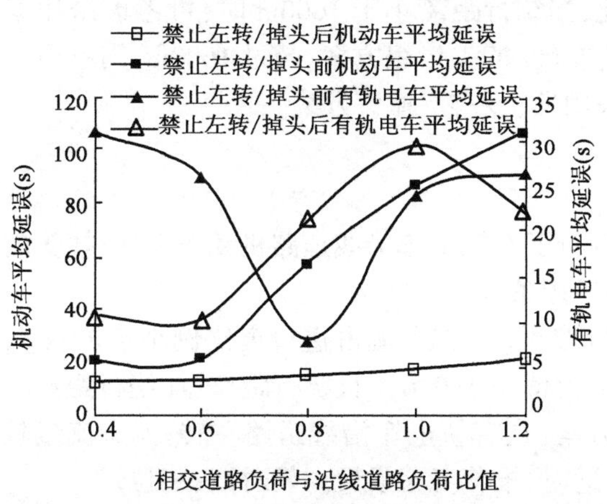

图 4 禁止左转/掉头后运行效果随相交道路负荷变化

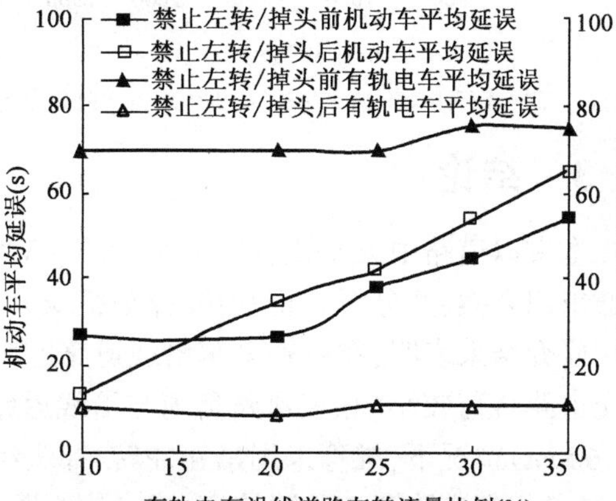

图 5 禁止左转/掉头后运行效果随左转流量变化

从图 5 可以看出,禁止左转/掉头后,有轨电车平均延误减少值基本处于平稳状态,机动车延误随左转流量比例增加而增加,当左转流量比例在 15% 以下时,禁止左转/掉头后,有轨电车、机动车延误均减少,整体运行效果较好。

左转流量小时,禁止左转/掉头后,交叉口相位数减少,延误减少。该交叉口有轨电车沿线道路为主车流方向,绿灯时间较长,有轨电车延误较少;且较低比例的左转/掉头车流绕行到相交道路后,对相交道路的影响较小,总体运行效果较好。当左转流量增加时,左转/掉头车辆由于绕行造成的总延误增加明显,且较大比例绕行车辆对相交道路的影响大,总体运行效果较差。

综上所述,当左转车流量比例较小时(左转车流量占进口流量 15% 以下),采取禁止左转/

掉头组织方式,有轨电车的延误较少,总体运行效果较好;左转车流比例超过15%时,禁止左转/掉头后,绕行车辆的总延误持续增加明显,交叉口总体运行效果较差。

2.3 不同绕行距离下适用性分析

采用禁止左转/掉头方案,原有左转、掉头车辆需要经绕行完成。因此,不同的绕行距离对禁止左转/掉头方案实施效果有影响,若绕行距离太远,造成的绕行延误将大幅增加,对绕行车辆造成较大负面影响。图6为不同绕行距离下,采取禁止左转/掉头组织方案后的实施效果。

从图6可以看出,绕行车辆的总绕行延误随绕行距离增加而增加明显。当绕行距离超过1600m时,采取禁止左转/掉头方案后,机动车平均延误大于禁止左转/掉头前(24.3s),虽然有轨电车的平均延误比禁止左转/掉头前减少8s[图3a)],但绕行距离远,机动车的绕行延误大幅增加。

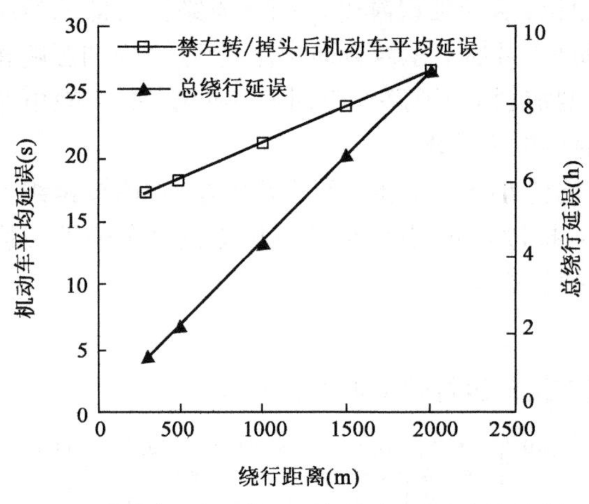

图6 不同绕行距离下禁止左转/掉头组织方案效果分析

综上分析,绕行距离对禁止左转/掉头方案的实施效果影响显著,当绕行距离超过1600m时,采取禁止左转/掉头方案后,机动车总延误增加明显,绕行带来负面效应大。因此,当绕行距离小于1600m时,可考虑采用禁止左转/掉头组织方案,超过1600m,则不适合采用禁止左转/掉头方案。

3 结论

本文以道路中央布置有轨电车为研究对象,分析了有轨电车沿线道路机动车左转/掉头的交通组织方案,并分析禁止左转/掉头组织方案的适用条件。

研究结果表明,在有轨电车沿线道路左转流量较小(左转车流占进口道比例小于15%),相交道路负荷较小(相交道路负荷与沿线道路负荷比值小于0.6),且绕行距离短(绕行距离小于1600m)情况下,推荐采用禁止左转/掉头组织方案;在有轨电车沿线道路左转/掉头流量较大,或者相交道路车流负荷较高,或者绕行距离过远时,推荐考虑设置左转/掉头相位。

参考文献

[1] 毛保华.城市轨道交通系统运营管理[M].北京:人民交通出版社,2006.

[2] 李际胜,姜传治.有轨电车线站布置及交通组织设计[J].城市轨道交通研究,2007,10(5):38-41.

[3] 唐淼,王中岳,李忠锋.中新天津生态城有轨电车地面交叉口交通组织方式[J].中国市政工程,2012(z1):11-16.

有轨电车信号优先方案设计与分析研究

王　莹*[1],李　芳[2],刘剑锋[2]

1. 北京交通大学　城市交通复杂系统理论与技术教育部重点实验室,北京 100044;

2. 北京城建设计发展集团股份有限公司交通研究中心,北京 100037

摘　要　由于有轨电车运行时与社会车辆在交叉口共享路权,降低了其快速可靠性,阻碍了其效率的发挥。为了实现有轨电车的快速可靠,有必要提出在相应交叉口的信号优先方案,本文针对不采用任何优先方案,采用绝对优先以及采用相对优先三种信号模式展开研究,用 VisVAP 设计优先方案,并使用 VISSIM 在不同交叉口流量及不同有轨电车发车频率下对这些方案进行仿真,用交叉口车辆平均延误和乘客人均延误评价三种信号模式下的方案,得出不同类型交叉口下的最优方案。

关键词　有轨电车;绝对优先;相对优先;仿真;延误

Design and Research of Tram Signal Priority Strategy

Wang Ying*[1],Li Fang[2], Liu Jianfeng[2]

1. *MOE Key Laboratory for Urban Transportation Complex Systems Theory and Technology*,

Beijing Jiaotong University, *Beijing* 100044, *China*;

2. *Beijing urban construction design & Development Group*,*Limited by Share Ltd*,

Transportation research center, *Beijing* 100037;*China*

Abstract　The application exist obstacles and difficulties that tram may be low speed and long travel time, poor punctuality and poor service levels due to the same road environment as the private cars'. In order to ensure its speed and reliability, it is necessary to guarantee the priority at signal controlled junctions. This article discusses the default signal timing, relative priority of tram signal and absolute priority of tram signal, uses VisVAP to design the program and VISSIM to do simulation and determines the index of the average delay of passenger and the average delay of vehicle to measure to decide which to implement.

Key words　tram;relative priority of tram signal; absolute priority of tram signal; simulation; delay

0　引言

随着城市化进程的加快,大中型城市逐渐由单中心格局向多中心格局转变,新城区、高新区的建设成为城市扩展其格局的主要方式,迅速扩大的城市格局需要强有力的城市客运交通系统支撑。现代有轨电车作为城市公共交通系统的重要组成部分,运输能力较大,运行速度快、

作者简介:王莹(1993—),女,浙江诸暨人,硕士生,研究方向为城市轨道交通。

*通信作者:15120888@bjtu.edu.cn

建设成本低,能够作为地铁的补充服务于运输需求较大且无法达到地铁建设标准的城市郊区、卫星城等区域。但在运行过程中,由于有轨电车与私人汽车所处的道路环境相同,它的推广不可避免地遇到了运行速度低、准时性差等问题,这些不足减少了市民选择该出行方式的频率。因此为了实现有轨电车的快速可靠,必须保障其运行的优先权[1]。

本文对绝对优先和相对优先两种信号模式进行了阐述分析,并以交叉口车辆平均延误以及乘客人均延误为评价指标,分析不采用任何优先方案、采用绝对优先以及采用相对优先三种方案的适应性。

1 有轨电车信号优先控制方案设计

主动优先信号模式作为交叉口信号优先方案的重要构成,依靠在交叉口进口道设置检测器对有轨电车到达情况进行判断,当检测到有轨电车到达时采取相应措施,减少有轨电车在交叉口的等待时间[2]。主动优先包括绝对优先以及相对优先两种信号模式。

1.1 绝对优先方案设计

绝对优先即为到达信号交叉口的所有有轨电车都提供优先通行,当检测器检测到有轨电车驶入时,立即终止当前相位,给予有轨电车绿灯信号;当下游检测器监测到车辆离开,恢复到之前终止的相位[3]。这种方案下的有轨电车优先权是最高的,它能够直接通过交叉口甚至不需要减速,但也会对其他相位的车辆通行带来不利影响,易引发交通拥堵。绝对优先判断流程图如图 1 所示。

1.2 相对优先方案设计

相对优先与绝对优先判断结构类似,区别在于当检测器检测到有轨电车时,需要通过分析来判断是否给予通行,它通过调整信号周期中各个相位的绿灯时间长度来实现有轨电车优先通行的目标,在此便不再赘述[4]。

2 案例分析

案例选取的交叉口如图 2 所示,有轨电车仅在南北方向运行,且为路中式运行模式,东西方向则运行机动车等普通车辆。由于交叉口类型及发车频率会影响优先方案选择,将相交道路流量取 180veh/h,270veh/h,360 ~ 1800veh/h,同一道路流量下的有轨电车发车间隔取 120s、150s、180 ~ 300s 来研究。

2.1 参数确定

参数取值见表 1。

参 数 取 值　　表 1

交叉口	有轨电车所在方向		非有轨电车所在方向	
	北进口	南进口	东进口	西进口
有轨电车停站时间(s)	服从 $\mu = 30$, $\sigma = 2$ 的正态分布	服从 $\mu = 20$, $\sigma = 2$ 的正态分布	无有轨电车	无有轨电车
有轨电车期望速度(km/h)	25	25	无有轨电车	无有轨电车

续上表

交叉口	有轨电车所在方向		非有轨电车所在方向	
	北进口	南进口	东进口	西进口
有轨电车发车间隔(s)	120,150～300	120,150～300	无有轨电车	无有轨电车
机动车期望速度(km/h)	40	40	40	40
道路流量(veh/h)	1800	1800	180,270～1800	180,270～1800

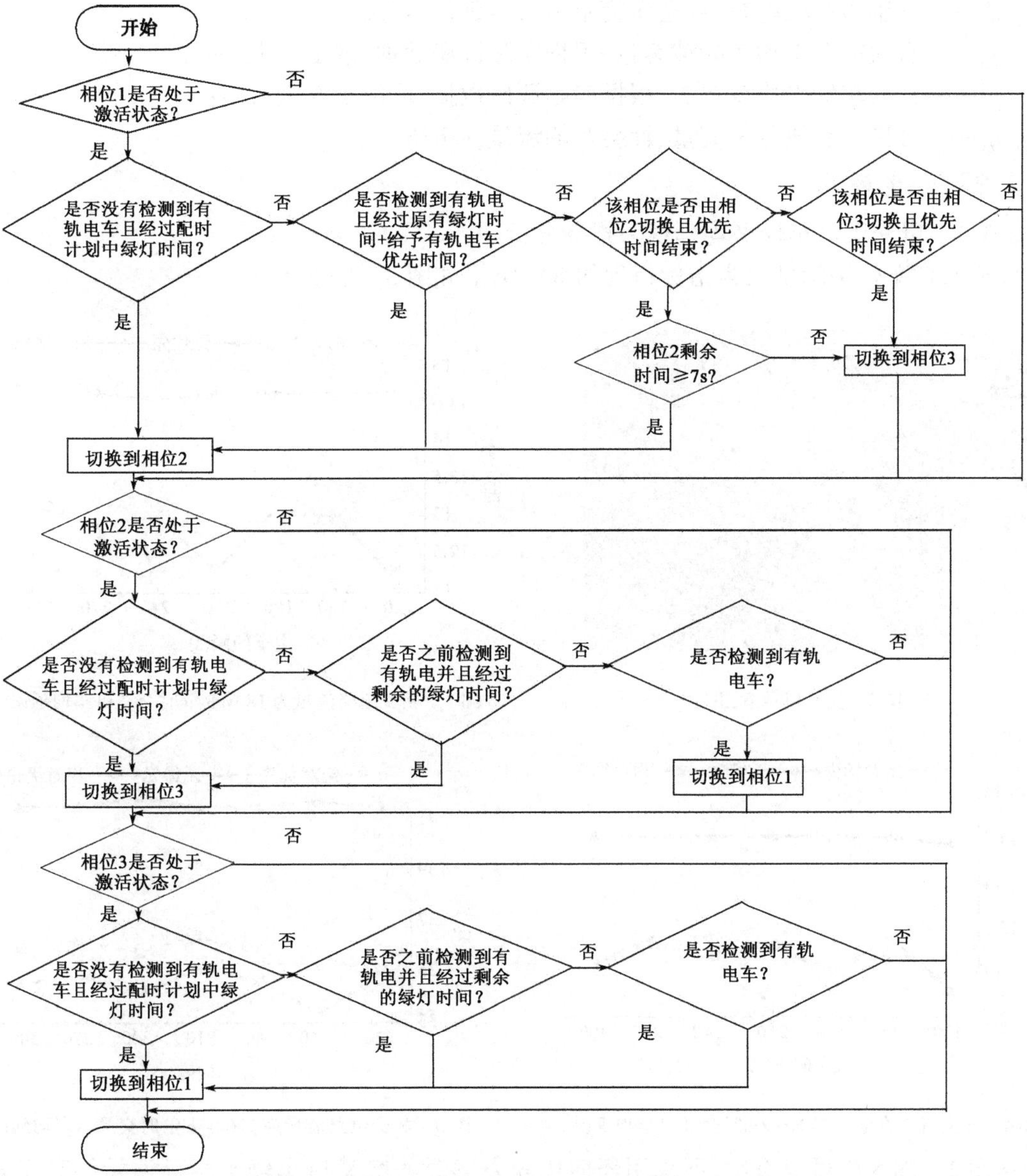

图1　绝对优先判断流程

2.2 评价指标确定

在评价交叉口不采用优先方案、采用绝对优先以及采用相对优先三种信号模式对交叉口的影响时,一般采用延误时间为指标进行分析。为贯彻研究的全面性和“以人为本”的理念,将交叉口车辆平均延误时间以及交叉口乘客人均延误时间都作为评价指标[5]。前者通过仿真软件可直接输出,后者计算如下:

$$D_{\mathrm{P}} = \frac{d_{\mathrm{t}} p_{\mathrm{t}} q_{\mathrm{t}} + d_{\mathrm{v}} p_{\mathrm{v}} q_{\mathrm{v}}}{p_{\mathrm{t}} q_{\mathrm{t}} + p_{\mathrm{v}} q_{\mathrm{v}}} \tag{1}$$

式中:D_{P}——乘客人均延误,s/人;

d_{t}、d_{v}——分别为有轨电车、社会车辆乘客人均延误,s/人;

p_{t}——有轨电车平均实际载客量,根据实际调研数据,取 180 人/veh;

p_{v}——社会车辆平均载客量,根据实际调研数据,取值 1.5 人/veh;

q_{t}、q_{v}——分别为有轨电车流量、社会车辆流量,veh/h。

2.3 方案评价

2.3.1 以交叉口车辆平均延误为指标分析

以交叉口车辆平均延误为指标得到的部分结果如图 3 ~ 图 5 所示。

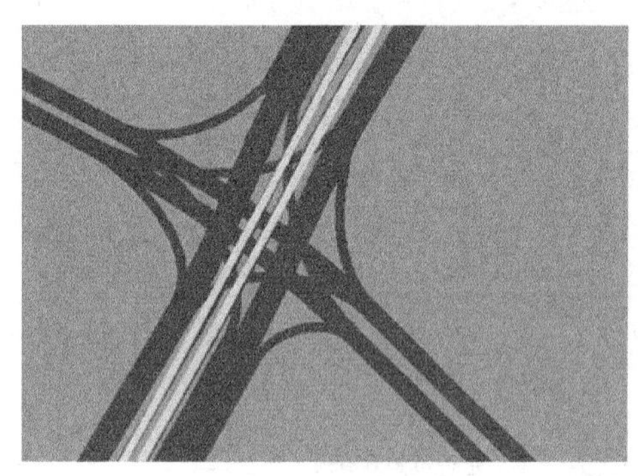

图 2 交叉口示意图

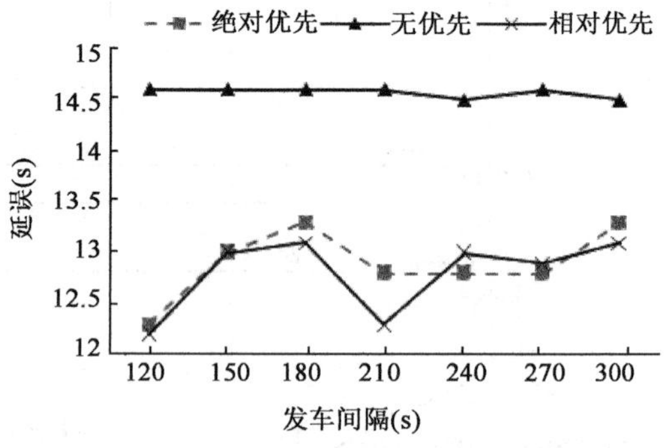

图 3 相交道路流量为 180veh/h 时交叉口车均延误

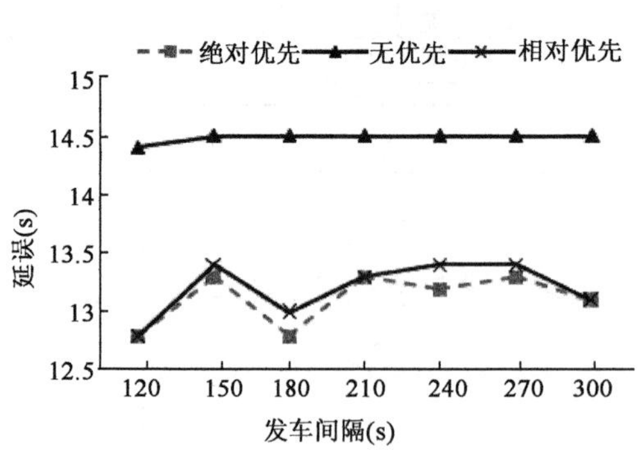

图 4 相交道路流量为 450veh/h 时交叉口车均延误

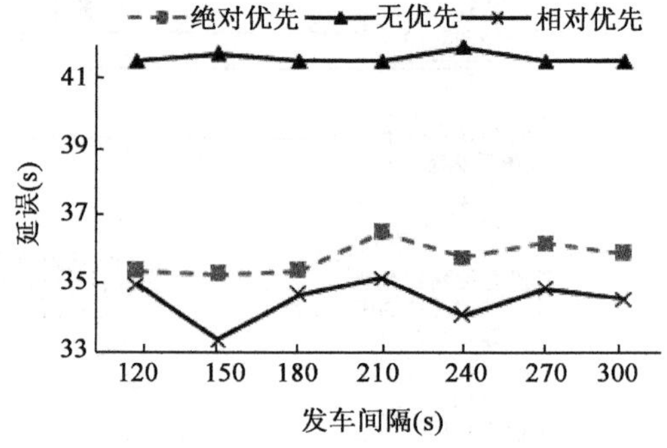

图 5 相交道路流量为 1260veh/h 时交叉口车均延误

从图 3 ~ 图 5 中可以看出,不采用任何优先方案时的交叉口车辆平均延误始终高于其他两种方案。当东西方向道路流量处于 180 ~ 360veh/h 时,趋势如图 3 所示,此时相交道路流量较小,但交叉口信号配时为了保证相交道路的车辆能够在绿灯时长内通过交叉口,该方向实际获得的绿灯时长比理论计算值大,此时优先方案虽减少了该方向的绿灯时间但对车流的通行影响较小。方案选择为两者皆可。

流量进一步增加,在 450 ~ 630veh/h 范围内,趋势如图 4 所示,绝对优先方案产生的延误小于相对优先方案产生的延误。由于优先信号使得有轨电车所在相位能够直接通行,增加了该道路直行的通行效率,所以绝对优先方案优于相对优先方案。

流量超过 720veh/h 时,趋势如图 5 所示,相对优先方案的优势逐渐凸显。有轨电车通行效率的提高本质就是牺牲相交道路车辆的通行效率,但此时相交道路车辆增加的延误已不容忽视;而相对优先插入的有轨电车通行相位是在一个相位结束之后进行,对交叉口运行状态干扰较小,最终导致了绝对优先方案下的延误高于相对优先方案。

2.3.2　以交叉口乘客人均延误为指标分析

按交叉口乘客人均延误时间分析评价,绝对优先方案产生的延误始终低于相对优先方案下的延误值。以交叉口乘客人均延误为指标得到的部分结果如图 6 ~ 图 8 所示。

从图 6 ~ 图 8 可以看出,绝对优先方案下得到的交叉口乘客人均延误时间远低于其他两种方案。在交叉口乘客人均延误时间评价指标下,路网输入的社会车辆流量不变时,有轨电车乘客的总延误对最终结果起决定性作用。而绝对优先保证了有轨电车乘客总延误为 0,且有轨电车实际平均载客量(180 人/veh)又远高于机动车实际平均载客量(1.5 人/veh),所以导致这一结果。

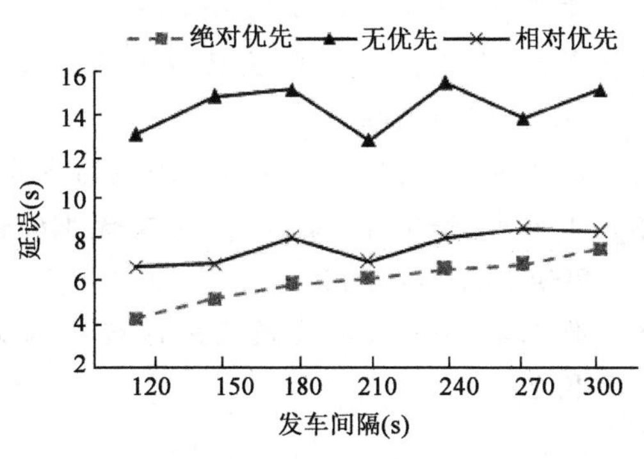

图 6　相交道路流量为 180veh/h 时交叉口人均延误

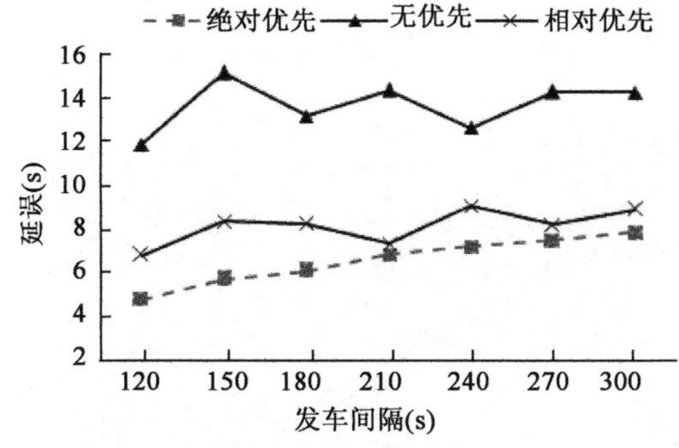

图 7　相交道路流量为 450veh/h 时交叉口人均延误

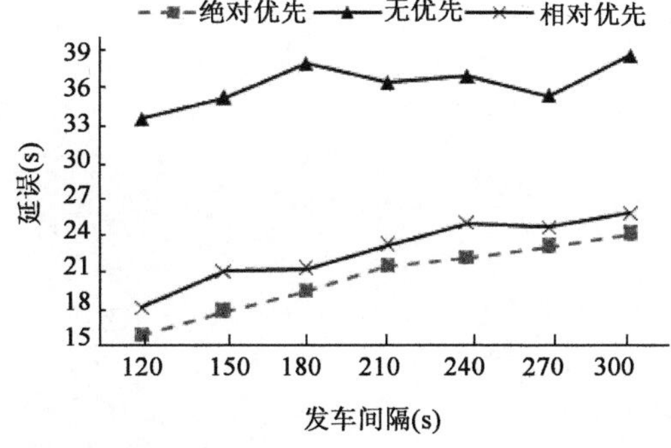

图 8　相交道路流量为 1260veh/h 时交叉口人均延误

另一方面也说明了为了实现公共交通出行的高比例目标,达成公共交通主导城市交通的目的,必须给予公交车辆较高的通行权利,保证公交优先,这样才能够增加公交出行的吸引力[6]。

3　结论

本文对有轨电车信号优先方案进行研究,设计了绝对优先以及相对优先两种信号模式的具体方案并进行仿真分析,得出结论如下:

(1)以交叉口车辆平均延误为指标评价时,道路流量在 180～360veh/h 之间,绝对优先以及相对优先两种信号模式下的方案造成的延误都较小,此时两种方案都可采用;在流量增加至 450～630veh/h 时,采用绝对优先方案;在流量进一步增加超过 720veh/h 时,交叉口采用相对优先方案。

(2)以交叉口乘客人均延误为评价指标时,绝对优先方案下产生的交叉口乘客人均延误与其他方案相比始终最小,推荐采用绝对优先方案。

参 考 文 献

[1] 阴炳成.面向专用道的公共汽车交通优先控制方法研究[D].上海:同济大学,2005:1-10.

[2] 别一鸣,王殿海,宋现敏,等.饱和度约束的单点有限公交优先控制策略[J].西南交通大学学报,2011,46(4):657-663.

[3] 曹洁,李旋,侯亮,等.交叉口 BRT 实时优先通行控制方法研究[J].控制工程,2012,19(6):1003-1006.

[4] 赵雅秀.公交信号优先控制理论与方法研究[D].重庆:重庆交通大学,2011:2-11.

[5] 张卫华,陆化普,石琴,等.公交优先的信号交叉口配时优化方法[J].交通运输工程学报,2004,4(3):49-53.

[6] 张卫华.城市公共交通优先通行技术及评价方法研究[D].南京:东南大学,2003,10:40-75.

有轨电车沿线邻近信号交叉口交通组织研究

王涵晴*[1],李　芳[2],刘剑峰[2]

1. 北京交通大学　城市交通复杂系统理论与技术教育部重点实验室,北京 100044;
2. 北京城建设计发展集团股份有限公司交通研究中心,北京 100037

摘　要　现代有轨电车经常敷设在地面,对道路交通组织产生显著影响,因此开展有轨电车邻近信号交叉口的交通组织研究。本文提出左转远引的主支式交叉口合并方案,并通过 VISSIM 仿真分析影响交叉口合并的三个因素的灵敏度,从而得出交叉口合并的适用性条件,最后引入实际案例展示交叉口合并方案的优越性。

关键词　现代有轨电车;交叉口;左转远引;交通组织

Traffic Organization of Adjacent Signal Intersections Along Tram System

Wang Hanqing[1*], Li Fang[2], Liu Jianfeng[2]

1. *MOE Key Laboratory for Urban Transportation Complex Systems Theory and Technology, Beijing Jiaotong University, Beijing* 100044, *China*;
2. *Beijing urban construction design & Development Group, Limited by Share Ltd, Transportation research center, Beijing* 100037, *China*

Abstract　As the modern tram is often constructed on the ground, it has a significant impact on road traffic organization. Therefore, the research on the traffic organization of the adjacent signal intersection of the tram is carried out. This article presents a far-leading of the left-turn vehicles precept and analyses the sensitivity of three major influencing factors by VISSIM to obtain the adaptive conditions. Finally, the practical cases demonstrate the superiority of the intersection merger.

Key words　Modern tram system; intersections; far-leading of the left-turn vehicles; traffic organization

进入 21 世纪,世界各大城市的机动化水平都在以较高的速度发展。以北京为例,截至 2015 年北京全市机动车保有量达到了 561 万辆,如此庞大的机动车数量带来了严重的交通拥堵、环境污染等社会问题。现代有轨电车作为一种中低运量的公共交通系统,具有初期投入少、造价低廉、建设周期短等优点,可以有效缓解城市交通问题。然而,现代有轨电车也存在其特有的缺陷,最大的问题就在于与道路机动车辆流线在道路交叉口处的交叉。因此,有轨电车

作者简介:王涵晴(1993—),女,汉族,陕西西安人,硕士生,研究方向为城市轨道交通。

*通信作者:15120879@bjtu.edu.cn

沿线邻近交叉口的合并对于减少延误,提高旅行速度而言至关重要。

1 现代有轨电车对道路的影响

1.1 现代有轨电车线路平面布局形式

根据现代有轨电车线路在道路上的敷设形式,有轨电车可以分为路中布局式、路侧布局式、双向同侧布局式[1],示意图见图1。

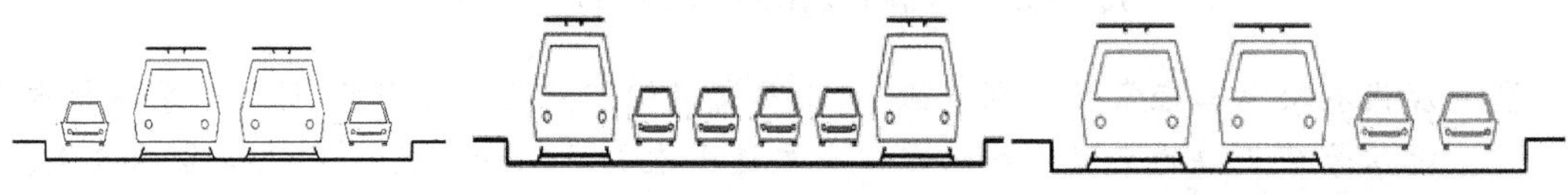

a)路中布局式有轨电车　b)路侧布局式有轨电车　c)双向同侧布局式有轨电车

图1 现代有轨电车线路平面布局形式

从交通组织角度看,路中布局式对两侧单位出入口影响小,进出车流易于组织,在交叉口仅对左转车流存在影响,而且对路段交通不存在干扰。另外两种布局方式在这些方面不具备优势,因此,在研究有轨电车交通组织时,多采用路中布局式方案[2]。

1.2 路中布局式有轨电车在沿线道路交叉口处的交通组织

对于路中布局式有轨电车而言,沿线机动车左转会与有轨电车线路产生冲突(示意图见图2,方框区域即为冲突区域),从而造成有轨电车的延误。因此,对于交通流量不大的主支式交叉口,可以通过与其相邻大型交叉口合并的方式,减少对有轨电车的干扰。

目前,邻近交叉口合并方案有两种。第一种方案是完全将这个流量不大的交叉口撤除,需要通过这个交叉口的车辆需全部绕行至邻近交叉口。第二种方案是保留这个小交叉口,但是禁止机动车左转,机动车在这个交叉口只能右进右出,需要左转的车辆可以通过右转/直行到下一个交叉口,然后掉头来实现左转功能[2],这种方案称为左转远引方案。左转道路交通流远引方案示意图见图3。

图2 冲突区域示意图

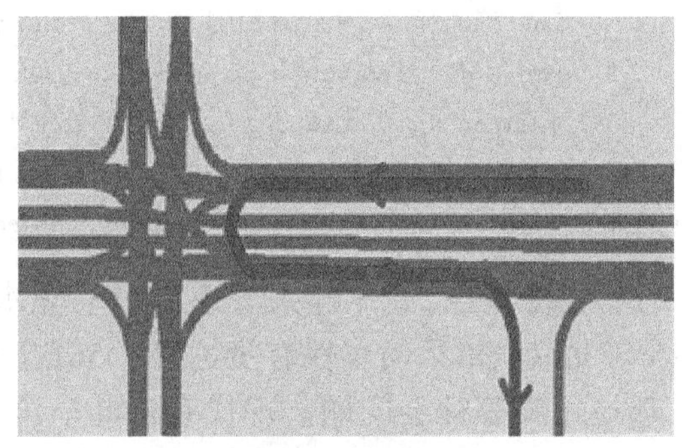

图3 左转道路交通流远引方案示意图

考虑到在城市交通中,每条路段都承担其功能,如直接将其撤除,会给需要通过该路段的机动车带来较大延误,同时绕行车辆也会对交叉口邻近道路产生压力,因此在实际设计中很少使用第一种方案。本文围绕左转远引方案,讨论其适用性条件。

2 路中布局式有轨电车沿线临近信号交叉口合并适用性条件分析

本文使用 VISSIM 软件对路中布局式有轨电车沿线临近信号交叉口合并的效果进行仿真。VISSIM 是一种微观的、按时间步长模拟的、基于驾驶行为的仿真建模工具,用于城市交通和公共交通运营模拟[3]。该软件可以分析交通运行情况,并且输出延误、速度、流量等指标。

2.1 仿真过程介绍

使用 VISSIM 软件建立一个简易路网,包括一个主次式信号交叉口和一个主支式交叉口,路中布局式有轨电车敷设在线路中央。为了减少有轨电车的延误,将这两个交叉口进行合并,即取消主支式交叉口左转功能,机动车在此交叉口只能右进右出。需要左转的车辆需绕行至主次式交叉口,通过掉头的形式来实现。

模型中主次式交叉口东西进口处为 4 车道,南北进口处为 3 车道;主支式交叉口东西进口处为 3 车道,南进口处只有 1 个车道,见图 4。

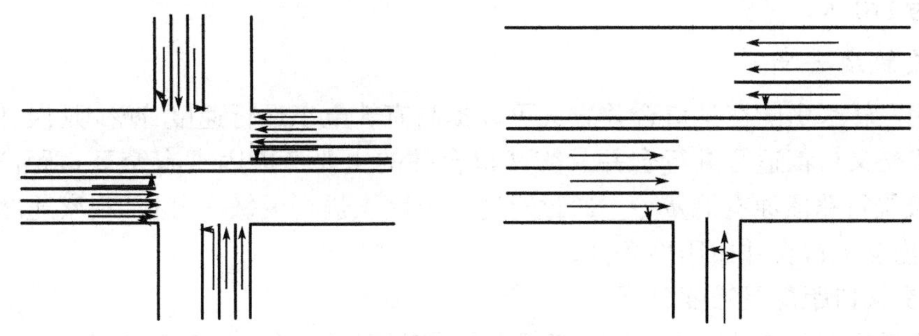

图 4 主次式、主支式交叉口示意图

为了研究交叉口合并的适用性条件,本文选取了三个变量,分别是交叉口距离、左转流量比例以及绕行路段原有流量。对交叉口距离进行灵敏度分析时,取 50 ~ 300m 共 6 组数据;对左转流量比例进行灵敏度分析时,取 10% ~ 50% 共 5 组数据;对绕行路段原有流量进行灵敏度分析时,取 200 ~ 1400veh/h 共 7 组数据。

当对其中一个变量进行灵敏度分析时,其余两个变量分别取大、小两种情况进行仿真,见表 1。

变 量 取 值 表 1

仿真情况 / 变量	小	大
交叉口距离 L(m)	$L \leqslant 150$,取 100	$150 < L \leqslant 300$,取 250
左转流量比例 α	$\alpha \leqslant 30\%$,取 12.5%	$30\% < \alpha \leqslant 50\%$,取 40%
绕行路段原有流量 Q(veh/h)	$Q \leqslant 700$,取 500	$700 < L \leqslant 1400$,取 1200

2.2 参数标定

(1)机动车属性

仿真模型中机动车属性见表 2。

机 动 车 属 性　　表2

车 辆 类 型	占比(%)	期望速度(km/h)
小汽车(car)	98	30
重型货车(HGV)	1	20
公交车(bus)	1	25

(2)交通流量

以北京为例,直行车道的理想饱和流率为1980veh/h/lane,左转车道的理想饱和流率为1800veh/h/lane,直/右车道的理想饱和流率为1650veh/h/lane[4]。由于饱和流率是指假设在整个小时都是有效绿灯信号的情况下,进口道上一列连续车队以最短安全车间距通过基准断面的最大而稳定的流量[5],因此考虑到红灯时间,模型中路网交通流量可取值为600veh/h/lane。

(3)有轨电车属性

根据调研数据,在仿真模型中,设定有轨电车为四节编组,平均速度为25km/h,发车间隔为180s。列车定员为285人/列,考虑到列车并不能满载,取满载率为60%,设定一列有轨电车的载客量为170人。

2.3 灵敏度分析

虽然采用左转远引的交叉口合并方案可以提高有轨电车运行速度,减少延误,但是并不是所有的主支式交叉口都适合进行合并。交叉口合并的主要考虑因素有交叉口距离L、左转流量比例α以及绕行路段原有流量Q。通过对这三个因素进行灵敏度分析,观察速度、延误指标的变化,可得出交叉口合并适用性条件。

2.3.1 交叉口距离灵敏度分析

在左转流量比例α较小(12.5%)、绕行路段原有流量Q较小(500veh/h)的情况下,各指标随交叉口距离变化情况如图5所示。

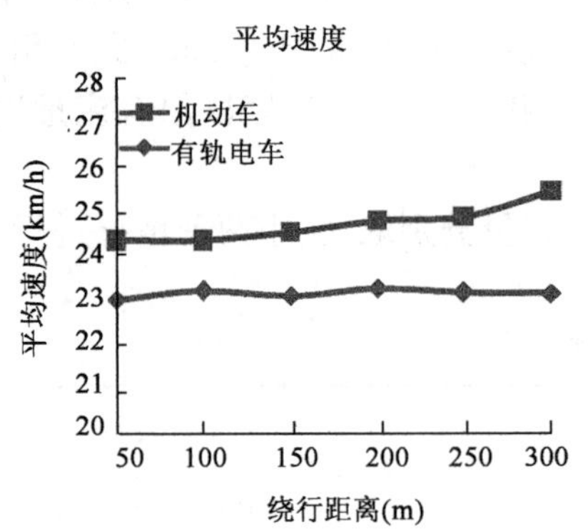

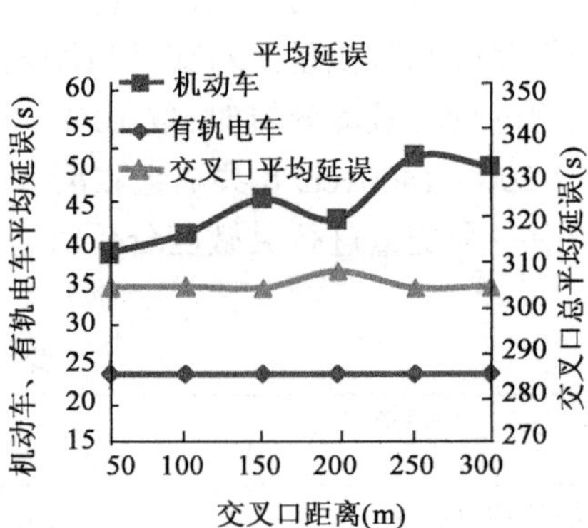

图5　交叉口距离灵敏度分析结果其1

可以看出,当左转流量比例α较小、绕行路段原有流量Q较小时,随着交叉口距离的变化,有轨电车平均速度和平均延误、机动车的平均速度、交叉口平均延误变化不大,但是机动车的平均延误却在交叉口距离超过200m后,明显有所增加。因此,在此种情况下,当交叉口距离在200m内时,适合进行交叉口合并。

在左转流量比例 α 较小(12.5%)、绕行路段原有流量 Q 较大(1200veh/h)的情况下,仿真过程与上述情况类似。可以得出,在此种情况下,当交叉口距离在 180～230m 之间时,适合进行交叉口合并。

在左转流量比例 α 较大(40%)、绕行路段原有流量 Q 较小(500veh/h)的情况下,各指标随交叉口距离变化情况如图 6 所示。

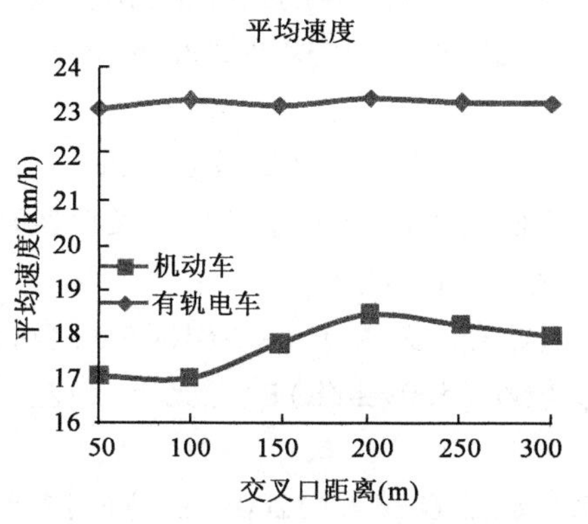

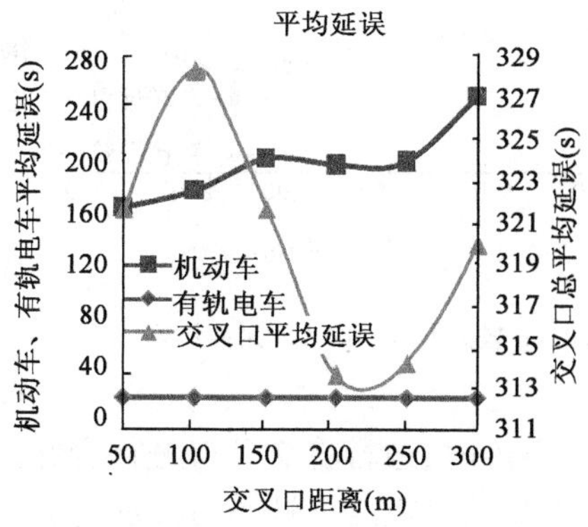

图 6　交叉口距离灵敏度分析结果其 2

可以看出,在此种情况下,机动车的平均延误已经达到了 200s 左右,这说明左转远引方案已经给路面交通带来了过大的负面影响,有必要分析采用左转远引方案的必要性。通过仿真,可以得出在此种情况下,直接左转(即不采用左转远引方案,不合并交叉口)时机动车和有轨电车的平均延误,见图 7。

从图 7 中可以得到,与左转远引方案相比,直接左转方案虽然有轨电车平均延误显著增加,但是机动车平均延误只达到 25s 左右,远小于左转远引方案。为了更直观地比较这两种方案优劣,这里引入人均延误。

人均延误不同于以往以车辆的角度计算延误,而是以人的角度来计算延误[6],计算公式如下:

$$D_{\mathrm{p}} = \frac{v_1 p_1 d_1 + v_2 p_2 d_2}{v_1 p_1 + v_2 p_2} \tag{1}$$

式中:D_{p}——人均延误,s/人;

v_1——小汽车流量,veh/h;

v_2——有轨电车流量,veh/h;

p_1——小汽车平均载客量,人/辆;

p_2——有轨电车平均载客量,人/列;

d_1——小汽车平均延误,s;

d_2——有轨电车平均延误,s。

经过计算可以得到左转远引方案和直接左转方案的人均延误,结果见图 8。

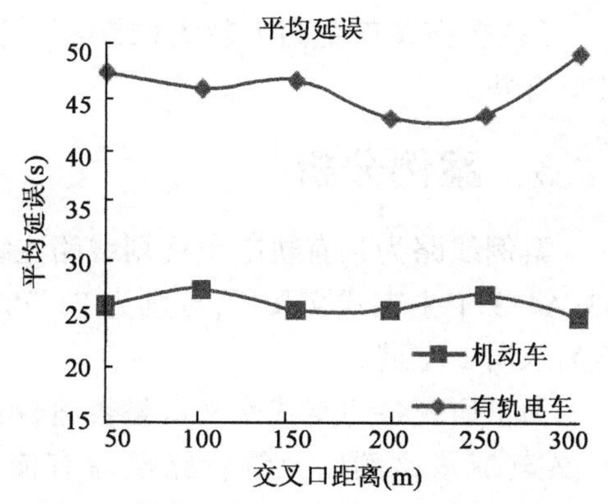

图 7　α 较大 Q 较小时直接左转平均延误结果

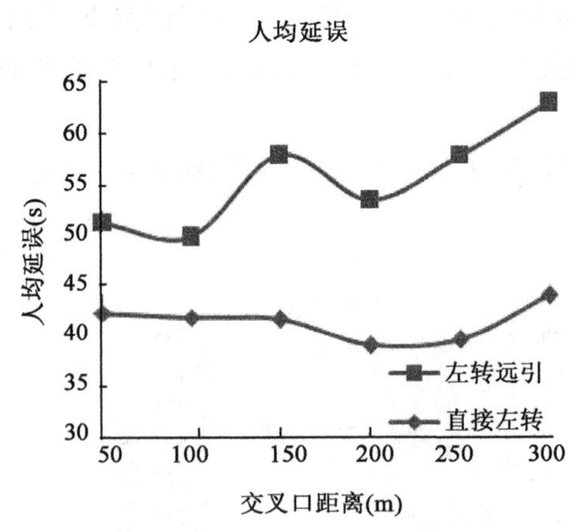

图8　α 较大 Q 较小时人均延误结果

从图8中可以看出,左转远引方案的人均延误明显超过直接左转。因此,当左转流量比例 α 较大、绕行路段原有流量 Q 较小时,不适合将交叉口进行合并。

在左转流量比例 α 较大(40%)、绕行路段原有流量 Q 较大(1200veh/h)的情况下,仿真过程与上述情况类似。可以得出,在这种情况下,不适合将交叉口进行合并。

2.3.2　左转流量比例灵敏度分析

左转比例灵敏度分析过程与交叉口距离灵敏度分析类似,结论如下:

(1)在交叉口距离 L 较小(100m)、绕行路段原有流量 Q 较小(500veh/h)的情况下,当左转流量比例在30%以内时,适合将交叉口进行合并。

(2)在交叉口距离 L 较小(100m)、绕行路段原有流量 Q 较大(1200veh/h)的情况下,当左转流量比例在30%以内时,适合将交叉口进行合并。

(3)在交叉口距离 L 较大(250m)、绕行路段原有流量 Q 较小(500veh/h)的情况下,当左转流量比例在30%以内时,适合将交叉口进行合并。

(4)在交叉口距离 L 较大(250m)、绕行路段原有流量 Q 较大(1200veh/h)的情况下,当左转流量比例在30%以内时,适合将交叉口进行合并。

2.3.3　绕行路段原有流量灵敏度分析

绕行路段原有流量灵敏度分析过程也与交叉口距离灵敏度分析类似,结论如下:

(1)在交叉口距离 L 较小(100m)、左转流量比例 α 较小(12.5%)的情况下,当绕行路段原有流量小于1000veh/h时,适合将交叉口合并。

(2)在交叉口距离 L 较小(100m)、左转流量比例 α 较大(40%)的情况下,不适合进行交叉口合并。

(3)在交叉口距离 L 较大(250m)、左转流量比例 α 较小(12.5%)的情况下,当绕行路段原有流量小于1000veh/h时适合将交叉口合并。

(4)在交叉口距离 L 较大(250m)、左转流量比例 α 较大(40%)的情况下,不适合进行交叉口合并。

3　案例分析

案例线路为某有轨电车规划线路主线上的一段,包括4个主次式交叉口,分别为A1、A2、A3、A4;3个主支式交叉口,分别为B1、B2、B3。主干道为双向6车道,次干道为双向4车道,支路为双向2车道。

为了研究各主支式交叉口是否适合合并,需考虑该交叉口与邻近主次式信号交叉口的距离、左转流量比例以及绕行路段原有流量。根据上述仿真结论,对案例线路的合并方案见表3。

各主支式交叉口合并方案 表3

主支式交叉口	方向	绕行距离(m)	左转流量比例(%)	绕行路段原有流量(veh/h)	合并方案
	主路左转至支路	341(绕行距离过长)	21.3	959	不适合
	支路左转至主路	228	16.8	915	适合与A2合并
	主路左转至支路	342	13.6	1116(绕行路段原有流量过大)	不适合
	支路左转至主路	182	19	1002	适合与A2合并
	主路左转至支路	201	15.2	984	适合与A3合并
	支路左转至主路	176	13	1195(绕行路段原有流量过大)	不适合

对上述案例路网分别进行直接左转和左转远引方案的仿真，得到机动车和有轨电车的平均速度见图9。为了更为合理地比较延误变化情况，采用人均延误作为延误评价指标，结果见图10。

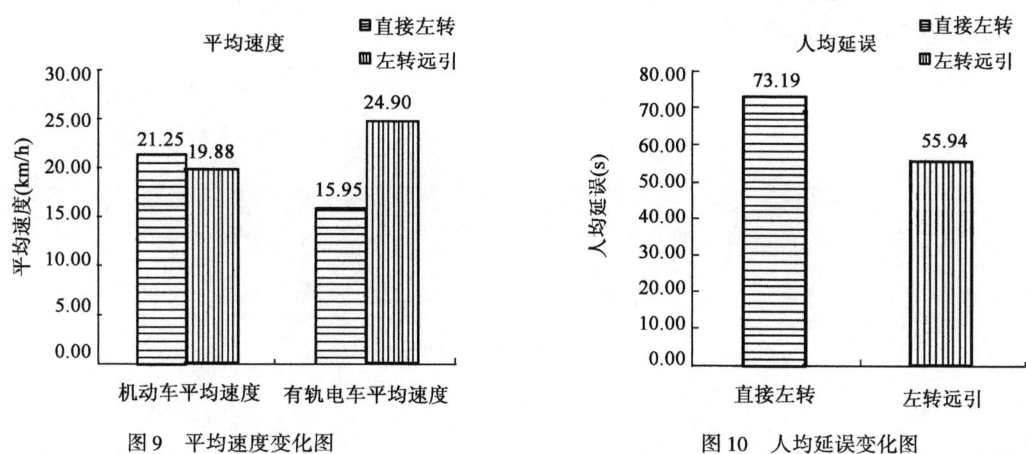

图9 平均速度变化图

图10 人均延误变化图

从图9可以得出，有轨电车平均速度在采用左转远引方案后上升了56.1%。提高有轨电车平均速度可以明显增强有轨电车的吸引力，符合“公交优先”的理念。从图10可以得出，采用左转远引方案对交叉口进行合并后，人均延误相较于不合并下降23.6%，这说明左转远引方案可以降低平均每个交通出行者的延误。

左转远引的交叉口合并方案可以显著提高有轨电车的平均速度，降低出行者的人均延误，因此方案具有优越性。

4 结论

根据本文的研究，当有轨电车沿线主支式交叉口满足如下条件时，适合将其与临近大型信号交叉口进行合并。

(1)在左转流量比例 α 较小、绕行路段原有流量 Q 较小的情况下，当交叉口距离 L 小于 200m 时；在左转流量比例 α 较小、绕行路段原有流量 Q 较大的情况下，当交叉口距离 L 在 180 ~ 230m之间时。

(2)当左转流量比例 α 小于 30% 时。

(3)在交叉口距离 L 较小、左转流量比例 α 较小的情况下，当绕行路段原有流量小于 1000veh/h 时；在交叉口距离 L 较大、左转流量比例 α 较小的情况下，当绕行路段原有流量小于 1000veh/h 时。

参 考 文 献

[1] 丁强. 现代有轨电车交通概述[J]. 都市快轨交通,2013,26(6):107-111.

[2] 陈丽莎. 现代有轨电车道路平面布局研究——以天津经济技术开发区有轨电车 1 号线为例[C]. 中国城市交通规划 2006 年年会暨第二十二次学术研讨会论文集,2006:486-495.

[3] 杜熠鹏. 两种交通微观仿真软件的比较分析[J]. 交通标准化,2012,(9):72-75.

[4] 董方. 北京城市交叉口饱和流量及通行能力研究[D]. 北京:北京工业大学,2010.

[5] 陈静. 混合交通流条件下交叉口通行能力的分析与仿真[D]. 成都:西南交通大学,2010.

[6] 徐铖铖,陈峻. 基于人均延误最小的干线交叉口协调配时优化[J]. 交通信息与安全,2009,27(5):33-37,43.

基于可拓法的城市道路安全评价体系

贺佐斌,邹志云*,韩　刚

华中科技大学土木工程与力学学院,武汉 430074

摘　要　随着社会经济的快速发展,城市交通将面临越来越严峻的挑战,其中城市道路交通安全问题将日益严重。本文运用可拓学的基本理论,按照安全指标的选取原则选择了一系列评价指标,并以这些指标为输入,通过基于可拓法的全新评价体系的处理,输出道路安全等级,再通过评价实例来验证与分析本评价体系,从而为城市交通规划与交通管理部门的决策提供参考。

关键词　城市道路安全;评价指标;评价模型;可拓法;物元

The Evaluation System of Urban Roads Safety Based on Extension Method

He Zuobin, Zou Zhiyun*, Han Gang

School of Civil Engineering & Mechanics, Huazhong University of Science & Technology, Wuhan, 430074 China

Abstract　With the rapid development of the society and economy, urban transport will face more and more severe challenges, especially the urban road traffic safety which will become increasingly serious. In this paper, with the basic theory of the Extenics, we selected a range indicators of evaluation, according to the principles of safety indicators selected. And we can use these indicators input to a new evaluation system based on the Extenics, the system will output the level of road safety, and then we will verify and analyze this evaluation system by evaluating examples, in this way, we can provide reference for urban transport planning and traffic management decision-making.

Key words　urban road safety, evaluation index, evaluation model, extension method, matterelemen

1　研究背景

随着人口的快速增长和经济的飞速发展,我国交通基础设施不断完善,国内各大城市机动车保有量飞速增长,交通事故发生次数依然有增长的势头。我国的道路交通安全形势不容乐观,据公安部2010年1~6月份的统计,这6个月中全国共发生交通事故99282起,造成27270人

作者简介:贺佐斌(1988—),男,湖南人,硕士,主要研究方向为道路交通系统规划与设计。

*通信作者:hustzou@163.com

死亡,116982 人受伤,经济损失达到4.1 亿元。一些特大城市交通面临更大的压力,城市道路交通面临社会需求与实际管理水平滞后、社会交通法制意识薄弱的矛盾,交通环境呈恶化态势。

因此,研究城市道路交通安全评价体系,给城市道路进行安全水平分级是十分重要的,可以为有效改善城市道路交通安全状况提供决策依据,有助于完善城市道路交通安全信息覆盖体系。

2 评价指标体系的建立

城市道路交通安全评价研究,在考虑道路安全评价的一般性要求的同时也应考虑各个城市交通的特点,做到具体情况具体分析。为了使得城市道路交通安全评价更加全面、科学、客观,在评价指标体系的确定及其评价方法的选择上,应遵循如下原则[1]:

(1)客观性原则

评价指标体系应具有客观、公正的特点,要科学设计,多方面收集查阅资料,在反复试验的基础上,在实践中不断调整,同时要保证数据来源的可靠性和准确性。

(2)科学性原则

指标的选择、指标权重系数的确定、数据的选取、计算与合成必须以公认的科学理论为依据。

(3)动态性原则

城市交通安全对城市交通而言,既是目标也是过程,具有时间和空间的双重特征,因此指标也应体现动态与静态的统一,具有时间和空间变化的敏感性。

(4)可比性原则

评价的指标是对目标对象进行评判,因此选取的指标必须具有可比性,同时目标对象的比较要在可比、公正公平的标准体系下进行。

(5)实用性原则

选用的评价指标要符合当前的统计实情,并符合道路安全的特点。

道路交通安全与道路主体工程和交通运行状况等因素有密不可分的关系,故从道路主体工程和交通运行状况等方面分析交通安全的影响因素,确定一套综合考虑人、车、路、环境的道路安全评价指标体系。该体系包括了机动车宽度/道路总宽、通行能力、交通安全设施破损率等10 个指标[2-4],如表1 所示。

道路安全评价指标 表1

指标类别	指标	编号
道路主体工程	机动车宽度/道路总宽	C_1
	路面破损率	C_2
	道路排水通畅性	C_3
交通运行状况	年平均日交通量	C_4
	行车速度	C_5
	交通密度	C_6
	行车延误	C_7
	通行能力	C_8
其他	交通安全设施破损率	C_9
	天气状况	C_{10}

3 基于可拓法的评价体系

3.1 可拓学理论基础

可拓学的逻辑细胞是物元,理论支柱则是物元理论和可拓集合理论。其中,定性工具包括物元及其属性、变换和方程,定量工具则包括关联函数、方程、可拓集合等。下面介绍几个相关的基本概念。

物元:指描述事物的基本元,可以用三元组 $\boldsymbol{R}=$(事物,特征,量值)$=(N,C,V)=(N,C,C(N))$,其中 $V=C(N)$反映了事物质和量的关系[5]。

经典域:各类别关于对应的评价指标所取的数据范围的集合。

节域:由同征物元体经典域各参评因素量值取值范围的集合。

关联度:待评物元与物元模型经典域的接近度。

可拓权系数:某一评价指标在可拓法评价目的中所占的重要程度,也反映了被评价事物总体中诸因素的相对重要程度。若r_{ij}为指标v_i的可拓权系数,则$\sum r_{ij}=1$。

3.2 物元可拓评价模型的建立

3.2.1 确定经典域与节域

设城市道路安全评价指标有 m 个,即 $c_1,c_2,\cdots,c_m$,将这些指标分为 n 个等级,则可以得到综合评价物元模型,即经典域:

$$\boldsymbol{R}_{0j}=(N_{0j},C,V_{0jk})=\begin{bmatrix} N_{0j} & c_1 & V_{0j1} \\ & c_2 & V_{0j2} \\ & \vdots & \vdots \\ & c_m & V_{0jm} \end{bmatrix}=\begin{bmatrix} N_{0j} & c_1 & (a_{0j1},b_{0j1}) \\ & c_2 & (a_{0j2},b_{0j2}) \\ & \vdots & \vdots \\ & c_m & (a_{0jm},b_{0jm}) \end{bmatrix}\quad (j=1,2,\cdots,n)$$

式中:

$\boldsymbol{R}_{0j}$——第 j 级城市道路安全水平的物元模型;

N_{0j}——第 j 级城市道路安全水平对应的指标;

$V_{0jk}=(a_{0jk},b_{0jk})(k=1,2,\cdots,m)$——安全水平是第 j 级时第 k 个评价指标c_k的量值范围。

对各个指标的允许取值范围进行综合评价可以得到物元模型,即节域,令

$$\boldsymbol{R}_{\mathrm{p}}=(N_{\mathrm{p}},C,V_{\mathrm{p}})=\begin{bmatrix} N_{\mathrm{p}} & c_1 & v_{\mathrm{p}1} \\ & c_2 & v_{\mathrm{p}2} \\ & \vdots & \vdots \\ & c_n & v_{pk} \end{bmatrix}_{n\times 2}=\begin{bmatrix} N_{\mathrm{p}} & c_1 & (a_{\mathrm{p}1},b_{\mathrm{p}1}) \\ & c_2 & (a_{\mathrm{p}2},b_{\mathrm{p}2}) \\ & \vdots & \vdots \\ & c_n & (a_{pk},b_{pk}) \end{bmatrix}$$

式中:

$\boldsymbol{R}_{\mathrm{p}}$——城市道路安全评价指标允许取值范围的物元;

N_{p}——城市道路安全水平的全体评价等级;

$v_{\mathrm{pk}}(k=1,2,\cdots,m)$——$N_{\mathrm{p}}$ 中指标 c_{k} 的允许取值范围,即节域 $v_{\mathrm{pk}}=(a_{\mathrm{pk}},b_{\mathrm{pk}})$。

3.2.2　确定待评物元

把待评价单元所收集到的评价信息用物元 $\boldsymbol{R}_0$ 表示。

$$\boldsymbol{R}_0 = (N_0, C, V) = \begin{bmatrix} N & N_1 & \cdots & N_{0n} \\ c_1 & (a_{011}, b_{011}) & \cdots & (a_{0n1}, b_{0n2}) \\ \vdots & \vdots & \vdots & \vdots \\ c_m & (a_{01m}, b_{01m}) & \cdots & (a_{0nm}, b_{0nm}) \end{bmatrix}$$

3.2.3　确定可拓权系数

评价指标的主观权系数赋值方法主要有专家调查法、循环评分法、二项系数法和层次分析法等。本文采用9级标度法,该方法的具体含义见表2。

9 级 标 度 法　　表2

相对比值	权重比值含义
1	两因素相比具有同等重要性
3	两因素相比,前一个因素比后一个因素稍重要
5	两因素相比,前一个因素比后一个因素明显重要
7	两因素相比,前一个因素比后一个因素强烈重要
9	两因素相比,前一个因素比后一个因素极端重要
2,4,6,8	上述两相邻判断的中值,需要折中时采用
1,1/2,…,1/9	若因素 i 与 j 的重要性相比为B_{ij},则素 j 与 i 的重要性相比 $1/B_{ij}$

3.2.4　各指标的关联度

(1)建立关联函数

在建立了城市道路安全评价物元模型后,需通过计算待评物元与物元模型的经典域的"接近度",然后对城市的交通安全水平进行评价。在实际的情况中,由于各个指标的特点是不同的,所以"接近度"也要根据不同的指标选择各自对应的计算方法,本文采用初等关联函数法来计算接近度。

点 v_k 与 V_{0jk}, V_{pk}的"接近度"为:

$$\rho(V_k, V_{0jk}) = \left| v_k - \frac{a_{0jk} + b_{0jk}}{2} \right| - \frac{b_{0jk} - a_{0jk}}{2}$$

$$\rho(V_k, V_{pk}) = \left| v_K - \frac{a_{pk} + b_{pk}}{2} \right| - \frac{b_{pk} - a_{pk}}{2}$$

$$(j = 1,2,\cdots,n; k = 1,2,\cdots,m)$$

若$\rho(v_k, V_{0jk}) \geqslant 0$,表示 v_K 不在区间V_{0jk}内;若$\rho(V_K, V_{0jk}) \leqslant 0$,表示 v_k 在区间 V_{0jk}内,得到的值不同表明 v_k 在区间内的位置不同。

计算各个指标 c_k 的关联函数,公式如下:

当　$V_k \in (a_{jk}, b_{jk})$ 时,$k_j(V_k) = \dfrac{-\rho(v_k, V_{0jk})}{| V_{jk} |}(j = 1,2,\cdots,\mathrm{n}; k = 1,2,\cdots,m)$

当　$V_k \notin (a_{jk}, b_{jk})$ 时,$k_j(V_k) = \dfrac{\rho(V_k, V_{0jk})}{\rho(V_k, V_{pk}) - \rho(V_k, V_{0jk})}(j = 1,2,\cdots,\mathrm{n};\ k = 1,2,\cdots,m)$

$k_j(v_k)$表示待评物元的第 k 个评价指标 c_k 关于第 j 级城市道路安全水平的关联度。$K_j(V_k)\geqslant 0$ 表示v_k 属于V_{0jk}，$k_j(V_k)$越大说明v_k具有V_{0jk}的属性越多；$k_j(V_k)\leqslant 0$ 表示v_k不属于V_{0jk}，$k_j(V_k)$越小说明v_k离区间V_{0jk}越远。

(2)计算关联度并评价

①评价等级的确定。

对各个评价等级，计算待评价道路安全评价指标的关联度：

$$K_j(p) = \sum_{i=1}^{m} \omega_j k_j(V_i) \quad (j = 1,2,\cdots,n)$$

若$K_j = \max K_j(p) > 0$，则评定的城市道路安全水平属于等级 j。

若对所有 j，有 $K_i(p)\leqslant 0$，则表明待评物元不在任何一个设定的各个评价等级中，此时需对特征参数和权重因子进行调整，再通过上述步骤计算关联度，确定评价等级。

②求解评价等级的特征值。

$$k_j(p) = \frac{K_j(p) - \min K_j(p)}{\max K_j(p) - \min K_j(p)}$$

$$j^* = \frac{\sum_{j=1}^{m} j \times k_i(p)}{\sum_{j=1}^{m} k_i(p)}$$

这里的j^*为级别变量特征值，从中可以获得城市道路安全水平偏向某一级别的程度[6]。

4 实例分析

以武汉市雄楚大道某一路段(不计交叉口)为例，经调查所得数据如表 3 所示。

雄楚大道某路段道路安全评价指标数据表 表 3

评价内容	选取指标及其标号		调查结果
道路主体工程	机动车道宽度/道路总宽	C_1	65.6%
	路面破损率	C_2	7.5%
	道路排水通畅性	C_3	7
交通运行状况	年平均日交通量	C_4	3500 辆/d
	行车速度差	C_5	6km/h
	交通密度	C_6	58 辆/km
	行车延误	C_7	18 辆 · min
	实际通行能力	C_8	3300 辆/h
其他	交通安全设施破损率	C_9	18%
	天气状况	C_{10}	70%

4.1 经典域和节域的确定

现将城市道路安全水平分为 5 级——高、中高、中、中低、低，采用百分制，分别对应第一、二、三、四和五级别，如表 4 所示。

道路安全指标取值表 表4

安全水平	高(1)	中高(2)	中(3)	中低(4)	低(5)
机动车道总宽度/道路总宽(%)	50～60	60～70	70～80	80～90	90～100
路面破损率(%)	0～5	5～10	10～20	20～35	35～50
道路排水通畅性	8～10	6～8	4～6	2～4	0～2
年平均日交通量(辆/d)	2700～3300	3300～3600 2400～2700	3600～3900 2100～2400	3900～4200 1800～2100	4200～4500 1500～1800
行车速度之差(km/h)	0～4	4～8	8～12	12～16	16～20
交通密度	0～40	40～80	80～120	120～160	160～200
行车延误(min)	0～5	5～15	15～20	20～40	40～60
通行能力(辆/时)	1000～1200	1200～1600	1600～2200	2200～3000	3000～4000
交通安全设施破损率(%)	0～5	5～10	10～20	20～35	35～50
天气状况(良好所占比重%)按月计	80～100	60～80	40～60	20～40	0～20

由上表得评价经典域：

$$
\boldsymbol{R}_0=\begin{bmatrix}
(C,N) & N_1 & N_2 & N_3 & N_4 & N_5 \\
C_1 & (50,60) & (60,70) & (70,80) & (80,90) & (90,100) \\
C_2 & (0,5) & (5,10) & (10,20) & (20,35) & (35,50) \\
C_3 & (8,10) & (6,8) & (4,6) & (2,4) & (0,2) \\
C_4 & (2700,3300) & (3300,3600) & (3600,3900) & (3900,4200) & (4200,4500) \\
 & & (2400,2700) & (2100,2400) & (1800,2100) & (1500,1800) \\
C_5 & (0,4) & (4,8) & (8,12) & (12,16) & (16,20) \\
C_6 & (0,40) & (40,80) & (80,120) & (120,160) & (160,200) \\
C_7 & (0,5) & (5,15) & (15,20) & (20,40) & (40,60) \\
C_8 & (1000,1200) & (1200,1600) & (1600,2200) & (2200,3000) & (3000,4000) \\
C_9 & (0,5) & (5,10) & (10,20) & (20,35) & (35,50) \\
C_{10} & (80,100) & (60,80) & (40,60) & (20,40) & (0,20)
\end{bmatrix}
$$

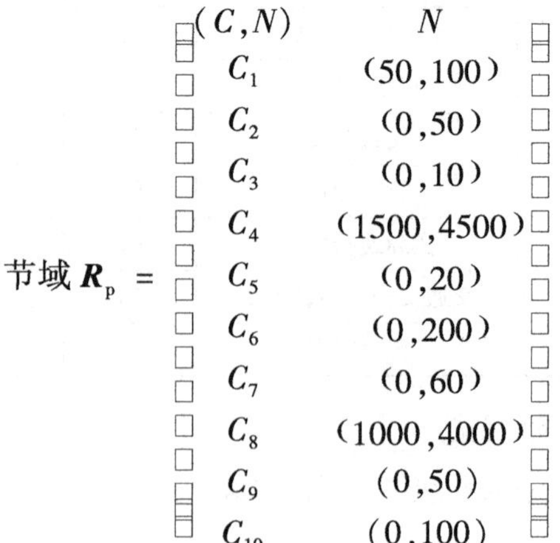

$$
节域\ \boldsymbol{R}_p=\begin{bmatrix}
(C,N) & N \\
C_1 & (50,100) \\
C_2 & (0,50) \\
C_3 & (0,10) \\
C_4 & (1500,4500) \\
C_5 & (0,20) \\
C_6 & (0,200) \\
C_7 & (0,60) \\
C_8 & (1000,4000) \\
C_9 & (0,50) \\
C_{10} & (0,100)
\end{bmatrix}
$$

4.2 权系数的确定

采用9级标度法处理，约定各指标的重要性程度按由大到小的顺序排列为 $C_6 > C_5 = C_8 > C_2 > C_9 > C_4 > C_1 > C_3 > C_{10} > C_7$，则赋值矩阵为：

$$
\boldsymbol{D} = \begin{bmatrix}
1 & \frac{1}{4} & 2 & \frac{1}{2} & \frac{1}{5} & \frac{1}{6} & 4 & \frac{1}{5} & \frac{1}{3} & 3 \\
4 & 1 & 5 & 3 & \frac{1}{2} & \frac{1}{3} & 7 & \frac{1}{2} & 2 & 6 \\
\frac{1}{2} & \frac{1}{5} & 1 & \frac{1}{3} & \frac{1}{6} & \frac{1}{7} & 3 & \frac{1}{6} & \frac{1}{4} & 2 \\
2 & \frac{1}{3} & 3 & 1 & \frac{1}{4} & \frac{1}{5} & 5 & \frac{1}{4} & \frac{1}{2} & 4 \\
5 & 2 & 6 & 4 & 1 & \frac{1}{2} & 8 & 1 & 3 & 7 \\
6 & 3 & 7 & 5 & 2 & 1 & 9 & 2 & 4 & \frac{1}{8} \\
\frac{1}{4} & \frac{1}{7} & \frac{1}{3} & \frac{1}{5} & \frac{1}{8} & \frac{1}{9} & 1 & \frac{1}{8} & \frac{1}{6} & \frac{1}{2} \\
5 & 2 & 6 & 4 & 4 & \frac{1}{2} & 8 & 1 & 3 & 7 \\
3 & \frac{1}{2} & \frac{1}{4} & 2 & \frac{1}{3} & \frac{1}{4} & 6 & \frac{1}{3} & 1 & 5 \\
\frac{1}{3} & \frac{1}{6} & \frac{1}{2} & \frac{1}{4} & \frac{1}{7} & 8 & 2 & \frac{1}{7} & \frac{1}{5} & 1
\end{bmatrix}
$$

经计算得权重向量 $\boldsymbol{\omega} = (0.0536, 0.1349, 0.0357, 0.0760, 0.1724, 0.1799, 0.0136, 0.1724, 0.1031, 0.0586)^{\mathrm{T}}$。

4.3 建立关联函数

已知 $n = 10$，$m = 5$，经计算得接近度矩阵如下：

$$
\boldsymbol{\rho}_{10\times 5} = \begin{bmatrix}
5.6 & -4.4 & 4.4 & 14.4 & 24.4 \\
2.5 & -2.5 & 2.5 & 12.5 & 27.5 \\
1 & -1 & 1 & 3 & 5 \\
200 & -100 & 100 & 400 & 700 \\
 & 800 & 1100 & 1400 & 1700 \\
2 & -2 & 2 & 6 & 10 \\
18 & -18 & 22 & 62 & 102 \\
13 & 3 & -2 & 2 & 22 \\
2100 & 1700 & 1100 & 300 & -300 \\
13 & 8 & -2 & 2 & 17 \\
10 & -10 & 10 & 30 & 50
\end{bmatrix};\quad
\boldsymbol{\rho}_{10\times 1} = \begin{bmatrix}
-15.6 \\ -7.5 \\ -3 \\ -1000 \\ -6 \\ -58 \\ -27 \\ -700 \\ -18 \\ -30
\end{bmatrix}
$$

（与经典域的接近度矩阵）　　　　（与节域的接近度矩阵）

各指标关于评价等级的关联函数值矩阵如下：

$$K(V)_{10\times5}=\begin{bmatrix} -0.26 & 0.44 & -0.22 & -0.48 & -0.61 \\ -0.25 & 0.5 & -0.25 & -0.63 & -0.79 \\ -0.25 & 0.5 & -0.25 & -0.5 & -0.63 \\ -0.17 & 0.33 & -0.09 & -0.29 & -0.41 \\ & -0.99 & -0.99 & -1 & -1 \\ -0.25 & 0.5 & -0.03 & -0.09 & -0.15 \\ -0.24 & 0.45 & -0.45 & -0.7 & -0.79 \\ -0.33 & 0 & 0.4 & 0 & -0.03 \\ -0.75 & -1 & -1 & -0.94 & 0.3 \\ -0.42 & -1 & 0.2 & -0.06 & -1 \\ -0.25 & 0.5 & -1 & -1 & -1 \end{bmatrix}$$

注：对第四个指标，若由两个区间构成，则每个区间对应的权系数折半。

4.4 确定关联度，进行综合评价

4.4.1 确定安全水平

评价指标关于评价等级的关联度矩阵：

$$K(\boldsymbol{P})=(-0.3467, 0.0047, -0.0972, -0.2888, -0.2990)^{\mathrm{T}}$$

因为 $0.0047>0$，所以雄楚大道的安全水平为第二级，即中高水平。

4.4.2 求解评价等级特征值

$$\boldsymbol{k}_j(\boldsymbol{p})=(0, 1, 0.7102, 0.165, 0.1358)^{\mathrm{T}}$$

特征值 $j^*=2.72>2$。

故安全水平属于第二级但偏于第三级，即偏于中等水平。说明雄楚大道的安全状况正在恶化，应采取相应的措施。

5 结论

本文在前人研究的基础上提出全新的安全评价体系，通过资料收集、查阅等工作，整理出自己的一套道路安全评价指标体系，运用可拓法的相关知识，评价道路的安全等级，可以为城市交通规划管理部门的合理决策提供帮助。但模型的推广运用有待于进一步研究和论证。

参考文献

[1] 张殿业，陆化普．道路交通安全管理评价体系[M]．北京：人民交通出版社，2005.

[2] 王炜，过秀成．交通工程学[M]．南京：东南大学出版社，2000.

[3] 汪洋．道路交通安全组合评价方法研究[D]．淄博：山东理工大学，2010.

[4] 孙伟．城市道路交通安全评价指标体系研究[D]．南京：南京林业大学，2007.

[5] 蔡文．可拓学概述[J]．系统工程理论与实践学报，1998，18(1).

[6] 史桂芳，袁浩，程建州，等．物元可拓法在道路安全评价中的应用[J]．交通信息与安全学报，2009，4，80-83.

基于三次指数平滑法的延安公路货运量预测

郭月宇*,郭　鑫

长安大学 经济与管理学院,西安 710064

摘　要　在公路货运量持续上升,追求公路工程项目的投资和效益的背景下,而公路货运量又是确定公路交通基础设施建设规模的主要依据,为了确定延安公路交通基础设施建设规模,文章运用三次指数平滑法,对延安公路货运量进行了预测。研究结果表明:通过对延安2000—2013年的数据进行指数平滑,可得2014年的道路货运量超过6952万t,到2018年的货运量将达到9436万t左右。可以看出延安未来5年货运量将会有一个较大的提升。

关键词　交通工程;公路货运量;三次指数平滑法;预测

Based on Three Exponential Smoothing Method to Predict Yan′an Highway Freight Volume

Guo Yueyu, Guo Xin

School of Economics and management, Chang' an University, Shanxi 710064, *China*

Abstract　In the background of highway freight volume continues to rise and pursuing investments and benefits of Highway Project, while the highway freight is the main basis which determines the construction scale of highway traffic infrastructure, in order to determine the construction scale of Yan′an road traffic infrastructure, this paper will use to predict Yan′an road freight volume. Researching results show that: through three exponential smoothing method analyze Yan′an 2000—2013 data, the road freight volume of Yan′an will be over 69.52 million tons in 2014, the freight volume will reach 94.36 million tons by 2018. As can be seen that Yan′an freight volume will have a larger increase in the next five years.

Key words　traffic engineering; highway freight volume; three exponential smoothing method; predict

0　引言

交通运输系统是国民经济系统的一个子系统,而公路货运又是交通运输系统的重要组成部分[1]。公路货运的系统性使得运输需求会受到诸多因素的影响,其中既有系统内部因素也有系统外部因素[1]。因此公路货运需求量的准确预测,既有利于合理规划货运线路、枢纽等耗资巨

作者简介:郭月宇(1991—),男,内蒙古乌兰察布人,硕士生,主要研究方向为交通运输经济与政策。

*通信作者:guoyueyu520@163.com

大的基础设施,以便提高运输组织效能,又有利于国家对交通运输产业的政策制定,促进交通运输产业经济更好、更快地发展。所以,公路货运量的准确预测对发展公路货运具有很强的指导作用。

近年来,基于数学模型的预测方法越来越多地被使用于各项研究中,其中使用较多的有指数平滑法、回归分析法、灰色预测法等,也有把三种方法分配以不同权重组合使用进行预测。在各种预测方法中,指数平滑法和回归分析法更为成熟,使用也更为广泛。国内也有很多学者在研究中使用这些方法对公路货运量进行预测。马昌喜等(2009)建立了采用带波动的多项式与马尔可夫链相结合改进的灰色—马尔科夫链预测模型,同时利用该模型对我国公路货运量进行了预测。其核心思想是运用带波动的多项式代替 GM(1, 1)模型中的指数形曲线,并使用马尔可夫链对其预测结果进行修正,从而建立改进的灰色—马尔可夫链预测模型[2];赵建有等(2012)在进行公路货运量预测时采用了模糊线性回归模型,确定了模型的模糊系数,分析了模型的拟合精度,构建了基于模糊线性回归模型的公路货运量预测方法[3]。

此外,指数平滑法多用于中短期的发展趋势预测。马晓珂等(2005)在《三次指数平滑法在大秦铁路运量预测中的应用》一文中收集大秦铁路货运量历年统计数据,在此基础上运用三次指数平滑预测模型对大秦铁路未来的发展前景、规模和水平进行了定量的估计和推测[4]。印凡成等(2012)提出了基于 Gompertz 曲线和三次指数平滑法组合预测方法,预测了货运量,同引用了最优加权组合建模理论,最优权重系数是用预测误差最小的平方和为目标函数来确定,建立了组合预测模型[3]。

本文在前面学者研究工作的基础上,根据延安市公路货运量历史数据的特征,运用三次指数平滑法预测模型对延安市公路货运量进行了预测,通过所收集的延安市历年的公路货运量数据,使用三次指数平滑法预测模型,将数据在 Excel 软件环境下进行输入并运算,最终得到预测值。经过实例分析证明基于三次指数平滑的货运量预测模型是可行的,可以为最近延安公路工程项目投资方和建设规模确定提供一定参考。

1 指数平滑法

指数平滑法[5](Exponential Smoothing, ES)是指“以某种指标的本期实际值和本期预测值为基础,引入一个加权因子即平滑系数(其取值范围为[0,1]),以求得平均数的一种预测法”,它是在日常生活中最常用的一种预测方法[6],是从移动算术平均法发展演化而来,适用于预测中短期经济发展趋势并且相关因素只是时间(即时间序列值)的。

指数平滑法算法是“计算并选择平滑系数值,预测未来的时间序列值需要加上一定的时间序列预测模型”。从整体历史数据来看,由于数据对未来预测值的影响力不同,使用指数平滑法时,通常会赋予不同的权重。所得近期数据的外部环境与未来预测值更为接近,一般赋予较大权重;经过较长时间发展,远期数据对未来预测值的影响力越来越低,一般赋予较小权重。指数平滑法预测时用时间作为自变量,因变量与自变量的相关关系既可以是线性,也可以是非线性,模型的适应性较强。

指数平滑模型,依据不同平滑的次数进行划分,有一次指数平滑模型、二次和三次指数平滑模型[7]。其中二次平滑模型是将已经做了一次平滑得到的数据看作原始数据再进行一次平滑,适用于时间序列有明显直线增长的情况;而当呈现出抛物线趋势时,这时三次指数平滑模型比较适用。

2 实例分析

2.1 预测模型的选取

运量预测是确定建设规模的依据。运量预测方法较多,可通过收集整理延安货运量的统计资料,并对数据进行分析,随后选择恰当的预测模型。经过查阅统计公报,延安 2002—2013 年货运量[8]情况如表 1 所示。

延安 2002—2013 年货运运量情况表[3]　　表 1

年份(年)	2002	2003	2004	2005	2006	2007
货运运量(万 t)	1025	800	1119	1191	1336	1507
年份	2008	2009	2010	2011	2012	2013
货运运量(万 t)	1758	3733	4172	4914	5711	6382

由表 1 可以画出延安市 2002—1013 年货运量散点图(图 1)。由图 1 可以看出延安市公路货运量的走势呈现出明显的上升趋势,但货运量历史数据具有非线性的趋势,货运量在 2003—2008 年逐年稳定增长,在 2009 年出现激增,整体看来,增长的情况类似于抛物线,是弯曲变化的过程。对于这样的情况,用直线拟合的方法来做不大合适。三次指数平滑法模型刚好对应的是一条抛物线,其中不但考虑了线性增长,对抛物线的增长也进行了考虑,而且具有渐近最优性的特点(大样本条件下),故运用三次指数平滑法预测延安公路货运量是可行的。

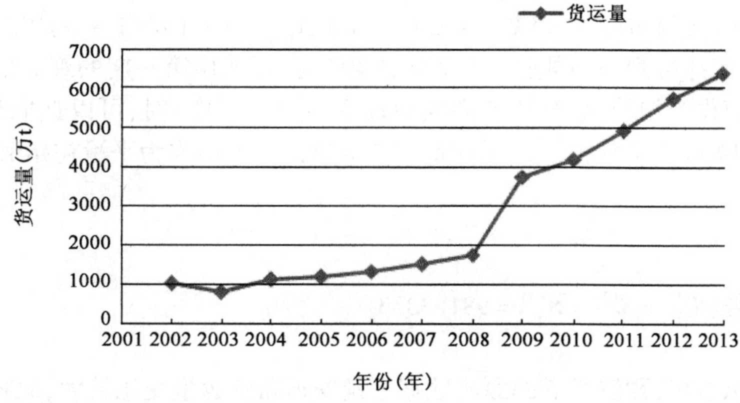

图 1　延安货运量散点图

2.2 预测模型的建立与预测

(1)三次指数平滑的模型

$$Y_{t+L}=a_t+b_tL+c_tL^2 \tag{1}$$

式中：t——时间序列；

Y_{t+L}——预测目标；

L——未来的单位时间段；

a_t、b_t、c_t——平滑系数。

(2)确定平滑系数

$$a_t = 3S_t^{(1)} - 3S_t^{(2)} + S_t^{(3)} \tag{2}$$

$$b_t = \frac{\alpha}{2(1-\alpha)}[(6-5\alpha)S_t^{(1)} - 2(5-4\alpha)S_t^{(2)} + (4-3\alpha)S_t^{(3)}] \tag{3}$$

$$c_t = \frac{\alpha^2}{2(1-\alpha)^2}[S_t^{(1)} - 2S_t^{(2)} + S_t^{(3)}] \tag{4}$$

式中:$S_t^{(1)}$——第 t 周期的一次指数平滑值;

$S_t^{(2)}$——第 t 周期的二次指数平滑值;

$S_t^{(3)}$——第 t 周期的三次指数平滑值;

α——平滑系数($0<\alpha<1$),α 一般取 0.1 至 0.6;

(3)平滑公式

$$S_t^{(1)} = \alpha X_t + (1-\alpha)S_{t-1}^{(1)} \tag{5}$$

$$S_t^{(2)} = \alpha S_t^{(1)} + (1-\alpha)S_{t-1}^{(2)}$$

$$S_t^{(3)} = \alpha S_t^{(2)} + (1-\alpha)S_{t-1}^{(3)} \tag{6}$$

式中:X_t——对象指标第 t 期的观测值。

(4)确定初值

二次指数平滑法是将一次指数平滑值作为初始数据,运用平滑算法再进行一次平滑运算;三次指数平滑是对二次指数平滑值的再一次平滑。

$$S_t = \alpha X_t + \alpha(1-\alpha)X_{t-1} + \alpha(1-\alpha)^2 X_{t-2} + \cdots + \alpha(1-\alpha)^t S_0^{(1)}$$

通常情况下,当原数列的项数较多(大于 15 项)时,可选用第一期的观察值或选用比第一期前一期的观察值作为初始值;当原数列项数较少(小于 15 项)时,可以选取最初几期(一般为前三期)的平均数作为初始值[9]。采用前三个数据的平均值作为平滑初始值,即:

$$S_0^{(1)} = S_0^{(2)} = S_0^{(3)} = \frac{X_1 + X_2 + X_3}{3} \tag{7}$$

代入数据可得:$S_0^{(1)} = S_0^{(2)} = S_0^{(3)} = 981.3333$。

(5)预测

从图 1 中可以看出,预测所需的原始数据即延安道路货运量变化较大,故将平滑指数取较大的值,以便将近期的变化趋势充分考虑在内,经过多次反复计算,当 α 取 0.44 时,拟合误差均方差(MSE)为最小,故确定取平滑系数 $\alpha=0.44$ 进行预测,预测结果见图 2 和表 2。

三次指数平滑法通过 Excel 预测延安货运量结果($\alpha=0.44$) 表 2

年份(年)	货运量(万 t)	$S_t^{(1)}$	$S_t^{(2)}$	$S_t^{(3)}$	a_t	b_t	c_t	Y_{t+L}
2002	1025.00	1000.55	989.79	985.05	1017.33	11.08	1.86	1017.33
2003	800.00	912.31	955.70	972.14	841.97	-47.46	-8.32	1030.27
2004	1119.00	1003.25	976.62	974.11	1054.00	37.11	7.45	786.18
2005	1191.00	1085.86	1024.69	996.36	1179.89	61.50	10.14	1098.56

续上表

年份(年)	货运量(万 t)	$S_t^{(1)}$	$S_t^{(2)}$	$S_t^{(3)}$	a_t	b_t	c_t	Y_{t+L}
2006	1336.00	1195.92	1100.03	1041.98	1329.65	82.03	11.68	1251.53
2007	1507.00	1332.80	1202.45	1112.58	1503.63	99.98	12.50	1423.36
2008	1758.00	1519.89	1342.12	1213.58	1746.88	130.04	15.19	1616.11
2009	3733.00	2493.66	1848.80	1493.08	3427.66	588.16	89.25	1892.12
2010	4172.00	3232.13	2457.46	1917.41	4241.40	587.86	72.42	4105.07
2011	4914.00	3972.15	3123.93	2448.27	4992.95	554.92	53.27	4901.68
2012	5711.00	4737.25	3833.79	3057.90	5768.28	531.84	39.38	5601.14
2013	6382.00	5460.94	4549.73	3714.31	6447.92	480.71	23.39	6339.49

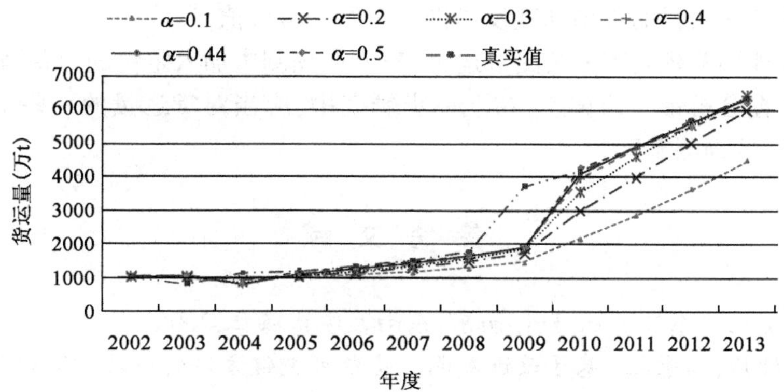

图 2　不同平滑指数预测值与实际值的比较

经计算：

$$S_{2013}^{(1)} = 5460.937, S_{2013}^{(2)} = 4549.732, S_{2013}^{(3)} = 3714.306,$$

$$a_{2013} = 6447.92, b_{2013} = 480.7136, c_{2013} = 23.39069$$

所以有：

$$Y_{2013+L} = 6447.92 + 480.7136L + 23.39069L^2$$

分别将 $L=1,2,\cdots,5$ 代入可得 2014—2018 年的道路货运量预测值，见表 3。

延安道路货运量预测结果　　表 3

年份(年)	2014	2015	2016	2017	2018
预测结果	6952	7503	8101	8745	9436

2.3　预测结果分析

通过以上的预测分析的结果可知，延安道路货运量在未来几年将会有大幅度的增长，从而说明延安未来几年内对货物运输的需求仍很高。为了降低货物运输供给能力不足或者过剩现象的发生，延安相关部门应当立即行动，积极关注货运发展态势，并采取相应的措施。可以从以下几方面出发开展工作，面对货运量急剧上涨的形势：

(1)合理规划公路基础设施，建设物流园区，设置合理的枢纽节点，以便适应未来几年货运量增长带来的问题。

(2)分析现有的运力结构,开展运力结构调整,适当开展甩挂运输及多式联运,节约运输成本,提升运输效率。

(3)制定货运发展的相关政策,开展对货运企业的评级管理,解决货运安全问题。

3 结论

(1)公路货运系统受多因素作用,货运量也受多因素的影响。结合延安多年的历史数据可以看出,其变化规律可以较好地拟合三次指数平滑法的预测模型,可以得到满意的预测精度。

(2)为了更好地展现公路设施的效益,进一步对制定未来公路的发展规划的启示、土地资源更合理的利用,需要对货运量预测结果的合理性及其可靠性进行考量。本文所作的货运量预测可以为公路工程项目的规划和建设提供一定的参考价值。

为更加准确地预测延安市的公路货运量,需要在预测中加入定性的一些因素分析,来规避仅仅由单纯的数据分析带来的偏差,在下一步研究中,应当对货运量的一些定性因素加以考虑,以便获得更好的预测精度。

参考文献

[1] 王振军. 交通运输系统工程[M]. 南京:东南大学出版社,2008

[2] 马昌喜,郭坤卿,马永红. 基于改进灰色 马尔可夫链方法的公路货运量预测[J]. 兰州交通大学学报,2009.

[3] 赵建有,周孙锋,崔晓娟,等. 基于模糊线性回归模型的公路货运量预测方法[J]. 交通运输工程学报,2012.

[4] 马晓珂, 王慈光. 三次指数平滑法在大秦铁路运量预测中的应用[J]. 华东交通大学学报, 2005.

[5] 印凡成,王滕滕,黄健元. 基于 Gompertz 曲线和三次指数平滑法的货运量组合预测[J]. 大连交通大学学报,2012.

[6] 徐国祥. 统计预测与决策[M]. 上海:上海财经大学出版社, 2008.

[7] 丁岳维. 经济数学模型[M]. 西安:陕西人民出版社,2005.

[8] 延安市统计局. 2013 年延安市国民经济和社会发展统计公报[N]. 延安日报,2014.

[9] 颜柳,麻凤海. 三次指数平滑法在城市地铁变形中的应用[J]. 交通科技与经济,2007.

单车配送的危险货物运输车辆路径双目标鲁棒优化

麻存瑞*[1],李竹君[1],李夏苗[2]

1. 北京交通大学　城市复杂系统理论与技术教育部重点实验室,北京 100044;

2. 中南大学　交通运输工程学院,长沙 410075

摘　要　危险货物运输车辆路径优化是保障危险货物安全运输的基础环节之一。针对危险货物运输车辆路径优化问题,在不确定环境下,按照鲁棒优化研究流程将运输网络中各节点间的运输风险和运输时间看作是不确定的量,基于 Bertismas 鲁棒优化理论,建立了以最小化运输风险和最小化运输时间为目标的单车配送的危险货物运输车辆路径双目标鲁棒优化模型。通过算例验证,结果表明文本所建立的鲁棒优化模型是有效可行的。

关键词　危险货物;车辆路径;鲁棒优化

Bi-objective Robust Optimization of Single Vehicle Distribution Routing for Hazardous Materials Transportation

Ma Cunrui*, Li Zhujun, Li Xiamiao[2]

1. *MOE Key Laboratory for Urban Transportation Complex Systems Theory and Technology, Beijing Jiaotong University, Beijing* 100044, *China*;

2. *School of Traffic and Transportation Engineering, Central South University, Changsha* 410075, *China*

Abstract　Hazardous materials transportation vehicles routing optimization is one of the basic links to ensure the safety of hazardous materials transportation. Aiming at optimization problem of vehicle routing forhazardous materials transportation, in an uncertain environment, given the robust optimization process, regarding transportation risk and transportation time of every two nodes in the network as uncertain data, basing on Bertismas robust optimization theory, this paper established a bi-objective robust optimization model of single vehicle distribution routing for hazardous materials transportation to minimize transportation risks and transportation time. According to the validation by a numerical example, the results show that the robust optimization model established in the paper is effective and feasible.

Key words　Hazardous Materials; Vehicle Route; Robust Optimization

---

基金项目:国家自然科学基金(71390332,71131001)

作者简介:麻存瑞(1986—),男,甘肃兰州人,博士生,主要研究方向为交通运输规划与管理。

*通信作者:lzjtumcrui@126.com

0 引言

危险货物运输牵涉很多层面,国家、政府、公众都对此比较关注,一旦发生事故,除了可能造成人员伤亡和经济损失外,还有可能对环境造成长久的污染。此外,危险货物运输车辆和运输路径还容易受到恐怖袭击,为此很多专家和学者对此问题展开了研究。Shorys 对多目标危险货物运输路径问题进行了研究,考虑了最小化行驶里程和最小化人口覆盖率两个目标,认为最优的决策必须来自于 Pareto 最优解集合[1]。Karkazis 和 Boffey 以风险最小和费用最低作为目标函数,建立了危险货物运输路径优化模型[2]。Zografos 和 Androutsopoulos 将危险货物运输车辆路径问题看作是有时间窗约束的双目标车辆路径问题,并提出了一个启发式算法来对问题求解[3]。Meng 等建立了有时间约束的多目标危险货物运输路径优化模型,并采用动态规划的方法求解该问题,最后进行了实例研究[4]。Pradhananga 等以运输时间和运输风险最小为优化目标,建立了带有时间窗的双目标危险货物运输路径优化模型,并设计了一种寻找 Pareto 最优解的启发式算法,通过一个危险货物运输的实例对模型和算法进行了验证[5]。魏航等考虑时间因素对危险货物运输风险和运输成本产生的影响,认为不同的出发时间在某种程度上可以降低运输成本和运输风险,在运输网络中的某些节点进行等待也可能会降低运输成本和运输风险,为此建立了时变条件下的危险货物路径选择模型[6]。帅斌和种鹏云考虑运输路径风险、运输时间和运输费用三个目标,建立了危险货物运输路径优化问题的多目标模型,采用风险偏好权重来对决策者的不同风险偏好进行刻画,最后用标号算法求解[7]。上述研究成果都对危险货物运输路径上的不确定信息欠考虑,考虑因不确定信息引起的危险货物运输路径的鲁棒性还需进一步的研究。

1 问题描述

单车配送的危险货物运输车辆路径问题是指有且仅有一个危险货物配送中心,有多个客户需求点,客户需求量较小,只需要一辆车就可完成所有配送任务,要求危险货物运输车辆从配送中心出发,服务各客户需求点,每一客户需求点只能服务一次,服务完所有客户需求点后最后回到危险货物配送中心。危险货物运输路径优化中的数据信息不确定主要指由于前方道路上的交通状态、天气情况和人流密度等不确定、决策者考虑的影响因素不全、采用的预测方法和测量工具误差等因素而导致所得到的各节点间的运输时间和运输风险不确定以及各客户需求点的需求量可能不确定。然而对于配送中心,其每次装载前所拿到的各客户需求点的需求量订单是确定的,为了简单,本文将各客户需求点的需求量看作是确定量。

相比普通货物运输,危险货物运输更复杂,要求的安全性更高,因此危险货物运输需要设定运输风险最小这个目标。危险货物运输中,降低运输成本,减小资源消耗是必不可少的,然而运输时间的长短直接关系着运输成本,长时间的运输也会加大危险货物运输的风险,因此需要设定危险货物运输时间最短这个目标。综上,对于单车配送的危险货物运输车辆路径问题,本文主要通过设定危险货物运输风险和运输时间两个目标来展开研究。

2 模型构建

对于一个优化问题,传统的优化理论将参数的取值都视为定值来进行建模,然而实际中,

不确定性是无处不在的，一个数据细微的变化都有可能使所求得的最优解发生变化，某些时候甚至变得不可接受。鲁棒优化方法是在给定不确定的参数的取值范围或取值集合后，按照某种方法寻求一个对所有或部分不确定的输入数据有良好性能的解，也就是说，当某一参数值在某个范围内变化时，问题所得到的最优解不会变化[8]。当前鲁棒优化理论有很多种，其中由Bertsimas 和 sim 提出的鲁棒优化理论有突出的优势。该鲁棒优化研究框架涵盖了不确定连续优化和离散优化问题，并且还可以控制优化解的保守程度。本文将以 Bertsimas 的鲁棒优化理论建立单车配送的危险货物运输车辆路径问题的双目标鲁棒优化模型。

2.1 模型假定

假定危险货物配送中心的运输车辆的装载容量已知；配送中心拥有足够的危险货物数量；危险货物配送中心只分配一辆车来对各客户需求点服务；每个客户需求点的需求量已知；各个客户需求点之间、各客户需求点与配送中心之间的运输风险和运输时间已知，其中运输风险和运输时间为不确定数，用区间数表示。

2.2 符号定义

采用赋权网络图来描述整个单车配送的危险货物运输网络，图中所有节点（危险货物配送中心和各客户需求点）间的属性信息用邻接矩阵进行标示。一个有 n 个节点的危险货物运输网络图 G，采用邻接矩阵表示为一个 n 行 n 列的矩阵，一共有 n^2 个数据元素。模型中符号定义如下：S_0 为危险货物配送中心集，其中 $S_0=\{i|i=0\}$ 表示危险货物配送中心只有 1 个，在所有节点集中的序号为 0；S_1 为客户需求点集，其中 $S_1=\{i|i=1,\cdots,n\}$ 表示客户需求点一共有 n 个，在节点集中的序号为 $1\cdots n$；S 为运输网络中所有节点集，其中 $S=S_0\cup S_1$；q_i 为客户需求点 i 的危险货物需求量；L 为危险货物运输车辆的装载容量；$\tilde{r}_{ij}$ 为危险货物运输车辆从客户需求点 i 到客户需求点 j 的可变运输风险，其中 $\tilde{r}_{ij}\in[r_{ij},r_{ij}+\hat{r}_{ij}]$（$\hat{r}_{ij}\geqslant 0$）；$r_{ij}$ 为危险货物运输车辆从客户需求点 i 到客户需求点 j 的运输风险标称值；$\hat{r}_{ij}$ 为危险货物运输车辆从客户需求点 i 到客户需求点 j 的可变运输风险相对于其标称值的偏差，其中 $\hat{r}_{ij}\geqslant 0$；t_{ij} 为危险货物运输车辆从客户需求点 i 到客户需求点 j 的行驶时间标称值；$\hat{t}_{ij}$：危险货物运输车辆从客户需求点 i 到客户需求点 j 的可变行驶时间相对于其标称值的偏差，其中 $\hat{t}_{ij}\geqslant 0$；$\tilde{t}_{ij}$ 为危险货物运输车辆从客户需求点 i 到客户需求点 j 的可变运输时间，其中 $\tilde{t}_{ij}\in[t_{ij},t_{ij}+\hat{t}_{ij}]$（$\hat{t}_{ij}\geqslant 0$）；$J_i^r$ 为可变风险矩阵 $\tilde{r}_{ij}$ 中第 i 行所有不确定数据 $\tilde{r}_{ij}$ 的列下标 j 所组成的集合，其中 $|J_i^r|\leqslant n$；Γ_i^r 为参数 $\Gamma_i^r\in[0,|J_i^r|]$，用来调整鲁棒离散优化方法的风险鲁棒性，控制风险的保守程度，可以取小数；Γ_i^r 为小于 Γ_i^r 的最大整数；ψ_i^r 为可变风险矩阵 $\tilde{r}_{ij}$ 中第 i 行不确定数据 $\tilde{r}_{ij}$ 的列下标 j 所组成的集合；J_i^t 为可变时间矩阵 $\tilde{t}_{ij}$ 中第 i 行所有不确定数据 $\tilde{t}_{ij}$ 的列下标 j 所组成的集合，其中 $|J_i^t|\leqslant n$；Γ_i^t 为参数 $\Gamma_i^t\in[0,|J_i^t|]$，用来调整鲁棒离散优化方法的时间鲁棒性，控制时间的保守程度，可以取小数；Γ_i^t 为小于 Γ_i^t 的最大整数；ψ_i^t 为可变时间矩阵 $\tilde{t}_{ij}$ 中第 i 行不确定数据 $\tilde{t}_{ij}$ 的列下标 j 所组成的集合。

2.3 单车配送的危险货物运输车辆路径双目标鲁棒模型

依据文献[8]中 Bertsimas 和 sim 所提出的鲁棒性可调的鲁棒优化理论建立单车配送的危

险货物运输车辆路径双目标鲁棒模型如下：

$$\min Z_1 = \sum_{i \in S}\sum_{j \in S_1} r_{ij}x_{ij} + \max_{\{\Psi_i^r \cup \{m^r\} \mid \Psi_i^r \subseteq J_i^r, \mid \Psi_i^r \mid = \Gamma_i^r, m^r \in J_i^r \setminus \Psi_i^r\}} \{ \sum_{i \in S}\sum_{j \in \Psi_i^r} \hat{r}_{ij}x_{ij} + \sum_{i \in S}\sum_{m^r \in J_i^r \setminus \Psi_i^r} (\Gamma_i^r - \Gamma_i^r)\hat{r}_{im^r}x_{im^r} \} \tag{1}$$

$$\min Z_2 = \sum_{i \in S}\sum_{j \in S} t_{ij}x_{ij} + \max_{\{\Psi_i^t \cup \{m^t\} \mid \Psi_i^t \subseteq J_i, \mid \Psi_i^t \mid = \Gamma_i^t, m^t \in J_i^t \setminus \Psi_i^t\}} \{ \sum_{i \in S}\sum_{j \in \Psi_i^t} \hat{t}_{ij}x_{ij} + \sum_{i \in S}\sum_{m^t \in J_i^t \setminus \Psi_i^t} (\Gamma_i^t - \lfloor \Gamma_i^t \rfloor)\hat{t}_{im^t}x_{im^t} \} \tag{2}$$

$$\sum_{i \in S}\sum_{j \in S_1} x_{ij}q_j \leqslant L \tag{3}$$

$$\sum_{i,j \in S} x_{ij} \leqslant |M| - 1, M \subset S, 2 \leqslant |M| \leqslant |S| - 2 \tag{4}$$

$$\sum_{i \in S} x_{ij} = 1, \forall j \in S_1 \tag{5}$$

$$\sum_{j \in S} x_{ij} = 1, \forall i \in S_1 \tag{6}$$

$$r_{ij}x_{xj} \leqslant R, \forall i \in S, \forall j \in S \tag{7}$$

$$x_{ij} = \{1,0\}, \forall i \in S, \forall j \in S \tag{8}$$

上述模型中，式(1)和式(2)为目标函数，分别表示最小化运输风险和运输时间，其中，当配送车辆配送完最后一个需求点回到配送中心的运输风险不计入，运输时间需计入；式(3)为危险货物运输车辆载重约束，表示任意一辆车都满足相应的载重约束，即不能超过对应车辆的最大载重；式(4)为消除子回路产生的约束；式(5)、式(6)保证每一个客户需求点有且只有一个配送中心中的一辆车为其服务，且只服务一次；式(7)路段最大风险限制；式(8)定义了0～1整数变量，$x_{ij}=1$ 表示危险货物运输车辆的行走的路线包含从节点 i 到节点 j 的路径，$x_{ij}=0$ 表示不包含。鲁棒模型中的每一个目标函数都对应着一个参数 Γ，目的是控制解的保守程度[8,9]。例如 Γ_i^r 控制风险的保守程度，反映决策者的风险偏好等信息，当 $\Gamma_i^r(i=1,\cdots,n)=0$ 时，目标函数中 max 后的那部分等于 0，此时模型对不确定风险最敏感，也就是当危险货物运输网络中某一路段的权值变化时，模型所得到的最优解可能变化；随着 $\Gamma_i^r(i=1,\cdots,n)$ 增加，模型逐渐对不确定的风险的敏感程度降低，得到的解有一定的鲁棒性；当 $\Gamma_i^r(i=1,\cdots,n)=n^2$ 时，模型对不确定的风险最不敏感，所得到的解也最保守。对于危险货物运输车辆路径的时间鲁棒性控制参数 Γ_i^t 与风险鲁棒性控制参数 Γ_i^r 具有相同的意义。

3 案例求解

某烟花爆竹配送中心，现有 9 个销售点需求烟花爆竹，各销售点的需求频繁，但每次的需求量相对较小，整个烟花爆竹的配送过程只需要一辆车就可完成所有配送任务。烟花爆竹配送中心与各需求点及需求点与需求点间的运输风险标称值和运输时间标称值如表 1 所示，其中，圆括号内的第一个数值表示任意两节点间的风险标称值，第二个数值表示任意两节点间的时间标称值。运输风险偏差 $\hat{r}_m(0\leqslant\hat{r}_m<0.5r_m)$ 和运输时间偏差 $\hat{t}_m(0\leqslant\hat{t}_m<0.5r_m)$ 为随机生成的实数，保留 3 位有效数字。标称值和偏差组成单配送中心危险货物单车配送路径多目标鲁棒模型的基础数据信息，为了便于描述，文中所有数据都不考虑单位。

配送中心与各需求点及需求点与需求点间的运输风险和运输时间标称值 表1

(r_{ij},t_{ij})	0	1	2	3	4	5	6	7	8	9
0	(0,0)	(30,62)	(64,113)	(41,77)	(79,177)	(65,73)	(59,164)	(51,174)	(84,199)	(80,199)
1	(30,62)	(0,0)	(75,137)	(40,102)	(82,82)	(73,87)	(61,174)	(48,43)	(30,100)	(35,54)
2	(64,113)	(75,137)	(0,0)	(52,148)	(38,48)	(40,41)	(90,187)	(57,84)	(37,83)	(30,134)
3	(41,77)	(40,102)	(52,148)	(0,0)	(30,150)	(53,174)	(62,156)	(64,117)	(66,72)	(67,158)
4	(79,177)	(82,82)	(38,48)	(30,150)	(0,0)	(40,114)	(70,113)	(57,191)	(51,159)	(33,57)
5	(65,73)	(73,87)	(40,41)	(53,174)	(40,114)	(0,0)	(67,135)	(77,101)	(78,157)	(61,137)
6	(59,164)	(61,174)	(90,187)	(62,156)	(70,113)	(67,135)	(0,0)	(48,131)	(83,97)	(74,64)
7	(51,174)	(48,43)	(57,84)	(64,117)	(57,191)	(77,101)	(48,131)	(0,0)	(88,76)	(86,108)
8	(84,199)	(30,100)	(37,83)	(66,72)	(51,159)	(78,157)	(83,97)	(88,76)	(0,0)	(62,168)
9	(80,199)	(35,54)	(30,134)	(67,158)	(33,57)	(61,137)	(74,64)	(86,108)	(62,168)	(0,0)

求解算法按照一般多目标进化算法的框架,设计一种求解该模型的基于 Pareto 的遗传算法。该多目标遗传算法采用自然数编码[9],使用庄家法来构造 Pareto 最优解集[10],采用聚集密度方法保持进化群体的分布性[10],在遗传操作方面,该算法采用单亲换位算子和单亲邻位互换算子分别来完成交叉操作和变异操作[9]。算法在 VC 6.0 下编程实现,分别设置算法种群大小 100、最大进化代数 100 设置交叉概率为 0.9,变异概率为 0.1,终止条件采用一定的代数限制。通过程序多次求解得到如表 2 和表 3 所示结果。

鲁棒性控制参数 $\Gamma=0$、$\Gamma=10$、$\Gamma=30$ 的 Pareto 解集 表2

$\Gamma=0$		$\Gamma=10$		$\Gamma=30$	
运输路径	目标函数值	运输路径	目标函数值	运输路径	目标函数值
0-3-6-7-1-8-2-9-4-5-0	(369,968)	0-3-4-9-2-5-6-7-1-8-0	(435.179,1303.850)	0-3-4-9-5-2-8-6-7-1-0	(570.101,1209.509)
0-3-7-6-8-1-9-4-2-5-0	(412,795)	0-3-6-7-5-2-4-9-1-8-0	(506.465,1135.270)	0-3-4-9-8-2-5-6-7-1-0	(513.240,1279.542)
0-3-8-1-7-6-9-4-2-5-0	(418,706)	0-3-8-6-9-4-5-2-7-1-0	(608.034,855.488)	0-3-8-4-9-2-5-6-7-1-0	(554.034,1243.059)
0-3-8-6-7-1-9-4-2-5-0	(432,693)	0-3-9-4-2-5-6-7-1-8-0	(501.839,1168.039)	0-3-8-2-9-4-5-6-7-1-0	(540.376,1277.093)
0-3-8-7-1-9-6-4-2-5-0	(500,661)	0-3-8-6-9-4-2-5-7-1-0	(640.809,753.717)	0-3-8-2-4-9-6-5-7-1-0	(668.711,943.606)
0-3-4-9-1-8-2-7-6-5-0	(378,944)	0-3-8-6-5-2-4-9-7-1-0	(631.039,834.915)	0-3-8-2-5-4-9-6-7-1-0	(573.892,1002.853)
0-3-4-9-1-8-2-5-6-7-0	(361,1002)	0-3-8-4-9-2-5-6-7-1-0	(505.280,1138.068)	0-3-8-6-9-7-5-2-4-1-0	(1496.827,848.095)
0-3-4-9-1-8-2-5-7-6-0	(371,958)	0-3-8-2-9-4-5-6-7-1-0	(491.622,1172.102)	0-3-8-6-9-4-5-2-7-1-0	(656.789,960.479)

续上表

$\Gamma=0$		$\Gamma=10$		$\Gamma=30$	
运输路径	目标函数值	运输路径	目标函数值	运输路径	目标函数值
0-1-7-3-8-6-9-4-2-5-0	(476,674)	0-3-8-2-5-4-9-6-7-1-0	(525.137, 897.862)	0-3-8-6-9-4-2-5-7-1-0	(689.563, 858.708)
0-3-4-9-2-8-1-7-6-5-0	(364,983)	0-3-8-2-4-9-6-5-7-1-0	(619.956, 838.615)		
0-3-4-9-6-7-1-8-2-5-0	(381,819)	0-3-4-9-8-2-5-6-7-1-0	(464.485, 1174.551)		
		0-3-5-2-4-9-6-7-1-8-0	(517.756, 1084.127)		
		0-3-4-2-5-9-6-7-1-8-0	(504.902, 1159.344)		

鲁棒性控制参数 $\Gamma=0$、$\Gamma=30$、$\Gamma=50$ 的各目标最优解 表3

Γ	风险最优运输路径	时间最优运输路径
0	0-3-4-9-1-8-2-5-6-7-0	0-3-8-7-1-9-6-4-2-5-0
10	0-3-4-9-2-5-6-7-1-8-0	0-3-8-6-9-4-2-5-7-1-0
30	0-3-4-9-8-2-5-6-7-1-0	0-3-8-6-9-7-5-2-4-1-0

表2为鲁棒性控制参数 $T=0$、$T=10$、$T=30$ 的程序运行所得到的最优 Pareto 解集，目标函数值中圆括号内的第一个数值表示该条危险货物配送路径的总运输风险，第二个数值表示该条危险货物配送路径的总运输时间，可以看出运输车辆是从烟花爆竹配送中心0开始，经过各个销售点，最终回到配送中心0，其中 $\Gamma=0$ 时的解集为不确定的运输风险和运输时间都取其标称值时所得到的最优 Pareto 解集。表3为鲁棒性控制参数 $\Gamma=0$、$\Gamma=30$、$\Gamma=50$ 的单个目标最优时所对应的解。从表2和表3中看出当运输风险较小时，运输时间相对较大，这也从另一方面说明了多目标问题的多个目标之间是相互冲突的，随着鲁棒性控制参数的变大，所得解的差异性在减小，鲁棒性在增强。

4 结论

科学合理的选择危险货物运输车辆路径，综合考虑运输风险和运输时间等因素，能使危险货物安全、快速、经济的到达各客户需求点。本文以危险货物运输车辆路径问题为研究对象，按照鲁棒优化的研究流程，将运输网络中各节点间的运输时间和运输风险看作是不确定的量，设定最小化运输风险和最小化运输时间作为优化目标，依据 Bertismas 鲁棒优化理论建立了鲁棒性可调的单车配送的危险货物运输车辆路径双目标鲁棒优化模型，并且采用遗传算法对案例进行求解，结果表明本文所建立的鲁棒优化模型是可行的。

参考文献

[1] D E. Shorys. A model for the selection of shipping routes and storage location for a hazardous substance[D]. Baltimore: Johns Hopkins University,1981.

[2] J. Karkazis, T. B. Boffey. Optimal location of routes for vehicles transporting hazardous materials[J]. European Journal of Operational Research,1995,86(2):201-215.

[3] KG. Zografos, K. N. Androutsopoulos. A decision support system for integrated hazardous materials routing and emergeney response decisions[J]. Transportation Research Part C: Emerging Technologies, 2008, 16(6):684-703.

[4] Meng Q, Lee D H, Cheu R L. Multiobjective vehicle routing and scheduling problem with time window constraints in hazardous material transportation[J]. Journal of transportation engineering, 2005, 131(9): 699-707.

[5] Pradhananga R, Taniguchi E, Yamada T, et al. Bi-objective decision support system for routing and scheduling of hazardous materials[J] . Socio-Economic Planning Sciences, 2014, 48(2): 135-148.

[6] 魏航,李军,蒲云.时变条件下有害物品运输的路径问题研究[J].系统工程理论与实践,2006,(10):107-112.

[7] 帅斌,种鹏云.基于决策者风险偏好的危险货物运输路径优化问题研究[J].铁道货运,2011,(1):7-13.

[8] Bertsimas D, Sim M. The price of robustness[J]. Operations research, 2004, 52(1): 35-53.

[9] 麻存瑞,马昌喜.不确定旅行商问题的鲁棒模型与算法[J].计算机应用,2014,34(7):2090-2092, 2098.

[10] 郑金华.多目标进化算法及其应用[M].北京:科学出版社,2007.

城市轨道交通突发火灾情况下乘客疏散策略与方案研究

李静婧,彭宏勤*,狄　月

北京交通大学　城市交通复杂系统理论与技术教育部重点实验室,北京 100044

摘　要　本文基于行人的运动特性规律,综合考虑了城市轨道交通车站的各设施设备条件对车站进行疏散仿真,分析了突发火灾情况下行人疏散的影响因素,介绍了紧急疏散仿真模型构建的一般流程;以北京地铁国家图书馆站为例建立了10个仿真场景,分析火源位置、扶梯运行状态、疏散人数和疏散路径对疏散时间的影响,并提出了优化措施。

关键词　城市轨道交通;紧急疏散;仿真

Study on Fire-evacuation Strategies Simulation of Pedestrian Traffic in Urban Rail Transit Station

Li Jingjing, Peng Hongqin*, Di Yue

MOE Key Laboratory for Urban Transportation Complex Systems Theory and Technology, Beijing Jiaotong University, Beijing 100044, *China*

Abstract　Based on passenger moving characteristic and its analysis, this paper synthetically considered facilities in evacuation, evaluated evacuation capacity of metro station. The paper describes the general process of constructing evacuation simulation model; 10 scenarios were established in this paper to analyze the influence of the fire source position, escalators and evacuation route for evacuation efficiency in the case of National Library station of Beijing metro.

Key words　Urban Rail Transit; emergency evacuation; simulation

0　引言

自世界上第一条地铁在伦敦投入运营以来,到目前为止全世界已有一百多个城市运营地铁。相比于其他市内交通方式,城市轨道交通时间可靠性高、运量大、运送效率高、节能环保。随着各地轨道交通线网的不断完善,城市轨道交通客流量迅猛增长。然而,城市轨道交通绝大

作者简介:李静婧(1993—),女,湖北人,硕士生,研究方向为交通运输规划与管理。

* 通信作者:hqpeng@bjtu.edu.cn

多数线路和车站均采用地下隧道和高架结构,一旦发生事故就会威胁乘客的生命财产安全,社会影响极其严重。火灾情况下,城市轨道交通车站的行人疏散是一个极其复杂的问题。车站内人员密集且复杂,设施设备对行人的疏散过程也有很大的影响,综合考虑各种因素进行紧急疏散仿真试验,根据仿真结果分析不同情况下应采取的措施并制订合理的疏散方案,对保障乘客的安全、维持城市轨道交通线路及车站的正常运营具有重要意义。

为了研究在突发火灾情况下行人的疏散策略,首先必须对地铁站行人的运动特性进行研究。由于行人运动的复杂性,行人仿真模型得到了广泛应用。对于行人疏散仿真研究主要分为了两个部分:行人运动特性的研究和疏散仿真模型的研究[1]。现有的疏散仿真模型包括宏观模型和微观模型,宏观模型主要包括了排队论模型、流体力学模型和气体动力学模型等,常用的微观模型有社会力模型[2]、元胞自动机模型[3]和格子气模型。社会力模型根据人群实际的受力情况来描述行人的运动方程,该模型能够较真实地刻画行人实际运动过程中由于相互作用力引起的冲突现象,因此本文选择社会力模型作为理论基础并利用 AnyLogic 软件进行仿真。

1　突发火灾情况下行人疏散影响因素分析

行人通过指定的疏散路径和设施设备运动至安全地点的过程就是安全疏散,疏散路径应尽可能简明,疏散流线尽可能顺直。根据《地铁设计规范》(GB 50157—2013)[4]地铁站的设计应满足紧急情况下在 6min 内疏散完毕的要求。

1.1　行人特性

火灾情况下行人的心理和生理特性受多种因素的影响,因此表现出不同的运动方式,影响因素包括年龄、性别、对环境的熟悉程度、行程特征等。

(1)年龄

行人年龄会对步行速度和灵敏度有影响,青壮年行人在这两方面明显优于老年和儿童。成年人正常步速为 1.07 ~ 1.35m/s[5]之间,儿童步速随机性大,老年人较慢。老人和小孩在火灾条件下行动能力差、反应速度慢、接受信息的能力差。

(2)性别

性别对行人特性的影响主要体现在男性的步速比女性快,面对突发情况时,男性比女性更加沉着冷静,而女性的依赖性较强。据历史研究发现,北京市地铁站内男女的比例基本维持在 1:1。

(3)车站熟悉程度

经常到某站乘车的行人对车站的结构和设施配置更加熟悉,在发生紧急情况时能够很快地找到逃生路线,相对不熟悉车站的行人可以更加快速地撤离。

(4)行程特征

不同类型的行人出行目的不同,出行时间段也不同,一般早、晚高峰时段出行人群中上班、上学所占比例较大,这类人群紧迫感强、时间观念重、步行速度快,而逛街、购物等人群的出行时间比较灵活、分散,步行速度较慢。

1.2　疏散线路及安全地点的设置

当地铁车站发生紧急情况时,乘客的疏散路径一般包括通道、楼梯和自动扶梯、出入口,一般的地铁车站疏散线路如图 1 所示。

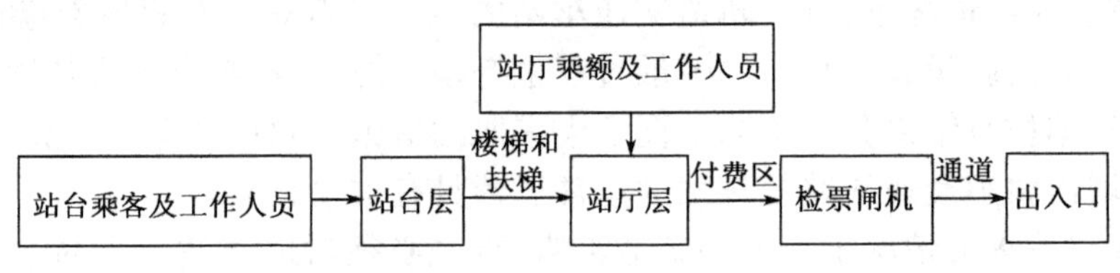

图 1　地铁车站疏散线路图

当火源位置不同时,疏散线路会有很大区别。行人在逃生时,会绕过火源位置,绕行的过程必然会使疏散时间延长,当楼梯或扶梯等瓶颈处发生火灾时对疏散效率的影响更大,因此,火源位置是影响疏散效率的重要因素之一。

当紧急情况发生时,受到行人特性各不相同的影响行人对路线的选择多种多样,因此在没有引导措施的情况下必然存在大量的流线交叉。流线的交叉会对疏散造成一定的影响,为了分析流线交叉对疏散的影响,本文设计了场景进行仿真,并对仿真结果进行了详细的分析,将在第 3 部分中详细阐述。

1.3　车站物理设施环境影响

疏散过程中,车站物理设施的配置情况会对疏散效率产生很大的影响,而紧急疏散主要的瓶颈在楼扶梯和闸机的位置。

自动扶梯的运行方式,主要包括下行、上行、停运、反转四种,在紧急疏散时不同运行方式会对整个疏散带来很大的影响。紧急情况下,自动扶梯的运行模式为:地下车站内的下行自动扶梯停止,作为固定楼梯用作紧急通道;上行的自动扶梯可继续向上运转。出入口的自动扶梯全部停止作为固定楼梯用作紧急通道。

闸机的存在不仅减少了人员疏散的有效出口宽度,而且将内部出口分成了很多狭窄的通道,因此检票闸机降低了人员疏散的效率[6]。在城市轨道交通车站发生紧急事故时,应及时打开所有的闸机。

2　仿真模型的构建

AnyLogic 软件以社会力模型作为底层模型,其中行人模型包括两个主要部分——环境和行为。环境包括墙壁、不同的区域、服务、队列等。为了创建一个环境对象,用户需要定义其图形,加入对应的库对象,并为此对象设置动画属性。

2.1　疏散环境模型

疏散环境包括两方面的内容:车站基础环境和基础设施模型。车站公共区包括付费区与非付费区,一般由站厅层、站台层、出入口和通道构成。在 AnyLogic 中车站公共区的属性可以利用 pedConfiguration 部件进行设定。

火灾情况下行人疏散涉及的基础设备设施有楼梯和扶梯、检票闸机、通道。

(1)楼梯和扶梯

仿真场景中绘制的楼梯和扶梯是其在站厅层或站台层的投影矩形,因此模型中行人通过楼扶梯的速度是行人速度在水平方向上的分量。楼梯和扶梯的属性需要通过 pedArea 控件来进行设定。行人在通过楼梯时的速度会表现出一定程度的折减，选中 Speed is multiplied 可以设置速度折减系数。行人通过扶梯时的速度与扶梯运行的速度一致，选中 Ground is moving 然后设置扶梯运行的速度，还需要把行人本身的速度设置为 0，利用 Speed is limited 来限制行人本身的速度。

(2)检票闸机

在车站发生火灾紧急疏散时，检票闸机全部打开，此时可以将闸机视为多个狭窄的通道，其宽度只允许一人通过。

(3)通道

水平通道只需要利用多段线绘制出通道边界，不需要做其他设定。对于具有一定坡度的通道采用 pedArea 对其属性进行设定，另外还需要根据坡度的大小设定人员在其中行走的速度折减系数。

2.2 确定行人运动参数

疏散过程中行人运动的速度随它所在区域的不同而变化，行人在通道、楼梯、扶梯的速度变化在对应的 pedArea 属性中已经进行了设置，因此只需要确定行人在水平地面上的运动速度。

根据上文对行人特性的分析，得出地铁站行人的正常速度在 1.07 ~ 1.35m/s 之间。Predtechenskii 和 Milinskii 提出对紧急疏散时行人的运动速度进行修正[7]，本文采用该方法对模型中的行人速度进行修正。具体计算方法如下：

$$v_e = \mu_e v$$

式中：v_e——紧急疏散时行人的运动速度；

v——正常情况下行人的运动速度；

μ_e——修正系数，在水平通道内，$\mu_e = 1.49 \sim 0.36D$，D 是按投影面积计算的行人密度(行人投影面积与地面面积的比值)，取值不大于 $0.92\text{m}^2/\text{m}^2$；上楼梯时，$\mu_e = 1.26$；下楼梯时，$\mu_e = 1.21$。

据统计，我国成人的平均肩宽约为 0.45m，因此，设定行人水平投影为圆形，其直径参数“Diameter，meters”为 0.4 ~ 0.5m 的随机数。

3 案例分析

本文以北京地铁国家图书馆站为背景构建仿真模型，通过实地调查绘制了国家图书馆站站厅及站台的平面图如图 2 和图 3 所示。为了分析火源位置、扶梯运行状态和疏散路径冲突与否对疏散时间的影响，本文建立了多个仿真场景进行模拟。

为了便于下文分析火源位置对疏散时间的影响时进行描述，图 2 和图 3 中站厅和站台中的标号位置分别表示不同的火源位置。

3.1 火源位置对疏散时间的影响

火灾发生后，车站处于紧急疏散状态，站内乘客需要以最快的速度逃离车站到达安全位置。在此过程中，火源的位置会对疏散效率造成很大的影响。本节主要分析火源位置变化对行人疏散结果的影响。分别以疏散 600、900、1200、1500、1800 人为目标，进行疏散场景的仿真,得到仿真结果如表1所示。

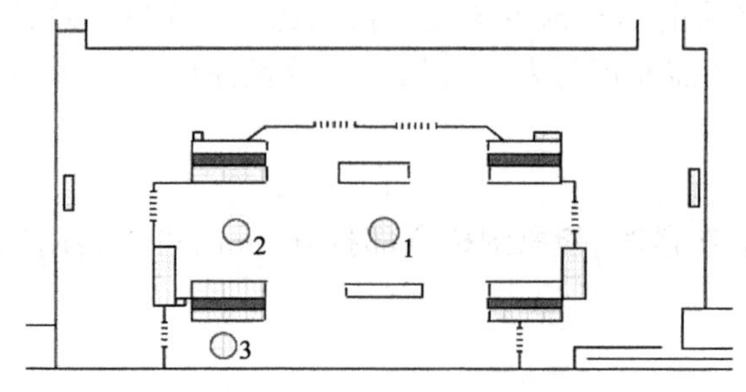

图2　国家图书馆站站厅平面图

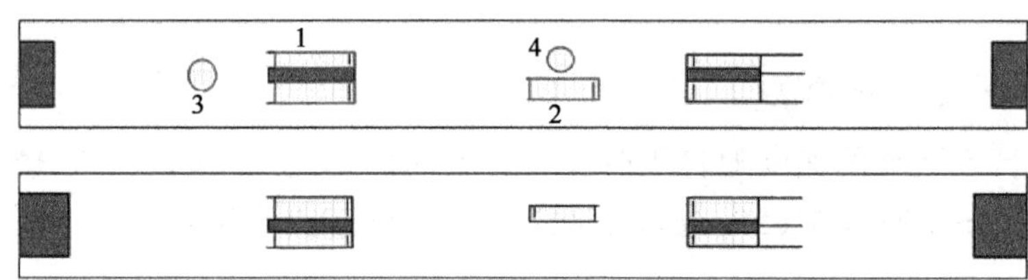

图3　国家图书馆站站台平面图

不同火源位置疏散时间(单位:s)　　表1

场景编号	火源位置	疏散人数(千人)				
		0.6	0.9	1.2	1.5	1.8
0	无火源	203	210	218	239	282
1	站台火源位置1	224	234	278	290	356
2	站台火源位置2	216	220	238	254	294
3	站台火源位置3	214	222	244	260	308
4	站台火源位置4	210	216	234	252	298
5	站厅火源位置1	204	214	230	246	290
6	站厅火源位置2	206	220	236	256	298
7	站厅火源位置3	218	228	248	264	314

场景1、2中均为站台至站厅的楼梯或扶梯发生火灾,场景3、4的设置是为了分析站台火源与楼扶梯的相对位置对疏散的影响,场景5~7均为站厅层发生火灾,因此将仿真结果按上述分组进行对比分析。

通过对比对照组与场景1和2的疏散时间得出,火源位置在楼扶梯处时,疏散时间将大大延长。由于站台到站厅的可用于疏散的楼梯和扶梯数量减少,行人需要绕行至正常的楼梯和扶梯到达站厅,因此疏散时间延长。场景3、4的疏散时间比对照组的长,说明站台楼扶梯以外的位置发生火灾时仍会使疏散时间延长,因为火灾使行人在站台上的运动产生了绕行。实验结果表明火灾发生的楼梯口正面时比发生在楼梯侧面时对疏散时间的影响更大。

对比场景5~7发现,站厅中部发生火灾对疏散时间的影响较小,主要是因为站厅中部空间较大,行人虽然会在火源处绕行,但是对速度影响并不大。场景7中疏散时间大大增加,原因是闸机前方的通道空间狭窄,发生火灾后,行人通过的有效宽度减小幅度大,因此疏散时间变长。场景6疏散时间比场景5疏散时间延长是由于位置2更接近闸机口。

3.2 扶梯运行状态对疏散时间的影响

行人进入扶梯区域后,当扶梯人员密度小时行人在扶梯上自由行走,速度为扶梯速度与行走速度的叠加;人员密度大时,行人运动受限,表现为随扶梯速度运动,行人的速度即为扶梯运行速度。紧急疏散时行人密度大,行人速度为扶梯的运行速度。分别以疏散不同行人数量为目标进行仿真,得到表2。

不同扶梯运行状态疏散时间(单位:s) 表2

扶梯运行状态	疏散人数(千人)				
	0.6	0.9	1.2	1.5	1.8
扶梯正常运行	203	210	218	239	282
扶梯停止	196	200	207	220	254
变化率(%)	-3.4	-4.8	-5.0	-7.9	-9.9

数据表明扶梯停止疏散时间比上行的时间短,因为扶梯正常运行时运行速度为0.65m/s,停止运行后即作为楼梯使用,而行人步行上楼梯的速度大于该速度。因此建议车站在紧急疏散时使自动扶梯处于停止运行状态。

3.3 路径冲突与否对疏散时间的影响

在上文的仿真场景中,行人到达站厅后可以自由选择六组闸机中的任意一组出站,因此存在大量路径冲突点,站厅付费区一角路径冲突示意图如图4所示。

对行人流线进行疏解,可以得到如图5所示的流线示意图。实际疏散时,可以让工作人员进行引导,从而达到疏解流线的效果。

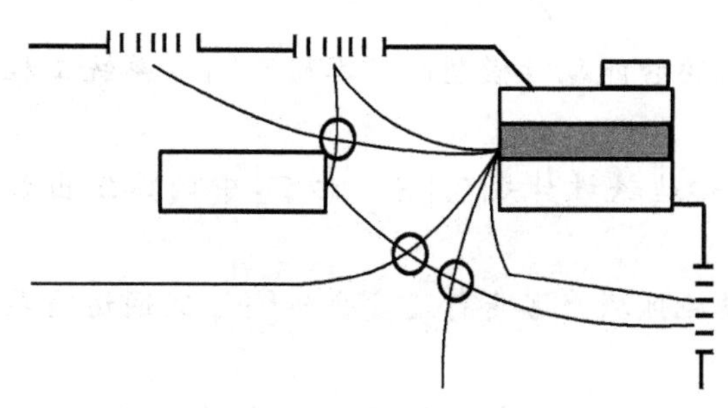

图4 站厅路径冲突示意图

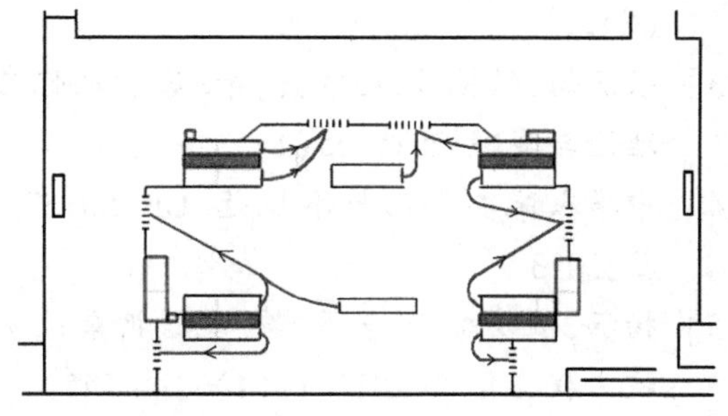

图5 疏解之后的站厅行人流线

本节设计了两个场景,实验组中对行人流线进行疏解使其不存在交叉,而对照组行人可任意选择一组闸机出站,流线交叉严重。仿真运行后得到的疏散时间见表3。

路径冲突与否疏散时间(单位:s) 表3

路径冲突与否	疏散人数(千人)							
	0.6	0.8	1.0	1.2	1.4	1.5	1.6	1.8
冲突	206	214	221	240	254	270	288	316
不冲突	190	200	206	212	228	242	264	284
变化率(%)	-65.7	-73.3	-77.9	-80.0	-81.9	-82.0	-82.0	-82.4

由表3看出路径冲突时的疏散时间远大于路径不冲突时的疏散时间。因此,在紧急疏散时,应加强人员疏导,减少行人流线交叉。由各楼扶梯口的到达站厅的行人就近选择闸机出站,这样既减少了行人运动至较远闸机的走行时间,同时使部分闸机处的拥堵缓解,进而减少了行人在闸机处的排队等待时间。

4 结论

本文基于行人的运动特性规律,综合考虑设施设备条件对行人运动的影响,进而对地铁站进行疏散仿真研究。获得主要结论如下:疏散相同数量的行人,扶梯停止情况下疏散时间比向上运行情况下的疏散时间短,因为自动扶梯停止运行后作为楼梯使用,而行人步行上楼梯的速度一般大于扶梯运行速度。通过人员引导或其他方式疏解行人流线的交叉,由各楼扶梯口的到达站厅的行人就近选择闸机出站,这样既减少了行人运动至较远闸机的走行时间,同时使部分闸机处的拥堵得到缓解,进而减少了行人在闸机处的排队等待时间。另外,紧急疏散时站内工作人员可根据各组闸机前的排队情况对行人加以引导,可以避免出现某些闸机空闲而其他闸机异常拥挤的情况。

参考文献

[1] 陈艳艳,张广厚,史建港. 用及行人交通系统规划及仿真[M]. 1版. 北京:人民交通出版社, 2011.

[2] 隋杰,万佳慧,于华. 基于社会力的应急仿真模型应用研究[J]. 系统仿真学报,2014,26(6).

[3] 张丽娟,张艳芳,赵宜宾,等. 基于元胞自动机的智能疏散模型的仿真研究[J]. 系统工程理论与实践,2015,35(1).

[4] 中华人民共和国标准规范. GB 50157—2013,地铁设计规范[S]. 北京:中国建筑出版社,2013.

[5] 杨涵,伍梦欢,张含笑,等. 地铁换乘站不同设施区域乘客走行速度分析[J]. 交通运输系统工程与信息,2011,11(1):140-145.

[6] 廖艳芬,马晓茜. 基于元胞自动机的地铁火灾疏散动态分析[J]. 系统仿真学报,2008,20(24).

[7] Predtechenskii V. M. , Milinskii A. I. , Planning for foot traffic flow in buildings [M]. New Delhi: Amerind Publishing Co. Pvt. Ltd. : 1978.

基于事故树分析法的城市轨道交通运营安全评价

陈　桢*

重庆市轨道交通集团有限公司　网络运管中心，重庆 40000

摘　要　对城市轨道交通系统的安全性进行客观评价是预防事故发生的关键。本文以火灾事故为例，运用事故树分析法，对城市轨道交通系统的安全性进行了分析和评价，从而为城市轨道交通运营安全管理工作提供了理论依据。

关键词　轨道交通；事故树分析法；运营安全；评价

An Evaluation of Operation Safety on Urban Rail Transits Based on Accident Tree Analysis

Chen Zhen

Rail Line Networking Operation Management Center Chongqing Rail Transit, *Chongqing* 40000, *China*

Abstract　The objective evaluation about the safety on urban rail transits is the critical process to take precautions against accident. The security of the urban rail transit is analyzed and evaluated in this paper by the Accident Tree Analysis on taking the fire accident as an example, the research provide theoretical basis for urban rail transit security management.

Key words　urban rail transit; accident tree analysis; operation safety; evaluation

0　引言

近年来，国家加大了基础设施建设的投资力度，借此良机，城市轨道交通得以快速发展。然而，频繁发生的各类运营安全事故，凸显了该行业在技术、管理等方面的不足。由于轨道交通系统具有专业性强、工种庞杂、设备设施科技含量高、故障发生率高且运量大等特点，所以事故一旦发生，将会造成较为惨重的损失和较大的社会影响力。因此，安全管理对于轨道交通的发展不容忽视。

20 世纪 80 年代初，事故树分析法在我国交通运输领域得到了大规模的有效应用，并取得了丰硕的成果和良好的社会效应。80 年代末，事故树被应用到铁路运输系统的安全生产和劳动保护方面。近年来，事故树被广泛应用到城市轨道交通事故分析中，文献[1]运用事故树分析了轨道交通列车脱轨事故，列出了引发列车脱轨事故的各个因素，得出了城市轨道交通列车

作者简介：陈桢(1978—)，女，甘肃平凉人，工程师，主要研究方向为城市轨道交通运营安全管理。

*通信作者：chenzhen36345@126.com

脱轨事故发生概率,并提出来列车脱轨事故的预防和控制措施。文献[2]采用事故树分析法透析了上海地铁十号线追尾事故。文献[3]运用事故树分析了2007年重庆4.23特大道路交通事故,通过最小割集确定了导致该次佳通事故发生的主导因素。21世纪初,事故树分析法被应用安全评价,文献[4]应用事故树分析法对船舶安全进行了预评价和事故预防分析,并确定了危险因素的等级。

1 事故树原理

事故树分析法遵循逻辑学演绎分析的原则,通过分析引起系统发生故障这一事件的各种直接或间接原因(硬件、软件、环境、人为等因素),从一个可能的顶事件开始,利用导致事件发生的基本事件链来发现系统的薄弱环节,逐层分析其发生原因,直到找出导致事故发生的全部底事件为止,同时在这些原因间建立逻辑关系,并运用逻辑图(事故树)来表示。事故树以图形化的方式表示了一个系统内的故障或其他事件之间的交互关系。在事故树中,底事件通常是部件故障或人为失误,顶事件一般为危及系统的事件或不希望发生的事故。底事件(basic event)通过一些逻辑符号(与门和或门)连接到一个或多个顶事件(top event)。

事故树分析法的基本步骤如下:

(1)确定事故树顶事件,即要分析的对象事件。

(2)调查可能导致事件发生的所有因素,确定事故发生的基本原因事件并对其进行影响分析。

(3)根据顶事件与基本事件的逻辑关系,依据事故树编制原则和要求编制事故树。

(4)按照事故树结构求最小割集或最小径集,并对基本原因事件的结构重要度进行分析,根据分析结果确定预防事故的安全保障措施。

1.1 事故树分析准备

首先,确定轨道交通运营安全评价的相关因子,主要从专业特征、行业标准、危险源的物理、化学特性等方面着手。通过分析事故的种类、引发事故的原因、易发生事故的设备、生产环节、发生地点及相关事故案例等,找出引发事故的所有直接原因和间接原因,如管理失能、操作失误、设备故障、环境因素等。

其次,分析引发事故的各种因子及各因子对轨道交通安全的影响程度,同时计算事故发生的概率。通过对各因子进行分析,找出轨道交通可能发生的各种事故。轨道交通事故一般可分为行车事故、火灾事故、自然灾害、公共安全事故、恐怖事件等,具体如表1所示。

城市轨道交通主要事故　　表1

事故名称	主要特征	诱发原因	主要后果	主要预防措施
火灾事故	人员疏散、灭火扑救难度大	行车事故、设备故障、恐怖袭击、人为因素等	浓烟集聚;高温伤害	优化防火安全设计;完善消防安全设备设施;加强宣传教育;制订应急预案,加强演练
爆炸事故	突发性强,破坏范围大	恐怖袭击	引发火灾;有害气体中毒;死伤人数大	加强防爆炸事故技术防范;制订防爆炸事故应急预案并加强演练
毒气事故	突发性强,危害大	恐怖袭击	造成大量人员中毒、交叉感染;政治影响大;救援难度大	加强综合监控系统;完善毒气袭击应急预案并加强演练,保障设施、技术设备投入;建立危机管理机制

续上表

事故名称	主要特征	诱发原因	主要后果	主要预防措施
纵火事故	不可预见性强，破坏性强	人为因素	引发火灾、电气故障	线路规划阶段考虑火灾处置需要的通道；加强安检工作；制订火灾应急事故方案并加强演练方案
列车冲突	后果严重，损伤力度大	疲劳驾驶；监控、通信系统不完善；信号机间距布置不科学	人员伤亡、车辆设备损坏	加强通信设备和信号机设置管理；加强列车驾驶员管理和业务培训
列车脱轨	后果严重，损伤力度大	轨道线路、道岔缺陷或损伤；车辆缺陷或故障；列车超速；异物侵限；工作人员技术经验不足	人员伤亡；车辆、设备损坏；引发列车倾覆等次生事故	加强系统设备的安全检查和维护保养；加强工作人员教育培训
停电事故	不可预见性强	电力设备故障；电网供电中断	列车滞留；诱发踩踏等	强化供电设备的状态监控，完善备用措施；加强应急演练
踩踏事故	突发性强	乘客密度超出设计负荷；疏散通道或出入口涉及不合理；列车故障、火灾、恐怖袭击等其他事故引发；大客流疏散和现场处置不及时	人员伤亡，社会影响恶劣	科学预测、合理规划；加强客流组织；面向乘客开展有针对性的安全知识普及教育；建立客流预警系统
乘客坠落站台	突发性强	意外坠落；蓄意坠轨	列车延误	加装屏蔽门、安全门；加强乘客安全意识普及教育
自然灾害引发的事故	破坏力强、危害大，波及面广防范困难	地震、水灾、台风、雷击、停电	引发火灾、列车脱轨、列车倾覆	加强重点季节、重点区域布控

分别将各事故确定为顶上事件，然后分析每一顶上事件发生时造成事故的初始和前提条件、诱发因素及可以不考虑的条件等，然后根据分析，确定所涉及的系统边界和分析深度。

1.2 确定事故发生概率和损失的安全目标值

事件发生概率分为必然、极可能、可能、很少可能、极不可能和实际上不可能等几种。通过分析国内外轨道交通各类运营事故的相关资料，计算每一类事故发生的概率并预测事故的发展趋势，对那些无法进行统计的事故，可参考专家判断进行估算。根据概率论可知，由于事故是随机事件，因此需对所提供或统计的可疑数据进行核对，进而对系统中选定事故所属的概率范围迹象判断，据此确定事故损失的安全目标值，以期充分估计危险程度，合理安排安全投入，并在事故发生时能够采取最有效措施，最大限度地降低损失。

事故损失的安全目标值是顶上事件的概率计算，本文采用首项近似法进行计算。设 Q 为顶上事件发生的概率，q_i 为第 i 个基本事件的概率，其中 $x_i \in k_j$ 且 x_i 包含在第 j 个割集中，i 为基本事件序号，j 为事故树中的最小割集个数序号，k 为最小割集个数。则顶上事件的概率的计算方法如下：

$$Q = \sum_{j=1} \prod^{x_i \in k_j} q_i \tag{1}$$

2 轨道交通火灾事故树分析

2.1 编制事故树

编制事故树从顶上事件开始,综合事故的各种原始资料,逐级往下找出各自的直接原因事件,直到最基本原因事件或省略事件为止,并按它们之间的逻辑关系画出事故树。轨道交通安全是一个系统项目,本文仅以轨道交通火灾事故为例进行事故树编制,用 M_1、M_2、M_3、M_4、M_5、M_6、M_7、M_8、M_9、M_{10}分别表示着火、扑救不及时、火源、可燃物、撞击火花、电火源、明火、未及时发现、发现但未引起注意、灭火设施失灵,编制事故树如图 1 所示。

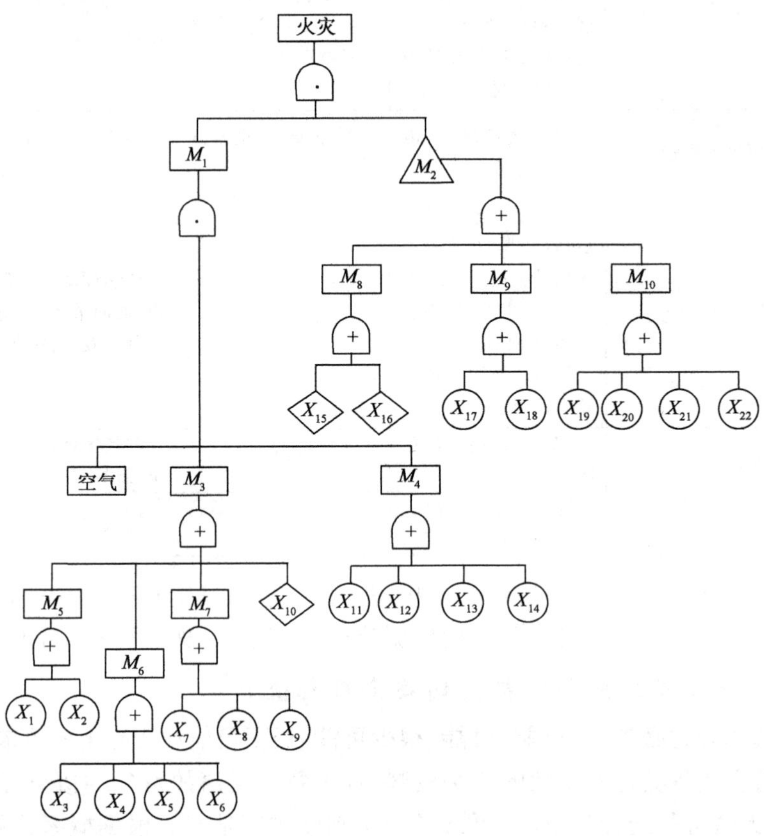

图 1 城市轨道交通火灾事故树

图中其余字母表示的含义如表 2 所示。

基本事件代码对照表 表 2

代号	基 本 事 件	代号	基 本 事 件
X_1	施工中机械碰撞	X_6	列车运行时产生电弧
X_2	列车脱轨、碰撞	X_7	乘客吸烟的火星、乱丢的烟头
X_3	电气设备和线路故障	X_8	隧道内工作人员用火不慎
X_4	电器设备误操作	X_9	人为纵火
X_5	违章电焊或切割	X_{10}	摩擦起火

续上表

代号	基本事件	代号	基本事件
X_{11}	列车车体材料及装饰材料	X_{17}	通报不及时
X_{12}	乘客携带易燃品	X_{18}	负责人不重视
X_{13}	施工隧道内的可燃物	X_{19}	灭火器材配备不足
X_{14}	车站内可燃物	X_{20}	灭火设施失效或损坏
X_{15}	火灾监控和报警设备存在盲区	X_{21}	不会使用灭火器材
X_{16}	火灾监控和报警设备失灵	X_{22}	惊慌失措

2.2 系统安全分析

由图1可知,事故树包含了11个逻辑门,其中逻辑或门9个,与门2个。

根据轨道交通火灾事故树,通过定性和定量分析对系统安全进行评价。定性分析主要按事故树结构列出逻辑关系式并进行逻辑运算和简化,求出最小割集(路径),最后经过分析或计算确定基本事件的结构重要度。求割集数目公式为:

$$x_i = \begin{cases} x_{i,1} \cdot x_{i,2} \cdots x_{i,\lambda i} & i \text{ 为与门时} \\ x_{i,1} + x_{i,2} + \cdots + x_{i,\lambda i} & i \text{ 为或门时} \end{cases} \tag{2}$$

最小割集是引起顶上事件发生的基本事件的集合,是造成顶上事件发生的充分必要条件。通过对上式进行定性分析,求得该事故树最小割集数为 $X_{top} = 320$。

将事故树转化为与之对应的成功树,即与门变为或门,或门变为与门等,得其结构函数式为:

$$\begin{aligned} T &= M_1 \cdot M_2 = M_3 \cdot M_4 \cdot M_2 \\ &= (M_5 + M_6 + M_7 + M_{10})(M_{11} + M_{12} + M_{13} + M_{14})(M_8 + M_9 + M_{10}) \\ &= (M_1 + M_2 + M_3 + M_4 + M_5 + M_6 + M_7 + M_8 + M_9 + M_{10})(M_{11} + M_{12} + M_{13} + M_{14}) \\ &\quad (M_{15} + M_{16} + M_{17} + M_{18} + M_{19} + M_{20} + M_{21} + M_{22}) \end{aligned} \tag{3}$$

据此,得到事故树的3个最小径集为:

$$P_1 = (X_1 + X_2 + X_3 + X_4 + X_5 + X_6 + X_7 + X_8 + X_9 + X_{10}) \tag{4}$$

$$P_2 = (X_{11} + X_{12} + X_{13} + X_{14}) \tag{5}$$

$$P_3 = (X_{15} + X_{16} + X_{17} + X_{18} + X_{19} + X_{20} + X_{21} + X_{22}) \tag{6}$$

事故分析的层次结构如图2所示。

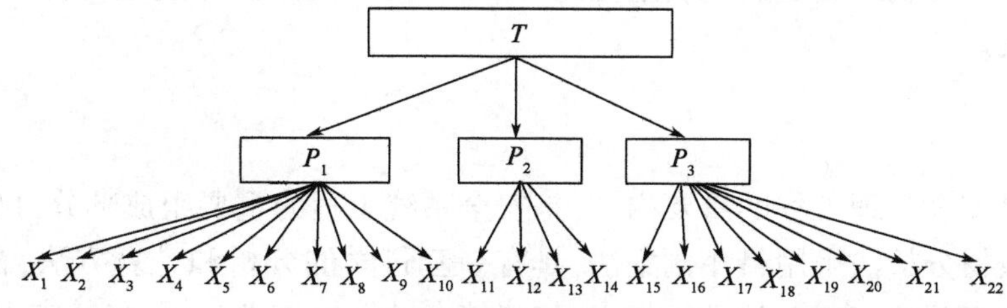

图2 事故分析的层次结构模型

2.3 结构重要度分析

分析以上各径集 $P_1 \sim P_3$，得最小径集阶数 $r_{p1}=10, r_{p2}=4, r_{p3}=8$。

$$I_i = \sum_{x \in p_j} \frac{1}{2^{p_j - 1}} \tag{7}$$

式中，I_i 为基本事件 X_i 重要度系数近似判断值；p_j 为 X_i 所在最小径集中基本事件的总数。且各基本事件均只出现过 1 次，故结构重要度系数为：

$$I_i(1) = I_i(2) = \cdots = I_i(10)$$

$$I_i(11) = I_i(12) = I_i(13) = I_i(14)$$

$$I_i(15) = I_i(16) = \cdots = I_i(22)$$

$$I_i(1) = 1 \div 2^{10-1} = 0.00195$$

$$I_i(11) = I_i(11) = 1 \div 2^{4-1} = 0.125$$

$$I_i(15) = 1 \div 2^{8-1} = 0.00781$$

由此得出结构重要度顺序为：

$$I_i(11) = I_i(12) = I_i(13) = I_i(14) > I_i(15) = I_i(16) = \cdots$$
$$= I_i(22) > I_i(1) = I_i(2) = \cdots = I_i(10)$$

2.4 系统安全评价

从最小割集的数量可知，导致事故发生的途径有 320 种，说明轨道交通系统极易发生火灾。

由事故树最小径集的数量可知，预防事故的途径有 3 种。根据最小径集定义，只要事故树中的这些基本事件不发生，顶上事件就不会发生。因此，有如下 3 种方案可预防轨道交通系统火灾发生：

(1)从 P_1 入手，即杜绝火源。

(2)从 P_2 入手，即杜绝可燃物。

(3)从 P_3 入手，即采取措施及时扑救火灾，最大限度减轻火灾损失。

上述只是从理论层面进行了分析，具体的预防措施还需结合实际情况进一步探索。

通过以火灾事故为例，对城市轨道交通系统的安全性进行分析可以看出，该系统安全性尚存很大的提高空间，极可能发生事故。为此，应从管理、设备、环境及人为等方面入手，制订科学合理预防和整治策略：对照城市轨道交通系统的各级事件模块编制安全检查表，逐项整改落实；抓主要因素，加强对人为等主观方面因素的控制；建立隐患排查机制，有效避免设备缺陷或故障引发的事故。使轨道交通系统安全性进一步提高，从而最大限度地降低或减少事故发生概率及事故损失。

3 结论

安全评价是安全管理工作的重要内容，是安全系统工程的重要组成部分，也是事前预防的关键环节。事故树分析法采用最小割集法，具有一套科学的分析和计算方法，在事故分析、预测及控制方面具有简洁、有效、精准等特点，如能结合计算机辅助分析，将其应用于轨道交通安全评价中，会更有利于精确地分析和预防事故，及时采取科学措施消除隐患，降低事故发生率，保证轨道交通运营安全。科学地评价轨道交通运营安全,能为安全管理部门提供科学的分析结论,对轨道交通运营安全管理工作目标制定提供科学依据。

参 考 文 献

[1] 曾周.事故树分析法在铁路安全分析中的应用[J].铁道建筑技术,2007.
[2] 薛亮,刘小玲.事故树分析在交通事故原因分析中的应用[J].交通科技与经济,2011(3).
[3] 李振烈,杨霞芳.应用事故树分析法分析列车冒进信号机事故[J].铁道运输与经济,2002(4).
[4] 周江华,王炳辉,丁天明.基于事故树分析法的船舶安全评价[J].浙江海洋学院学报,2002(3).

基于 FDS 的地铁站台火灾烟气扩散研究

史荣丹，陈绍宽*，李　芳，狄　月

北京交通大学　城市交通复杂系统理论与技术教育部重点实验室，北京 100044

摘　要　近年来城市轨道交通车站内火灾情况下人员安全疏散问题成为人们关注的焦点，其中烟气扩散规律是疏散组织工作中必须考虑的关键问题。本文在计算流体动力学的基础上应用 FDS 仿真软件建立烟气扩散模型，旨在研究地铁站台火灾发生过程中烟气扩散的规律，并设计不同场景开展案例研究。在确定地铁车站火灾主要危险产物的基础上，分别分析了热释放速率和排烟速率对烟气扩散的影响，为人员在火灾情况下的安全疏散提供依据。

关键词　疏散；热释放速率；排烟速率；烟气扩散

Analysis on Smoke Diffusion on Metro Platforms Based on FDS

Shi Rongdan, Chen Shaokuan*, Li Fang, Di Yue

MOE Key Laboratory for Urban Transportation Complex Systems Theory and Technology, Beijing Jiaotong University, Beijing 100044, *China*

Abstract　With the development of urban rail transit, more and more attention has been paid to the issues on how occupants safely evacuate from platform in emergency. In this paper, we propose a simulation model through FDS utilizing computational fluid dynamics to describe how smoke spreads in the station. In addition, it is applied in case studies to determine the most dangerous product in subway station fire and the effect of heat release rate and exhausting rate on the spreading of smoke which provides the oretical foundation for evacuation under fire circumstance.

Key words　Evacuation; Heat release rate; Exhausting rate; Spread of smoke

0　引言

地铁作为一种快速、准时、大运量的交通工具，成为城市地区人们出行的主要交通方式。

基金项目：北京市自然科学基金(9152013)、北京市科技新星计划(Z121106002512028)、国家重点基础研究发展计划项目(2012CB725406)

作者简介：史荣丹(1990—)，女，汉族，吉林长春人，硕士生，研究方向为城市轨道交通。

＊通信作者：shkchen@bjtu.edu.cn

由于电气线路及人为因素,地铁车站存在较大的火灾隐患,国内外多个车站曾发生过重大火灾事故,如1987年英国国王十字站的大火,导致31人死亡,180人受伤。由于地铁车站的结构特点,火灾有害物质无法及时排出,同时车站内人员密集,很容易发生拥挤、踩踏等二次事故。因此,在地铁火灾事故中采取合理有效的疏散策略,对于保障乘客的出行安全起着至关重要的作用。

正确掌握火灾及其产生烟气的发展趋势、防火设施的工作特性,能够为采取合理疏散策略提供基础依据。计算机模拟是此类研究中的一种重要方法,Castro[1]、Slusarczyk[2]以及Miclea等人[3]利用CFD方法对不同形式的地铁火灾进行了仿真分析,并对其紧急情况下控制火灾烟气的能力进行了评价。

本文主要应用计算流体动力学模型对火灾过程中的烟气扩散规律进行研究,分析不同因素对于火灾发展过程的影响,从而为疏散策略提供依据。

1 影响因素分析

地铁车站内火灾的发展过程主要受到火源自身属性以及人为控制措施的影响,如火源热释放速率以及不同的通风排烟策略。

1.1 热释放速率

热释放速率(HRR)是指在规定的试验条件下,在单位时间内材料燃烧所释放的热量,单位为瓦(W)。它是表示地铁火灾发展的一个主要参数,可表示为:

$$\dot{Q} = \chi \cdot \dot{m} \cdot \Delta H \tag{1}$$

式中:$\dot{m}$——可燃物的质量燃烧速率,kg/s;

χ——燃烧效率因子;

ΔH——该可燃物的热值,J/kg。

由于上式各项难以准确标定,无法依靠其计算确定火源热释放速率,因此研究中多通过试验估计特定火灾中的热释放速率。国内外对于列车站台火灾热释放速率并没有明确界定,但相关研究中统计的人员密集场所火灾强度为2.0~2.5MW[4],同时根据美国国家标准局建筑火灾实验室[5]全尺寸试验测量的售卖亭的最大火灾强度为1.5MW,因此综合考虑设定站台火灾热释放速率范围为1.5~2.5MW。

1.2 排烟速率

车站发生火灾时,车站内不同区域内排烟设施的排烟量应保证在人员安全疏散时间之前,阻止烟气降低到临界安全高度。本文主要研究站台排烟系统不同速率对烟气扩散的影响。热释放速率主要影响火势的发展以及烟气的产生,而排烟速率主要影响烟气的扩散、排出以及对火势的控制程度。只有综合掌握热释放速率以及排烟速率对于火灾中烟气扩散规律的影响,才能在地铁车站发生火灾时采取合理的措施以控制火势发展并疏散人员。

2 模型建立

本文以计算流体动力学为理论依据,依据一系列基本控制方程仿真模拟预测火灾中的烟气流动、火灾温度及烟气浓度的分布[6]。

(1)质量守恒方程。控制体内质量增加 = 流入控制体的质量,数学表达式为:

$$\frac{\partial \rho}{\partial t} + \square \cdot \rho u = 0 \tag{2}$$

(2)动量守恒方程。控制体内的动量增加 = 流入的动量 + 表面力的冲量 + 体积力的冲量,数学表达式为:

$$\rho\left[\frac{\partial u}{\partial t} + (u \cdot \square)u\right] + \square p = \rho g + f + \square \cdot \tau \tag{3}$$

(3)能量守恒方程。控制体内的能量变化 = 流入的能量 + 表面力做功 + 体积力做功 + 传入热量,数学表达式为:

$$\frac{\partial}{\partial t}(\rho h) + \square \cdot \rho h u = \frac{Dp}{Dt} - \square \cdot q_r + \square \cdot k \square T + \sum_l \square \cdot h_l \rho K_l \square Y_l \tag{4}$$

(4)状态方程。数学表达式为:

$$p_0 = \rho TR \sum_i \frac{\square Y_i \square}{\square M_i} = \frac{\rho TR}{M} \tag{5}$$

式中:ρ——烟气密度;

t——时间;

μ——烟气的速度矢量;

$\square$——散度,表示流体运动时单位体积的改变率;

g——重力加速度;

f——外部施加的力矢量;

τ——黏性力张力;

p——烟气压力;

h——焓;

q_r——热辐射通量;

T——烟气温度;

R——气体常数,$R = 8.314$J/(mol · K);

M——混合气体分子质量。

由上述控制方程可得到不同火灾情况下烟气在地铁车站空间内的扩散规律,从而根据烟气的分布规律采取对应的通风排烟策略。

FDS(Fire Dynamic Simulation)是由美国国家标准与技术研究院研发的专门用于火灾动态仿真的软件。该软件以计算流体动力学为理论依据,能够准确地预测火灾烟气流动、火灾温度和有毒有害气体浓度分布。利用 FDS 建模仿真火灾发展过程的主要步骤为:

(1)建立发生火灾建筑物的空间结构:尺寸、布局结构、通风设施等。

(2)确定建筑物的计算区域:网格大小、火灾参数、通风排烟参数等。

(3)运行 FDS,输出文件。

(4)运行 Smokeview,将火灾发展过程可视化。

3 案例分析

本文以北京地铁西直门站 2 号线站台为例,应用 FDS 对地铁车站站台火灾烟气扩散规律及疏散措施进行研究。

3.1 场景设计

根据北京地铁西直门站2号线站台实际数据构建长宽高分别为110m、19m、6m的车站空间，其中中间部分长宽高分别为110m、13m、5m的区域为站台空间，其他部分为轨道空间，如图1所示。

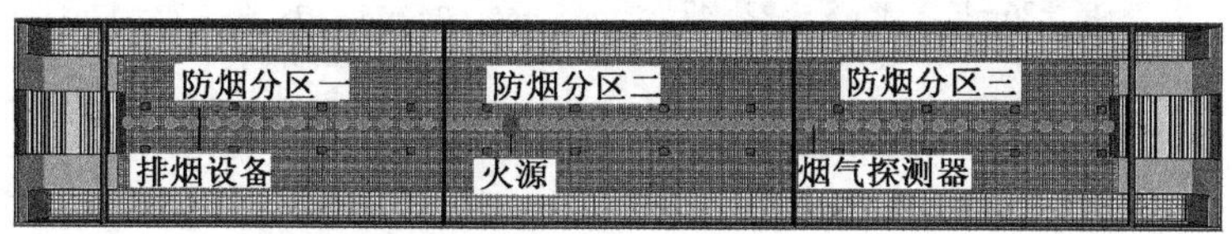

图1 站台空间分布图

根据地铁设计规范[7]及建筑防火设计规范[8]，设置站台与站厅、隧道区间连接处的风速分别为1.5m/s、2m/s，确定地铁车站火灾及防灾相关参数的取值范围，变化热释放速率、排烟速率的不同取值，设置不同场景如表1所示，分别对比热释放速率和排烟速率对烟气扩散的影响。

场景设置表 表1

场景	热释放速率(kW)	排烟速率(m/s)	场景	热释放速率(kW)	排烟速率(m/s)
1	1500	2	4	2500	4
2	2000	2	5	2500	6
3	2500	2	6	2500	8

热释放速率是火源燃烧物的物理属性，热释放速率越大，火灾过程中释放出来的热量越高；排烟速率是针对火灾采取的通风排烟措施之一，排烟速率越大，单位时间内排出越多烟气，对于车站空间内的烟气浓度稀释程度越大。

3.2 烟气危险临界值

火灾疏散中影响人员行动能力的因素主要包括有害气体浓度、温度和可见度。过高的有害气体浓度和温度会降低人体机能，低可见度阻碍正常疏散行为，延长其在危险环境中的暴露时间。当以上指标超过某一固定值L_0时，人员行动能力大幅降低，无法正常疏散，因此视L_0为各影响因素的危险临界值，如表2所示[9,10]。

影响因素危险临界值 表2

影响因素	危险临界值	影响因素	危险临界值
CO	3.2×10^{-3}mol/mol	温度	139℃
CO_2	0.01mol/mol	可见度	5m

3.3 烟气扩散分析

火灾过程中，烟气蔓延遵循一定的规律，但热释放速率、排烟速率的不同取值影响烟气的产生量及排出量，从而导致不同情况下危险区域时空特征发生变化。

3.3.1 主要危险因素分析

根据热释放速率的定义，热释放速率仅影响温度；而排烟速度对于气体浓度、温度和可见度均有影响,因此首先通过场景 3 判别不同指标的危险程度,如图 2 所示。

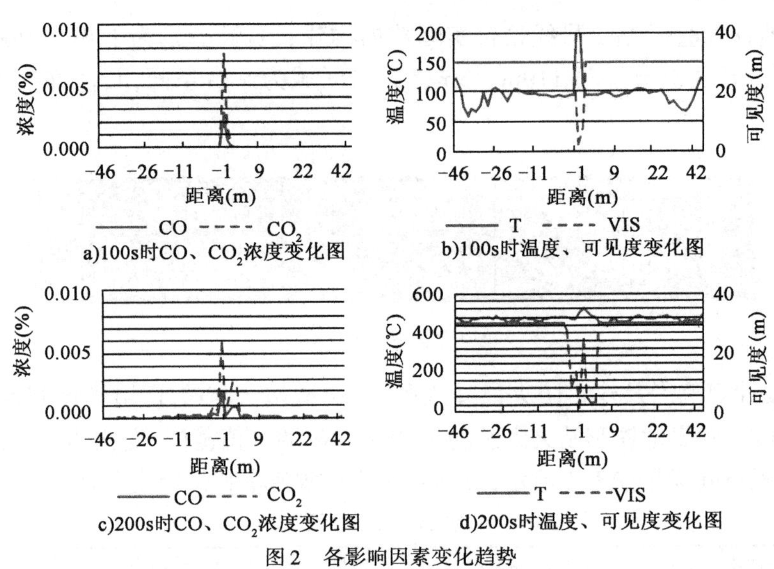

a)100s时CO、CO_2浓度变化图 b)100s时温度、可见度变化图

c)200s时CO、CO_2浓度变化图 d)200s时温度、可见度变化图

图 2 各影响因素变化趋势

注:T 为环境温度,VIS 为可见度。

由图 2 可知:CO 与 CO_2 均未达到危险临界值,可见度虽达到危险临界值,但危险范围仅限于火源点处较小的区域中,不足以对人员的生命安全造成威胁,而站台整体范围内温度变化明显,因此在不同场景下仅针对温度的变化进行分析。

3.3.2 热释放速率分析

通过模拟场景 1 ~ 3,分析火源热释放速率对站台空间内烟气扩散的影响,如图 3 所示分别为距离火源 0m、5m、15m、30m 处不同热释放速率的温度变化图。

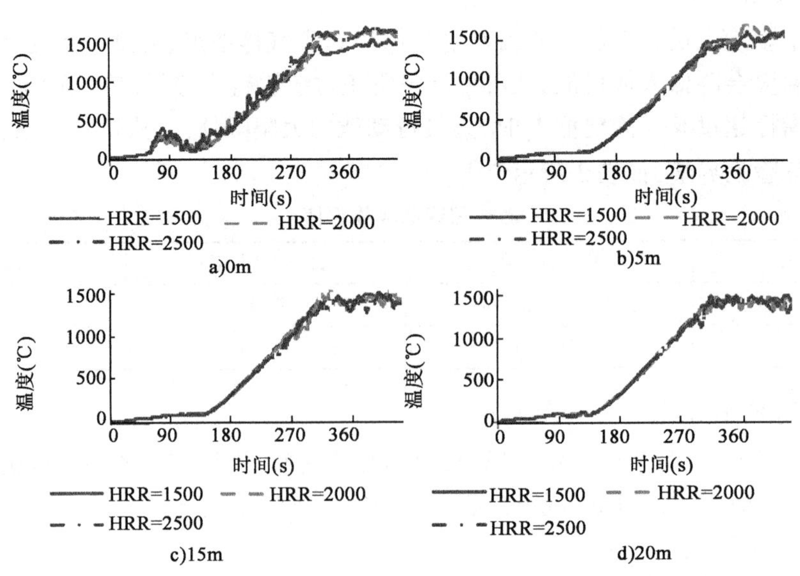

a)0m b)5m

c)15m d)20m

图 3 不同热释放速率温度变化图

通过对比图3中温度的变化趋势可以看出：

(1)热释放速率相同情况下，由于热释放速率设置为60s左右快速升至设定值，导致该时间点火源正上方温度明显变化，但后期由于热量在站台空间范围内的扩散以及排出，各处温度差异不大。

(2)对比不同热释放速率下的温度变化，由于地铁车站相对封闭的空间特点，热释放速率对温度几乎没有影响。

3.3.3 排烟速率分析

对场景3~7进行仿真分析，分析排烟速率对站台空间内烟气扩散的影响，如图4所示分别为距离火源0m、5m、15m、30m处不同排烟速率下的温度变化图。

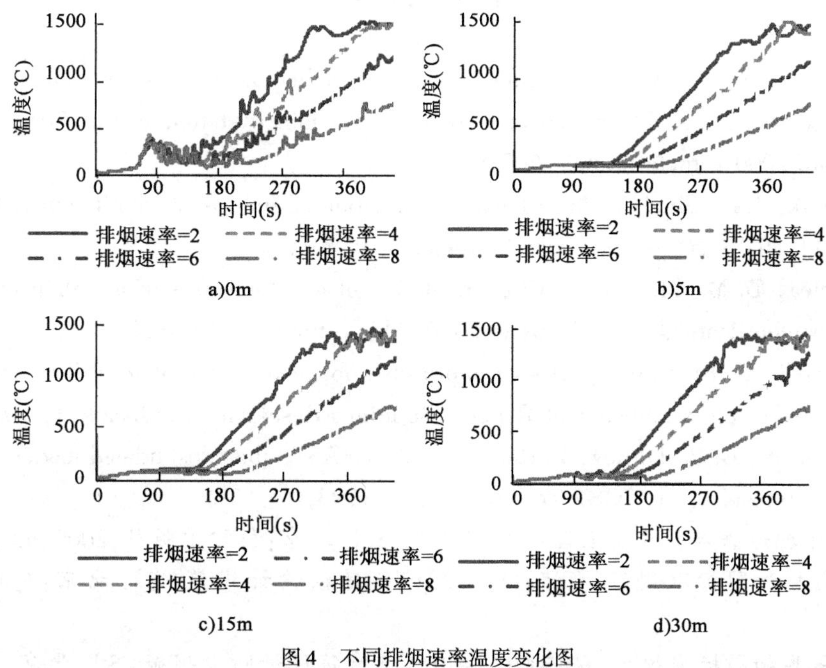

图4 不同排烟速率温度变化图

通过对比图4中温度的变化趋势可以看出，火灾初期，不同排烟速率对应的温度变化趋势一致；火灾中后期发现火情后，排烟设施开始工作，排烟速率越大，环境温度增长幅度越小，维持在危险临界值以下的时间越长。

因此，当车站站台发生火灾时，发现火情后应尽快开启通风排烟设施以减缓温度上升的速度，同时较大的排烟速率能够为人员提供更长的可用疏散时间，相对其他情况具有较为明显的优势。

3.4 小结

本节通过案例分析确认了火灾中不同产物的危险临界值，并确定了温度为主要危险因素，因此在人员疏散过程中，应首先采取降低环境温度为主的应急措施；其次，分析了热释放速率、排烟速率对于火灾过程中烟气扩散的影响：火源热释放速率对于火灾发展影响不大，而排烟速率对于火灾的发展影响显著。随着排烟速率的增大，火灾中后期环境温度升高的幅度下降，有效延长了人员可用疏散时间。

4 结论

本文首先在计算流体动力学的基础上建立了烟气扩散模型,描述地铁站台火灾烟气的扩散规律。其次,确立了火灾过程中影响烟气扩散的几个因素,分别为 CO 浓度、CO_2浓度、可见度以及温度,并从中确定了温度是影响人员安全疏散的关键因素。最后,通过案例分析了热释放速率、排烟速率对于人员安全疏散的影响:热释放速率对火灾发展几乎没有影响,但排烟速率对火灾发展影响显著,排烟速率越大,火灾发展越慢,人员疏散环境越安全。

参 考 文 献

[1] J. D. Castro, N. Rhodes, G. Leoutaskos. CFD prediction of smoke movement in a double track bored tunnel, a cut and cover station, and a mined station in the Athens metro[J]. BHR group 2000 vehicle tunnel, 503-513.

[2] J. Slusarczyk, J. R. Sinclair, M. Bliemel. Evaluation of emergency ventilation in three subway stations[J]. BHR group 2000 vehicle tunnel, 491-501.

[3] P. C. Miclea, D. M. Mckinney. CFD simulation of a vehicle fire in a station equipped with platform screen doors[J]. BHR group 2000 vehicle tunnels, 305-321.

[4] G. O. Hansell, H. P. Morgan. Design approaches for smoke control in atrium buildings[R]. Buildings Research Establishment Report, Buildings Research Establishment, UK, 1994.

[5] R. D. Peacock, G. P. Forney, P. Reneke el al. CFAST, the consolidated model of fire growth and smoke transport[J]. NIST Technical Note, 1993.

[6] 史聪灵. 深埋地铁车站火灾实验与数值分析[M]. 北京:科学出版社,2009:69-71.

[7] 中华人民共和国标准规范. GB50157—2013 地铁设计规范[S]. 北京:中国建筑出版社,2013.

[8] 中华人民共和国标准规范. GB50016—2014 建筑设计防火规范[S]. 北京:中国计划出版社,2014.

[9] 王新民,姚建,彭欣. 火灾时期致命因素危害时间的研究[J]. 消防科学与技术,2005,24(1).

[10] 陈姗姗,蒋勇,邱榕,等. 某商铺火灾热和烟气危害性数值研究[J]. 哈尔滨工程大学学报,2012,33(9).

地铁北宫门站大客流应急疏散能力评估

李佳桐*

北京交通大学　城市复杂系统理论与技术教育部重点实验室,北京 100044

摘　要　城市轨道交通日益重要的地位和密集人群事故的频繁发生,促使人们关注车站大客流突发事件。本文选取北京地铁北宫门站进行实例研究,调查清明期间大客流并据此计算疏散时间。针对分析结果,从客流组织优化和站内设施优化两个角度提出改善方案。最后以可实施难度和疏散时间改善程度为标准对五个综合方案进行评估,得出相对最优方案。

关键词　大客流;轨道交通;应急疏散;改善方案

Research on Emergency Evacuation Capacity of Beigongmen Station under Large Passenger Flow

Li Jiatong*

MOE Key Laboratory for Urban Transportation Complex Systems Theory & Technology, Beijing Jiaotong University, Beijing 100044, *China*

Abstract　With the growing important position of Urban Transit and the frequent occurrence for accidents of dense crowd, it was prompted to pay more attention to large passenger station emergency. This paper select Beijing Beigongmen subway station for case study. The large passenger flow data during the Ching Ming is investigated and hereby the evacuation time is calculated. Next, on the basis of the results, this paper put forward some methods from two perspectives: the station facilities and passenger organization optimization. Five comprehensive programs are presented totally, and the evaluation of the design uses the degree of operating difficulty and evacuation time improvement as the standard.

Key words　Large passenger flow; urban rail transit; emergency evacuation; improving strategy

大量乘客利用城市轨道交通出行,在车站集聚、中转、疏散等活动形成大客流,成为大城市交通运行的一个新的重要特征[1]。然而,车站在大客流的情况下,如果客流组织和疏散设施不利的话,一旦发生突发事件,很有可能造成重大事故,带来很大的财产损失和人员伤亡。因此,如何在发生紧急情况时,在一定时间内将乘客疏散至安全区域,避免产生严重后果显得尤为重要。

作者简介:李佳桐(1993—),女,吉林人,硕士生,主要研究方向为城市综合交通枢纽化、城市交通需求管理等。

*通信作者:15125749@bjtu.edu.cn

1 大客流的概念及分类

大客流是指各城市轨道交通车站在某一时段内候车、停留的乘客超过了该站日常旅客运输组织所能承担的客流量时的客流。其主要表现为:车站拥挤、乘客流动速度缓慢以及站内客流交叉干扰严重等[2]。

(1)计划性大客流

计划性大客流是指客流量的变化可通过一定方法进行预测,也即客流量的可预见性。这一客流活动一般具有一定规律性,具体分为上下班时段大客流、国家法定节假日大客流、大型活动大客流。

(2)无规则性大客流

无规则性大客流是指某些客流激增状况,地铁组织安排时难以事先预见。这种情况,客流量增长是一种无序且突发的情况,一般无规律可循。具体分为地铁周边商家临时活动大客流、恶劣天气大客流、突发紧急事件大客流。

本文研究的大客流属于计划性大客流中的国家法定节日大客流。

2 应急疏散影响因素分析

地铁车站应急疏散影响因素主要包括疏散设备设施,个体行人特性,疏散组织管理[3]。本文主要考虑疏散设备设施的影响,下面具体对其阐述。

车站出入口、进出闸机、水平通道及楼梯的疏散能力制约整个车站的应急疏散能力。整个车站疏散过程中的瓶颈一般位于疏散能力最小的设备设施处,这里往往人流拥挤不堪,秩序混乱,是突发事故发生的高危之地。

2.1 出入口通道

按照客流运动方向,出入口通道分为单向通道和混合通道。通常情况下,出入口通道作为双向通道使用,为了保证车站最大的通过能力,在特殊情况发生时所有通道均调整为单向通道使用。

2.2 站台出入口

站台出入口的布局也影响车站疏散过程。站台层的楼梯和自动扶梯布置形式有两种,一种是设置在站台中部,站台被分割成两个部分,人流到达站厅层后汇集到一个区域,乘客平均行走距离较短,站台空间利用更均衡,但站厅的使用就有所减少,很可能导致人群在站厅处拥挤,这种布置形式使用的较少。另一种是设置在站台两端,这种布置可使乘客快速的疏散至站厅,减少楼扶梯处的拥挤,使用较为广泛。

2.3 楼梯

紧急疏散时,为避免人群拥挤引发群伤事故,车站一般关闭自动扶梯,乘客步行出站。此时,自动扶梯也可作为楼梯来疏散人流。目前地铁车站采用的都是自动扶梯和楼梯混合使用的方式。

2.4 闸机

站厅层设置了防止未购票乘客从非付费区进入付费区的自动启闭检票系统,乘客平时只能凭票出入,紧急状态下释放其识别系统时,可自由进出,这些设施直接影响乘客的快速疏散。

2.5 引导标识

引导标识是疏散的辅助设施。对于乘客来说,尤其是不熟悉车站环境的乘客,引导标识配备数量、设置位置、提供的信息内容、标志明辨程度等是否合理直接影响乘客行为,进而影响车站的疏散能力。

3 地铁北宫门站概况

3.1 地理位置

北宫门站为北京地铁4号线上的一个车站。地处北京市海淀区颐和园路,南邻颐和园,位于颐和园北宫门东向,北临中共中央党校。车站沿颐和园路呈大致西北—东南向布置。

周边有较大面积的文物古迹用地(颐和园)和景点周边的商业用地,因此对于地铁北宫门站,节假日期间常有大型的突发旅游客流。本文研究北宫门站大客流下的应急疏散很有意义。

3.2 车站内部基本情况

北宫门站共有四个地面出入口:A1 口,A2 口,C 口,D 口,分别位于西北、东北、东南、西南四个方位,各出入口分布如图1所示。

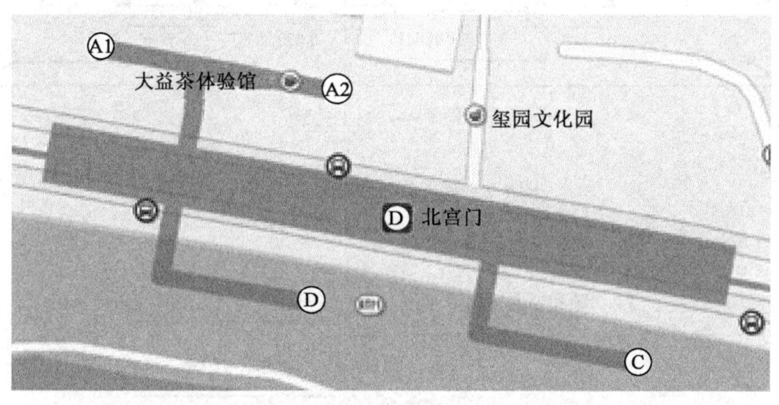

图1 地铁北宫门站出入口分布示意图

车站是地下二层车站,岛式站台设计,地下一层是站厅层,地下二层是站台层车站立体示意图和平面示意图分别如图2~图4所示。

3.3 地铁站周边地面公交衔接情况

北京地铁北宫门站附近500m以内的公交车站有两个:颐和园北宫门站和地铁北宫门站,其方位及线路情况见图5。颐和园北宫门公交车站,是前往海淀区香山、农大和山后地区方向的重要换乘站点,通往这些地区的公交车辆,相对线路较少、发车间隔时间较长、夜间收车时间较早。

3.4 客流分析

(1)工作日客流

工作日期间的客流为通勤客流,其特点是客流较集中,高峰平峰比较明显,乘客刷卡进站

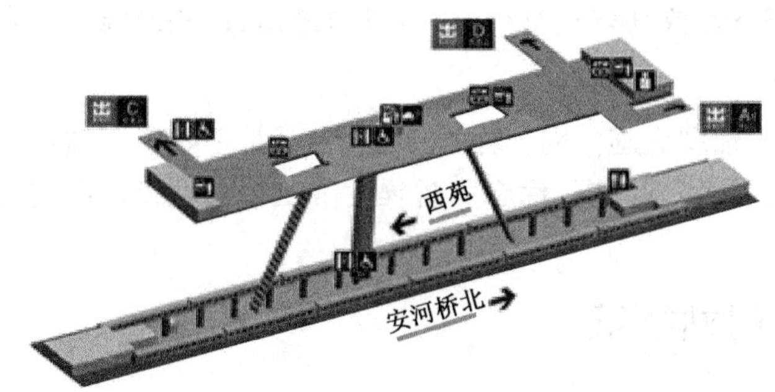

图2　地铁北宫门站立体示意图

图3　地铁北宫门站站台平面图

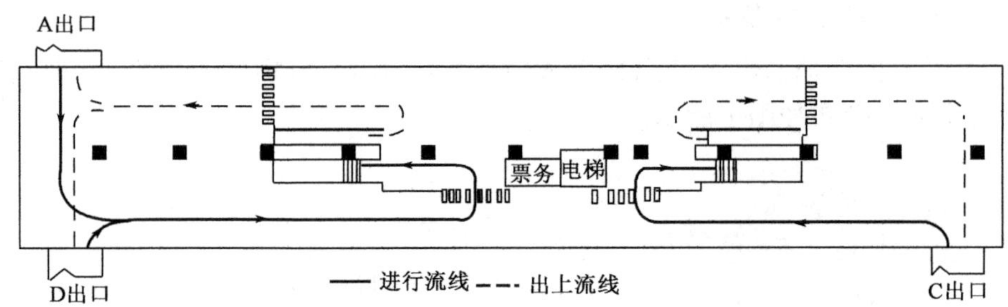

图4　地铁北宫门站站厅平面图

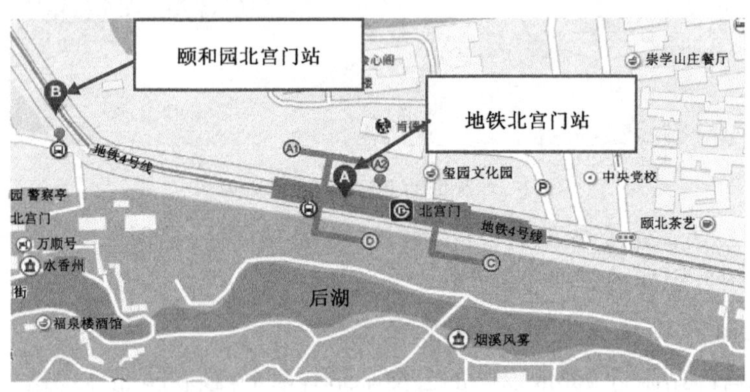

图5　地铁北宫门周边公交车站方位示意图

行动迅速。工作日的高峰小时客流量为5722人/h(早高峰),3971人/h(晚高峰)。

(2)节假日客流

周末和清明均为节假日旅游客流,略有不同的是清明期间以出游为目的的乘客比例更多。旅游客流的特点是客流较分散,乘客携带大件行李,常常在地铁线路信息板,出口引导标识前停留,并需要在自动售票机和人工售票窗口排队购票,且通常是团体行动。

清明的高峰小时客流量为8562人/h(早高峰),5845人/h(晚高峰)。从量的角度考虑,清明的客流比工作日多了近50%。因此本文采用清明的高峰客流数据对地铁北宫门站的应急疏散能力进行评估。

3.5 车站客流组织方案

(1)平日高峰客流组织方案

站厅、站台的广播;足够数量的引导员;引流栏的设置。

(2)节假日客流组织方案

①增添客流引导标识。

节假日旅游客流较多,且多为外地游客,站厅墙壁的引导标识有利于乘客快速选择出站出口,使行人走行更加流畅。

②增加车站站务、安保等人员。

在节假日来临之际,北京地铁北宫门站增加各种车站工作人员配置,加强站厅、站台巡视,严格控制好乘客在站台的候车秩序。

③票务组织。

为了减少节假日客流在非付费区聚集,车站设置临时售票处,方便乘客购票及找零。北京地铁票制改革后,一些外地游客由于不太熟悉,在购票时易选错地铁线路,出站车站等导致其票内金额不足其出站的情况。在票务组织方面,车站设置了临时补票处,方便这类乘客出行。

④客流组织。

进站客流量较大时,由于D口离公交车站最近,其进站压力很大,C口相对较少,而两口距离只有300m左右。车站派工作人员到地面引导进站乘客到C口进站,缓解D口压力。

4 北宫门站大客流应急疏散能力评估

4.1 应急疏散流线

大客流疏散时,自动扶梯电源关闭并当做楼梯来使用。从调研数据结果可得出各出地铁北宫门站应急疏散流线及客流分布,如图6所示。

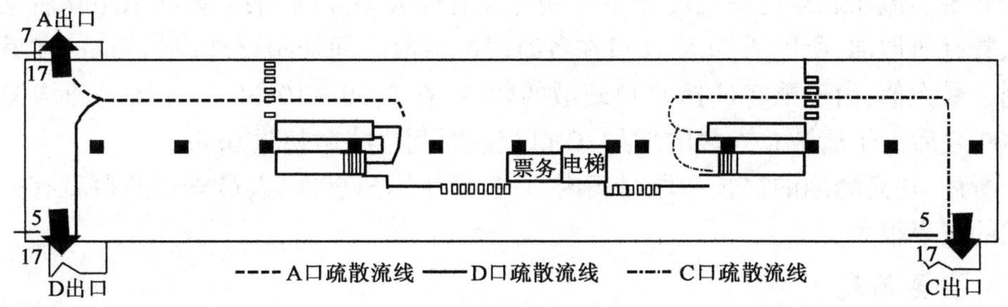

图6 地铁北宫门站应急疏散流线示意图

4.2 应急疏散评估方法

本文采用美国《NFPA130》有轨交通设计规范对于疏散时间的标准进行计算。

NFPA130标准的5.5.3.1规定:应该有充足的出口容量,在4min或更短的时间内,将站台上的人员疏散完毕。5.5.3.2 规定:车站的设计应允许从站台上的最远点到安全地点的疏散在 6min 或更短的时间内完成[4]。

总疏散时间的计算分为三段:步行的走行时间 T;各个流动区(如站台出口、检票口、站厅出口)的流动时间F_j;每个流动区的等待时间 W。

此标准计算总疏散时考虑了车站内各种因素对人员疏散的影响。不仅考虑了将乘客及工作人员全部撤离站台所需要的时间,还考虑了疏散到安全地点所需要的时间。

4.3 疏散时间的计算

北宫门站地下一层为站台层,地面层为站台层,层高 4.5m;站厅层设置有 10 个出站闸机和 13 个进站闸机,3 个出入口,其中 1 个出入口宽 6m,2 个出入口宽 4.8m。

在高峰时段,经过北宫门站的列车并不会达到定员载荷,行调编制运行图时会避免两列车同时到达车站,因此考虑只有 1 列列车停在站中的情况。4 号线车辆为 B 型车,每节定员 240 人,根据调查统计高峰期列车满载率约为 70%,列车 6 节编组,合计 1008 人。由于站内客流平均流动速度较慢,高峰期候车人数按进站客流量计,站台工作人数为 4 人,可得各出口疏散时间随时间变化,如图 7 所示。

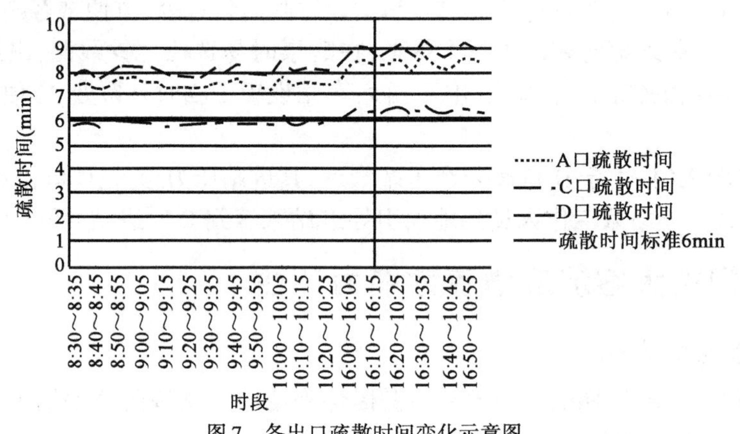

图 7 各出口疏散时间变化示意图

由于旅游客流在北宫门站的高峰平峰变化没有较大差异,而乘客多在 16:00 后返程,导致疏散总人数有所增加,所以 A 口及 D 口在各时段的疏散时间均超过规定的 6min,尤其是16:00 之后达到了最大值;由于乘客选择 C 口疏散的较少,在 8:30 ~ 10:30 的疏散时间均符合规定,同样 16:00 之后由于疏散总人数的增加,C 口疏散时间也略微超过 6min。

综上所述,在高峰期的很长一段时间内,一旦发生紧急事件,人员安全疏散就有一定困难,乘客被困的概率很大。

4.4 主要问题

(1)站台楼梯口的等待时间较长

改造站台自动扶梯和楼梯。车站紧急疏散主要瓶颈在于站台至站厅的疏散,站台处的自动扶梯的无用占用率高,净宽度为 1.2m 的扶梯,外围宽需 1.8m,使得乘客的有效疏散面积大打折扣。如能不改变扶梯输送能力,而减少外围宽度占用可大大提高站台疏散能力。

(2)闸机的等待时间较长

改造闸机或改变闸机设置位置。大客流的冲击增大了闸机的压力,而闸机的通过能力与闸机数量和乘客流速有关,打开闸机旁活动门或增加闸机数量均能大大提高疏散能力。

5 大客流疏散改善方案与建议

从4.3结果可知,不采取客流控制措施,人流自由疏散的平均最长时间为8.219s。下面本文从两个角度提出优化方案,第一种是客流组织优化,第二种是站内设施优化。并从优化程度和可实施难度两个角度对方案进行评估。

5.1 客流组织优化方案

(1)流向引导方案

选择A口和D口作为疏散路径的乘客需要共用一套楼梯进入站厅层,这就导致了楼梯拥挤不堪,闸机处等待时间增加。且D疏散路径最长,疏散时走行时间也最长。考虑这些因素,在流向引导方面本文设计增加C口疏散比例,意在观察疏散时间是否有所改善。

方案1~3:增加C口疏散比例。

方案4:设计一种特殊情况:将乘客全部从A口、D口疏散。疏散流线图如图8所示。D2疏散路径走行时间如表1所示。

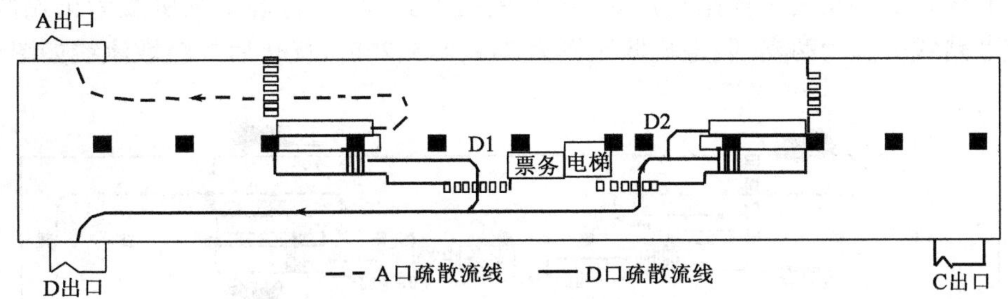

图8 方案4疏散流线及疏散比例示意图

流向引导方案疏散时间结果统计表 表1

序号	方案选择各出口疏散比例	T_{total}(min)			平均疏散时间(min)
		A口	C口	D口	
1	6.5:6:4.5	8.195	7.473	8.707	8.125
2	6:4:7	7.628	8.323	8.140	8.030
3	5.5:3.5:8	7.061	7.061	7.061	7.936

从结果可知,诱导一定比例乘客从C出口疏散从某种程度上有利于疏散时间减少,然而单独采用此种方法仍不能使疏散时间达到6min的标准。

(2)流量控制方案

乘客通过在地铁北宫门站乘车出行时,在站内逗留时间较长,快速乘车或快速出站的心理不太急切,一是因为对地铁站环境不熟悉,二是存在等人行为,这也就导致短时间内站台候车人数较多。因此,本文提出流量控制方案,意在观察在大客流条件下,若车站对出入口采取短时间限制乘客进入车站的措施,其对疏散时间的影响程度。结果如表2所示。

流量控制方案疏散时间结果统计表 表2

序号	方案	T_{total}(min)			平均疏散时间(min)
		A口	C口	D口	
1	限制进站客流量的30%	8.150	6.240	8.662	7.684
2	限制进站客流量的50%	7.741	5.984	8.253	7.326
3	限制进站客流量的70%	7.331	5.728	7.843	6.967
4	停止进站	6.701	5.334	7.213	6.416

对表2分析可知,限制乘客进站从源头上减少了总疏散人数,进而有效减少了总的疏散时间。

5.2 站内设施优化方案

站内的疏散设备设施的性能对人员疏散也非常关键,本文从三个角度提出闸机优化方案。人流自由疏散时的瓶颈位于从站台层至站厅层的楼梯,据此本文提出方案:改造自动扶梯和楼梯,较少外围宽度;发生重大事故时可打开闸机旁应急疏散专用栏杆,提高疏散效率。

(1)闸机优化方案

方案1,考虑到闸机处人流阻塞严重,本文提出方案:将所有进站闸机改为出站闸机。由于C口疏散路线分散为两支,假定疏散比例为7:5:2.5:2.5。优化后的疏散流线如图9所示。

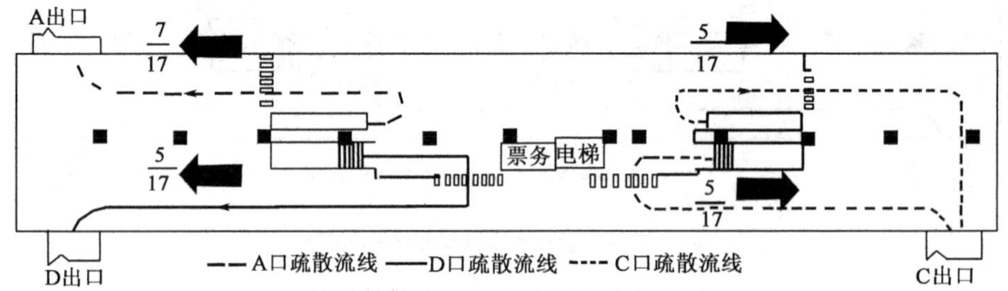

图9 方案1疏散流线及疏散比例示意图

方案2,打开闸机旁应急疏散专用通道。

闸机旁活动门位置如图10所示。

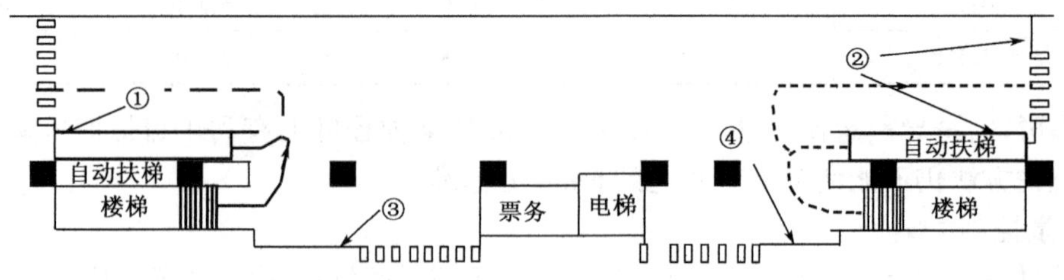

图10 闸机旁活动门位置示意图

最终计算结果如表3所示。

闸机优化方案疏散时间统计表　　表3

序号	方　案	T_{total}(min)				平均疏散时间(min)
		A口	C1口	C2口	D口	
1	将所有进站闸机改为出站闸机	7.259	4.578	4.480	7.591	5.977
2	打开①和②活动门	7.628	5.027		8.140	6.931

方案1实现了闸机处等待时间为负,即通过闸机不需等待,有效减少了疏散时间。虽然平均疏散时间已达到6min的标准,A口和D口的疏散由于站台至站厅层楼梯的堵塞,总的疏散时间仍超过标准。

(2)楼梯拓宽方案

在已有的基础上拓宽楼梯虽可有效减少站台层楼梯等待时间,但同时也增加了闸机等待时间,即单独采用此方案疏散时间并不能有所改善,因此本文对闸机优化和楼梯拓宽方案结合的方式进行计算。

欲想使每一条疏散路线的总疏散时间达到6min的标准,西侧楼梯的最大通行能力至少为276人/min,总宽度至少为4.408m,即拓宽1.208m。计算结果如表4所示。

楼梯拓宽方案疏散时间统计表　　表4

方　案	T_{total}(min)				平均疏散时间(min)
	A口	C1口	C2口	D口	
将所有进站闸机改为出站闸机;西侧楼梯拓宽1.208m	5.655	4.578	4.480	5.987	5.175

5.3　方案评价

在不增加出站闸机的前提下,需结合多种措施才能使疏散时间达到标准,这样一来方案的实施难度也随之增大,因此本文只提出方案1作为代表。方案2、3为在所有进站闸机改为出站闸机的基础上做出的调整。方案5、6是在将人流全部从A口、D口疏散的特殊情况下的情景。五种综合方案具体如下。

(1)限制进站客流量的50%;西侧楼梯拓宽1.208m;打开　和　活动门;增加C口疏散比例。

(2)将所有进站闸机改为出站闸机;增加C口疏散比例。

(3)将所有进站闸机改为出站闸机;西侧楼梯拓宽1.208m。

(4)将所有进站闸机改为出站闸机;全部从A口、D口疏散;短时间内停止进站。

(5)将所有进站闸机改为出站闸机;全部从A口、D口疏散;西侧楼梯拓宽1.208m。

本文采用可实施难度这一标准来评价以上方案,主要从公众接受度,投资大小,执行难度三个角度考虑方案实施的可行性。为了更直观的判断方案的可实施难度,本文将各个指标量化:执行难度(易~难)用数字1~3表示,公众接受度(大~小)用数字1~3表示,投资大小(小~大)用数字1~3表示,即最终得分越大,可实施难度越高,可行性越小。可实施难度评估因素如表5所示。

可实施难度评估因素 表5

类　型	执行难度	公众接受度	投资大小	可实施难度
流向引导方案	易	大	小	3
流量控制方案	易	小	小	4
闸机优化方案	易	大	小	3
楼梯拓宽方案	难	大	大	5

各综合方案疏散时间改善程度及可实施难度如图11所示。

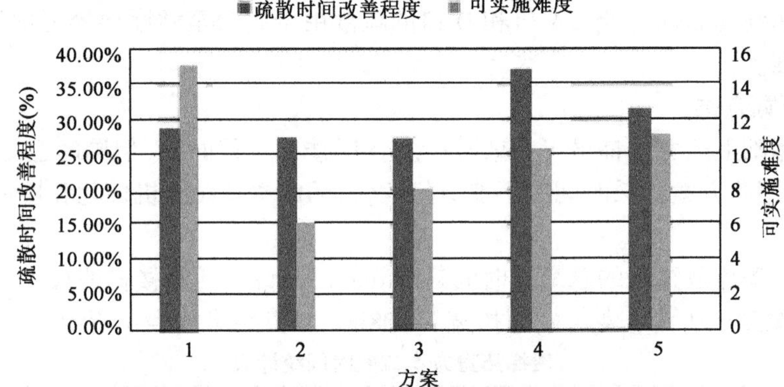

图11　各方案疏散时间改善程度及可实施难度示意图

从以上分析可知,方案2虽个别疏散时间略超过6min,但可实施难度最小,可行性最大,即为最优方案。而方案四疏散时间改善程度最明显,可配合与站外公交的联动措施,虽可实施难度较大,但在实际操作时也可酌情采用。

6　结论

本文首先介绍了大客流概念及分类,详细阐述了地铁站应急疏散的影响因素中疏散设施的部分,然后选取北京地铁北宫门站进行实例研究,根据其清明期间大客流的现状对其车站应急疏散能力进行评估。针对分析结果,从客流组织优化和站内设施优化两个角度提出改善方案。最后以可实施难度和疏散时间改善程度为标准对五个综合方案进行评估。

根据评估结果,本文得出相对最优方案,将所有进站闸机改为出站闸机,并增加C口疏散比例,可实施难度最小,且将疏散时间改善了27.28%。

参考文献

[1] 刘洁.地铁车站超大客流疏散研究[D].成都:西南交通大学,2013.

[2] 朱海燕.城市轨道交通客运组织[M].北京:中国铁道出版社,2009.12.

[3] 李平,刘剑,卢文龙.城市轨道交通车站大客流应急疏散研究[J].铁路计算机应用,2012,21(5):17-19.

[4] 刘文婷.城市轨道交通车站乘客紧急疏散能力研究[D].上海:同济大学,2008.

城市公交车站设施存在问题及改善措施
——以万寿路口西站为例

许得杰 *1,梁　肖1,廖略伶1,杨　静2

1. 北京交通大学　城市交通复杂系统理论与技术教育部重点实验室,北京 100044;

2. 北京建筑大学　土木与交通工程学院,北京 100044

摘　要　城市公交车站设施是城市公共交通设施中的重要组成部分,已成为衡量一座城市现代化文明程度的标杆。本文以北京市万寿路口西公交车站为例,通过分析公交站台候车服务水平、站牌设计和公交线路设置,剖析了公交站设施存在的问题,以交通工程实践理念为基础,提出了相应的改善措施。结果表明改善措施可以有效提高公交站设施服务水平,具有较强的可实施性。

关键词　城市交通;公交车站;设施改善;服务水平

The Existing Problems Analysis and Improvement Measures Research of Public Transportation Stations: Taking Wanshoulu West Station As an Example

Xu Dejie *1, Liang Xiao[1], Liao Lueling[1], Yang Jing[2]

1. *MOE Key Laboratory for Urban Transportation Complex Systems Theory and Technology, Beijing Jiaotong University, Beijing* 100044, *China*;

2. *School of Civil and Transportation Engineering, Beijing University of Civil Engineering and Architecture, Beijing* 100044, *China*

Abstract　Public transport facilities of bus station are important part of the public transport infrastructures for a city, and they have become an evaluation criterion of modernization. Through investigating the service level of waiting platform, design of station board, and setting of the bus routes, we analysis the existing problems of public transportation stations and propose several improvement measures according to the traffic engineering. The results show that the improvement measures are very effective to improve the service level and quite operable in traffic engineering practice.

Key words　urban transportation; bus station; facility improvement; service level

---

基金项目:国家重点基础研究项目(2012 CB725406);国家自然科学基金项目(71131001)

作者简介:许得杰(1986—),男,甘肃武威人,博士生,研究方向为综合交通、城市轨道交通。

* 通信作者:xudejie126@126.com

0 引言

随着社会文明程度的不断进步,人们对城市空间环境越来越重视,其中城市公共设施的设计与建设更是人们关注的焦点。城市公交车站设施是城市公共交通设施中的重要组成部分,同时也是一座城市形象的重要体现。公交车站是公共汽车的停靠点,为乘客提供公共交通线路信息及候车休息区[1]。一般的公交站台主要组成部分有:挡雨棚、临时座椅、防护栏、广告展示牌等。大城市中心区由于交通需求强度高,道路资源有限,交通拥堵非常严重。解决交通拥堵问题,只能依靠发达的城市公共交通系统、完善的步行系统以及便捷舒适的换乘系统。因此,研究城市公交车站设施设计,建立一个安全、便捷、舒适、人性化的城市公交车站是一项具有现实意义的工作。

本文通过对北京市公交车站实地调研分析,从公交站台乘客候车服务水平、车站站牌设计和公交线路设置等角度出发,剖析了公交车站设施设计方面存在的问题,并提出了相应的改善措施,以期为公交车站设施的设计和服务水平改善提供思路和借鉴。

1 现状及问题分析

1.1 公交站现状

北京万寿路口西公交站位于复兴路,距离复兴路与万寿路交叉口 100m,复兴路是双向九车道,承担着较大的机动车流和非机动车及行人流,且通过的公交车线路较多。公交站附近有工商银行、写字楼和地铁万寿路站等客流吸引点和大量居民小区。通过调研发现,万寿路口西站(东向西方向)停靠十条公交线路(76、337、373、436、624、64、89、370、运通 120、夜班车 212),站台长 24m,宽 2m;对向车站(西向东方向)停靠九条线路(76、337、373、436、624、64、89、370、夜班车 212),所有公交线路在万寿路复兴路交叉口都是沿复兴路直行,没有右转线路。具体如图 1 所示。

1.2 问题分析

北京市公交车站较好地融入了现代化元素,体现了城市的时代性,树立了城市的良好形象。但也存在一些问题,以下对两个方向车站进行详述。

1.2.1 东向西方向

(1)乘客候车服务水平较低

万寿路口西站站台实际面积 $48m^2$,而该站台有效面积还需要除去站牌、车站雨棚立柱以及绿化带花台延伸所占用的面积,经现场调研测量计算得到站台有效面积为 $37m^2$。公交站背靠绿化带,绿化带宽达到 12.5m,而公交站站台宽仅 2m,候车人群非常拥挤,乘客甚至站到花台上等候,导致花台栏杆被损坏,如图 2a)所示。早高峰站台及公交乘降人数统计如表 1 所示。

公交万寿路口西站早高峰站台及乘降人数统计(单位:人)　　表 1

时　段	乘　降　量		站　台　人　数	
	上车	下车	最大	最小
08:00 ~ 08:05	20	6	50	30
08:05 ~ 08:10	23	5	42	24

续上表

时　　段	乘 降 量		站 台 人 数	
	上车	下车	最大	最小
08:10～08:15	18	1	55	29
08:15～08:20	25	4	29	12
平均/5min	22	4	44	24

注:调研时间为2014年4月22日(星期二),08:00～08:20。

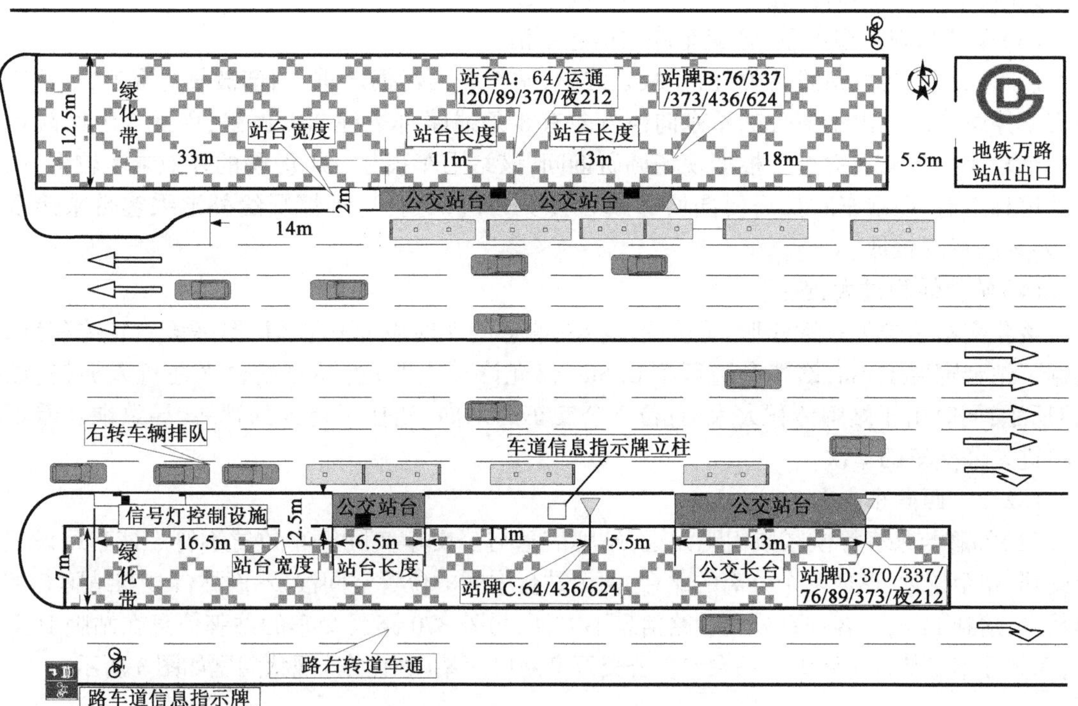

图1　万寿路口西公交车站现状示意图

a)站台拥挤

b)站牌占据空间过大、遮挡视线

图2　公交万寿路口西站(东向西)现状问题

注:照片拍摄于2014年2月22日(星期二),08:26。

由表1可知，早高峰乘客乘降量较大，平均每5min上车22人，下车仅4人；高峰时段5min内站台平均最大人数44人，人均站台面积0.84 m^2/人，根据《公共汽电车场站功能设计要求》(DB11/T 715—2010)[2]，该站台服务水平为C级；5min最大聚集人数达55人，人均站台面积0.67m^2/人，服务水平为D级。

(2)高峰期公交车溢出现象严重

由于该站是公交密集站，早晚高峰公交车到达量很高，导致大部分公交车只能在后方停靠等待，使得公交排队溢出现象严重。排队严重时5辆以上公交车同时进站，晚高峰东向西车流量较大时，对万寿路和复兴路交叉口的影响较大。

(3)车站站牌污损严重，公交车停站信息不清

该车站站牌为灯箱式站牌，由于缺乏维护，站牌表面污损严重，内部被灰尘覆盖，无法获取公交车停站信息。由于该公交站东向西方向有8条线路都去往301医院，因此301医院也成为一个较大的客流吸引点。根据现场调研询问，该站乘车去往301医院的外地乘客较多，由于车站信息不清，在乘车时都需要向协管或者公交司机询问，这种情况给外地乘客带来诸多不便，乘客满意度较低。

(4)站牌体积过大，遮挡视线

该公交站站牌为三棱柱形，为公交车行驶信息的实时发布作预留，但是该站牌体积巨大，占据了站台宽度1.4m，站牌旁边留下0.6m，仅允许单人通过，导致站台来往行人拥挤，如图2b)所示；同时由于站牌体积太大，且位于公交车的来向，挡住了行人的视线，导致乘客看不到即将进站公交车的车次。

1.2.2 西向东方向

(1)站牌与乘客等候区域相距太远，站牌信息与公交车实际停车位置不符。该车站设置两个站牌，相距较远，形成两个分离的站台，两个站台中间的位置空间浪费，而站台C与站牌C的距离较远，达到11m，乘客查看公交线路信息不方便；另外370路公交车的站牌信息在站牌D上显示，而其停车线却位于西侧的站台C。公交万寿路口西站(西向东)现状问题如图3所示。

a)栏杆隔离处空间浪费

b)站牌与站台距离太远

图3 公交万寿路口西站(西向东)现状问题

注：照片拍摄于2014年2月22日(星期二)，08:26。

(2)站台实际供公交车停靠的长度较短。西侧站台接客落客区域长6m，只能同时容纳一

辆公交车(非铰接车)接客落客,一辆铰接车停靠甚至会溢出,乘客在非站台区域下车;多辆公交车同时进站时排队严重,影响到西侧军事管理区门口的交叉口车流。

2 改善措施

2.1 东向西方向

(1)针对万寿路口西站(东向西)站台拥挤问题现状,提出以下两个改善方案。

方案一,将站台正对部分绿地宽度缩减2m,在绿地中形成一个港湾,扩展站台有效使用面积,如图4a)所示。此方案需要缩减的绿地纵向长度稍长于站台实际长度,约25m,总体缩减绿地面积$50m^2$,该部分绿地不涉及树木和灌木的挪移,只有草坪。改善之后站台总体面积达$96m^2$,有效面积$85m^2$,服务水平达到A级。

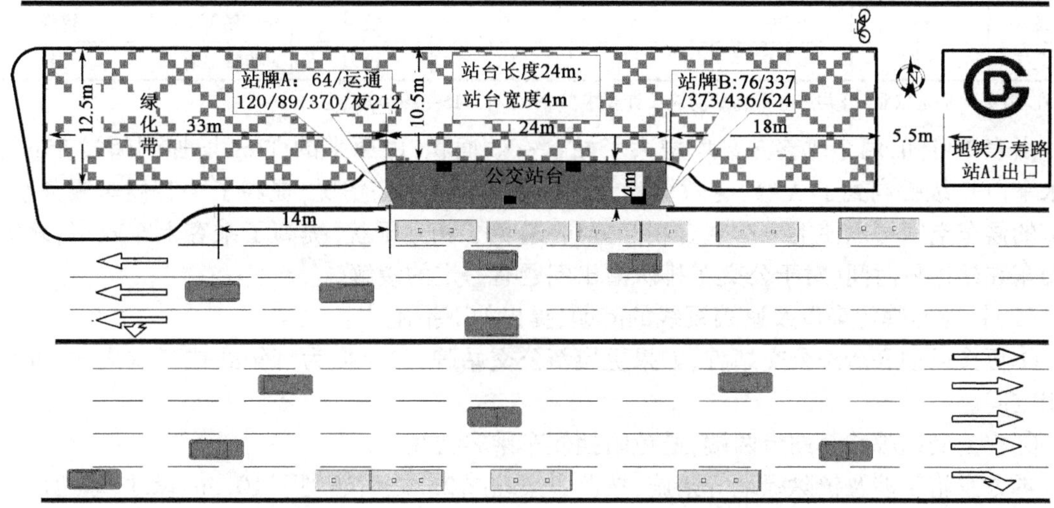

a)改善方案一

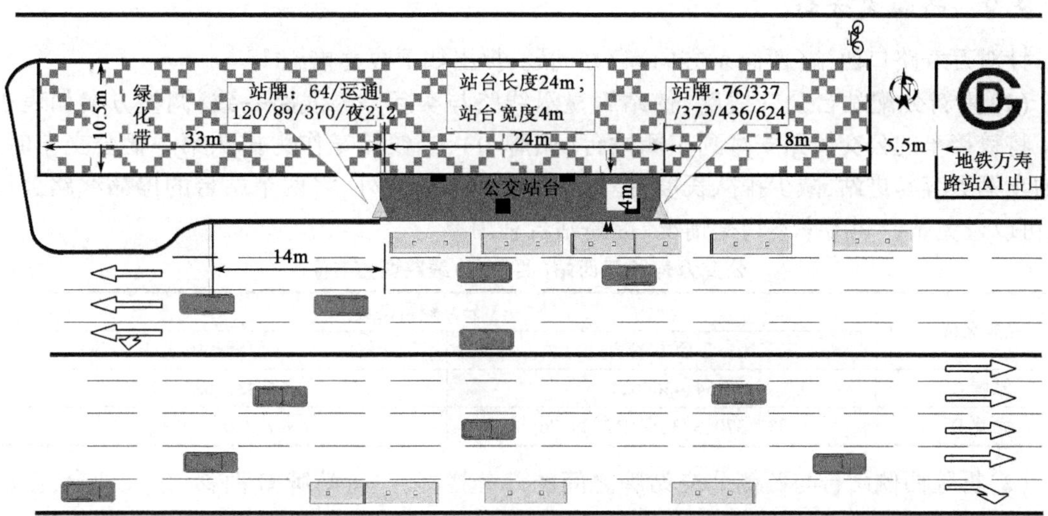

b)改善方案二

图4 公交万寿路口西站改善方案

方案二,将绿地整体宽度缩减 2m,扩展公交站台面积,同时也扩展人行步道宽度,如图 4b)所示。从现场调研情况来看,地铁万寿路站 A1 出口至公交站的人行步道宽度与现有公交站同宽,约为 2m。为保证过往行人安全,该部分的人行步道设有栏杆与机动车道隔离。早高峰期间过往人流量较大时,该部分人行道稍显拥挤,所以采用此方案,不仅仅使公交站的候车服务水平得以提升,同时通过扩展人行步道的宽度提升了过往行人的舒适度。此方案将绿地整体宽度缩减 2m,涉及绿地长度约 75m,同样也不涉及树木和灌木的挪移。改善之后,站台总体面积 96m^2,有效面积 85m^2,服务水平达到 A 级,如表 2 所示。

公交万寿路口西站改善方案对比　　表 2

名称	改善后有效站台面积(m^2)	人均理论站台面积(m^2)	理论服务水平	缩减绿地(m^2)	工程量	改善效果	可实施性
现状	37	0.84	C 级	—	—	—	—
方案一	85	1.93	A 级	50	较小	显著	较强
方案二	>85	>1.93	A 级	96	稍大	非常显著	强

注:服务水平是依照《公共汽电车场站功能设计要求》(DB11/T 715—2010)设定。

由表 2 可知,两个改善方案均增大了站台有效面积,由原来的 37m^2 增加到超过 85m^2,服务水平由 C 级提高到了 A 级,有效缓解了乘客在站台的拥挤情况,提高了乘客候车服务水平。更多的候车空间可以使上下车乘客相互分离,避免了相互干扰,提高了乘客上车效率,缩短了公交车在站停靠时间,对于公交车排队溢出问题有一定的缓解。

(2)针对站牌污染以及遮挡视线的问题,提出如下措施[3]:

①更换或彻底清洗公交站牌,如果更换新公交站牌,建议换为灯箱式或者铁皮式,可减少占用空间。

②将公交站牌移至站台两端,避免阻挡候车乘客视线。

本方案施工涉及铲除绿地等措施,按照方案缩减 2m 之后还剩下 10.5m 绿地,绿地面积较大,并不影响市容市貌,且改善措施对于提高公交站服务水平效果明显,故可行性较高。

2.2　西向东方向

针对万寿路口西站(西向东方向)存在问题,提出如下改善措施[4,5]:

(1)重新分配站台公交线路,使站牌显示线路与实际停靠线路一致,调整方案如表 3 所示。将铰接车的公交线路安排到东侧站台(站牌 D),当铰接车作为排队第一辆公交车时,后面的车辆更容易进站,减少排队长度,提高上下客效率。此外,将两个站台的停靠线路数目均分,可以避免站台利用率不均衡情况,提高站台利用率。

公交万寿路口西站(西向东)线路调整方案　　表 3

站牌名称	公交线路设置	
	原方案	调整方案
站牌 C	64、436、624	64、436、624、89、76
站牌 D	337、370、373、夜 212、89、76	337、370、373、夜 212

(2)拆除西侧站台与西侧公交站牌之间的部分栏杆,并将站牌 C 西移,延长站台,由原来的 6.5m 扩展至 12m,如图 5 所示。复兴路车道信息指示牌立柱附近 6m 的栏杆仍旧保留,以保证该区域过往行人不会走上机动车道,避免事故发生,消除安全隐患。

(3)在公交站西侧信号灯之前设置显著标志,指示辅路车道信息,若遇到公交车排队占用右转车道的情况,后续小汽车可以选择辅路行驶,如图5所示。

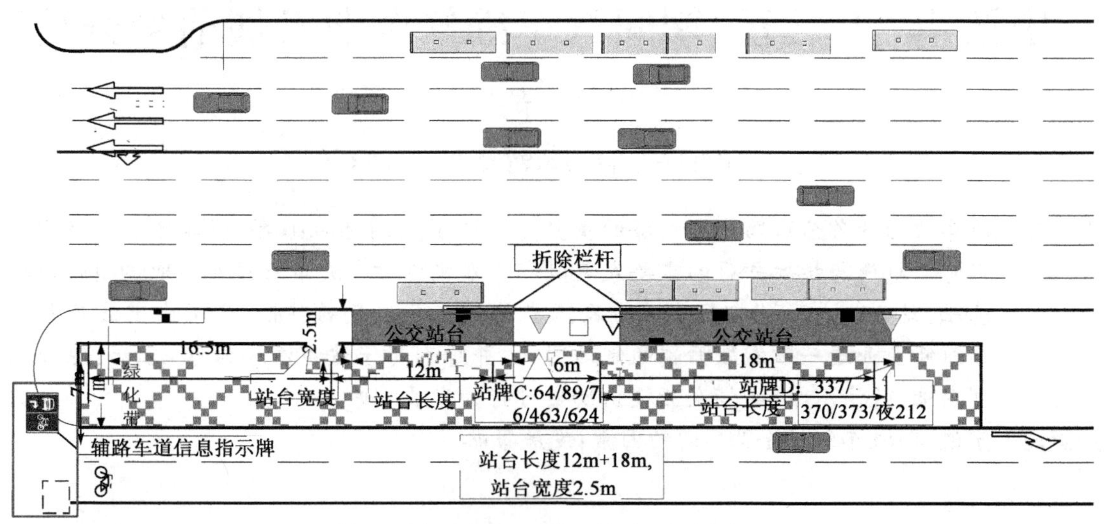

图5 公交万寿路口西站(西向东)改进方案

该方案改进措施主要包括拆除隔离护栏,移动1个公交站牌并重新分配公交线路,移动1个道路指示牌,不涉及绿化园林部门,可行性较高。

通过实施以上改善措施,万寿路口西公交站的问题可以得到有效改善。公交站牌更新之后,公交车停站信息更加清晰;站台拓宽或延长可以使乘客候车服务水平提高,同时增加了公交站台泊位停靠能力,降低了公交车溢出站台而排队的可能性;西向东方向辅路信息指示牌移动,使小汽车可以根据信息提示选择辅路行驶,提高了道路通行能力。

3 结论

公交站台作为城市公共设施的重要组成部分,其基本功能是满足安全、便捷、舒适等出行需求。因此,公交站设计和服务设施设置的目的首先要体现以人为本的理念。本文针对公交站普遍存在的站牌位置设置不合理、乘客候车拥挤、公交线路停靠方案等问题,提出了相对有效、可实施性强的改善措施,改善了公交服务水平,提高了乘客舒适度。这些措施对公交站设施改善和设计具有一定的参考意义。

参考文献

[1] 卞仪伟. 现代公交车站台人性化设计[D]. 南昌:南昌大学, 2014.

[2] 中华人民共和国地方标准. DB11/T 715—2010 公共汽电车场站功能设计要求[S]. 北京市质量技术监督局, 2010.

[3] 张芳燕, 梁浩, 王朝霞. 城市公交车站设施设计研究[J]. 艺术教育, 2009(12): 134-135.

[4] 钟蕾. 天津市新型公交车站设施系统设计尝试[J]. 装饰, 2006, 09: 129-129.

[5] 马莹莹, 杨晓光, 马万经. 快速公交站台形式及位置最佳布置方法[J]. 城市交通, 2006,4(4): 50-54.

宁波市“十三五”期间汽车维修企业发展前景分析

贾　赛*

长安大学　经济与管理学院，西安 710064

摘　要　汽车维修业作为道路运输经济的重要支撑产业，未来5～10年，汽车维修业将迎来新形势下机遇与挑战并存的重要发展时期。本文以对宁波市维修业实地调研的情况为基础，结合“十三五”期间宁波市及汽车维修行业发展的特性，分析出宁波市各类汽车维修企业进一步发展面临的制约因素，并分别对宁波市汽车维修4S店，综合性修理企业，快修、专修连锁企业提出切实可行的发展策略。

关键词　宁波市；汽车维修企业；制约因素；发展策略

The Analysis of Development Prospects of Automobile Maintenance Enterprises of Ningbo During the 13th Five-Year Plan Period

Jia Sai*

School of Economics and Management, Chang' an University, Xi'an 710064, *China*

Abstract　Automobile maintenance industry as an important support industry of road transportation economic , the next 5 ~ 10 years, automobile maintenance industry will usher in an important period of development opportunities and challenges in the new situations. In this paper, based on the situation of Ningbo maintenance on-site research, combined with the characteristics of developments of Ningbo city and Automobile maintenance industry during the 13th Five-Year Plan, analyzed the restricting factors of the development of various types of automobile maintenance enterprises in Ningbo, then put forward the feasible development strategies of automobile 4S shops, comprehensive repair enterprises , fast-repair enterprises and specialized chain enterprises.

Key words　Ningbo city; automobile maintenance enterprises; control factors; development strategy

0　引言

“十三五”时期是国际环境发生深刻变化，国内经济增长进入新常态的大变革、大调整时

作者简介：贾赛（1990—），女，硕士生，主要研究方向为交通运输规划与管理。

*通信作者：610548244@ qq. com

期。中国经济正处于“三期叠加”的特殊阶段,即将面临近年来少有的错综复杂的局面。宁波市作为国家“一路一带”、长江经济带的重要节点城市,肩负着打造宁波港口示范区的重大任务,“十三五”时期将是宁波市总体奋斗目标迈上新阶段的五年。

近年来,宁波市汽车维修行业的产值在整个汽车产业链中所占的比重持续增长,汽车维修企业作为汽车后市场中的主力军,“十三五”时期政策、经济发展的特征必将对宁波市汽车维修企业的转型升级产生深刻的影响。2014 年 9 月,交通运输部等十部委联合发布的《关于促进汽车维修业转型升级提升服务质量的指导意见》,从战略高度上明确了汽车维修业的地位和作用,对于宁波市维修企业在新阶段的发展方向具有指导性作用。本文主要以宁波市维修行业的实地调查研究情况为基础,浅析宁波市主要存在的三种汽车维修企业(汽车维修 4S 店,综合性修理企业,快修、专修连锁企业)“十三五”期间发展的对策。

1 宁波市汽车维修企业发展现状

根据《宁波市汽车维修行业发展现状分析调研报告》显示,截至 2014 年 11 月底,宁波市共有一类汽车维修企业 192 家,二类汽车维修企业 570 家,三类汽车维修经营业户 3686 家。按照经营模式分类,宁波市目前有各类汽车维修 4S 店 139 家,占总数 3%,3S 店 24 家,综合性维修企业 615 家,专项维修企业 2962 家。2014 年实现检测 20380 次,维修从业人员达 1.6 万人,持证量 25343 本。宁波市机动车维修企业概况如表 1 所示。

2014 年底宁波市机动车维修企业分布概况 表 1

类型 / 辖区	一类企业	二类企业	三类专户	合计	占比(%)
市区	60	115	404	579	13.68
镇海	11	31	184	226	5.34
北仑	15	38	344	397	9.38
鄞洲	24	110	743	877	20.71
慈溪	28	93	873	994	23.48
余姚	21	75	244	340	8.03
奉化	5	24	289	318	7.51
宁海	10	39	203	252	5.95
象山	14	18	198	230	5.43
大榭	0	1	20	21	0.50
合计	188	544	3502	4234	100.00

伴随宁波市汽车保有量的持续增加,维修企业的结构也相应地产生变化,从近些年的《宁波市机动车维修行业白皮书》中可以看出,以各种品牌 4S 店为代表的一类维修企业所占比重日趋增加。同时,以简便、快速、专业为特点的二、三类快修企业及专项维修经营业户增加速度较快。

2 “十三五”期间制约宁波市各类维修企业发展的因素

2.1 各类品牌汽车4S维修店

品牌汽车4S店是集整车销售、零配件经销、售后服务、信息反馈为一体的国内汽车服务行业主流模式。宁波市汽车4S店的品牌既涵盖奔驰、宝马、奥迪等国外品牌，也有一汽大众、东风日产、广汽丰田等合资品牌，本土品牌例如比亚迪、长城等近年来也逐渐占据市场。随着国家政策及经济形势的变化，“十三五”期间宁波品牌4S店维修企业主要面临以下挑战。

(1)技术、配件垄断被破除

由交通运输部、发改委等十部委牵头的《关于促进汽车维修业转型升级、提升服务质量的指导意见》保障措施中提到要“建立实施汽车维修技术信息公开制度”以及“破除维修维修配件渠道垄断”，这两项新规定从源头上破除了4S店长久以来的技术及配件垄断优势。“原厂配件”不再只供品牌4S店，而是面向所有维修保养企业。消费者可以自主选择维修地点、维修零部件，并且能够追溯维修历史，价格透明，4S店将面临来自非厂家授权维修企业带来的前所未有的竞争压力。

(2)盈利模式亟须升级

从实地调研的情况来看，宁波市目前4S店面盈利状况并不尽如人意，绝大多数品牌4S店整车销售方面的利润来源于完成一定数额的汽车销售量后品牌厂商给予奖励补贴，只有少部分日系品牌销量与奖励补贴未挂钩。在销售处于淡季的情况下，4S店的利润主要来源于车辆的售后维修保养，车辆销售的利润是无法与其相提并论的。在“卖车不如修车”的困境之下，“大而全”的各品牌4S店现有盈利状况遭到众多质疑，盈利模式亟须调整和升级。

(3)媒体舆论危机频发

央视等众多媒体报道4S店经营乱象之后，消费者对于4S店的维修质量缺乏信心。个别4S店出现的故意将车辆小病大修、以换代修、只换不修的不合理现象被媒体曝光后，造成消费者对于所有汽车4S店的信任危机。这种现象在宁波市消费者中也是存在的，鉴于4S店本身对于维护费用定价高于其他维修企业，维修质量上又被曝光种种问题后，许多消费者不再将4S店作为自己维修车辆的可靠选择[1]。

2.2 综合性维修企业

综合性汽车维修厂是指那些没有经过厂家授权，不论品牌，业务范围涵盖汽车大修、小修，换油保养等方面，一般属于一、二类汽车维修的企业。综合修理厂采用的一般是较为传统的经营模式，近些年随着4S店及快修连锁企业的崛起，宁波市综合性汽车修理厂的发展处于衰退期。

由于宁波市综合性维修企业高素质管理人员欠缺，综合性维修企业形象管理意识较差。普遍存在店面不整洁，废水、废油、废纸随处可见，人员没有统一服装，服务流程不明确等不良现象，给顾客的消费体验不及4S店及品牌快修店，导致客户保持力较差。并且在宁波市现存的约615家综合性维系企业中缺乏行业标杆作用的龙头企业。综合性维修企业没有充分利用互联网的宝贵资源，配件追溯系统等许多系统没有产生实际效用。同时，基于综合维修企业本身的业务要求，需要大量专业的汽车检测维修设备，造成综合性维修企业固定成本普遍偏高，收费高于快修店。

2.3 连锁经营快修企业

连锁经营快修、专修企业是宁波市近年来发展势头较好的汽车维修企业类型。《宁波市2015年全市道路运输工作会议报告》显示宁波市将推广“浙江快修”、“浙江惠农快修”等三类品牌企业模式，扶持“车骑士”、“小拇指”、“车拍档”等本地快修品牌发展。在“十三五”期间制约宁波市连锁化快修企业面临的制约因素主要有：

(1)维修市场无序竞争加剧

维修行业进入门槛较低，三类维修企业中有许多超范围经营甚至无证经营的“夫妻店”、“路边摊”严重扰乱了维修市场秩序。单从各种快修企业内部而言，发展的情况也是良莠不齐。这一现象导致维修市场无序竞争加剧，严重挤压正规维修企业的生存空间，造成快修企业“劣币驱逐良币”的现象日益明显。

(2)汽车维修高素质人才难觅

连锁品牌的优质形象需要高素质服务意识强的维修企业员工来树立，而目前宁波市维修人员流动性大，技能素质水平仍需进一步提高。快修企业从职业技术学校招聘员工后，仍需要长时间的上岗培训和统一管理。目前，宁波市快修企业普遍采用“店长负责制”管理店面员工，店长负责店面人员所有事宜，包括提高维修人员服务意识和做思想工作。这种模式专业化程度低且对于店长的个人能力要求非常高，精力不足时容易导致事故发生。

(3)品牌效用发挥不足

宁波市现有的快修企业都处于发展扩张的阶段，店面数量及选取地点仍不能完全达到给消费者提供便捷、快速的维修保养服务这一目标。国内主要连锁企业没有在宁波大面积的布点，目前店面数量较多的小拇指快修连锁约有10家店面，福仕嘉快修连锁有6家营业2家在建，品牌发展仍没有形成一定规模。相较国内快修企业发展较好的城市北京、上海、广州、南京等已经形成近十个在全国拥有上百成千家连锁店的汽车连锁快修品牌，宁波快修企业的规模化发展还有很长的要走[2]。

3 十三五”期间宁波市各类维修企业发展的对策

3.1 各类品牌汽车4S维修店

在4S店配件、技术垄断被打破，盈利水平持续走低的业态下，许多业内人士纷纷提出4S店经营模式面临转型，未来的发展或许成为品牌特约快修连锁。但作者在调研中发现，4S店仍保有很大一部分的消费群体，缺乏的是对市场的细分和对自身优势的进一步发挥。所以4S店亟须的不是转型，而是升级和调整。

首先，4S店的优势在于店面装潢体面、服务周到、维修质量有保证，一些收入水平较高、注重服务品质的消费者在选择对爱车进行维修保养时仍会第一选择品牌4S店。因此，4S店应当进一步着力于服务水平的提高和管理效率的加强，保证客户在4S店的消费体验明显优于其他类型维修企业，在服务水准上拉开档次，提高目标消费人群的忠诚度。做好服务是4S店的当务之急，也是“十三五”期间4S店升级后新的盈利点。

其次，在努力提高4S店服务的过程中，应牢牢把握住新时期“互联网+”和大数据时代的热潮,积极探索4S维修企业的“O2O”(Online to Offline)模式,即线上拿单,线下服务[3]。技术上可以做得到上门服务的维修保养项目,全部提供上门服务,实行网络和电话双渠道预约,适时成立外出服务小组。并且积极构建一套完善的监督回访评价考核管理制度,通过现场视频、线上评价和流程评分进行有效的服务管控。

最后,汽车维修4S企业应积极创新发展思路,开拓汽车4S业务范围。例如钣喷业务在汽车维修范围内盈利较高,但是钣喷车间固定投资较大,汽车维修4S企业可以与独立钣喷中心建立优势互补的“4S店+钣喷中心”模式,实现双赢。类似的汽车改装业务和二手车买卖在我国前景也十分广阔,汽车维修4S企业如何在安全、可行的前提下开展汽车改装业务及二手车买卖业务,应当成为“十三五”时期汽车维修4S店经营者密切关注的问题。

3.2 综合性维修企业

选择综合性维修企业的消费者大部分比较看重维修企业的性价比和门店地理位置便利与否。“十三五”时期在交通运输部推广“同质配件”的大背景下,对于宁波市的综合性维修企业而言是一个千载难逢的机遇。作者认为综合性维修企业成本过高,服务水平低的难题是由综合性维修企业本身的发展模式确定的,“十三五”期间宁波市综合性维修企业必须转变发展方式。

(1)提高综合性汽车维修企业形象,通过设置显眼的外部形象,舒适的客户休息室、员工统一着装,信息化管理等建立全程服务、标准服务、温馨服务的高质量维修服务。

(2)经营模式上需要转型,综合性维修企业在保留现有综合修理车间的前提下开拓快修市场,综合修理车间集中处理车辆大修,钣喷等需要大量固定资本的业务,其余快修店面可以处理小的汽车故障,创立一种综合汽车维修企业集约化、连锁化、品牌化的新型发展模式。

(3)打造明星维修师,全力培养维修人员过硬的维修技术,向顾客充分展示店面“维修之星”精湛的维修技术和优质的服务水准。用享有盛誉的维修人员提高店面的客户忠诚度,让消费者感受到专家级的维修服务[4]。

3.3 连锁经营快修企业

“十三五”时期是宁波市汽车快修企业飞速发展的黄金期,政策、经济、社会发展形式皆有利于快修企业的进一步发展。宁波市快修企业的发展应把握住宁波市“互联网+”计划的机遇和长江三角洲城市群的连带作用,不断扩展门店数量,打造宁波市乃至整个中国的知名快修连锁品牌。在人员培训上改革原有“店长负责制”,建立“校企合作”的人才培养模式,实现职业技术学校与企业的“无缝对接”的教学模式,保证拿到“双证”到企业上岗的维修人员拥有较高的维修技术和服务意识。要想使宁波市快修企业的发展迈上新的一个台阶,必须重视构建和优化快修企业信息平台,例如可以使各个店面实行资讯共享的信息系统,零配件供应链的查询平台等。宁波市快修企业要利用好差别化战略,将快修企业兼具4S店的规范,但更灵活、便利的特点充分发挥出来[5]。

4 结论

“十三五”期间是机动车维修业促转型、谋发展的关键时期,宁波市运管局也提出“以全面规范和持续优化维修行业经营为主线,以‘诚信维修,透明消费’主题系列活动为抓手,紧紧围绕服务企业,服务民生的行业管理重心,深入开展维修行业诚信维修、绿色维修和品牌维修三项建设,进一步推进行业转型升级和可持续发展”。对宁波市各经营类型的汽车维修企业而言,在不断出现的新业态、新政策的推动下,汽车维修企业经营者应当积极开拓眼界,打破原有经营模式的桎梏,充分运用“互联网+”和大数据时代所带来的科技变革主动转变经营模式以寻求新的盈利点。宁波市作为我国东部沿海发达城市,其汽车维修业发展趋势对于我国一、二线城市维修业企业的发展有很大的借鉴意义,我国各类汽车维修企业只有审时度势,充分满足不同层次消费者的差异化需求,提升服务水平才是汽车维修企业获得蓬勃发展的根本动力。

参考文献

[1] 马芳.汽车4S店内控管理存在的问题及对策[J].企业改革与管理,2015,06:39-40.

[2] 郑学春,吴东风.国内外机动车维修连锁经营特点比较[J].交通企业管理,2014,11:36-37.

[3] 李卓.汽车维修“大蛋糕”怎么分[J].运输经理世界,2015,05:77-78.

[4] 曹登华.浅谈综合性维修企业形象的改善[J].交通企业管理,2014,05:38-39.

[5] 田兴政.汽车养护快修连锁经营模式发展探讨[J].汽车工业研究,2015,08:47-50.

公共自行车系统出行意向研究

黄　婵,邹志云*

华中科技大学　土木工程与力学学院,武汉 430074

摘　要　城市公共自行车因其零排放,可达性好而一直被认为是大中城市发展公共交通体系不可缺少的一部分。本文尝试以理性行为理论基础,发展量测城市居民使用公共自行车出行意向的指标,并以结构方程模型架构分析模型。以武汉市居民为研究对象,搜集问卷进行模型验证与分析。本文发现个人使用公共自行车出行意向,不仅受出行环境满意度、对安全风险的感知程度所影响,个人对自我的形象认知也是一大影响因素。并提出如要刺激居民对公共自行车的需求,需提升出行环境品质,并培养居民正向的使用公共自行车出行的态度,方能增加公共自行车出行意愿,进而推动公共交通系统的发展。

关键词　城市交通;出行意向;结构方程模型;公共自行车; 理性行为理论

Intention Analysis Towards Public Bicycle System

Huang Chan, Zou Zhiyun*

School of Civil Engineering & Mechanics, Huazhong University of Science & Technology, Wuhan 430074, *China*

Abstract　Public bicycle is praised for its zero emissions and accessibility among urban traffic system. Based on the theory of reasoned action, this study was aimed to discuss the people's travel intention of using public bicycle and its influencing factors through a structural equation model with a set of questionnaires surveyed in Wuhan. The study results indicate that both improving the quality and security of the outdoor environment and promoting people's opposite attitudes toward public bicycle in public are useful methods to inspire individuals' willingness of using public bicycle.

Key words　Urban traffic; Travel intention; Structural equation model; Public bicycle; Theory of reasoned action

0　引言

近年来,随着城市化的进程加快,机动车保有量不断增加,引发了诸如交通拥堵,交通事故,空气污染等一系列环境问题和社会问题,公共交通的重要性日益显著。作为城市公共交通的重要组成部分,公共自行车具有低碳环保、短距离可达性好等优点,因此创建公共自行车系统,吸引小汽车出行转向公共交通,成为缓解城市交通问题的一个重要措施[1]。

作者简介:黄婵(1990—),女,湖北人,硕士生,主要研究方向为道路交通系统规划与设计。

*通信作者:hustzou@163.com

自从2005年法国Lyon推出的第一代现代公共自行车系统(PBS),实施公共自行车计划的城市数量迅速增长[2]。法国交通运输部的调查表明,影响自行车用户行为特征的因素包括性别,年龄和社会背景,出行强度和旅行的动机等。不同年龄、性别、职业、教育程度和收入的用户对于自行车的使用情形也不一样[3]。除了出行者内在属性之外,环境等众多外在因素也是影响公共自行车系统实效性的重要因素[4]。本文以武汉市公共自行车系统为例,以结构方程模型研究影响城市居民使用公共自行车出行意向的因素,为提高公共自行车使用意愿及国内公共自行车系统的建设提供意见。

1 理论基础与模型架构

理性行为理论(Theory of Reasoned Action, TRA)是以期望值来解释个人行为决策过程的社会心理学理论,主要目的是为了了解与预测个人行为[5]。TRA认为个人采取某种特定行为,最直接的决定因素就是其行为意向,而其他可能影响此行为的因素,均经由行为意向间接影响行为表现。所谓行为意向是指从事某特定事物的意愿,主要由态度和主观规范两构念所组成。TRA的假设是行为的发生是基于个人的意志力控制,本文主要针对居民使用公共自行车出行的意向进行探讨,由于这种出行行为可完全由个人的意志所控制,不受资源等其他情况的影响,故采用TRA作为基础理论模型。

本文采用结构方程模型(Structural Equation Models, SEM)架构公共自行车出行行为意向的分析模型[7]。根据相关文献回顾,整理出影响居民使用公共自行车出行行为意向的其他因素有自行车功能特征、出行环境满意程度和出行感受的安全程度,将上述影响因素转化为潜在变量为功能价值、满意度与安全威胁[6]。因此,公共自行车出行行为意向研究模型共包含五个潜在变量:态度、主观规范、功能价值、满意度和安全威胁,五个潜在变量的路径图如图1所示。

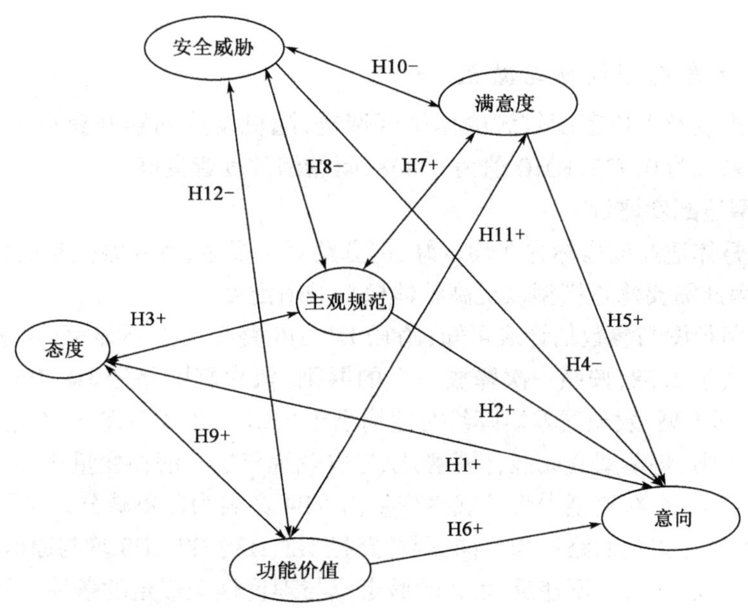

图1 公共自行车出行行为意向研究模型路径图

潜变量与所属观察变量如下:潜变量态度包括 VA1(有助于锻炼身体)、VA2(环保)、VA3(缓解交通拥堵),主观规范包括 VB1(家人朋友认同)、VB2(政府宣扬使用)、VB3(多数人认同)、VB4(让自己印象减分),功能价值包括 VC1(路径选择自由)、VC2(避开堵车)、VC3(方便换乘)、VC4(经济),满意度包括 VD1(户外空气质量)、VD2(路面质量)、VD3(绿化)、VD4(沿途人车音量),安全威胁包括 VE1(专门的自行车道)、VE2(车辆混行)、VE3(行人混行)、VE4(雨雪天气)、VE5(路边临时停放),意向包括 VY1(偶尔使用)、VY2(计划办卡)、VY3(日常使用)。

2 资料搜集与分析

本文主要以问卷为研究工具,各观察变量的衡量方式以 Likert 六点量尺来衡量受访者的同意和满意程度,并以 1 ~6 分代表从低到高的程度衡量值;针对正向构念中的反向问项则以反向计分。

2.1 初测问卷信度与效度分析

问卷初测针对武汉市市民共发放 120 份试测问卷,回收有效问卷 97 份。采用内在一致信度进行测量,取 Cronbach's α 系数 0.5 以上表示可信的程度,通过 SPSS 计算信度为 0.723,且内部一致信度除主观规范略低于 0.7 外均大于 0.8,问卷信度良好;效度检测采用 KMO Test 与球形鉴定测试资料,一般而言,KMO 大于 0.8 表示资料是适合做因素分析,小于 0.5 表示不适合。通过 SPSS 统计得研究量表的 KMO 值为 0.850,球形考验卡方值为 2966.741,达到显著,表示量表适合做因素分析。

通过 SPSS 进行因素分析,共分析出五个因素,且均符合问卷构念的观察变量设计,依次定名为态度、功能价值、满意度、安全威胁和主观规范。就转轴后各因素解释量来看,五个因素构念萃取特征值均大于 1,且累计解释方差达到 70.254%,由此可知本问卷具有良好的构念效度。

2.2 正式问卷模型校估与验证

本文在武汉高校及人口密度较大的休闲区调查,随机发放问卷并获得 202 份有效问卷。其 Cronbach's α 系数为 0.732,KMO 值为 0.868,问卷信效度皆良好。

(1)整体模型适配度评价

初始模型的整体适配度指标并非均良好,部分路径不显著,且观察变量的标准化残差仍有多处大于 2.58,因此需要修正模型以提高整体模型的适配度。

根据标准化路径图与参数估计表可知,路径 H1、H6 路径关系不显著,观察变量的标准化残差绝对值多处大于 2.58,按照一次释放一个的原则,依次删除路径 H1、H6,删去 VB3、VB1 和 VB2 后再次计算模型,发现残差矩阵绝对值均小于 2.58。由于只剩 VB4 这一个观察变量。本着模型简化的原则,将模型变成混合模型,原与主观规范这一潜在变量相关的路径均转移至 VB4 这一观察变量上,在新模型中将该观察变量由 VB4 命名为印象减分。又因为 VB4 是一个反向题,故而原本与之相关的路径均反向,因此路径 H2、H3、 H7 、H8 均与原假设符号相反;当参数的修正指标值较大时,在不违反 SEM 的假定或与理论模型假定的条件下可以进行变量间的释放。根据修正指标表,逐次释放 e18 和 e17(VY1 和 VY3 的误差项)、e16 和 e15(VC3 和

VC1 的误差项)、e13 和 e19(VC2 和 VY2 的误差项)、e7 和 e16(分别为 VA2 和 VC3 的误差项)、e12 和 e20(分别为 VD4 和意向的误差项)以及功能价值与观察变量 VD4 的路径关系后,再次进行模型计算,发现修正指标表中再无大于 5 的修正指标值,且模型整体适配度卡方值为 227.728,自由度 DF 为 155,卡方与自由度比值为 1.469,GFI 值为 0.900,CFI 值为 0.973,且渐进残差均方和平方根(RMSEA)由 0.072 减少至 0.048,模型整体适配度良好。协方差修正指标表见表 1。

协方差修正指标表 表 1

修 正 项	M. I.	Par Change
e18 < − − − > e17	15.871	0.199
e16 < − − − > e15	12.286	−0.105
e13 < − − − > e19	11.575	0.086
e7 < − − − > e16	11.167	−0.058
e20 < − − − > e12	9.438	0.076
VD4 < − − 功能价值	8.732	0.056

注:< − − − >表示两个误差项之间的关系,< − − 表示观察变量与潜在变量的关系。

(2)模型内在结构适配度评价

对于模型内在结构适配度的评价,一般采用的适配指标为潜在变量的组合信度和平均方差提取量。本文中平均提炼方差(AVE)均大于 0.5,组合信度(CR)均大于 0.8,所有估计参数的 t 值均达 1.96 以上,因此模型效度堪称良好。

2.3 公共自行车出行行为意向模型验证

本文所提出的理论模型经过调查资料评价模型适配度,最终修正得一适配度良好的结构方程模型,其模型图如图 2 所示,以数学公式表示如下:

$$\eta = 0.46\xi_1 - 0.27\xi_2 - 0.33\xi_3 \tag{1}$$

式中:η——为公共自行车出行的意向;

ξ_1——为出行环境满意度;

ξ_2——为印象减分;

ξ_3——为安全威胁。

系数均为标准化路径系数,除路径 H11 与 H12 的标准化路径系数符号与假设相反之外,其余路径均与假设相符。可知居民对于公共自行车的实用价值的感知与对环境的满意程度以及对骑行安全感之间的关系受到多方面因素的影响。

由式(1)可知使用公共自行车出行的意向受到出行环境满意度的正向影响很大,同时受到印象减分和安全威胁的负向影响。若要增强居民使用公共自行车出行的意愿,需从提升出行环境品质和保障公共自行车的出行安全处着手,至于印象减分这一项,由于该变量反应的是个人对于使用公共自行车是否会使他人对自己的印象减分,其中的主观意识部分无法更改,但如若政府多加宣导,培养居民使用公共交通的习惯,使得社会风气倾向于使用公共自行车出行,或许会诱导个人对于印象减分这一看法减弱,从而更加愿意使用公共自行车。

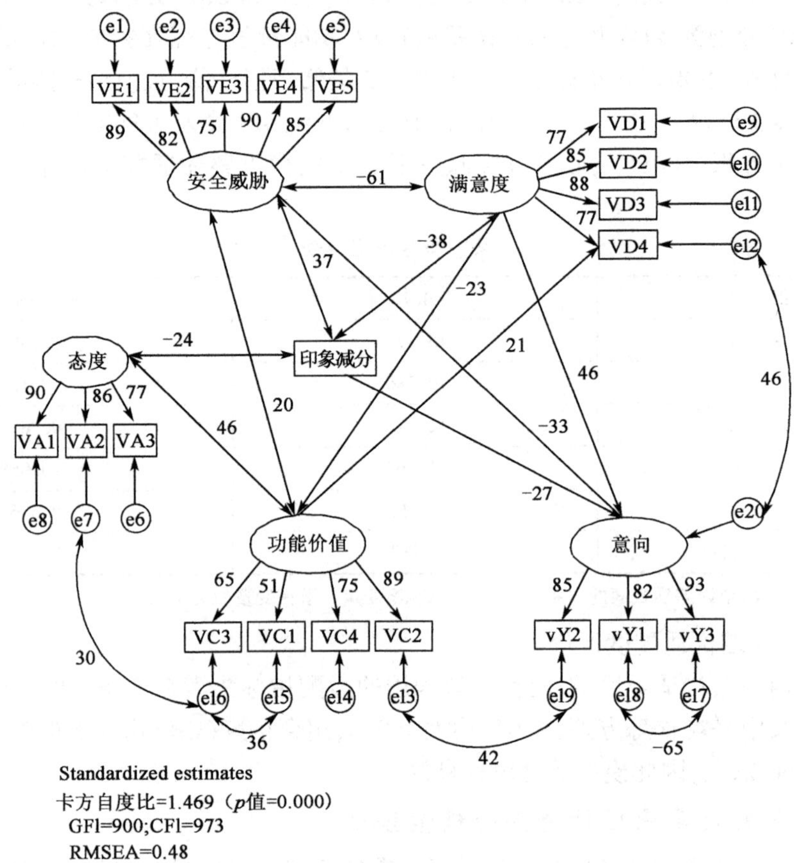

图 2　公共自行车出行行为意向结构方程模型结果图

注：由于软件自身原因，图中小数点前均省略了数字 0，所有路径系数均小于 1。

3　方差分析

依次将性别、年龄、教育程度、月收入、出行方式、职业作为自变量，将印象减分（VB4）和出行意向中的 VY1（偶尔使用）、VY2（计划办卡）和 VY3（日常使用）这四个观察变量作为因变量进行方差分析（ANOVA），探索影响出行意愿的因变量与自变量之间的关系。

3.1　印象减分为因变量

从多重比较的结果表（表 2）中可以得出，教育程度为高中/中专/技校的群体相比较教育程度为本科和硕士及以上的群体而言更容易觉得使用公共自行车出行会使别人对自己的印象减分；职业为服务业的群体相对于学生群体、商业公司职员群体、政府部门职员群体以及教育业群体的人来说更容易觉得使用公共自行车出行会使别人对自己的印象减分；同时，职业为商业公司职员的群体相对于教育业群体来说更容易觉得使用公共自行车出行会使别人对自己的印象减分。

单因素方差多重比较　　表2

因变量	自变量 I	自变量 J	均值差($I-J$)	标准误	显著性
印象减分	高中/中专/技校	本科	0.912*	0.26	0.001
		硕士及以上	1.059*	0.255	0.000
	教育业	商业公司职员	-0.444*	0.214	0.039
	服务业	学生	0.925*	0.231	0.000
		商业公司职员	0.514*	0.196	0.009
		政府部门职员	0.699*	0.227	0.002
		教育业	0.958*	0.229	0.000

注：* 均值差的显著性水平为0.05。

3.2　出行意向为因变量

从多重比较的结果表中可以得出：月收入低于8000元的群体更倾向于使用公共自行车；年龄低于35岁的群体较之年龄大于35岁的群体更倾向于使用公共自行车以及把公共自行车作为一种日常交通的出行方式；教育程度为高中及以下的群体对于办理使用公共自行车或者日常使用公共自行车的意愿都显著低于教育程度为高中及以上的群体；学生群体较之其他群体有更高的使用公共自行车的意愿；日常使用小汽车出行的群体使用公共自行车的意愿显著低于其他所有群体，日常使用公交出行的人较之步行为主要出行方式的人更倾向于将公共自行车作为日常交通工具，这与出行目的地的距离以及公交与自行车接驳的紧密程度有关。

综上所述，多数人愿意偶尔选用公共自行车，而对于办卡定期使用以及将公共自行车作为长期交通工具这方面不同的群体则有显著差异。学生最容易接受使用公共自行车，年龄低于45岁以及月收入较低的群体更倾向于使用公共自行车，但教育程度较低的人却不容易使用，而且教育程度较低的群体和服务业群体更容易觉得使用公共自行车会让自己印象减分。这一点笔者认为可能是个人对于公共交通的认同观念不足造成的。唯有培养居民正向的使用公共交通的意识，在社会上形成使用公共交通和大众运输工具的风气，才能增加居民使用公共自行车的意愿。

4　结论

本文提出武汉市居民对公共自行车使用意向的结构方程模型，通过对模型的内在适配度和整体适配度的检验确认模型具有信度、效度，并得出个人使用公共自行车的意愿主要受环境满意度、骑行安全威胁感以及个人对自身的形象感知的影响。

通过对样本进行分析，学生最容易接受使用公共自行车，年龄低于45岁以及月收入较低的人更倾向使用公共自行车，但是教育程度较低的人却不容易使用公共自行车。且教育程度较低的群体和服务业群体更容易觉得使用公共自行车会让他人对自己印象减分。

本文建议，若要刺激居民对于公共自行车的使用意愿，可以从如下方面着手：第一，培养居民正向的使用公共交通的意识，形成全社会使用公共交通和大众运输工具的风气，增加居民使用公共自行车的意愿；第二，加强公共自行车站点与大型公交地铁站的结合，完善公共交通无缝换乘，使得公共交通工具的使用率进一步增加；第三，创造更加安全的骑行环境，不干扰公共自行车的路权,营造良好的出行环境,包括良好的户外空气,增加绿化和减少噪声,使得居民更加愿意使用公共自行车这一公共交通工具,进而推动武汉市公共交通系统的发展。

参 考 文 献

[1] Lihong Zhang, Jun Zhang, Zheng-yu Duan, David Bryde, Sustainable bike - sharing systems: characteristics and commonalities across cases in urban China[J]. Journal of Cleaner Production,2014,97:1-10.

[2] Andreas Kaltenbrunner, Rodrigo Meza, Jens Grivolla, Joan Codina, Rafael Banchs, Urban cycles and mobility patterns: Exploring and predicting trends in a bicycle-based public transport system[J]. Pervasive and Mobile Computing,2010,6(4):455-466.

[3] Inês Frade, Anabela Ribeiro, Bicycle sharing systems demand[J]. Procedia-Social and Behavioral Sciences,2014,111:518-527.

[4] Sakari Jäppinen, Tuuli Toivonen, Maria Salonen, Modelling the potential effect of shared bicycles on public transport travel times in Greater Helsinki: An open data approach[J], Applied Geography,2013,43:13-24.

[5] Ajzen, I. and Fishbein, M., Understanding Attitudes and Predicting Social Behavior[M]. Englewood Cliffs, NJ: Prentice-Hall; 1980.

[6] Maarten Kroesen, Modeling the behavioral determinants of travel behavior: An application of latent transition analysis[J]. Transportation Research Part A ,2014,65:56-67.

[7] 吴明隆,结构方程模型:AMOS的操作和应用[M]. 重庆:重庆大学出版社,2010.

胡同路横断面设计方法研究

戎亚萍*,梁　肖,刘　路,许得杰

北京交通大学　城市交通复杂系统理论与技术教育部重点实验室,北京 100044

摘　要　本文针对北京市旧城区如何进行胡同路横断面设计的问题,分析了胡同路的现状特点和功能定位,根据经验公式重新计算了适合于胡同路的各车道宽度,提出了胡同路横断面设计应采用慢行交通优先理念和“非对称设计”理念。以分布数量最多的3~7m宽的胡同为例,给出了胡同路横断面设计方法,并结合实际情况,提出了特殊情况下的胡同路横断面设计策略。研究结果可为胡同路横断面设计工作提供参考。

关键词　胡同路;横断面;设计方法

Design Method of Cross-Section in Hutong Road

Rong Yaping*, Liang Xiao, Liu Lu, Xu Dejie

MOE Key Laboratory for Urban Transportation Complex Systems Theory and Technology,
Beijing Jiaotong University, *Beijing* 100044, *China*

Abstract　On the issue of Hutong road cross－section design in Beijing old city, this paper analyzes the current characteristics and function of Hutong road, and recalculates the different lane width according to the empirical formulae. Moreover we put forward the cross-section design principle: slow transport priority and asymmetric design. Then taking the largest distribution of 3～7m width Hutong road as an example, the specific design method of cross-section is given. Combined with practical condition, we also propose a strategy for cross-section design in particular cases. The results can provide reference for Hutong road cross-section design work.

Key words　Hutong road; cross-section; design method

0　引言

北京市旧城范围内分布有大量胡同路,其总长度大于二环以内支路及以上城市道路,是旧城区内重要的道路资源。但是随着现代化的发展,居民出行方式的改变对胡同产生了影响,传统胡同表现出了一些弊端,要发挥其交通功能就要探讨如何对其进行交通设计。而道路横断面设计是城市道路交通规划的重要组成部分,直接影响着道路交通功能的发挥。

基金项目:国家基础研究计划项目(2012CB725406);国家自然科学基金(71131001)

作者简介:戎亚萍(1987—),女,河南郑州人,博士生。主要研究方向:城市轨道交通运营管理。

*通信作者:rongyaping1010@163.com

国内的研究通常参照《城市道路工程设计规范》(CJJ 37—2012)(下称《规范》)对道路进行标准横断面设计,《规范》中以多辆大型车并排行驶的行车速度作为计算依据,将机动车车道最小宽度设为3.5m。但是对于胡同这种具有特殊形态的道路形式,2辆以上小汽车并行的概率很小,已有的车道宽度标准已不适用,需要根据经验公式重新计算适用于胡同路的各车道宽度。同时,《规范》中规定支路宜采用单幅路,非机动车道应双侧对称设计,对于与机动车道合并设置的非机动车道,车道数单向不应小于2条,宽度不应小于2.5m[1],而胡同路以行人和非机动车交通为主,交通量少,宽度窄,不具备规范中的道路设计条件,应结合实际情况,提出一种适合于胡同路的横断面设计方法。

因此,本文以北京市旧城区内的胡同路为研究对象,基于胡同路的现状特点和功能定位,根据经验公式重新计算适合于胡同路的各车道宽度,提出具有胡同路特色的横断面设计理念,并以分布数量最广的3~7m宽的胡同为例提出横断面设计方法,最后结合实际情况,分析了特殊情况下的胡同路横断面设计策略,研究结果可为胡同路横断面的设计工作提供参考。

1　胡同路定义

胡同路是指在旧城范围内被两侧的四合院型建筑物及其院墙所围合的街巷空间,其宽度不超过18m、不通公共汽车、仍然基本具有胡同特征并且没有演变发展成居住区的道路[2]。随着城市建设的加速发展,北京市旧城区胡同数量急剧下降。截至2015年,以二环路为边界的旧城区面积为62.5km^2,残留胡同1559条,总长423.4km,其长度大于二环以内(含二环)支路及以上城市道路总长[3]。可以看出,旧城区内胡同分布范围广、总量长,对胡同路进行合理的规划设计,对于北京市旧城区的交通压力缓解有着重要意义。而道路断面设计是城市道路交通规划的重要组成部分,直接影响道路交通功能的发挥,合理的断面设计可以有效提高交通效率并有助于交通安全。

2　胡同路功能定位

按照胡同的定义,胡同宽度是指两侧建筑物及其院墙之间的距离。北京旧城内胡同宽度不等,但总体而言,宽度大于7m的胡同不足20%,宽度小于7m的胡同占80%[4]。同时,不同宽度的胡同具有不同的交通出行方式,承担的交通服务功能也不同,胡同路按功能分类如表1所示。

胡同路分类　　表1

胡同功能	特点
交通集散性	主要为旧城区内道路构造微循环系统服务,允许机动车穿行,与市内街道的连通性较好,宽度一般为6~7m
交通到达性	主要服务于附近居民进出,以行人为主,有少量机动车通过,其宽度在1~7m不等
生活性	胡同两侧分布有为附近居民服务的小型商业设施,一般限制小汽车驶入,以行人为主,其宽度为4~5m
商业旅游性	胡同两侧多分布有商业店铺或旅游景点,以步行休闲为主,禁止停车和机动车行驶,宽度一般在4~5m

3 胡同路横断面设计方法

城市道路横断面是指道路中心线法线方向的切线,它由车行道、人行道、分隔带等组成[5],通常参照《规范》进行道路横断面设计。但是胡同路的交通流构成、道路建设标准以及居民出行方式都与普通道路有很大差别,原有的道路横断面设计标准可能已不适用这种具有特殊形态和意义的道路形式。因此,有必要结合胡同路交通特点,对胡同路横断面设计进行再研究,以期高效发挥胡同路的交通功能,缓解旧城区的交通拥堵状况。

3.1 横断面设计理念

城市道路规划建设的根本目标是以人为本,人的可达性应优先于车的通过性。胡同路作为一种特殊的道路形态,特点为狭窄、细长、分布广,大部分以服务功能为主,少量兼具过境交通功能。所以,胡同路的横断面设计理念有其自身的特殊性,具体如下:

(1) 慢行交通优先理念

胡同路的主要利用者是行人和自行车,应以保护行人和自行车为出发点,改变胡同内人、非机动车、机动车混行的现状,合理设置人行道和自行车道,提高行人和自行车的优先级,从而保障行人、自行车的路权不受机动车的侵占。

(2) "非对称设计"理念

广义来讲,旧城区胡同同时存在行人、非机动车和机动车三种交通形态,但是由于旧城区胡同狭窄,三者分道通行的道路横断面理想形式难以实现。所以,本文根据胡同内的实际交道路条件,按胡同的宽度和功能设计横断面形式,提出"非对称设计"理念:在有条件设置人行道的情况下,6m 以下的胡同仅设置单侧人行道,且不设置停车带;6 ~ 10m 的胡同,仅设置单侧人行道,视胡同宽度和停车需求设置单/双侧停车带;10m 以上的胡同应设置双侧人行道。

3.2 横断面设计方法

(1)车道宽度

我国城市道路不包括大院、居住区内部的胡同路,所以根据《规范》计算出的机/非机动车车道宽度和人行道宽度并不适用于胡同路。现按照经验公式并结合胡同路的实际情况,得到行人和交通工具需要的道路最小几何尺寸,如表 2 所示。

行人和交通工具需要的道路最小几何尺寸 表2

交通方式	基本依据	单位宽度	胡同内建议宽度
步行	人体宽度 0.5m + 步行安全距离	1.0m/人	≥1m
自行车	车把宽度 0.5m + 行驶安全距离	1.0m/辆	1.0m
小汽车	车身宽度 1.8m + 行驶安全距离	2.98m/车道	3.0m

(2)横断面设计

旧城区 3 ~7m 宽的胡同数量最多,以上文提到的横断面设计理念为指导,按胡同的宽度和功能设计横断面形式如下:

①宽度在 3m 以下的胡同。

该类胡同狭窄,属于生活性胡同,为附近居民的通行提供服务,应禁止机动车行驶和停车,保障行人和非机动车的出行安全。因此,该类胡同可视具体情况将人行道和非机动车道合并或分开设置,设置为“自行车道 1.0m ＋ 单侧 1.0m 以上的人行道”的断面形式,且不同车道处于同一平面。布设形式如图 1 所示。

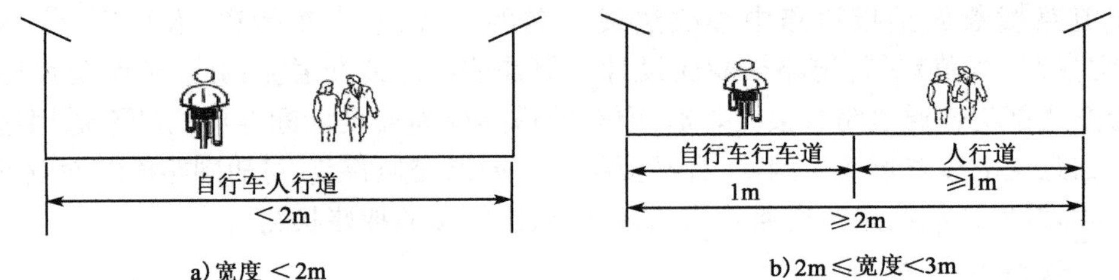

图 1 宽度小于 3m 的胡同横断面形式

②宽度在 3 ~ 5m 的胡同。

该类胡同较为狭窄,也属于生活性胡同,应禁止机动车驶入,将人行道与非机动车道分开设置,可设置为“自行车道 1.5m ＋ 单侧 1.5m 以上人行道”的断面形式。为了满足紧急救护等特殊情况下的机动车通行,两种车道应处于同一平面上。布设形式如图 2 所示。

③宽度在 5 ~ 7m 的胡同。

该类胡同在旧城区胡同数量中占比最大,属于生活性胡同,出行方式以行人为主,伴有少量非机动车和机动车通过。建议设置宽度大于 1m 的人行道并禁止停车,设置单向机动车道并与自行车道合并,机非车行道宽度应大于小汽车与一辆自行车车身宽度之和(小汽车与自行车宽度之和是 2.3m)。该类胡同设置为“单向车行道 4.0m + 单侧 1.0m 以上的人行道”的断面形式。为了使行人能安全避让车辆,人行道与车行道放在不同的平面内,布设形式如图 3 所示。

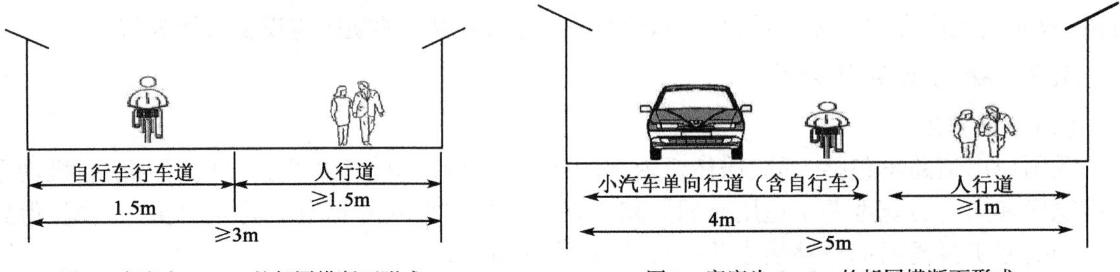

图 2 宽度在 3 ~ 5m 的胡同横断面形式

图 3 宽度为 5 ~ 7m 的胡同横断面形式

3.3 特殊情况下的横断面设计

(1) 根据《城市道路绿化规划与设计规范》(CJJ 75—1997),当胡同内存在古树保护或绿化需求时,树池应采用 1.5m 的正方形或直径不小于 1.5m 的圆形,且种植点距车行道边缘的距离不应少于 0.7m[6]。因此,这种情况下人行道的宽度至少应为 2.2m。

(2) 根据“非对称设计”理念,10m 以下的胡同仅设置单侧人行道,但当胡同两侧为商铺或绿化带时,可以考虑在胡同两侧设置人行道;对于 10m 以上的非旅游性胡同,若胡同一侧为停车带或院墙较长的情况下,单侧行人出行量较少,可仅设置单侧人行道。

(3) 对于非机动车停放需求较大的胡同,可设置专门的非机动车停车位,集中停放。为充分利用道路资源,可在绿化带树木间隔处合理规划停放区域,尽可能少占用行人道,以保障行人的正常通行。

4 结论

本文对北京市旧城区胡同路特点和功能定位进行了分析和总结,并按功能将胡同路分为交通集散性、交通到达性、生活性和商业旅游性4类。

由于交通流构成、道路建设标准以及居民出行方式都与普通道路有很大差别,原有的道路横断面设计标准不适用胡同路这种具有特殊形态和意义的道路形式。因此,本文以关注行人、自行车出行的道路利用空间为出发点,根据经验公式重新计算了适合于胡同路的各车道宽度,提出胡同路横断面设计应采用慢行交通优先理念和"非对称设计"理念。以旧城区分布数量最广的3~7m宽的胡同为例,本文给出了胡同路横断面设计方法,同时结合实际情况分析了特殊情况下的胡同路横断面设计策略,研究结果可为胡同路横断面的设计工作提供参考。

参考文献

[1] 中华人民共和国行业标准. CJJ 37—2012. 城市道路工程设计规范[S]. 北京:中国建筑工业出版社,2012.

[2] 北京市测绘设计研究院. 北京旧城胡同现状与历史变迁调查研究[R]. 北京: 2005.

[3] 张金喜, 樊旭英, 郭伟, 等. 北京市旧城区内胡同路网的现状与功能[J]. 北京工业大学学报, 2008, 34(5): 516-21.

[4] 北京市规划委员会. 北京旧城胡同现状调研报告(2005-2006)[R]. 北京: 2006.

[5] 李朝阳, 徐循初. 城市道路横断面规划设计研究 [J]. 城市规划汇刊, 2001, 2: 47-52.

[6] 中华人民共和国行业标准. CJJ 75—1997 城市道路绿化规划与设计规范[S]. 北京:中国建筑工业出版社,1997.